中国近代民间文学史

高有鹏 著

河南大学出版社
·郑州·

图书在版编目(CIP)数据

中国近代民间文学史/高有鹏著. —郑州:河南大学出版社,2017.4
ISBN 978-7-5649-2827-8

Ⅰ.①中… Ⅱ.①高… Ⅲ.①民间文学－文学史－中国－近代 Ⅳ.①I207.709

中国版本图书馆 CIP 数据核字(2017)第 097251 号

责任编辑　马　静
责任校对　韩　琳
封面设计　翟淼淼

出版发行	河南大学出版社		
	地址:郑州市郑东新区商务外环中华大厦2401号	邮编:450046	
	电话:0371-86059712(高等教育出版分社)		
	0371-86059713(营销部)	网址:www.hupress.com	
排　版	郑州市今日文教印制有限公司		
印　刷	郑州市毛庄印刷厂		
版　次	2018年12月第1版	印　次	2018年12月第1次印刷
开　本	787mm×1092mm　1/16	印　张	16.75
字　数	338千字	定　价	45.00元

(本书如有印装质量问题,请与河南大学出版社营销部联系调换)

作者简介

高有鹏,河南项城人,历史学博士,上海交通大学教授,博士生导师,中央电视台百家讲坛主讲人。出版学术著作《中国民间文学史》(2001)、《中国现代民间文学史论》(2004)、《中国民间文学通史》(2012)、《中国民间文学发展史》(2015)、《神话传说与民族记忆》(2015)、《马克思主义民间文艺学》(2018)等,出版长篇历史小说《袁世凯》(一二三卷)、《清明上河》、《大宋风月》等,出版书法作品《大篆论语》、《大篆道德经》等。

目　录

第一章　关于中国近代民间文学的历史发展问题 …………………………（1）
　　叙说 ……………………………………………………………………（1）
　　一、中国近代民间文学与社会现实生活 ………………………………（2）
　　二、关于太平天国等农民起义与近代民间文学问题 …………………（20）
　　三、关于义和团与民间文学问题 ………………………………………（31）

第二章　中国近代社会民间文学的记述 …………………………………（43）
　　一、神话传说 ……………………………………………………………（43）
　　二、民间歌谣与民间叙事诗 ……………………………………………（52）
　　三、民间戏曲唱本 ………………………………………………………（67）
　　四、《中国十八省府》的风景 …………………………………………（114）
　　五、传教士笔下的《中国民间崇拜》 …………………………………（157）

第三章　中国近代民间文学思想理论 ……………………………………（199）
　　一、关于神话传说研究与民族文化问题 ………………………………（200）
　　二、关于近代民间歌谣理论研究问题 …………………………………（212）
　　三、陈季同：走向世界的中国人 ………………………………………（217）
　　四、黄遵宪与《日本国志》 ……………………………………………（236）

后记 …………………………………………………………………………（259）

第一章 关于中国近代民间文学的历史发展问题

叙　说

　　1840年以来，帝国主义列强以极其野蛮的手段逼迫中国向他们开放口岸，割地赔款，国家丧尽尊严。从当年的白莲教起义，到太平天国起义、捻军起义和义和团运动，以及许多地方的少数民族起义，民间社会极力反抗清朝黑暗政治与帝国主义列强的残酷镇压，并以民间文学的口头形式及时表现出这些内容，以此构成中国民间文学史上尤为独特的一页。

　　关于近代历史的概念，众说纷纭。历史阶段有自己独特的标志。近代是个历史文化的概念，是指中国社会文化从传统的农耕时代渐渐过渡到新的工业时代。外国列强的野蛮侵入，使得中国社会的文化属性发生了重要变化。有人说，自1840年以来，中国社会陷入清朝专制统治与帝国主义入侵双重压迫之下，社会性质发生了非常重要的变化，与中国古代社会明显不同，所以称之为近代；也有人说，近代中国社会的最明显标志在于西方列强或西方文化的移入，使得中国社会政治结构发生重要变化，而这种变化在明代就已经发生，所以，应该把明末清初都视作近代的开端。后一种理论的基本证据在于以西方传教士为代表的异域文化影响了中国社会，甚至把马可波罗作为其标志。更有人以西方学者论述近代社会性质为是，明显是在坚持西方中心论。中国社会接受外域文明的历史很早，汉代社会有印度与阿拉伯等地区佛教文化的传入，也有张骞出使西域和丝绸之路，构架起东西方文化交流的长廊；魏晋南北朝时期，中外文化交流更频繁，至唐代，中国社会大胆而热烈地拥抱世界，形成中国文化的大繁荣。此后，由于多种原因，中国文化传统不断形成相对保守、封闭的态势，只有明王朝的郑和下西洋，才显示出中国文化张扬的个性。所以，晚清社会发生的五大臣出使西洋和派遣学生留学欧美等事件，也并不能说明中国走向了世界，历史完全与以往泾渭分明；最重要的是民族心态发生了重要的变化。一方面是清朝自欺欺人的老大自居，以所谓师夷之长、以夷治（制）夷而论世；一方面是万事不如人，整个社会思想文化陷入失望、沮丧的怪圈,到处弥漫着文化失败的衰落情绪。应该说,这才是中国社会进入近代历史阶段的主要标志。无论如何述说古代、近代、现代,中国社会政治与中国社会结构在1840年以来发生了翻天覆地的变化,毕竟这是一种谁都无可否认的事实。以此为近代社会的开端,是符合中国社会历史发展实际的。如果完全按照西方学者对社会性质论断的思想理论对照中国社会历史,在许多时候是不能够找到结合点的。或曰,伴随着世界范围内的工业革命浪潮,西方列强侵略中国,极大冲击并改变了中国社会,这是历史上从来没有过的现象。中华民族曾经饱受异族野蛮欺压,但是,总能够保持相对独立、自我完善。西方列强与西方现代文化冲击中国社会,形成中国社会的殖民地半殖民地性质,直接导致中国传统农耕文明时代迅速走向终结,这确实与1840年以前的社会历史有极大不同。或曰,近代社会由于西方列强的侵略,统治者无暇顾及文化专制的严密控制,便出现知识分子思想相对自由的文化空间,近代民间文学思想理论也正因此形成自己的特色。近代之近,就在于其文化属性,既不同于古代,也不同于现代,所以称之为近代,是一个从古代转向现代的过渡时期。并不是说历史一进入1840年,一切都完全与过去告别,或者说,社会历史一进入1919年,一到5月4日这一天,马上就成为现代社会。

一、中国近代民间文学与社会现实生活

在中国近代社会,民间文学从来不是也不可能是孤立存在的,它总是与各种社会变革等具体的社会文化生活联系在一起。近代中国社会发生了许多次形形色色的运动,诸如1860年的自强运动,设立了同文馆,并且按照西方科学研究与生产实践相结合的方式,设立了大量造船厂与兵工厂。但是,对于中国社会发展而言,这只是学习了西方社会的表面,是一种皮毛。真正改变中国社会积贫积弱局面的根本,还应该是接受现代文明,废除腐朽的封建专制,用现代科学技术与现代民主政治改造社会。而对于这一点,无疑是根本不可能实现的,也没有形成的条件。但是,承认落后,不得不向西方人学习,这是许多人的共识。所以,"自强"也好,此后的洋务运动也好,都是基于这种文化思想而形成的社会文化变革。近代中国多次出现危机,如1900年八国联军侵占北京,慈禧政治集团狼狈逃窜到西安,以"西狩"的名义自欺欺人。1905年废除科举而兴起新学,等等,中国几千年的封建社会格局被改变。1911年,辛亥革命爆发,清朝皇帝不得不退位,"中华民国"催生了新的社会文化,历史进入一个新的阶段。从此,以袁世凯为首的北洋军阀与以孙中山为代表的南方革命党之间的矛盾,成为中国近代社会最集中的思想文化冲突。

1840年起,中国社会的基本矛盾从民族矛盾,渐渐转变为中国社会各个阶层与外

国帝国主义列强的矛盾。至1895年,中日甲午战争中国的失败,使得中国人的民族自信心更进一步挫败,文化失败与文化失望的情绪更进一步加剧。以知识分子为主体的社会文化思潮形成一种共识,即清朝专制政治再也无力承担起领导中国走向振兴的重任,必须打倒清朝,即"驱逐鞑虏,恢复中华",中国才具有真正的希望。以此,革命在社会政治与文化两个重要方面形成越来越强大的势力。如一位学者所说:"尽管中国告别了过去的政治体制,往昔的阴影却继续沉重地支配着社会习俗和思想生活。政府改头换面了,但它的精神实质还与过去一样;贪污腐败、军阀割据、恢复帝制的妄想和混乱失控的情况比比皆是。民国的创立并未给人们带来期望的和平与秩序,于是,中国的知识分子逐渐相信,如果不进行一场彻底的思想变革,就不可能有良好的政府和社会。"①因此所产生的各种民间传说、民间歌谣和民间戏曲,构成中国近代社会风俗生活与民间文学的重要内容。

一段社会历史生活作为民间传说而流行,总是需要用传说解释,近代社会也是如此。传说多尔衮作为摄政王,保持了清朝的政治稳定;也有传说讲述他本来可以自己将清朝皇帝取而代之,但是他忠心耿耿,因此避免了后人如此效法而形成社会动荡。民间传说中的顺治生出满脸天花,面对社会时局一筹莫展,最后无奈出家五台山,其中许多内容都扑朔迷离,充满神秘意蕴。笔者在田野作业中听到人们总结清朝的几个皇帝姓名,用谜语的形式编成民间歌谣,称康熙为"一斗谷子九升米"(意为糠稀,与康熙相谐音),称顺治为"看病只要一剂药"(意为治病顺手、顺利),称道光为"腰里盘缠掉个净"(意为把财富全部倒出来,道光即倒光、倒净),称乾隆为"一把擒住老龙角"(方言中乾隆的"乾"与"擒"相通,"隆"与"龙"相通)。这四句诗歌连在一起,念作"一斗谷子九升米,看病只要一剂药,腰里盘缠掉个净,一把擒住老龙角"②,作为谜语,刚好形成一首韵律非常优美的民间歌谣。许多民间传说中还绘声绘色地描述乾隆皇帝是汉人陈阁老的后代,讲述他多次到江南微服私访,是在寻找自己的生父生母这一身世秘密等。同时,诸如《三侠五义》、《红袍传》、《说岳》等话本小说,此时广泛流传于民间社会,成为新的民间说唱题材。北方的鼓书和南方的弹词等民间艺术,不断催生新的民间文学,形成通俗文学、民间传说与民间说唱之间连续不断的故事形制转换。民间传说故事常常在捕风捉影中表达真实的社会情绪,是宣泄情感,但未必每一个传说故事都有自己明确或直接的表达目的。近代社会流行的民间文学包含着浓郁的民族情

---

① (美)徐中约:《中国近代史:1600—2000,中国的奋斗》,计秋枫等译,世界图书出版公司北京公司2008年版,第7页。
② 1988年11月26日,笔者记录于河南省西华县黄泥桥乡赵湾村,高双旺老人(1909年生,回族,文盲)讲述。据称,此歌谣曾经在地方土匪武装中间流行,作为行军口令,具有黑话性质;其中,每一句都包含着一个关于清朝帝王的传说故事。

绪,是对清朝专制统治的反抗。

近代中国社会的民间传说与近代中国社会性质密切相关。至于这些传说的真实性,我们未必一定要严格考证。所有的民间传说都是从民间社会那些故事讲述者的感情、愿望和对历史人物的具体理解出发,取其一点极其相似处,做生动描绘与大力夸张,引起人注意,或增强社会对这些历史人物的深刻印象。所有被传说的人物,都是在社会历史上具有特殊地位的角色,这些传说故事在事实上成为民间社会对他们的功过是非的形象述说与评价。或曰,清朝政治舞台上熙熙攘攘,既有表面上的风平浪静、莺歌燕舞,也有权力角逐中的刀光剑影、剑拔弩张,其社会政治风云变幻,常常于瞬息间风起云涌。这些民间传说故事的流传,正是近代社会历史发展变化与这些重要的历史人物命运、性格相联系的表现。

郑成功在民间文学中被刻画成一个反清复明的民族英雄,民间社会称其"国舅爷",这是近代民间文学的又一个典型。

满族人建立了清朝,但是,还有许多地方并没有归顺他们。在长江流域以南的广大地区,明朝遗民仍然怀念旧国,不断拥立新的皇帝。诸如在南京拥立福王为明朝的皇帝,后来在绍兴又拥立鲁王,在福州拥立唐王,在广州拥立新的唐王。他们与清朝展开斗争,尤其是在广东肇庆拥立桂王为皇帝,声势浩大。但由于种种原因,他们最后都陷入失败。在福州一带的唐王被拥立为皇帝时,著名的郑芝龙将军曾经极力支持唐王,后来却又背叛了唐王。他娶日本田川家族女子为妻,他们的儿子郑成功英勇善战,受到唐王的赏识,被任命为"招讨大将军",并被赐予"朱"姓,所以郑成功被百姓称之为"国姓爷"。郑成功不满意其父亲的行为,在厦门、金门等地据守,集结了20万人的大军,坚持抗清斗争,而且一度攻打内陆,直接进攻到浙江和江苏,希望重新建都南京。但是,他们终于因为寡不敌众而失败。在胡朴安《中华全国风俗志》等文献中,我们可以看到南京城下关的金色鲤鱼是当年郑成功率领的士兵的战魂,每当夜半还能够听到水下这些不屈的灵魂在愤怒喊杀等传说故事。笔者在南京工作、生活时,也多次调查郑成功传说,搜集整理到此类传说。如果我们以此联系清兵入关之后种种暴行,诸如嘉定三屠等野蛮行为,便不难理解郑成功传说作为民间文学中风物传说所构成的历史记忆的意义。这里,我们没有必要庄重声明应该区分少数穷凶极恶的刽子手与民族压迫问题,历史就是历史,无论是谁,野蛮屠杀无辜,都是不可饶恕的罪恶。郑成功退守台湾,打败荷兰人,收复台湾,是民族大义之举,其英年早逝,被称为民族英雄;民间文学传诵这些内容,是天经地义。郑成功收复台湾与吴三桂起兵造反的背景和目的是不一样的,与清咸丰、同治年间苗族张秀眉起义等少数民族起义也不一样,与太平天国、捻军、义和团等农民起义同样有区别。张秀眉起义是对清朝政治的反抗,其得到苗族人民的广泛响应,虽然起义失败,却有《十八年反政》、《英雄张秀眉》等英雄史诗流传民间。郑成功收复台湾,其维护国家主权与领土完整,应该受到应有的尊重。后来,郑成功的儿子继续抗清,直到 1684 年,清朝将台湾置为福建省的一个府。郑成功维护国家与民族主权的传说故事是我国台湾地区民间文学的一个典型,在中国民间文学史上具有非常特殊的价值与意义。

近代中国社会民间传说体现出鲜明的时代特征,常常形成表现社会风俗生活内容的民间戏曲、民间年画等。发生在江南的杨乃武与小白菜传说故事,和发生在北方的天津教案是其典型。

杨乃武与小白菜传说故事表现出中国近代社会严重的司法腐败。杨乃武与小白菜案、名伶杨月楼冤案、太原奇案、张汶祥刺马案影响最大,统称为晚清四大奇案。传说清朝同治年间,浙江余杭有一个豆腐店伙计葛品连暴病身亡。其妻毕秀姑长相漂亮,人送外号"小白菜",乡邻风言风语,称其与当地书生杨乃武曾经有暧昧关系,传言"羊(杨)吃白菜"。而且,小白菜与葛品连曾经租住杨乃武家后屋。案发后,当地知县刘锡彤便怀疑是杨乃武因奸情杀人。杨乃武性情爽直,平时爱打抱不平,为穷苦人伸张正义,与知县刘锡彤积怨甚深。刘锡彤借机报复杨乃武,将杨乃武和小白菜拘押,严刑逼供,屈打成招,判处斩刑。杨乃武的胞姐杨淑英、妻子詹氏不服,多次上告,都被驳回。后来事情被《京报》和《申报》等媒体张扬,引起社会关注,经过慈禧太后的过问,案情大白于天下。知县刘锡彤和侍郎胡瑞澜、巡抚杨昌睿、杭州知府陈鲁、宁波知府边葆诚、嘉兴知县罗子森、候补知县顾德恒、龚心潼、锡光等人都受到处罚。传说故事所描绘的不仅仅是杨乃武和小白菜蒙受的冤屈,而且是上上下下各级官僚的敷衍了事、草菅人命、行贿受贿等社会政治的黑暗和腐败。这也是中国近代社会各种社会矛盾和政治腐败的反映。

天津教案发生在清朝同治九年(1870 年),天津疫病流行,法国天主教育婴堂收养的婴儿出现大量死亡现象。教会在当地吸收教民,宣传天主教教义,鼓励地方民众脱离中国传统信仰。这本身就引起地方民众的不满。于是,民间传说称天主教神父和修女派人用药迷拐孩子,然后挖眼剖心,用以制药贩卖谋取利益。此传说激发起地方民众的义愤。天津"水火会"等民间团体进行调查,抓获到安三、武兰珍等人犯。人犯自称作案属实,所用迷药是法国天主教仁慈堂给的。其中的安三是教民,态度傲慢。地方政府发布布告,称"张拴、郭拐用药迷拐幼童。风闻该犯多人,受人嘱托,散布四方,迷拐幼孩取脑剜眼剖心,以作配药之用"。此激起地方民众与教民的冲突,地方民众攻击教堂。法国领事丰大业飞扬跋扈,闯入官府,要求官府惩罚地方民众,被拒绝。丰大业路遇静海知县,向其开枪,发生人命,更激发起地方民众的愤恨。地方民众一哄而上,打死丰大业,冲进法国教堂,打死法国神父、修女、洋商、洋职员等人和一些家属,他们一怒之下还放火焚烧法国望海楼教堂、育婴堂、领事署以及英国人、美国人的教堂。此案受到中外人等的关注,清朝派曾国藩到天津处理。朝廷内部意见不一,多数人认为丰大业开枪伤人的挑衅,是引发冲突的主要原因,对于冲突中伤害外国人一事,主张赔偿外国人钱财。曾国藩向朝廷上奏《查明天津教案大概情形折》,声称"天津士民皆好义,各秉刚气",却又称他们"徒凭纷纷谣言"。他释放了被抓获的教民安三,拒绝了法国人处死当事三名天津官员的要求,将所谓涉案的几十名百姓判处死刑,为法国人偿命。这一决定引发了全国各地的严重不满。曾国藩遭到民众的辱骂,更加剧了中国民间社会对外国人的抵抗和排斥。在这一事件的背后,既反映出中国民众极端仇视外国人的社会心理,也映现出中国社会政治的软弱无能。

各种社会矛盾都有自己发生的原因和背景,因而形成各种社会文化思潮。在中国历史上,民族关系曾经表现得非常复杂,国家政权的建立,有时候以汉族为主体,有时候又以少数民族为主体。在主体转换交替的过程中,制造民族间的不平等,绝对是不利于社会发展进步的,而且任何形式的民族极端主义、民族压迫与民族歧视,都是不利于社会和谐、稳定和团结的。中国民间文学历史研究回避不了这些历史事实。应看到,反清复明在中国近代社会的民间文学中是一个非常重要的问题,其他诸如江南地区崇拜太阳生日及其所蕴含的对明朝的怀念等现象,都具有反抗民族压迫的色彩。或曰,只有坚持民族团结、平等,相互尊重,才能够保持社会稳定与人民幸福。不同历史时期民间文学中的历史传说都属于历史,是后人以史为鉴的重要依据,是具有特殊意义的民族文化资源。

任何一个时代的民间文学都具有承前启后的文化发展意义。中国近代民间文学也是这样,一方面它继承了历史上的民间文学传统,诸如各种民间文学类型与各种文化思想,一方面深刻影响到后世民间文学的发展变化,而更重要的是其时代特色。近代社会张望世界,有力影响了民间文学的风格与内容,一切都具有时代的烙印。近代民间文学继续歌唱"头九二九,相唤勿出手。三九廿七,笆头吹觱栗。四九三十六,夜眠如露宿。五九四十五,床头把唔唔。六九五十四,笆头出嫩莉。七九六十三,破絮担头摊。八九七十二,黄狗向阴地。九九八十一,犁耙一齐出。十九,蛤蟆闹嗾嗾"①;歌唱"春打六九头,七九河开,八九雁来。九九加一九,黄牛遮地走,穷汉子就翻手"②;歌唱"小娃娃,你别馋,过了腊八就是年。二十三,灶爷上天。二十四,写对字。二十五,做豆腐。二十六,化猪肉。二十七,宰年鸡。二十八,把面发。二十九,糊香斗。三十,祭神。初一,叩头"③等流传千载的传统歌谣。尤为典型的是,这一时期传唱的《梁山伯与祝英台》《孟姜女》《白蛇传》等传统民间文学形式,更富有时代特色。此另述。

民间文学是时代的强音,及时记录了社会发展变化的重大事件。当年白莲教的兴起,可以视作中国近代民间文学的先声。1800年前后,王聪儿等人在川楚地区发动

---

① 范寅:《越谚》卷上,光绪八年(1882年)谷应山房刊。
② 辽天一鹤:《北京大学日刊》第322号,1919年3月3日。奉天歌谣。
③ 辽天一鹤:《北京大学日刊》第323号,1919年3月4日。

白莲教农民起义,清朝征集十六个省的兵力进行镇压。白莲教起义失败了,但是,其歌声还回响在历史的天空。诸如"白莲教,好大胆,襄阳府里造了反,一心要反半边天。白莲教,得了胜,惊动清朝老朝廷,赶忙派将又加兵";"白莲教,扯大旗,大兵杀入城中去,要替万民除妖气";"白莲教,扯大旗,襄阳城中扎根基,誓与清妖拼到底";"病汉子怕的鬼缠身,烂草房怕的暴雨淋。哪有白莲教怕官兵,哪有孙悟空怕妖精"。① 此类民间歌谣在近代社会被传唱。诸如"南京到北京,都是杨家兵。掇钩咸丰爷,杨家坐朝廷"。歌谣搜集整理者记述道:"杨泰是冠县城东七里韩村人,本来是一个编卖篓(拾粪用的篮)的农村手工业者,白莲教抗粮起义时,群众推他为领袖。杨泰曾经扎起大席棚来当金銮殿,宣布做皇帝,表示了要'搬倒咸丰爷'另建政权。"② 又如捻军起义中的民间歌谣"光山一笼鸡,罗山一堆灰,莫向黄安走,不破麻城誓不归"。搜集整理者介绍道:"这是捻军中传唱的歌谣。捻军后期,曾经几次往来于湖北、河南、安徽交界地区,进行运动战。他们从经验中知道,光山、罗山(都在河南省东南部)可一攻而下;黄安(在湖北省东南部)地主团练较强,不宜硬攻;麻城(在湖北省东北部)则非攻下不可。这首歌谣反映了捻军在这一带作战,既有判断,又有决心。歌谣在军中传唱,就成了统一认识和统一行动的作战口号。"③ 捻军起义打败清朝军队,杀死僧格林沁亲王,出现记述这一战斗场景的大鼓书,其唱出"僧王领旨出北京,吹的牛皮冒火星。人马带了几十万,盔缨照得满天红。前边走着洋枪队,后边破着大刀兵。先平河北白莲池,后平河南张乐行。才说回京把功报,小梁王拦路刀枪明。小梁王本是庄稼汉,十八般武艺样样精。拜认天王为师傅,呼风唤雨有神通。小梁王,拦住路,大喝一声震江洪。震得山摇地又动,震得僧王耳朵聋。僧王走马把阵上,心口窝里先扑通。没杀三合和两阵,咳!他万马营里丧了命"。搜集整理者解释称,"拜认天王为师傅"是指"张宗禹拜天王为师傅",即"接受洪秀全的封号,接受太平天国的领导这件事","小梁王张宗禹"是"张乐行的侄子","是后一辈的捻军领袖,所以群众有时称呼他加上个'小'字"。僧格林沁"万马营里丧了命"是"回京报功,被张宗禹拦截杀死","编歌的人有意这样渲染,和实际情况有出入","据说,僧格林沁在山东曹州府(今菏泽市)陷入捻军包围,被捻军青年将领张皮耕(又作绠)杀死在麦田里"④云云。1980年以来,笔者调查安徽、河南一带的捻军起义传说故事,亲耳听到地方民众对张乐行等农民起义军的各种述说。更多的人在讲述其英勇无畏,称赞其劫富济贫,武艺高强;也有人讲述捻军与土匪一样,既打击官府,也危害民间。笔者在河南省商丘搜集到一首表现捻军起义的民

---

① 湖北武当山吕家河地区流传民歌;此为手抄本,当为地方民间文艺工作者记录。
② 程英:《都是杨家兵》,见《中国近代反帝反封建历史歌谣选》,中华书局1962年版。
③ 程英:《不破麻城誓不归》,见《中国近代反帝反封建历史歌谣选》,中华书局1962年版。
④ 程英:《僧王领旨出北京》,见《中国近代反帝反封建历史歌谣选》,中华书局1962年版。

间歌谣,歌唱"乱他乱来,反他反,捻子来了不杀咱,杀了陈宋两大院",歌唱"日出东方一点红,捻子打旗在正中,东西南北刀砍头,苏天福是个大英雄"。他们讲述当年商丘捻军的主要力量是永城回民苏天福,在归德府(即河南商丘)专门攻打地方豪族。商丘流传有"陈宋侯叶余和刘,高杨两家在后头"的歌谣,号称"八大户"。其中"陈宋两大院"中的陈家,与商丘侯家有姻亲,是侯方域的姐夫,江苏宜兴人,在商丘有很多田产。捻军攻打的主要对象就是这"八大户"。20世纪50年代,民间文艺工作者搜集整理的《唱捻军》流行最广,其歌唱:"正月里来正月正,日子过得叮当叮,穷人跟着老乐干,专打楼主和清兵。二月里来龙抬头,咸丰皇帝发了愁,派来花妖千千万,鳖营扎在南宿州。三月里来三月三,老乐发牒把兵搬,官古寺来了龚大哥,刘家兄弟随后边。四月里来麦子黄,老乐定计斩饿狼,饿狼本是忠良将,将星落在西北方。五月里来五端阳,五色彩旗空中扬,老乐领兵阵头上,花长千军齐投降。六月里来六月六,天爵兵败发了忧,千军万马丢个净,一品的兵部他命归休。七月里来七月七,阴雨连天整十七,涡河龙王吐蛟水,大水冲倒俺屋脊。八月里来是中秋,老乐领俺闯九州,鄢陵、扶沟都溜过,青州、曹州又登州。九月里来九重阳,各旗兄弟盼家乡,纷纷散伙归故里,哪知苗沛霖变成黑心狼。十月里来入了冬,苗贼勾来花妖兵,妻儿老小都杀净,年轻的媳妇驮进京。十一月里来雪花飘,老乐闻风心中焦,拨马转回蒙亳地,八百红孩把苗贼抄。十二月里来整一年,老乐见了洪秀全,封了老乐为沃王弟,老乐领俺下淮南。"①山东黑旗军宋景诗农民起义歌谣中有"打开柳林团,吃喝得两年,寻个媳妇不作难。先杀扬九、十,后杀二红砖,五营四哨齐杀尽,当中留着乔庙的步老先"。搜集整理者作解释为"这是1863年春宋景诗从陕西返回到故乡堂邑,攻打柳林地主民团时传唱的一首歌谣",其称"柳林,在堂邑镇西北四十五里,距宋景诗黑旗军总部岗屯只十五里。地主民团是当时和宋景诗起义军作对的第一号死敌,也是这一带的封建堡垒。因此宋景诗重返鲁西后,便着重进攻柳林。当时农民在封建统治的残酷剥削下,生活极端贫困,没有钱结婚。这句说打开柳林团,分到胜利果实,结婚也就不困难了。柳林团的总团长杨鸣谦排行第十,人称'杨十爷','杨十'就是指他。其兄弟杨鸣皋,人称'杨九',是副团长。他们是杀人成性的恶霸地主。后被黑旗军计诱出圩寨杀死。二红砖即许老韶,与步老先是一正一副,率领柳林团的右营,并兼领恶名远扬专给团长保驾的'黑虎队'。步老先名超然,人称'步老超'或'步老先'。他是乔庙人,有九顷地,没有儿子,时常放账,农民对他颇有好感"②云云。三合会兴起时,民间流传有"小会起创夜三河,结拜联

---

① 《唱捻军》,《民间文学》1959年9月号。其中,歌词在流传中有许多异文,诸如"九月里是重阳,龚瞎子定计害饿狼。他把饿狼来害死,小白龙叛死六安州上",又有"九月里来九重阳,龚瞎子定计除饿狼,刘饿狼本是忠良将,天狼星落在西北方"等。

② 程英:《打开柳林团》,见《中国近代反帝反封建历史歌谣选》,中华书局1962年版。

盟兄弟多。正是天本团圆日,一齐来唱太平歌";天地会兴起时,民间歌谣有"三点暗藏革命宗,入我洪门莫通风。养成锐势复仇日,誓灭清朝一扫空"与"红巾一条在手中,包在头上访英雄。招集五湖并四海,杀灭清朝一扫光"。当年马尾海战失败后,福建地区流传的童谣称"福州真无福,法人原无法;两何没奈何,两张没主张",其中"两何"指何璟和何汝璋,"两张"指张佩纶、张兆栋,都是无能之辈。李鸿章兴办的北洋舰队出现时,民间歌谣传唱"大轮船,冒青烟,船上两根大桅杆。机器炮,半空悬,鬼子见了吓破胆",这未必不是对国家强盛起来的期待。①

甲午战争失败,清政府与日本签订《马关条约》,把中国台湾割让给日本,激起台湾人民的反抗,发生了由詹阿瑞等人领导的台中、嘉义起义,他们在民间歌谣中歌唱"此次动兵,奉旨而行;事有纪律,约束严明。义师伐罪,奠安台澎,救民脱苦,惟倭是征。定集人民,雪恨复清!降者便安,协力原情。谕尔大众,万勿心惊,各宜共志,早救生灵"②。帝国主义列强在中国的土地上肆意妄为,以传道为名施行文化扩张。光绪五年(1879年)十月,美国人薛承恩以到中国内地游历为名来到福建延平,在当地一家书店门上挂起福音堂的匾额,发出通知,在福音堂做礼拜讲经布道。延平人群情激奋,及时阻止。第二天,这个美国人仍然我行我素,聚集教民继续在店内做礼拜。附近地方有儿童前往观看,却遭到薛承恩斥骂,并公然向人群开枪,击伤路人。这种野蛮行径激起地方百姓的愤恨,他们在民间歌谣中喊出:"真不平!真不平!天朝官竟帮了洋人。前月初二日闹的事,实是洋人太无情:书店忽然把经念,难怪小孩往前听,虽嬉笑,亦无心,何把洋枪放来临?过路客,该倒运,手受铅子真可怜!洋人晓得是无理,故意装伤往省城,假圈套,瞎眼睛,向他领事捏虚情。省中各宪被他骗,竟派委员到延平。闻说得委员来,要拿前打鬼子人。最可恨,通商局,枪伤之人竟不问,反代鬼子做事情。现在委员既来到,看他办事平不平。要他拿闹事者,个个都是为首人。我们议定有一法,每户各自出一丁,南平四万八千户,共集四万八千人。备盘费,即起程,一概齐到福州城,求各宪,把冤伸,先要拿打放枪人。他伤路人是有据,我打洋人是无凭。各宪若凡不肯理,拆洋楼,杀鬼子,并杀教民!一言既出,决不留停。那时候,不受洋人荼毒,亦不受官长欺凌。皇上也出气,百姓也欢心。若非如此斩尽,地方何能安宁!"③西方传教士与中国民众的冲突比比皆是,又如广西民间歌谣"狗屎官,何臻祥。欺百姓,助外洋,终归没有好下场"④,其背景是1897年,苏司铎等法国传教士到广西永安州传

---

① 程英:《中国近代反帝反封建历史歌谣选》,中华书局1962年版。
② 以上所引民间歌谣均出自程英:《中国近代反帝反封建历史歌谣选》,中华书局1962年版。
③ 程英:《真不平》,见《中国近代反帝反封建历史歌谣选》,中华书局1962年版。
④ 程英:《终归没有好下场》,见《中国近代反帝反封建历史歌谣选》,中华书局1962年版,第414页。

教,收罗地方流氓无赖,为所欲为,引起地方民众不满。地方民众相约"一家有一人入教者,将合家逐出村外",并将此约张贴。苏司铎等人见一烧酒店墙上贴有禁约,便捣毁酒店,强行带走店主。地方民众前去拦截,苏司铎开枪射击,遭到地方民众反击。事件发生之后,永安知州何臻祥不分是非,缉拿"凶手"。后来,他被清政府撤了职,地方民众用歌谣记述了这个事件。1900年,有西方传教士深入到湖南辰州(怀化)以传教为名,调查地方社会。当时,汉口英国领事馆曾经派教士到辰州传教,但是,入教人数很少。英国人胡绍祖、罗国俞来到这里之后,勾结地方无赖,包揽词讼,与地方寡妇萧张氏偷鸡摸狗。1902年夏秋之交,辰州地方瘟疫流行,有人发现萧张氏向井里投东西,将其逮走问讯,其招供是两个传教士所指使。地方民众打死两个传教士,英国公使强迫地方政府逮捕地方民众三百多人,惨杀十多人,赔款八万多两银子,并且强迫地方民众在辰州府衙门前为英国传教士立起巨大的纪念碑。地方民众对此事件气愤难平,在拉运这个纪念碑巨石的时候唱出这首劳动号子:"岩头哥呵,上府坡呵,——嗨嗨呵,红毛鬼子害人多呵!岩头王啦,上府堂啦,——嗨嗨啦,皇帝老子狠心肠啦!岩头神呀,上府坪呀,——嗨嗨呀,有仇不报枉为人呀!"①近些年来一些学者极力美化西方传教士的行为,实在令人感慨万端。固然,文化需要交流,需要对话,需要面向世界,作为文化立场,这没有半点过错。但是,无视文化交流中的大量不平等事实,又该如何讲其中的是是非非?

最为典型的是前面曾经述及的1870年发生的天津教案。民间传说称,当时民间有许多外国教堂迷惑拐卖中国小孩,地方政府曾捕获一个拐匪安三。但是,因为安三是教民,外国教堂以不正当的理由出面庇护。特别是法国领事丰大业,极端蔑视中国人,竟然开枪行凶。天津人民对此忍无可忍,群起殴打丰大业致死,并且烧毁了望海楼外国教堂。清政府诚惶诚恐,派直隶总督曾国藩释放了安三,并逮捕"凶手",向教会赔款、道歉。曾国藩这种行为被称为"卖国",很快引起了全国越来越多人的义愤。接着,由李鸿章接替曾国藩,其更为变本加厉,惨杀了十六名天津市民。教案中有不少被无辜杀害的人。许多人虽然痛恨教士的罪恶行为,但并没有赶来火烧教堂,是被硬逮捕来凑数的。这些人坚强不屈,用戏台上英雄好汉的服装装扮自己,走向刑场。之后,天津流传民间歌曲《火烧河楼》,歌唱道:

> 同治九年五月二十三日起祸头,
> 洋鬼子楼来九丈九,
> 众家小孩砍砖头,

---

① 程英:《红毛鬼子害人多》,见《中国近代反帝反封建历史歌谣选》,中华书局1962年版,第540—541页。

一砍砍在鬼子楼。
法国领事丰大业一见发了愁，
手拿洋枪往外走，
直到院衙找崇厚。
两人讲话不妨头，
丰大业洋枪一响，
崇厚急忙往外溜。
老百姓听说是洋鬼子开炮打崇厚，
个个摩拳擦掌，
怒气满心头。
人们越聚越多，
挤满了衙门口，
县太爷刘杰也赶来打听根由。
丰大业一见有了气，
又一枪打伤了县台的差官，
他还不干休。
众英雄一见气往上浮，
拧眉瞪眼向前凑，
你一拳，我一脚，
就这样打死了丰大业在衙门口。
天津卫的英雄们一声呐喊，说：
"打死了万恶的洋鬼子还不算，
我们还要烧了那万恶的鬼子楼！"
一路上受过害的百姓们都拿了火油柴草，
一齐跟着英雄们走，
七手八脚烧了河楼，烟气冲斗牛。
城厢内外的众家好汉，
一看是天津卫的哥们要报仇，
手拿刀枪剑戟、斧钺和叉钩，
拐子流星带斧头，
一齐奔到望海楼。
杀声震天真像是狮子吼，
遇见了鬼子就揪住不放手。
一个也不把他留！

一个也不把他留!
报冤仇! 报冤仇!
从此惹下大祸头。
法国兵船到大沽口,
强迫中国官民赔命才干休。
同治爷下谕旨,
说是教堂拐小孩,
摘心挖眼,都是妄控妄奏没根由,
赶快把天津卫的混星子搜。
英雄们不怕死,有的去自投,
情愿坐牢也不怕砍头。
九月二十五夜里要把英雄们去斩首,
英雄们说:"有交情别上前儿,
有什么事白天来接头。"
一个个横眉怒目怎肯低头。
那些刽子手们吓得直往外溜,
不敢绑人,也不敢动手。
这才惊动了全城官长来央求,
花言巧语把英雄们哄得点了头,
绑出监牢街上游。
崔秃子、马宏亮年长在前走,
瘸子姓冯在后头,
十几位英雄一对一对往前走。
抓地虎的靴子,
身穿花洋绉,
箭袖靠身蜈蚣纽,
杏黄板带飘悠悠,
身穿灯笼裤,
头带英雄帽,
颤颤巍巍花绒。
好一似绿林英雄汉,
相貌堂堂雄赳赳。
远远看见招子好似高粱地,
过了鼓楼来到镇台衙门口。

英雄们破口大骂：
"赃官见了洋人好像避猫鼠，
硬要天津卫哥们给鬼子抵命也不问情由，
不该把哥儿爷们搜。
这就是赃官办的好事真不害羞！"
大家说："等到天亮再往前走。"
小货铺送来了八条凳，
两人一条吃茶把烟抽。
一直等到大天亮，
朋友们探望围了个风不透来雨不透。
上梯子，爬墙头，
地上也有，房上也有，
有的说："你们怎舍得亲爱同伴好朋友！"
有的说："你们怎舍得把娇妻幼子丢！"
有的说："你们怎舍得八十老爹无人收留！"
有的说："你们怎舍得高堂老母恩情厚！"
这才惊动马宏亮站起身来详细说根由：
"我们一不是响马，
二不是贼寇，
三不是图财害命、明火路劫才把命丢。
我们是替那屈死的小孩来报仇；
给天津卫除大害，
打死丰大业，
烧了鬼子楼，
活劈了大姑二姑
举着她们的脚腿把街游，
不怕死来拼命雪冤仇。
好汉做事好汉当，
一命抵一命死也甘休！"
崔秃子说："洋人催命催得紧，
狗官硬把我抓来填馅，
顶凶当凶手，
他好交差算是给爷家
做了一件好事由。

我死后一定要变恶鬼掐他咽喉!
十六个人里像我这样的有好些个,
虽然是屈死,
也算是替天津卫的哥们顶事的好朋友。"
众人们听罢个个热泪往下流,
异口同声说是:"弟兄们……
为了中国人把命丢,
你们的美名万古留!"①

中国民众与洋教徒的冲突,不仅是民间信仰与思想文化的冲突,更重要的是社会政治的冲突。中国社会政治对内张牙舞爪,对外则表现得极度软弱,任西方列强在中国到处横行霸道,激起民众阶层的广泛不满。民间文学具有十分浓郁的民族情绪,既有反清的内容,也有排外的内容。诸如反对洋人,连同清朝政府设立的同文馆也在排斥之列,其声称"胡闹,胡闹!教人都信了天主教"。其实,如搜集整理者所解释:"1862年清政府在北京设立'同文馆',招收学员学习外国语文,培养'洋务'人才。这是清朝封建政权开始买办化的一个重要措施,在当时引起了人们的普遍反对。这首民谣就是当时在北京产生的,并且还有人写下来贴在前门(北京市中心的城门)上。其实入同文馆学洋文,并不是信洋教,但那时人们都把它们看成是一回事。从这首民谣中可以看出,当时人民普遍存在着反侵略情绪,凡沾'洋'气的事物就立即被认为是有侵略性的,并且和天主教联系起来。因为天主教是人民在日常生活中一般能够具体接触到的侵略势力,所以它在人民心目中就成了侵略势力的主要代表。"②诸如英法联军侵占北京时《顺天时调》所唱"可叹大清一统,丧尽祖宗英名。咸丰爷,年纪轻,信宗室,误国政。王公将相无才能,就知贪财惜命。武职克扣军饷,文官受贿不公。卖官鬻爵早有,因此国家受病";"八里桥,大交兵,打败仗,真苦情。鬼子炸炮当头阵,吓坏满蒙汉军兵,也有炸炮伤了命,也有逃奔西东,也有丢去器械,也有丢去盔缨,也有脱去号衣改名姓,假充民人子弟溜进城。太平时,逞豪勇,打上仗,全无能。北口外,鞑子兵,骆驼阵,也不行。胜大人,受伤重,假报红旗诈进城。闭城门,八月中,居民人等受一惊。此时奸党劝主行,郑王肃顺大奸雄,八月八日离圆明,一群奸党保驾行,明为保驾避凶锋,暗顾身家保性命";"国中无主众人惊,夷兵直要攻城。怎怨恒祺庆惠,商量定日开城。可恨兵多帅少将无能,枉害多少生灵。贼鬼进了安定,唬坏城上防兵,祖宗爷娘喊叫,可叹大清旗兵,摘了帽子跑下城,脱了号衣就搬营。可叹上班席窝棚,就有爬城逃

---

① 程英:《火烧河楼》,见《中国近代反帝反封建历史歌谣选》,中华书局1962年版,第404—409页。
② 程英:《反同文馆谣》,见《中国近代反帝反封建历史歌谣选》,中华书局1962年版,第399页。

命。兵丁失散队伍,元帅先跑出城。饭袋酒囊众公卿,无一忠则尽命,鬼子进城之后,任他调动听从。张贴告示'大法、大英',明是欺辱大清。仕宦摘去门封,官员不戴顶翎。车马俱改小鞍笼,怕是因官丧命。平时装模作样,骑马坐轿逞威风;此时逃命改名姓,不提诰命王公。城内富户逃避,沿路被劫吃惊。穷家铺户陷城中,只可凭天由命。安定内如贼城,府尹两县听令。城里关外任纵横,如入无人之境。城内受害尚好,城外异事迭生。奸淫老妇幼女童,放火烧抢一空。携男抱女逃命,流离颠沛西东。朝中因为无主公,军民受害深重"。最后"贼兵离了京城,我兵又逞英雄。茶馆酒铺抖威风,手中架鸟提笼,自此闲散无烦恼,明目张胆寄卖洋药带开灯,窝娼聚赌经常行。贪官漏网得命,妻子险遭贼锋,探听贼走溜进城,又该摆酒压惊"①,可谓入木三分。

民间文学合为事而作,爱憎鲜明,从无避讳。江南地区早得开风气之先的外埠开放,西方列强在此开设工厂,极大地冲击了地方民族工业。传统的手工业作坊败给西方现代工业,工人的生活遭遇非常凄惨。当现代工厂兴起来的时候,他们歌唱《十杯茶》,唱"一杯子茶唱的大生厂,大生厂里好兴旺,里头开花庄。陈头儿站在大门口,毛竹板子拿在手,不准闲人走。二杯子茶茶叶黄,大生厂里砌楼房,两面是花仓。方头儿站在桥门口,黑漆棍子拿在手,好像一只闹狮狗。三杯子茶茶叶红,大生厂里支烟囱,寒天加火烘。本地房子砌的外国楼,外国楼上机器灯,点起灯来不用人"②。

对于社会政治风云变幻,民间文学给予及时表现,出现许多时政歌谣。这些时政歌谣都伴随着相应的民间传说。如"两柳夹一槐,老袁还得来;两槐夹一柳,太后还得走",是"清宣统二三年之童谣";"当时路旁种树,槐柳相间"喻指袁世凯恢复职务,回到朝廷③。如"宣统回了朝,秃头要开瓢;宣统跑了,秃头好了"④,"不用掐,不用算,宣统不过二年半。今年猪吃羊,明年种地不纳粮",喻指清朝终结⑤。当辛亥革命的炮声就要响起时,出现"彗星见,四川乱;彗星没,刀兵出","血溅天河,尸积满车;杀人如麻,欲

---

① 此歌调有多种,或作《顺天时调》,或作《夷氛私叹》,参见程英:《中国近代反帝反封建历史歌谣选》,中华书局1962年版,第32—40页。
② 《十杯茶》,钱慧英、张连生、陈素珍、陈六、范锁珍、张秀珍、局文英等演唱,何连清、钱宝玉、许永和、李伟君、穆桓等记录。见南通市文联:《南通纺织工人歌谣选》,江苏人民出版社1982年版,第25—26页。
③ 直隶范正君搜集,《北京大学日刊》第224期,1918年10月11日。
④ 北京大学文科李芳华搜集,此歌通行于山东招远一带。"宣统回了朝",指1917年"张勋复辟"事,"秃头",指民国后剃了辫子的人们。存《北京大学日刊》第381号,1919年5月20日。
⑤ 程英:《中国近代反帝反封建历史歌谣选》,中华书局1962年版。

归无家"①的歌谣。当袁世凯执"中华民国"牛耳,镇压革命党人时,出现"五色旗,没有边。袁世凯,没几天","大总统,洪宪年,正月十五卖汤圆"的歌谣②。张勋复辟,出现"不剃辫子没法混,剃了辫子怕张顺"③的歌谣。他们更多的是在歌唱"一出南津关,两眼泪不干。买个破砂罐,吃吃喝喝上四川"④之类的生活的酸辛,在每一首歌谣的背后,都有一段特殊的历史故事。

一切民族主义的发生都是在民族命运受到威胁的时候被逼迫而形成的。中国近代社会的重要标志就是列强逼迫中国睁开眼睛看世界,打破自我文化中心等思想观念。固然,中华民族是文明礼仪之邦,热爱家乡,重视乡情、友情、亲情,有许多热情好客的习俗与相关的传说故事。我国历史上早就有丝绸之路,与远方的民族广泛交往,形成人类文明历史上的佳话。在我们的社会生活中有礼尚往来的文化生活传统,推崇坦诚相见,讲究温良恭俭让,讲究来而不往非礼也,反对各种飞扬跋扈、颐指气使的恶霸作风,更反对那些烧杀抢掠、草菅人命的强盗行为。近代民间文学发生的具体条件有所改变,即中国社会政治腐败不堪,遍地黑暗,英国帝国主义等强盗无耻、无礼、无端发起鸦片战争,尤其是八国联军占领北京,严重毁坏中国文化,其罪恶罄竹难书,这又如何不激起中华民族保卫家乡、反对外来侵略的怒火呢?鸦片与鸦片战争给中国人带来巨大的伤痛和灾难,民间歌谣中哭诉出"月亮亮,家家小小儿出来孛相相。拾着钉,打把枪,戳杀倭人无肚肠。肚肠环在枪头上,老鸦衔去做道场"⑤的歌声。

鸦片战争改变中国社会命运,也改变中国社会的文化心态,它是中国近代社会从老大帝国转向被鄙视、被欺侮命运的重要转折。这一时期,帝国主义对中华民族的野蛮欺凌和掠夺,必然激起中国民众的反抗,中国民众表现出对洋人的仇恨成为这一历史时期的重要主题。

当林则徐火焚鸦片,三元里抗英的战斗打响的时候,他们歌唱:"一声炮响,二律埋城。三元里顶住,四方炮台打烂。伍紫垣顶上,六百万讲和。七七礼拜,八千斤未

---

① 杨凤辉《南皋笔记》("民国"三年)卷二载"辛亥,夏五月,有彗星见于西南,入井鬼之野,越二月而没,有青衣童子,长谣于市荣(一)","未几而川中有路事之战,七月,天赤而血,复谣于市云(二)。众闻而恶之,竟操刀逐之,忽化为青蝇而去","星象显于天,童谣应于市,其事岂偶然哉!谓之为警世也亦可"。杨凤辉:《南皋笔记》,江苏古籍出版社 1984 年版。
② 程英:《中国近代反帝反封建历史歌谣选》,中华书局 1962 年版。
③ 北京大学图书馆主任李守常(李大钊)搜集,《北京大学日刊》第 220 期,1918 年 10 月 5 日。
④ 《船夫歌》,沈次刚搜集整理,《北京大学日刊》第 141 期,1918 年 5 月 20 日。
⑤ 胡德:《沪谚》卷下,东亚书局 1914 年版。

烧。九九打吓,十足输晒!"①对此,搜集整理者称:"林则徐在广州禁鸦片,同时加强海防。1840年6月,英国侵略者派遣舰队进攻广州,未能得逞,于是沿海北上,到达天津。道光害怕,撤换林则徐改派卖国贼琦善同英军到广州讲和。英国侵略者态度强硬,要求赔款、割让香港。道光一怒,又撤换了琦善,改派奕山为'靖逆将军',到广州指挥作战。奕山同样没有作战勇气,侵略军毫不费力地占领了广州城北的重要军事据点四方炮台。奕山大为恐慌,急忙派人讲和,交出六百万元的'赎城费',才换得英军不进入广州城。这首歌谣是三元里人民编唱出来的,对奕山等人的卖国投降,表示了极大的愤怒。"

民众恨透了软弱无能的清政府,在民间歌谣中称"百姓怕官,官怕洋鬼。官怕洋鬼,洋鬼怕百姓","贼到兵先走,兵来贼已空。可怜兵与贼,何日得相逢"。② 他们在民间歌谣中感受时局动荡,表达政治失望,传唱出歌谣"海外方求战,朝端竟议和,将军伊里布,宰相穆彰阿"③;唱"不战、不和、不守,不死、不降、不走。相臣肚量,疆臣抱负,古之所无,今亦罕有!不战、不和、不守,不死、不降、不走。《二十四史》翻完,千载奇人

---

① 《三元里抗英》,搜集整理者对其中内容做解释道:广州方言"二"与"义"同音,二律就是义律,他是当时英国驻广州领事,也是英国侵略军头子之一;"埋"就是"近",这句说义律进攻逼近广州。顶住:广州方言,"抵抗住"的意思。这句话一作"三元里被困"。伍崇曜:原名元薇,字紫垣。歌词中原来误记作"紫恒"。他是广州富有的洋行商人,当奕山匆匆凑集六百万元"赎城费"时,伍崇曜出的最多,所以说"顶上",意即对付过去了。"七七礼拜"这一句是衬句。三元里人民起来进攻英军的那一天(5月30日),正是礼拜日,或者意即指此。这一句一本作"七钱银兑足",指每元折银七钱,六百万元折合银子四百二十万两。"八千斤未烧"指广州城西北江岸泥城的八千斤大炮,还没有点燃射击,敌人就登陆了。九九:广州方言,"时不时"的意思。这里是说清朝官兵只能时不时地打一下,并不能认真抵抗。输晒:广州方言,"输光"的意思。见程英:《中国近代反帝反封建历史歌谣选》,中华书局1962年版,第7—8页。

② 琦善向英军妥协投降时的广东民谣。见程英:《中国近代反帝反封建历史歌谣选》,中华书局1962年版。

③ 此民间歌谣搜集整理者称:海防前线的爱国将士正在积极抵抗侵略者,而朝廷里边穆彰阿等却一意主持议和。这使将士灰心,人民痛愤。这首歌谣据说本来是一个读书人写的诗,但它写出了广大群众内心的愤懑,文字又通俗,所以就在在群众中口头流传成为歌谣。第一句"海外方求战"主要是指舟山之战。寿春总兵王锡朋、处州总兵郑国鸿、定海总兵葛云飞、狼山总兵谢朝恩和部下士兵五千人坚守舟山岛,1841年9月末,他们经过激烈的抵抗,给敌人很大杀伤之后,壮烈牺牲。清朝制度,在全国各重要地点都派有旗兵长期驻防,设将军、都统、副都统等军官统辖。这时道光皇帝派伊里布为乍浦(这是旗兵驻防的一个地点)副都统,到浙江前线迎着英国侵略军求和。伊里布在南京议和之后又被任为广东将军,赴广州继续主持卖国外交。清朝制度并没有正式的宰相官职,穆彰阿这时是大学士、首席军机大臣,地位相当于宰相。见程英:《中国近代反帝反封建历史歌谣选》,中华书局1962年版,第16—17页。

未有"①云云。当租界林立于中国土地,洋人横行的时候,他们粘贴揭帖,喊出愤怒的声音:"西方蛮子,本不文明。禽兽同形,蛇蝎为心。番邦猿猴,是其祖宗。来到中华,如狼逞凶。不论何物,不分地区,随意侵吞,随意夺取。存心险恶,爪牙四出。善良百姓,受其荼毒。蛮子禽兽,不近人情。损人利己,丧尽天良。大清皇帝,国事繁忙。无暇调兵,阻其猖狂。鬼子乘机,占据上风。十足骄横,越来越凶。挖掘坟墓,拆除民房。死者魂魄,亦不安康。儿童妇女,流离道途。痛哭流涕,惨不忍睹。白骨累累,沉冤不伸。触目惊心,切齿痛恨。吾等壮士,多如树木。如何忍受,奇耻大辱!敬告全县,各界人士:灭此鬼夷,河山为誓!揭橥义旗,迅速立功。烧尽房屋,杀尽诸凶。百千猴子,消灭干净。人心始安,公愤始平。"②

当然,各种极端的民族主义总会有这样那样的问题,甚至会形成相当偏激的行为,诸如暗杀、自杀、火并等现象。中国近代社会内反残酷无情的清朝统治者,曾经出现炸五大臣与暗杀清朝权贵的激进形式;外御敌寇强权,爆发了三元里抗英等可歌可泣的斗争。文化是有生命的,需要思想启蒙和引导,需要发展和建设。民间文学作为一种社会思潮存在,及时体现民众的心声,尤其需要重视。在这些思想文化的建设和斗争中,孙中山领导的同盟会等革命组织,鼓呼"平均地权,建立民国",高呼"驱逐鞑虏,恢复中华",系统提出"民族、民权、民生"三大主义。应该说,这是在特殊历史背景下所提出的民族复兴的文化主张。这些思想文化内容深刻影响到中国近代社会的民间文学,成为其社会风俗生活中宝贵的民族精神和时代精神。中国社会广大民众受到长期的封建专制思想熏陶,更多的人向往王权、神权,把一切不平等的遭遇归之于命运的安排,习惯于忍气吞声,在谚语中常常表述"屈死不告状、饿死不做贼"的做人法则。这未必是大多数人能够理解和接受的社会政治主张。晚清政府愈发腐朽,军

---

① 民间歌谣搜集整理者称:1857年12月,英法侵略军进攻广州。两广总督叶名琛面对着英法联军的侵略,他既不准备作战,又拒绝谈判议和。到敌军攻来的时候,他不进行防守。这样,敌军没费力气就占领了广州。叶名琛被敌人俘虏送到印度去,后来他就病死在那里。本来有许多人向他建议采取积极措施对抗英法侵略者,可是他都不采纳,以为这样可以显出他自己肚量广、抱负大、很有智谋的样子。人民对叶名琛的行为非常愤慨,就编了这首歌谣来嘲骂他。见程英:《中国近代反帝反封建历史歌谣选》,中华书局1962年版,第25—26页。

② 搜集整理者称:这是咸丰四年十一月二十六日(1855年1月14日)在上海洋泾浜租界中贴出来的号召反抗和驱逐外国侵略者的揭帖(传单)。英、美、法在取得"五口通商"的不平等条约之后,便在通商口勒索一些土地作为他们侵略中国的根据地——租界。特别是在上海,他们又趁帮助清政府镇压小刀会起义的机会,扩大租界的面积和特权,并迫使上海官府勒令中国人民限期拆毁住屋,迁出租界,使许多中国人民流离失所,走投无路,甚至被迫自杀。但上海官府还无耻地拿外国侵略者来恫吓人民,上海知县在咸丰四年十一月二十五日出的布告中说:"倘至腊月初一日,上述房屋仍未拆除,英国当局即将派人拆除。"布告贴出的第二天,上面这篇揭帖就贴出来了。见程英:《中国近代反帝反封建历史歌谣选》,中华书局1962年版,第17—21页。

阀混战,建立新的民主国家这一政治理想,不但不能够为大多数人顺利接受,其势单力薄,革命宣传工作就显得尤为艰难,尤其悲壮。笔者在查阅近现代社会史料时发现,一直到民国时期,还有许多地方的报纸或唱本之类民间出版物在辱骂孙中山这些革命党人。传统文化中有许多宣传革命和变革的内容,诸如"汤武革命,其命维新",诸如"穷则变,变则通,通则久也",但是,在我们的文化传统中,更多的是追求平安,常常把推翻反动阶级黑暗统治的行为视作犯上作乱,面临着家灭九族等极其恐怖的危险。国民精神因此形成许多自相矛盾的现象。鲁迅曾经在《药》等文学作品中揭示这些内容。中国近代民间文学出现民族主义情绪,自然也出现一些抵制、排斥革命的情绪。在这种意义上讲,革命党人使用民间文学形式所做的各种宣传,确实具有思想解放的现实意义。中国民主革命事业还非常年轻,在许多方面显得非常幼稚,甚至表现出许多妥协、动摇的不彻底性。在这样的背景下出现了陈季同、黄遵宪和梁启超、夏曾佑、蒋观云、章太炎、王国维等一批思想家,包括鲁迅兄弟,他们表现出浓郁的民族主义思想,形成其理论主张。

在中国近代民间文学的发展中,各种社会思潮应运而生,一些革命家和社会改良者,包括一些西方传教士和中国外交官,积极参与社会政治和社会文化活动,搜集整理和评说民间文化,研究民族历史,他们形成不同形式和内容的民间文学思想理论。不唯如此,中国近代民间文学思想理论还应该包括曾国藩和李鸿章等人的相关著述。曾国藩与历史上的朱熹等人有许多相似之处,他们也关注民生,关注社会风俗生活的引导,把"厚风俗"视作社会发展的重要目标。他们的风俗思想涉及民间文学的许多内容,同样是中国近代民间文学思想理论的重要组成部分。而在长期的社会发展研究中,我们更多地把他们看作反动地主阶级的代表,认为他们阻碍了社会历史发展。尤其是曾国藩平定了太平天国运动,被视作镇压革命的历史罪人。其实,就社会发展而言,他们中的许多人,既有社会历史文化知识的积累与修养,又有长期做地方社会发展与文化管理工作的实际经验,其思想理论可能更有实践价值与现实意义。在社会科学研究中,意识形态是存在的,但是,过于追求意识形态的普遍性意义,就有可能影响社会科学研究的质量。一切都应该从实际出发,历史文化研究应该充分重视史料的特殊价值。对曾国藩等人的民间文学思想理论,不能够忽视其价值意义,同样不能进行无原则地拔高。诸如曾国藩《原才》中所论"倡而为风,效而成俗",其述说"风俗之厚薄奚自乎?自乎一、二人之心之所向而已。民之生,庸弱者戢戢皆是也。有一二贤且智者,则众人君之而受命焉;尤智者,所君尤众焉。此一二人者之心向义,则众人与之赴义;一、二人者之心向利,则众人与之赴利。众人所趋,势之所归,虽有大力,莫之敢逆。故曰:'挠万物者莫疾乎风。'风俗之于人之心,始乎微,而终乎不可御者也。先王之治天下,使贤者皆当路在势,其风民也皆以义,故道一而俗同。世教既衰,所谓一二人者不尽在位,彼其心之所向,势不能不腾为口说而播为声气。而众人者,势不能不听命,而蒸为习尚。于是乎徒党蔚起,而一时之人才出焉。有以仁义倡者,其徒党亦死仁义而不顾;有以功利倡者,其徒党亦死功利而不返。水流湿,火就燥,无感不雠,所从来久矣。今之君子之在势者,辄曰:'天下无才。'彼自尸于高明之地,不克以己之所向,转移习俗,而陶铸一世之人;而翻谢曰'无才'。谓之不诬,可乎?否也!十室之邑,有好义之士,其智足以移十人者,必能拔十人中之尤者而材之;其智足以移百人者,必能拔百人中之尤者而材之。然则转移习俗,而陶铸一世之人,非特处高明之地者然也,凡一命以上,皆与有责焉者也。有国家者得吾说而存之,则将慎择与共天位之人;士大夫得吾说而存之,则将惴惴乎谨其心之所向,恐一不当,而坏风俗而贼人才。循是为之,数十年之后,万有一收其效者乎!非所逆睹已"①云云。这些论述同样是中国近代民间文学思想理论的重要内容。

特别值得我们重视的是以陈季同、黄遵宪、单士厘、曾纪泽为代表的一批外交家、社会文化活动家和翻译家。他们是远行的传经布道者,向异国他乡传送出中华民族与友邦和睦相处的思想文化,也是勇敢的盗火者,从那些发达的国家和民族学习成功的经验,包括他们丰富多彩的民间文学。每每论及中国民间文学的发展,我们常常把目光投向身边所熟悉的人。陈季同等人尤为特殊,在海外介绍中国民间文学与中国社会风俗生活,形成非常可贵而独特的民间文学思想理论。

与此同时,中国睁开眼睛看世界,世界也在不断打量中国。这一时期,有许多西方学者关注着中国社会文化的发展变化,包括中国民间文学,在他们的著述中出现对中国民间文学的具体论述。其中的探险家与传教士在文化交流中所充当的角色不尽相同,他们的目的与方式也千差万别,不同程度上涉及中国民间文学的内容,这也是中国近代民间文学史的一部分。一些西方传教士来到中国,为了宣传西方文化,沿用"入境问俗"的社会调查方法,搜集整理中国民间文学和社会风俗,形成他们独具特色的民间文学思想理论。这也应该视作中国民间文学思想史的一部分。

二、关于太平天国等农民起义与近代民间文学问题

如何看待农民起义与近代民间文学问题,这不仅是中国近代民间文学研究中的重要问题,而且是整个中国民间文学史上一个非常重要的问题。应该说,随着社会历史文化的发展,尤其是学术研究多元化,越来越多的人打破一元化单向思维,更注重把一些影响社会历史发展的重大事件置之于更广阔的背景与条件下思索其价值意

---

① 曾国藩:《原才》,见《曾国藩全集·诗文》,岳麓书社1986年版,第181页。

义。中国共产党领导的中国革命与工农大众血肉相连,在官逼民反的条件下,无产者成为中国革命最重要的力量。秋收起义、井冈山斗争等革命斗争,都具有农民起义的性质,成为建设新中国极其宝贵的历史文化财富。在这种背景下,对于历史上的农民起义,我们更强调历史唯物主义的态度,坚持人民群众是社会历史发展的根本动力,在相当长的时期内高度赞扬所有的农民起义,自然有充足的理由。因而,我们有意或无意地回避或无视其对社会发展所带来的负面影响。对于中国近代社会历史上出现的太平天国起义、捻军起义、义和团运动等重要的群众斗争,一度做出不切实际的拔高和神化,在事实上违背了历史发展的真实。其中一个重要表现就是在阶级斗争为纲的岁月里,过于强调农民阶层或无产者的先进性,无视其历史局限,甚至人为编造出现代人所理解和表达的农民起义运动中的"民间文学"。这是一个相当普遍的社会文化现象,既违背历史真实,又违背民间文学搜集整理中忠实记录的基本原则,这只能是普通的文化读物,而不能视作民间文学。而且,这样的编造形成对历史文化不负责任的行为,也为后人研究民间文学甄别、辨析等研究工作带来极大的困难。科学研究的严肃性因此受到严重伤害。

而近年来,又出现一种反历史传统的理论思潮,完全抹杀太平天国这些农民起义的历史功绩。这种从一个极端走向另一个极端的行为,同样无益于历史文化研究。太平天国的历史资料非常丰富,从其中的政治文件来看,洪秀全等人并不是那样伟大,在一些方面与旧的统治者没有什么两样,甚至更残酷。这是历史事实,我们也用不着为他做什么辩护。但是,农民起义终究是对时代的抗争,是对主流政治的反叛,农民起义的领导者在社会阅历、知识经验等方面,常常选择一条更加适宜于发动更多社会群体力量的有效方式,便于传播其思想文化主张,以尽快达到其宣传鼓动的作用。那么,借用传统的天命神授等观念,形成更有效的社会文化向心力与凝聚力,既是社会历史发展阶段的严重局限性表现,也是其不得不使用的便利手段。这是对社会文化心理的深入细致总结与把握的结果。完全撇开具体的社会历史发展条件,无端要求历史上的农民表现出超越时代现实的思想境界,这本身就是对历史发展实际的无视。诸如洪秀全借用拜上帝会,义和团借用画符念咒,都是看重民间信仰的力量,这是有广泛深入的群众基础的。尤其是义和团运动,其反抗帝国主义列强瓜分中国,不怕牺牲,勇敢斗争,虽然有"扶清灭洋"等未必切合实际的战斗口号,其实质具有爱国主义的鲜明意识,表现出中华民族最朴素的情感与意志,为何受到过分的指责呢?难道逆来顺受、任人宰割的奴才哲学,就是应有的选择吗?面对国内外穷凶极恶的敌人,太平天国与义和团这些英雄的农民,他们的反抗斗争表现出空前的大无畏精神,与那些委曲求全、冷漠自私而甘心做奴才的知识"精英"们相比,形成精神品格的巨大差别。不可否认的是,中国传统文化思想表现出的多重性,崇尚气节的宝贵品质常常被割舍。无数的爱国志士,更能够显示群众是真正的英雄。尊重民间文学的历史原貌,应该充分重视民间文学产生与流传的历史背景和各种具体的社会条件。当然,我们绝不是说不能够对农民起义与民间文学等问题提出质疑或进行辨析,而是强调民间文学对历史上的农民起义所表现的复杂性。许多农民起义包含着土匪的杀人越货,打着劫富济贫的幌子,实际上干着伤天害理的罪恶勾当。即使是太平天国与义和团这样的农民起义,也充满变化,在他们的早期,他们也能够充满正气,纪律严明,爱护百姓,赢得广大穷苦百姓的拥护,人马很快发展壮大起来。而随着形势的发展,这些起义者的内心与品格也在发生变化,洪秀全与杨秀清之间的政治斗争就是明显的事例。所以,在这样的时刻,他们总是众叛亲离,被社会大众所抛弃,起义事业常常毁之于起义者自身自私而狭隘的争斗与厮杀。历史上的李自成是这样,其事业开始阶段轰轰烈烈,吸引了四面八方的穷苦人,而其后来骄傲自满,刚愎自用,很快失去民心,落荒而逃,最后被乡民所杀。洪秀全、杨秀清、石达开他们也是这样。农民起义推动社会发展的历史价值应该客观评价,研究其相伴而生的民间文学,更应该尊重其自身独特而丰富的历史文化价值,既要看到社会大众对起义英雄的爱戴和怀念,又要看到其不可超越的历史局限性。作为民间社会述说的英雄,常常与历史事实大相径庭,而其中的情感则极其复杂,更多属于民众自身对社会历史发展的理解与表达。

近代中国社会内忧外患,不可能风平浪静。或曰,哪里有压迫,哪里就有反抗和斗争。当各种社会矛盾与思想文化冲突交织在一起,越来越不可调和的时候,就很容易形成大规模的极端现象。太平天国等农民起义运动,就是这种不可调和的矛盾产物。近代民间文学所表现的太平天国这些农民起义未必就是那样光彩照人,当然也未必就是那样真的肮脏透顶。还原历史真相并不是民间文学理论研究的终极目的,但是,任何极端的诉说及其违背历史真实的表达方式,都会有损于民间文学研究的科学性。所以,历史事实真相的寻求与民间文学研究并不相悖。

在中国近代民间文学历史上,关于农民起义的记述与表达有两种基本形式,一方面是官方充满仇恨的咒骂,将农民起义者称为"流贼"、"长毛"、"捻匪"、"拳匪"、"乱匪",后世一些以天下为己任自命不凡的文人,也跟着鹦鹉学舌。另一方面是后世文化工作者整理出来的农民起义传说故事和民间歌谣,以文化读物形式出版(传播),大力歌颂他们的革命性,甚至无限制的美化他们、神化他们,将他们的种种行为进行革命化叙说,几乎同于中国革命历史上的八路军,纪律严明,团结群众,志向远大。那么,这也形成一系列问题,既然农民起义那样富有革命性与先进性,为什么归于失败了呢?难道都是由于统治阶层过于强大吗?而在此语境中,统治阶级不都是非常腐朽无能吗?其中的自相矛盾之处太多,所以令人生疑。或曰,农民起义富有鼓动性的宣传深刻影响到广大下层民众,诸如均贫富、等贵贱这些主张,迄今为止,也并没有过时。而由于农民起义的组织者的动机与素质,难免出现一些打着为天下穷苦人谋福利的幌子的壮怀激烈、英勇顽强的农民英雄,抑或野心家、投机钻营者,他们的实际行为总是与其主张不相符合,这就难免出现历史的悲剧。同时,中国历史文化传统常常坚守"成者王侯败者贼"的评价标准,而且,在广大民众中,聪明智慧与愚昧并存,一切复杂的民间文学现象都会发生。民间文学的历史真实及其辨析、甄别等问题,将是民间文学研究长期存在的难题,直接影响到民间文学研究的科学性与深入程度。

从社会历史发展意义而言,农民起义就是对社会现实的黑暗与邪恶势力的抗争,就是破坏旧秩序。起义之"义",以均贫富、等贵贱为代表的战斗口号,就是他们最鲜明的思想主张,也是他们能够赢得天下许多人积极响应与文化认同的关键。他们在抗争与破坏中表达农民阶层自己的诉求。这些诉求就是民间文学产生的极其重要的思想文化基础。所以,农民起义在民间文学历史上的表现,很可能是神通广大的英雄传奇,也很可能被极端妖魔化。明末李自成领导的农民起义在民间文学中体现出的双重性最为典型,一方面是"吃他娘,穿他娘,闯王来了不纳粮",一方面是关于"瞎了一只眼睛的李自成"杀人如麻、无恶不作等传说故事,哪一个才是真实的呢?应该说,都具有真实性。对于前者而言,失去社会生活最基本的物质保障,无法生存,不得不反;对于后者而言,农民军打击的对象就是为富不仁的富裕阶层,又如何能够得到他们的赞同呢?笔者在社会调查中了解到一个普遍现象,即许多地方的古墓,都是由农民起义军所盗,因为他们需要筹集军费,不得不如此"借用"。在农民起义军看来,这些死后仍然享受无尽财富的富贵者,他们所拥有的金银财宝,又如何不是榨取千百万劳动者的血汗呢?所以,我们一再强调民间文学研究的价值立场问题。李自成是这样,洪秀全也是这样,几乎所有的农民起义都免不了这样。民间文学以口头述说农民起义,首先是穷苦人的心声。他们并不是绝对的仇富,在千家万户张贴的《柴王推车》、《刘海戏金蟾》和《聚宝盆》等传统年画中可以看到,穷苦人最向往的其实就是财富与公平!他们所恨的是不平等,是各种为富不仁与欺压无辜。他们所向往的是公平正义,是对人格平等、物质充裕的希望与期待。诚如人所说,世界上没有无缘无故的爱与恨。农民起义军造反,冒着巨大的生命危险,如果不是万不得已,绝对不会走上如此艰难的道路。有许多看起来非常复杂的问题,其实道理极其简单。

太平天国农民起义运动的兴起是民间社会对清朝腐朽政治与黑暗现实极其不满,长期酝酿形成的结果。

之前,在浙江曾经流传"三十刀兵动八方,天呼地号没处藏。安排白马接'红羊',十二英雄势莫当"的歌谣,有搜集整理者介绍道:"这是道光二十八年(1848年)在浙江流传的一首民谣。'三十'指道光三十年(1850年),'红羊'指洪秀全、杨秀清领导的太平天国革命。这是说,在道光二十八年便已'预见'到道光三十年要到处起义,'刀兵动八方',迎接太平天国革命'接红羊'了。事实上当然不可能'预见'得这样具体,这样准确。民间原有宗教性的秘密组织叫作'红羊教',又有所谓'红羊劫'的说法,所以这里的'红羊'二字和'洪杨'二字同音,只是偶然的巧合。从前,当人民有了革命要求的时候,常常用一种预言式的谣谶表示出来。这首歌谣就属于这种情况。它表明了在太平天国起义前,浙江人民已因阶级矛盾的尖锐化而预感到大规模的起义即将爆发。"① 的确,民间歌谣具有谶言的意义,其传播过程中常常形成一种心理暗示,激发人们的某种热情。

太平天国历时十四年之久,纵横十八个省,曾经是一场如火如荼的反抗清朝黑暗政治的群众性运动。它与以往的白莲教,以及历史上的诸多农民起义最大的不同,是创建了反对清朝统治的拜上帝会。1840年,洪秀全创立拜上帝会,著述《原道救世歌》、《原道醒世训》、《原道觉世训》等太平天国思想理论,利用民间文学形式宣传太平天国的各种思想主张,得到许多民众的热烈响应。当然,他们利用所谓的拜上帝会宣传,在事实上结合了中国传统文化。或曰,历史上的洪秀全、杨秀清他们可能是农民阶层反抗黑暗统治的典型代表,却未必是真正的民族英雄。他们作为历史传说人物,代表了民众的意志与愿望,却未必就能够代表社会历史发展的前途与方向。当然,其追求平等、公正的道义,永远是中华民族神圣的思想文化财富。因而,有许多政治家、革命家以他们为榜样,也有许多优秀作家热情歌颂农民起义对黑暗势力的反抗与斗争。如孙中山就多次自称是"洪杨之后"。1894年11月,他从上海奔赴檀香山,组织反清革命团体兴中会,开始领导以反清为重要内容的暴动。1895年10月孙中山组织广州起义,起义失败后,其流亡海外。1905年8月孙中山在东京组织策划,将兴中会、华兴会、光复会等革命团体合并为中国同盟会,被推举为总理。从1906年开始,其领导的同盟会主要在华南各地活动,与哥老会、三合会等秘密组织联合,多次举行武装起义。1911年10月辛亥革命爆发后,孙中山从美国赶回国内,在南京成立中华民国临时政府,被选举为中华民国临时大总统。其后,与袁世凯合作,不久二人决裂,其组织讨袁,史称二次革命。清王朝腐败不堪,色厉内荏,对外软弱无能,对内残酷无情,激起民众的强烈反对。西方帝国主义列强觊觎中国,如同饕餮,暴殄天物,掠夺无度,更加剧了中华民族的灾难,使中华民族危在旦夕。在这种意义上讲,太平天国与义和团这些农民起义是民众的必然反抗,是对民族权益、民众权利的正常维护。所以,孙中山十分钦佩他们敢于造反、斗争的精神,在《咏志》中歌唱道:"万象阴霾扫不开,红羊劫运日相催。顶天立地奇男子,要把乾坤扭转来。"这里,孙中山使用了"红羊劫运"的典故。这是一个历史传说的概念,借指遭遇国难。古人以为丙午、丁未是国家多发生灾祸的年份。民间信仰中,丙丁为火,色红;未属羊,故称红羊。如唐代殷尧藩在《李节度平房诗》中歌唱道:"太平从此销兵甲,记取红羊换劫年。"南宋时期的作家柴望,曾以词《摸鱼儿》"问长江、几分秋色,三分浑在烟雨。何人折尽丝丝柳,此日送君南浦。帆且

---

① 程英:《中国近代反帝反封建历史歌谣选》,中华书局1962年版,第59页。

驻。试说著、羊裘钓雪今何许。鱼虾自舞。但一舸芦花,数声霜笛,鸥鹭自来去"等句闻于世。其著有《丙丁龟鉴》一书,他在该书中总结了从战国到五代之间各个历史时期发生的各种社会动乱,发现它们在时间阶段上一般多发生在丙午年和丁未年。他发现,此一千多年间,这两个年份的动乱次数有二十多次,六十年一循环,其规律性与繁密性想见有多么显著。如宋徽宗、宋钦宗被掳走的"靖康之耻"也发生在丙午年(1126年)。他因此告诫人们每逢此丙午年和丁未年时,做事情一定要谨慎。民间信仰中,以此火与羊为不吉利,把丙午、丁未视作易动荡的年份,为劫难的代表与象征。如清龚自珍《百字令·投袁大琴南》就有诗句:"无奈苍狗看云,红羊数劫,惘惘休提起。"历史上恰巧六十年就出现一次"丙午丁未之厄",此"红羊劫运"所以为人迷惑而信以为真。广东是太平天国领导者的故乡,是洪秀全的家乡,也是革命先行者孙中山的家乡。孙中山以洪秀全为红,以广州羊城为羊,以为红、洪就是伟大,以为五羊便是吉祥;红羊不是革命者的劫运,而是福音,是大吉祥。同时,他以为红色象征流血的革命,羊城为广州的预示,即五羊城注定他们将要成功。所以,他宣称革命就要在广东大地兴起,预示着失去人心的清朝劫运就要到来了,清朝必然失败。孙中山与许多岭南人一样笃信风水,此反其意而用之,以"红羊"谐音"洪"、"杨",与太平天国领袖"洪秀全"、"杨秀清"的姓相同,鼓呼革命,对太平天国起义极为赞同。他曾说,洪秀全是反清第一英雄,我是第二。他决心做一个像洪秀全那样的"顶天立地奇男子",推翻清朝,"要把乾坤扭转来"。笔者在广东省中山、花县(花都区)等地做调查时,曾得到孙中山是洪秀全转世的民间传说,以及许多关于风水信仰等内容的民间传说。除了公开出版的中国近代民间文学读物,还有许多散存在民间社会的民间文学,这更值得重视。

民间文学与作家文学相互影响,共同发展。晚清时期有许多表现太平天国农民起义的文学作品,采用民间传说形式,也使民间社会关于太平天国历史的传说不断再生。在天津杨柳青年画、桃花坞年画等民间艺术中,曾出现许多表现太平天国农民起义的传说故事。有许多地方戏,歌唱洪秀全、冯云山、石达开这些起义的英雄,至今还有一些唱本保存。如黄小佩的小说《洪秀全演义》的出现,章炳麟为其写作序言,说"演事者,则小说家之能事:根据旧史,观其会通,察其情伪,推己意以明古人之用心,而附之以街谈巷议,亦使田家妇子知有秦汉至今帝王师相之业,不然,则中夏齐民之不知故国,将与印度同列。然则演事者虽多皮傅,而存古之功亦大矣",称之"近时始有搜集故事为《太平天国战史》者,文辞骏骤"①云云。20世纪30年代出现陈白尘与阳翰笙创作的话剧《洪秀全》,许多作家将太平天国的历史题材与抗日战争宣传相结合。1949年之后,此类文学作品出现更多,诸如张笑天以太平天国为题材的电影文学,顾氏兄

---

① 章炳麟:《洪秀全演义序》,见《中国历代小说论著选》(下),江西人民出版社1985年版,第194页。

弟的长篇小说《天国恨》，著名作家姚雪垠也曾表示要写"天京悲剧"这一题材，更不用说广东省、广西壮族自治区、湖北省、安徽省、江苏省、浙江省、上海市等地，许多学者搜集整理相关内容的民间文学，进行不同形式的理论研究，同时在地方戏等文化艺术中出现大量对太平天国等农民起义内容的表现。当然，这种现象背后许多问题非常复杂。

太平天国是中国近代民间文学历史上最深刻的民族记忆。20世纪中期，广西学者农乐、谢求等人曾经搜集整理许多表现太平天国农民起义的民间文学，出版《太平天国故事歌谣选》（广西人民出版社1961年版）；此后还有江苏省社会科学院文学研究所搜集整理并编选的《太平天国歌谣传说集》，上海文艺出版社出版、刘崇丰等搜集的《太平天国歌谣和传说》和《太平天国歌谣》等；浙江、江苏等地编印出《太平天国浙江歌谣选》、《太平天国江苏省传说故事辑录》等内部资料。20世纪80年代，随着中国民间文学的故事、歌谣、谚语三大集成工作展开，关于太平天国等农民起义内容的民间文学搜集整理活动更为密集。广东省与广州市有关部门曾经成立"太平天国民间文学编纂委员会"，制定《全面征集编纂出版太平天国民间文学系列集成工作计划》，列出《洪秀全传说》、《东南西北五王传说》、《李秀成传说》、《陈玉成传说》、《洪宣娇传说》、《天兵天将传说》等编写计划。广东省花县出版《虎啸龙吟——太平天国故事选集》（花城出版社1991年版），建立洪秀全纪念馆，举办太平天国民间故事歌谣研讨会、太平天国历史国际学术研讨会与相关内容的诗书画展览等文化活动。

太平天国民间文学主要集中在东南地区，其记述洪秀全、冯云山等农民起义领袖，如《题诗点六乌神》，讲述他们反对信奉神佛与孔教等社会风俗传说故事，鼓励人们信奉上帝，这里的上帝会其实就是洪秀全他们自己。这些内容不但在民间社会流传，而且在太平天国历史文献《太平天日》中也有所保存。李滨《中兴别记》等文献，记述冯云山"迷惑乡民，结盟聚会"，"要从西藩"而"不从清朝法律"，"胆敢将左右两水社稷神明践踏"，"香炉破碎"①。镇压起义军的官兵"一千不敌七贼"，"实出情理之外"②。又如王定安《求阙斋弟子记》记述"李殿元、倪涛闻变，皆逃走。惟（张）镛未能行，匿轿中。天晌明，众见官军退，惟舆在，以矛刺舆窗，伤镛；镛因加六品衔。既死，众

---

① 李滨：《中兴别记》卷一，见《太平天国资料汇编》第二册，中华书局1979年版。
② 见《乌兰泰函牍》，存《太平天国文献史料集》，中国社会科学出版社1982年版。

视帽缀六品顶戴,知其官也,益日夜图谋不轨"①云云。这些文献从另一方面记述了太平天国广西金田起义的历史事实。与此同时,太平天国农民起义还保存了许多题写在民间墙壁上的歌谣,为后世研究太平天国农民起义的民间文学提供了直接的史料。如南京太平天国历史博物馆学者所整理出的《太平天国粤闽题壁诗》,其中辑录"南阳地界扎雄兵,主帅开兵灭妖精。若是我王洪福大,六师下剿复天京","卖国求荣大不该,背主无义黄金爱;昔日不闻杨松事,谁知天父眼恢恢","苦衷孤寡最凄凉,无衣无食无人养;父母未前做过事,万难之中一人当","上帝排定不可强,金爱害死李忠王;□□扶清乱天国,谁知被诛在南阳"等,充满豪情与斗志。也有"可叹兄弟真惨伤,不论风雨把路行,康王传令扎营处,日夜不停要搬粮。若是粮草搬少了,恐怕日久饿难当。无奈头子把刀伤,饥饿两字由小可,还是当兵一样苦,你看惨伤不惨伤","天军到此方,百姓真惨伤;老小皆躲避,众兵来搬粮。回家无食饭,大小哭一场。莫怨兵扰乱,该回天降殃","可恨兄弟心不良,捉来老幼要搬粮。路多担重担不起,还要刀棒把他伤。劝尔回头早行善,免得天父降灾殃"②,对起义军祸害百姓的行为表现出严重不满。当然,更多的题壁诗表达了穷苦人的心声,诸如"身在南穴把弓拉,命亡人字不在家;淮汉二字双去水,桥去天木进去佳"(字谜,谜底为"穷人难过")③。或曰,这些表现得到民心与失去民心的不同内容,以题壁诗等形式表现出来,才是太平天国农民起义在民间文学世界中更真实的诉说表达。太平天国农民起义领袖利用拜上帝会号令天下,提出了新的社会政治主张。诸如其广西金田村起义时,将战斗口号与民间歌谣相结合,群生高唱:"租种两亩田,要交十年捐;衣衫不遮身,烟囱不冒烟。清鬼,清鬼,要命,要钱!穷汉,穷汉,硬拼,死拼!"④太平军第三次撤出扬州时,民间歌谣中歌唱道:"前门开,后门开,等着太平军进门来。砌条夹墙把他躲,不让清兵来杀害。"太平天国英王陈玉成

---

① 王定安:《求阙斋弟子记》卷四,清光绪二年龙文斋版。王定安曾经追随曾国藩,是其幕僚,著有《求阙斋弟子记》,共16册,32卷,分《学行》、《恩遇》、《忠谠》、《平寇》、《剿捻》、《抚降》(李世忠)、《驭练》(苗沛霖)、《绥柔》(包括天津教案)、《志操》、《文学》、《军谟》、《家训》、《吏治》、《哀荣》等,其记述"初,庐、凤、颍、泗之间,有贼曰捻匪"等,涉及近代社会农民起义与民间文学等内容。他还著有《湘军记》(岳麓书社1983年版)共20卷,包括粤湘戡守篇、湖南防御篇、规复湖北篇、援守江西上篇、援守江西下篇、规复安徽篇、绥辑淮甸篇、围攻金陵上篇、围攻金陵下篇、谋苏篇、谋浙篇、援广闽篇、援川篇、平黔篇、平滇篇、平捻篇、平回上篇、平回下篇、勘定西域篇、水陆营制篇等,其中就有许多关于捻军起义、太平天国起义等民间文学历史的具体保存。
② 郭存孝:《从闽粤壁诗看后期太平天国的衰亡》,见《太平天国民间故事歌谣论文集》,广东高等教育出版社1992年版。
③ 郭存孝:《从闽粤壁诗看后期太平天国的衰亡》,见《太平天国民间故事歌谣论文集》,广东高等教育出版社1992年版。
④ 广东省民间文艺家协会:《太平天国民间文学集成工作概述》,见《太平天国民间故事歌谣论文集》,广东高等教育出版社1992年版。

为了解安庆之围,从安徽西征湖北,打算直捣清兵的后方。龚得树率捻军也参加了这次西征,1861年3月14日在湖北罗田县松子关作战,龚得树不幸中炮牺牲。有民间歌谣歌唱道:"龚旗主,阳寿短,可怜送命在松子关。大小三军齐下泪,哭了三天泪不干。"①洪秀全《写十救诗诏》采用民间歌谣的语言与调式歌唱道:"妈别崽,崽别妈,别上天,无别邪;天爷爹爹去斩邪……崽大七岁学洗身,睡不同床严别些……生身妈众妈一也。"②其《天父诗》有五百首之多,也多采用民间歌谣形式。应该说,其吸收民间歌谣的同时,也极有可能化作民间歌谣。

规范太平天国农民起义纪律行为的《天条书》,其同样是采用民间歌谣歌唱形式:

> 皇天上帝是真神,
> 朝朝夕拜自超升;
> 天条十款当深记,
> 切勿痴呆昧性真。
> 邪魔最易惑人灵,
> 错信终为地狱身,
> 劝尔豪雄当醒悟,
> 堂堂天父急着亲。
> 巍巍天父极尊崇,
> 犯分干名鲜克终;
> 真道未知须醒悟,
> 轻狂亵渎罪无穷。
> 世间享福尽由天,
> 颂德歌功理固然;
> 朝夕饔餐须感谢,
> 还期七日拜尤虔。
> 大孝终身记有虞,
> 双亲厎豫笑欢娱,
> 昊天罔极宜深报,
> 不负生前七尺躯。
> 天上一家尽兄弟,
> 奚容残杀害群生;

---

① 程英:《中国近代反帝反封建历史歌谣选》,中华书局1962年版。
② 洪秀全:《写十救诗诏》,见《太平天国文书汇编》,中华书局1979年版。

成形赋性皆天授，
各自相守享太平。
邪淫最是恶之魁，
变怪成妖甚可哀；
欲享天堂真实福，
须从克己苦修来。
安贫守分不宜偷，
劫抢横行最下流。
暴害人民还自害，
英雄何不早回头。
谎言怪语切莫捐，
诡谲横生获罪天；
口孽既多终自受，
不如缜密正心田。
为人切莫起贪心，
欲海牵缠祸实深；
西奈山前重告诫，
天条款款烈于今。

《天条书》是太平天国的重要历史文献，《金陵癸甲纪事略》中曾有保存，其详细材料汇入文献档案《太平天国》，由英国伦敦大不列颠博物馆、剑桥大学图书馆等处收藏。多少年之后，有学者进行太平天国农民起义民间故事与歌谣的调查，发现在广东梅县等地区仍然流传着关于这些内容的民间歌谣，与当地流传的《天条歌谣》相对比，其"形式相同"，"内容也相同"，只不过后者"更加口语化，显示客家山歌的本色"①。在太平天国民间文学中，也有表现他们内部争夺权力的歌谣，如"北王北王心不正，夜奔天京恶计生。杀死东王杨秀清，残害天兵无数人"。搜集整理者论述道："东王杨秀清是太平天国前期的杰出领导人，但是，胜利冲昏了他的头脑，在1856年军事胜利达到最高峰的时候，他竟要挟洪秀全也封他为万岁，从而激化了他向洪秀全争夺最高领导权的矛盾。这时，西王萧朝贵和南王冯云山早在1852年进军湖南时作战牺牲了，高级领导人只剩下北王韦昌辉和翼王石达开，但他二人常受到杨秀清的欺压。所以，在这年9月，洪秀全便密令韦昌辉从前方赶回天京，袭杀了杨秀清。韦昌辉乘机大肆屠杀

---

① 陈摩人：《天国传闻三题》，见《太平天国民间故事歌谣论文集》，广东高等教育出版社1992年版。

杨秀清部下两万多人。石达开从前线赶回天京，责备他不该滥杀，也几乎被他杀掉。洪秀全阻止他滥杀，也被他拒绝，并且还进攻天王。韦昌辉本来是地主出身，到这时便完全暴露了他阴谋扩大事变，夺取最高权位的目的。最后洪秀全团结群众，又把韦昌辉杀死。这一首歌谣的口述者说，他家的老祖父原在韦昌辉部下当天兵，看到韦昌辉杀了东王，又滥杀了好多人，暴露了他的'心不正'，便和一些同伴编唱了这首歌谣，并且离开了韦昌辉，转到别的天兵兵营里去了。"①这是关于太平天国民间文学研究非常难得的重要史料。

太平天国农民起义的早期之所以能够纵横驰骋大半个中国，受到千百万穷苦人的热烈拥戴，在于其社会政治主张深入人心，且利用民间文学形式的宣传是其得天独厚的条件。其后来，因为种种原因，尤其是其内讧，导致组织涣散，军事力量严重削弱，太平天国农民起义终于失败。他们受到清朝极其残酷的镇压，起义军战士或壮烈牺牲，或远渡重洋，用他们的生命和鲜血谱写了中国民间文学史上壮美的篇章②。

与此相对的是曾国藩的《讨粤匪檄》，记述道"逆贼洪秀全、杨秀清称乱以来，于今五年矣。荼毒生灵数百余万，蹂躏州县五千余里，所过之境，船只无论大小，人民无论贫富，一概抢掠罄尽，寸草不留。其掳入贼中者，剥取衣服，搜括银钱，银满五两而不献贼者即行斩首。男子日给米一合，驱之临阵向前，驱之筑城浚濠。妇人日给米一合，驱之登陴守夜，驱之运米挑煤。妇女而不肯解脚者，则立斩其足以示众妇。船户而阴谋逃归者，则倒抬其尸以示众船。粤匪自处于安富尊荣，而视我两湖三江被胁之人曾犬豕牛马之不若。此其残忍残酷，凡有血气者未有闻之而不痛减者也"。此未免过于夸张，而其论"自唐虞三代以来，历世圣人扶持名教，敦叙人伦，君臣、父子、上下、尊卑，秩然如冠履之不可倒置。粤匪窃外夷之绪，崇天主之教。自其伪君伪相，下逮兵卒贱役，皆以兄弟称之，谓惟天可称父，此外凡民之父皆兄弟也，凡民之母皆姊妹也。农不能自耕以纳赋，而谓田皆天王之田；商不能自买以取息，而谓货皆天王之货；士不能诵孔子之经，而别有所谓耶稣之说、《新约》之书，举中国数千年礼、义人伦诗书典则，一旦扫地荡尽。此岂独我大清之变，乃开辟以来名教之奇变，我孔子孟子之所痛哭于九原，凡读书识字者，又乌可袖手安坐，不思一为之所也"，自然是其冠冕堂皇的理论根据。其所述"自古生有功德，没则为神，王道治明，神道治幽，虽乱臣贼子穷凶极丑亦往往敬畏神祇。李自成至曲阜不犯圣庙，张献忠至梓潼亦祭文昌。粤匪焚郴州之学官，毁宣圣之木主，十哲两庑，狼藉满地。嗣是所过郡县，先毁庙宇，即忠臣义士如关帝岳王之凛凛，亦皆污其宫室，残其身首。以至佛寺、道院、城隍、社坛，无朝不焚，无像不灭。

---

① 程英：《北王北王心不正》，见《中国近代反帝反封建历史歌谣选》，中华书局1962年版。
② 此参见中国人民政治协商会议广东省委员会文史资料研究委员会编：《华侨沧桑录》，广东人民出版社1984年版。

斯又鬼神所共愤怒,欲一雪此憾于冥冥之中者也"①云云,则应有其实。这是曾国藩关于社会风俗生活的具体论述,是中国近代民间文学思想理论的组成部分。

表面上看起来,太平天国农民起义"佛寺、道院、城隍、社坛,无朝不焚,无像不灭",毁灭中国传统文化,无论其根据在于什么,都不是完全可取的态度。但是,曾国藩的湘军、李鸿章的淮军,就真正的是纪律严明、秋毫无犯吗?历史文献的记述极其有限,而同时,我们一味神化或否定太平天国农民起义对社会发展的推动,包括有意或无意的编撰所谓的民间故事、民间歌谣,借以证明某种言论,都不是严肃认真的历史文化研究。就太平天国农民起义中的民间文学问题,口述史料研究还有很长的道路要走。尊重历史事实,是科学研究的重要前提,任何形式的杜撰都会损伤民间文学理论研究的科学性。太平天国农民起义是这样,义和团运动与民间文学也是这样。

三、关于义和团与民间文学问题

义和团运动主要发生在我国北方。其思想文化主要是反对洋教,排斥外来文化,在事实上是守护民族传统。

义和团是在秘密社会中形成的群众组织,其团结广大民众,宣传习武健身,曾经提出"反清灭洋"的战斗口号,后来变成"扶清灭洋",一字之差,形成思想文化的巨大转变。这是影响中国近代社会重要变化的历史事件,被称为"庚子事变",包括各种各样与此相关的民间文学,成为民众深刻的历史记忆。

义和团运动发生之后,很快就产生了相关的民间故事、民间歌谣与民间说唱等民间文学形式,也包括一些模仿民间文学形式的文学创作。1949年之后,义和团被热烈歌颂,此类文学作品就更多。1902年,义和团运动硝烟未散尽时,出现李希圣的《庚子国变记》,是最早全面记录义和团运动的历史文献。接着出现罗惇曧的《庚子国变记》,"搜集记载及连年旅京津所闻较确者,录为拳变余闻"。20世纪20年代前后,文坛上出现《武陵春传奇》、《蜀鹃啼传奇》、《春坡梦传奇》和《庚子国变弹词》②。1949年之后,关于义和团运动的历史文化研究逐渐形成热潮,相关的民间文学搜集整理逐渐增多,以张士杰搜集整理的"义和团故事"最具代表性。中国民间文艺研究会召开义

---

① 曾国藩:《讨粤匪檄》,见《曾国藩全集·诗文》,岳麓书社1986年版,第232—233页。
② 李伯元:《庚子国变弹词》(共四十回),《世界繁华报》,1901年10月至1902年10月间连载。阿英对其考证,称"宣统辛亥,复有石印大本出现,惟已易名为绘图秘本小说义和团,分上下集,内容只有原书之前二十回,续本出否不可考",其"韵语出之,感人尤易,传播得也更容易普遍","代表了旧的弹词最高的发展,突破了英雄美人、佳人才子一般固定的老套,走向广大的社会生活,历史上的特殊事变","最能反映这一回事变,最通俗,而又有文艺价值的书"。(《庚子事变文学集》,中华书局1959年版)

团民间文学座谈会,《民间文学》1958年至1959年两年间发表了28篇关于义和团的故事,以及《义和团故事笔谈》等理论研究文章,这应该视作义和团民间文学理论研究的重要成就。1959年之后,《人民文学》转发了六篇义和团故事,《北京文学》等文学杂志也发表许多记述义和团历史的民间文学。历史学研究积极关注义和团运动,如翦伯赞搜集整理诸多历史资料,"从已见的三百多种关于义和团的史料中"编成《中国近代史资料丛刊·义和团》。又如吴晗,其非常重视当时在搜集整理基础上编纂出版的《义和团的故事》的历史文化价值,说:"这本书收集了四十三个故事,都是人民当中的口头传说,其中有些讲述者还是当年曾经参加过这一伟大战争的老战士。他们根据自己的目见耳闻提供了生动鲜明的史料,这是第一手史料,没有经过歪曲篡改的真实的史料,是来自人民中间的最可靠的史料。"①20世纪60年代,义和团运动成为文学创作的重要题材,诸如高介云、王荫君、张迅编写的大型歌剧《义和团》,段承滨的《黑宝塔传奇》(《黑塔归团》、《双塔闹衙》、《烈火炼塔》、《二丑夺塔》)和老舍四幕六场话剧《神拳》等。这是民间文学与作家创作之间形成互动关系的典型,但是,也由此形成义和团民间文学的神圣化,被"革命"性话语极端述说。

20世纪80年代前后,义和团再度成为文学创作与学术研究的热点,出现了冯骥才和李定兴的《义和拳》以及鲍昌的《庚子风云》等长篇小说。令人遗憾的是,近年来关于义和团民间文学的研究形成情感性的另外一种极端性述说,有许多学者在并不知情的前提下,大肆污蔑义和团盲目排外表现出的中华民族所谓的封闭、愚昧云云。民间文学理论研究对义和团表现出相对滞后与冷淡。20世纪60年代曾经以"程英"为笔名搜集整理并编选出版《中国近代反帝反封建历史歌谣选》的张守常等人,从历史文化科学视角研究义和团民间文学,取得了非常可喜的成就。同时,随着国家清史工程的展开,一批历史文献重见天日,包括一批国外学者的义和团研究著述的重新出版,以日本学者佐藤公彦的《义和团的起源及其运动》②,以及牧田英二等人的《义和团民话集》③等著作为典型,都为民间文学研究提供了重要材料。

义和团运动具有极其浓郁的民间信仰色彩,堪称一个独具特色的民间文化运动。

关于义和团运动的起源,学者们众说纷纭。当年,直隶省吴桥知县劳乃宣曾经印行《义和拳教门源流考》(1899年),称其为"邪教",极力主张镇压。其称"今日江南之颍州府、亳州府、徐州府、河南之归德府,山东之曹州府、沂州府、兖州府一代地方,多有无赖棍徒,拽刀聚众,设立顺刀会、虎尾鞭、义和拳、八卦教名目,横行乡曲,欺压良善。其滋事之由,先由赌博而起,遇会场市集,公然搭设长棚,押宝聚赌,沟通胥吏为之耳

---

① 《义和团故事笔谈》,《民间文学》1959年11月号。
② (日)佐藤公彦:《义和团起源及其运动》,宋军等译,中国社会科学出版社2007年版。
③ (日)牧田英二:《义和团民话集》,平凡社1973年版。

目"云云。我国武术文化博大精深,源远流长,各种武术与巫术相结合,形成五花八门的武术宗派,甚至可以追溯其历史渊源至先秦时期的五禽戏。同时代的道教文化与武术文化,共同构成义和团的思想文化基础,像各种棍棒刀枪与拳术,以及红枪会、大刀会、棍棒会、九宫会、一炷香会和梅花拳、六合拳、大小红拳、罗汉拳,甚至包括少林拳、太极八卦拳等,其会众与师徒之间总是具有宗法制的复杂内容,这些内容在社会生活中表现最突出。义和团的信仰与历史上的白莲教等民间宗教就不可能不产生联系。一般说来,农民起义具有义理不足而充满情感至上的盲目性,常常采用机制灵活的方式,其见机行事,博采众长,未必是某一种具体的民间文化现象影响到它的发生和发展。因此,义和团与民间宗教形成密切联系,此如一位学者所论述:"关于义和团的源流,关于义和团和白莲教的关系的研究,不能穿凿。义和团运动高潮时期,可以说各地——特别是北方各种名号的会道门,或说是民间秘密宗教组织,都参加到运动中来了。各种民间秘密教门的名号,见于故宫清代档案的就有150种。白莲教是已在民间流传了六七百年的秘密宗教组织,就在18世纪末到19世纪初,也就是在义和团运动前一百年,还爆发过一次由白莲教组织起来的农民起义,战斗在河南、湖北、四川各省,坚持了9年(1796～1804年),是清代在太平天国以前规模最大的一次农民起义。所以,对于白莲教,清政府有严厉的禁令。白莲教遗存下来的力量,为了便于活动,便改个名号。中国是多神信仰的社会,什么名号的教门都能有人信奉。自然经济造成中国社会——特别是农村的严重的封闭性,也造成民间秘密宗教的分散性。各种名号的教门,它所信奉的神仙、坛场的仪式、传习的咒语等,在其流传过程中,也会产生差异。有的掌教者,自知是白莲教,但其一般徒众则不一定知道。有的门徒另立一个名号活动去了,那么他这个教门和白莲教的关系便说不上来了。即使保持白莲教名号的,在长期秘密流传过程中,也会产生差异,前几代和后几代不一样,此地和彼地的也不一样。也有的教门是某地某人自发创立的,只要设坛奉神(连神仙名字都可以创造),就有来烧香上供的,若再加上降妖看病之类,就更能招徕群众了。这些民间秘密宗教有很大的不稳定性,所以名号也特别多,而要搞清楚它们的源流实际上是不可能的。上面谈到的在静海、青县、东光各县的红门,自知是白莲教,提出'非白莲'来,表明自己不是邪教,不干禁令,这是策略;那些和白莲教没关系或不知其有关系的教门,说'非白莲',则视为当然。不论是前者或后者,都是为了解除清政府进行镇压的借口,便于开展自己的反帝爱国斗争。"①

《大清世宗宪皇帝圣训》与《军机处录副奏折》等清朝实录的重要历史文献,其中多处记述相关义和团运动起源的各种武术文化,诸如《大清世宗宪皇帝圣训》"雍正五

---

① 张守常:《〈神助拳,义和团〉揭帖》,《历史研究》1997年第3期。

年十一月"所记"向来常有演戏棍棒之人,自号教师,召诱徒众,蛊惑愚民。此等多系游手好闲、不务本业之流,而强悍少年从之学习,废弛营生之道,群居终日,尚气角胜";《大清世宗宪皇帝圣训》"雍正六年九月"所记"闻卦于匪类隶藉于江南之庐、凤,及河南、山东、直隶、山陕地方,其男妇习练棍棒技艺,携带马骡,遨游各省"云云。《军机处录副奏折》曾记述乾隆年间有"武成王转世"、"姜子牙转世",显示出民间宗教与《封神演义》等宗教文化典籍的联系,其"嘉庆十八年十一月"所记"霍应璧十七年四月贩布来至故城货卖",记述"俱系老天门教"与"每日三次朝拜太阳,闭着口眼,念真空家乡、无生父母八字,每逢朔望,即烧香磕头"。《军机处录副奏折》"道光元年"记述河南中牟农民刘顺义与红阳教、朱红桃,其"跳舞迎神,充作马巫","造作神言",称"五大魔王出世",等等。这里的江南、河南等地"男妇皆习棍棒技艺",正是义和团运动产生的重要社会基础。同时,这也表明至少在1820年之前,义和拳等民间秘密组织已经普遍存在。这些民间宗教并不是从开始就与官府作对,如清代《馆陶县志》曾记述"县城东南二里人民多习枪棒,太平军北犯时,曾调充护城勇","该里东招村有红拳会,技术更精。数数击贼,贼不敢近"①云云。义和团并不是平地陡然升起,而是在遭遇西方帝国主义列强侵略中国的历史时刻,挺身而出,高举起"灭洋"的大旗。这是对人民意志与民族情感的顺应。

关于义和团运动的性质,历来褒贬不一。清朝官员常常称之为"惑众",而义和团自称"举义"。如人所言,义和团运动的发生是由洋教横行引发的。其号令传达方式多与揭帖联系在一起,其行为多与法术相联系。这一方面是为了顺势利导,吸引民众,形成声势浩大的起义,增强凝聚力与战斗力,一方面是由当世的思想文化实际所决定的,农民起义不得不借助这种方式进行宣传鼓动。其中,义和团等农民起义力量使用许多具有谶言色彩的民间歌谣广为宣传造反有理,诸如《拳祸记》所记"二四加一五,这苦不算苦;天下红灯照,那苦才算苦"等。民间流行李开花、李罡风和刘伯温等神秘人物传说,正表现出中国传统思想文化失效、失控的局面。应该说,此异端邪说与民间传说故事相伴而生,正是社会普遍思想混乱、精神衰退的表现,是国家行将灭亡的前兆。如有人记述《刀匪变名》曰:

> 徐州府属各地的大刀会,在单县、砀山教案后潜伏隐匿,更名大红拳。由于不太进行反教斗争,并像以前那样与强盗作战,官方也因为其防卫乡里的功用而不再予以弹压。要加入这称为"武场"、"大红拳"组织的人,首先谒见老师,出钱二千文,领用在黄纸上写的符,将其焚烧和水饮之。每日在"祖师老爷敕令万法教

---

① 转引自《中国近代史料丛刊〈捻军〉(三)》,上海人民出版社1960年版,第522页。

主仁成大帝关荡天尊神位"、"掌旗将周公祖神位"、"桃花仙金刚将神位"前烧香三次,并在坟上及十字路口供香一炷,并头触地面叩头。此即接神①。

又如《平原剿匪纪事》记载:

> 厂前横大刀一,大刀会所由名也。亦有枪有炮有戈矛之属。其神以杨戬为主,谓之"太老师";其次则孙膑、马武、张飞、孙悟空等。神之所附,谓之"马子","马子"之年率二十上下。其术,有符有咒。符加于顶,或佩身畔,则若疯若癫,力大寻常数倍。其说,则谓明年为劫年,玉皇大帝命诸神下降。其党相呼以"师兄",呼其渠为"大师兄"。渠姓名为朱红灯,或曰:茌平人,或曰:长清之李家庄人。其号谓之"天龙"。②

以杨戬、孙膑、马武、张飞、孙悟空等民间传说故事中的英雄人物为"马子",这是近代社会相当普遍的民间信仰。

许多地方志非常明确而详细地记述了这些内容。一直到现在,还相当流行。笔者在河南西部山区宜阳等地看到金碧辉煌的孙悟空神庙与无生老母、观音菩萨、玉皇大帝神像并存。在当地还看到南天门村庄,家家户户把孙悟空作为家中保护平安的大神,立有神位。追溯至中国近代社会,如《山东义和团调查资料选编》记述"神拳在练习时念定神法",其保存有义和团民间歌谣"头顶天灵,脚踏地灵,身披黄灵,我有十万神兵、十万鬼兵,遇山山倒,遇地地崩,遇树两截,无奈太上老君,急急如律令","稽首北方洞门开,洞中请出铁佛来。铁神铁庙铁莲台,铁人铁眼铁脸腮。天地漩涡日月照,止住枪炮不能来"③。在许多历史档案文献中,我们还可以看到义和团揭帖历数"天主耶稣教徒"如何"不尊佛法"、"欺神灭圣"、"败坏世道",引起"上天大怒,收去风雨,降下八百万神兵,专传义和神拳会,借人力扶保中华,合逐外洋,扫除别邦鬼像之贼",然后又有中药方似的"茅草五钱"、"苍术四钱"与"用自己粗布包生铁坠下井去"④等。

他们伪造刘伯温诗歌碑,作为揭帖,记述"庚子之春,日照重阴;君非桀纣,奈佐非人。最恨合约,一误至今(殃民)。党鬼殃民,上行下效兮,奸宄道伸(民冤不伸),中京忽绝兮。(原忍至今,羽翼洋人。趋炎附势,肆虐同群。逢天曹怒,假手良民。红灯下

---

① 见《益闻报》光绪二十三年(1897年)六月一日第一六八六号。
② 蒋楷:《平原拳匪纪事》,见《中国近代史料丛刊〈义和团〉》第一辑,上海人民出版社1960年版。
③ 董玉瑶讲述,见于《山东义和团调查资料选编》,齐鲁书社1980年版,第200页。
④ 见《总理各国衙门档案·辛丑议约·各省拳匪滋事》"三月十三日法国公使照会"存,转引自(日)佐藤公彦:《义和团的起源及其运动》,中国社会科学出版社2007年版,第558页。

照,民不迷津)义和教明!(不约同心)金鼠(全军)漂洋灭(孽),时逢本命年(宫);待当重阳日,剪草自除根",而且《国闻报》记述"此等不经之谈,最易惑动愚夫妇","地方官急应查究"①。其中的"党鬼"是指康有为和西方洋人,可见其思想文化的复杂性。又如其伪造碑文中宣称释迦牟尼佛将要离世,而代之为"天年",有民间歌谣"暗有九宫门,明有八卦团。悬起红灯照,化生小煤烟"②。1900年春夏之交,北京大街小巷贴满揭帖,引起社会各界喝彩。其中有歌谣歌唱"洋人扰乱四十年,欺佛灭道侮圣贤。霸占土地征税务,奸臣舞弊卖江山。日本诱从索罚款,康党结盟朋比奸。不意败露逃四散,留下奉教匿祸端"③。义和团运动的目的不在于推翻清王朝,而是极力抵制洋人,甚至发生抢掠外国妇女的现象。《义和团廊坊大捷》中保存有此类揭帖。或曰,如果没有西方帝国主义列强欺压中华民族在前,又哪里有如此抢掠现象!又如有人所记述"学拳者称大师兄、二师兄、三师兄;其管事者称大先生、二先生、三先生。其教师皆由山东来,隐其姓名,行踪诡秘。其学法画符,请神附体,一夜即成。能避火枪刀矛,小试辄验,临战则否。其神则《封神演义》、《三国演义》、《水浒》等书,荒诞不经,鄙俗万状"④云云,极具普遍性与典型性。

民族独立、自由、解放事业的形成与发展,包含着极端的民族情绪,完全将之归为义和团的不义,甚至故意渲染这些内容的暴戾,这同样是违背历史事实的。今天,一些地方崇洋媚外,盲目引进外资,造成严重的环境污染,激起地方民众的仇恨,形成又一种极端行为;历史上,侵略者从来没有一个慈善的。一切都不是无缘无故的。义和团的排外是极端性的社会报复。"非我族类,其心必异"的理念是有历史教训作为背景的,并不是中华民族盲目排外的保守与封闭。尽管现代文明涤荡在社会生活的各个角落,但是,在许多地方仍然香火旺盛,有许多民众求神拜佛。这到底是什么原因呢?社会文化是一个系统,其中的传统包含着大量民间信仰,法律之外还有许多应该被重视的内容。诸如尊敬祖先和传统,讲究积善行德,诸如多行不义必自毙的报应,就未必是什么简单的封建迷信观念。社会实践是对所有思想理论最重要的检验。任何民间信仰的存在,总具有自己独特的历史文化背景。古今一致,绝不是偶然的现象。或曰,民间信仰是民间文化的核心,是民间文学的思想文化基础;义和团利用社会大众所熟悉的民间信仰宣传起义者的政治主张,自觉抵制各种各样的洋教,守护民族文化传统。在农耕文明时代,这是非常普遍的现象。

---

① 原存于光绪二十六年(1900年)十月十一日《国闻录》,又见于(日)佐藤公彦:《义和团的起源及其运动》,中国社会科学出版社2007年版,第559页。
② 程歗、陈振江:《义和团文献辑注与研究》,天津人民出版社1985年版,第89页。
③ 见《总理各国衙门清档》,"四月二十七日法国公使函"附件,中国台湾"中央研究院"藏本。
④ 艾生:《拳匪纪略》,见《中国近代史资料丛刊〈义和团〉》,上海人民出版社1960年版,第444页。

中国近代民间文学历史上,揭帖是一种十分独特的民间文学现象。其常常使用民间歌谣的形式传达战斗号令,而且有许多揭帖本身在流传中就已经形成被众人传唱的民间歌谣。如光绪二十六年(1900年)清苑风波中出现许多揭帖,其宣称"我'中华帝国'以圣教著称于天下,诠释天理,教化人伦,文教所及,光照山河","洋鬼携来邪说,以基督、天主、耶稣诸教相诱,从者芸芸"①,然后列出东间"关圣帝君降坛",其称:

万里香烟扑面来,
义和团中得道仙。
庚子年上刀兵起,
十方大难死七分。

传一张,免一身之灾;传十张,免全家之灾;见者不传,若说谎言,必要重加灾。

看七八月,人死无数,鸡鸣丑时,善人可免,恶人难逃。

天有十怒者:一怒者,天下不太平;二怒者,山东一扫平;三怒者,湖广水连天;四怒者,四川起狼烟;五怒者,江南大慌乱;六怒者,有衣无人穿;七怒者,遍地死人多一半。那三怒,恐无南天门上走一遭,去成于后,就是阳间了。

于七月十九日面向东南供香烟,六月二十六日面向东南供香烟,可免大灾大难也。②

1897年10月,《国闻报》在天津创刊,严复等人宣传维新变法。第二年,因为戊戌变法失败,这家报纸被封禁。此后,由日本人复刊,大肆攻击和诬蔑义和团运动。义和团以揭帖对其反击。他们在揭帖歌谣中喊出:"我皇即日复大柄,义和团民是忠臣。只因四十余年内,中国洋人到处行。三月之中都杀尽,中原不准有洋人。其余驱逐回国去,免被割据逞奇能。《国闻报》上多谬妄,乱语胡言任意登。该报因有日本保,大胆造言毁我们。兹特示尔《国闻报》,此后下笔要留神。倘敢再有诽谤语,烧毁馆屋不容情。众家弟兄休害怕,北京尚有十万兵。等待杀尽洋人后,即当回转旧山林。"③义和团是一个农民起义运动,在不同时期、不同地区、不同人群间,民间文学的表现形式不尽相同。除了庚子年即1900年形成的高潮,此后仍然存在。诸如在东北地区流传着"一入庚子年,起了义和团,杀了洋教士,扒了电线杆。拦,拦,拦,拦,拦,拦,赶走了外国

---

① 储仁逊:《闻见录》卷四,天津社会科学院图书馆抄本。
② 储仁逊:《闻见录》卷四,天津社会科学院图书馆抄本。
③ 程英:《中国近代反帝反封建历史歌谣选》,中华书局1962年版。

船"①；在河北安次等地流传着"义和团,得了胜,毛子死了干干净。义和团,得了安,毛子打死万万千";在北京流传着"铁蚕豆,炒了个熟,先杀鬼子后烧楼"。在慈禧归来京师的路上,义和团继续张贴民间歌谣形式的揭帖,唱出"一心逐洋人,养成神拳神。洋人不能逐,赔钱反折兵。自翠华西幸,一年求和成。洋兵入境后,屋产劫火焚。今年赔款大,剥削我黎民。富者封物产,贫者罪其身。父哭与儿啼,凄声不忍闻。今时皇差大,官吏馋狼奔,敢近跸路行,罚银三千金。邻跸路左近,拆屋且毁坟。嗟我民何罪,为此中国民！怕官吏如虎,民自视如鼠,慈哀思我后,后来吾其苏"②的歌声。景廷宾是著名的义和团英雄,光绪二十八年正月,袁世凯派兵进攻景廷宾的家乡。景廷宾被迫撤退,举起"龙团大元帅"旗号,继续进行"扫清灭洋"的斗争,得到直隶附近二十四县人民响应,义和团战士有十六万人。这年的六月,起义最终失败了,景廷宾被杀害。地方民众仍然传唱着景廷宾,他们歌唱道：

> 头一家英雄景廷宾,
> 家住广宗东召村,
> 二十四岁中了举,
> 又会武来又会文,
> 兵法武艺真超群,
> 他好比大将马玉昆。
> 要和知县把命拼,
> 越思越想不顾身,
> 大刀杀的真惊人。
> 举人学会金灯照,
> 用火攻,闭火门,
> 洋枪洋炮不上身,
> 他好比三国名赵云。
> 心中可恼马大人(指大名联军参将马振武),
> 他要给东召把命拼,
> 大兵发了三千六,
> 赵二铲子随后跟(赵二铲子,广宗知县赵锷),
> 一心要袭东召村。

---

① 中国民间文艺研究会、中国社会科学院文学研究所民族民间文学组编：《中国歌谣选》第一辑,上海文艺出版社1978年版。
② 程英：《中国近代反帝反封建历史歌谣选》,中华书局1962年版,第494—495页。

那一天本是正月二十四,
杀了个地暗天又昏。
第二家英雄景廷贞,
身入黉门是文生。
一见县官进了寨,
急的英雄把眼红。
骑烈马,拉硬弓,
手托长枪拧又拧,
他好比唐朝小罗成。
第三家英雄景世清(景世清是景廷宾侄孙),
得中一步武前程。
景老墨大街以上跑开马(景老墨是景廷宾族侄),
景廷贵真威风(景廷宾堂弟),
他好比唐朝谢应登(瓦岗寨农民起义英雄)。
第四家英雄本姓刘,
刘老四他好比前朝定洋侯(刘老四即刘永清)。
心中恼恨纵眉头,
手使一对虎头钩,
他杀的血水混街流,
打了东召把兵收。
柳林团,把兵求(柳林是义和团和大刀会据点),
一不甘来又不休,
要给狗官结怨仇。①

在义和团运动中,广泛流传的一首民间歌谣形式的揭帖是《祖助拳,义和团》,有学者进行长期调查,做出各种版本的比较研究。或曰,在这里每一句歌谣都是一个传说故事,需要解释,才能使人清楚其来龙去脉。此揭帖如其所记:

祖助拳,义和团,
只因鬼子闹中原。
劝奉教,自信天,

---

① 程英:《英雄景廷宾》,见《中国近代反帝反封建历史歌谣选》,中华书局1962年版。

不敬神佛忘祖先。
男无伦,女行奸,
鬼子不是人所添。
如不信,仔细观,
鬼子眼珠都发蓝。
天无雨,地焦干,
全是教堂遮住天。
神也怒,仙也烦,
一同下山把道传。
非是邪,非白莲,
独念咒语说真言。
升黄表,敬香烟,
请来各洞众神仙。
神出洞,仙下山,
附着人体把拳玩。
兵法艺,都学全,
要平鬼子不费难。
折铁道,拔线杆,
紧接毁坏火轮船。
大法国,心胆寒,
英美俄德尽萧然。
洋鬼子,全平完,
大清一统锦江山。①

  这首民间歌谣的搜集整理者称自己"见到有 7 种版本,其中 3 种流播于天津地区,是根据当时人们的传诵记录下来的,两种是京津之间农村口头流传的采访记录,一种是当时传至山西的记录,一种是在直鲁边界地区口头流传的调查记录",有"日人佐原笃介、浙西沤隐同辑《拳匪纪事》卷二《匪乱纪闻》本"、"粤东侨析生、白缙云(均为杨凤藻之化名)《拳匪纪略》卷三保存《租界守御》本"、"《近代史资料》1957 年第 1 期保存《庚子菲蜂录》之《义和团乩语》本"、"廊坊文化馆 1959 年春调查《义和团调查记录》,张守常过录本"、"《民间文学》1959 年 3 月号刘崇丰搜集《义和团歌谣》本"、"乔志强编

---

① 张守常:《〈神助拳,义和团〉揭帖》,《历史研究》1997 年第 3 期。张守常还著有《廊坊义和团调查记录过录本说明》,见《义和团廊坊大捷》,中国文史出版社 1992 年版。此揭帖流传有多种版本。

《义和团在山西地区史料》存《义和团揭帖一则》"、"山东大学历史系中国近代史教研室编《山东义和团调查资料选编》收录山东孔庙传抄阁书勤白纸揭帖本"①等,分别为甲、乙、丙、丁、戊、己、庚等七个版本。搜集整理者介绍道:"'劝奉教,自信天,不敬神佛忘祖先。'丙本、丁本、己本均作'自信天',盖天主教劝人奉教,只信天主,不信其他神佛,连祖先牌位也不许供奉,故云'不敬神佛忘祖先'。甲本、乙本作'乃霸天'、'真欺天',与'自信天'意思正相反,和上下文似不相连属,虽然也讲得通,但恐非原意;丙本、己本皆当时抄传原件,丁本来自老人传述,亦作'自信天',当非偶然。甲本、乙本或系抄入书稿时所改。下句丁本作'不信神圣忘主天',由农村老人口头传述,字句有讹误,已不通。丙本作三三句'不信神,忘祖先',和全篇句法格式(即上句为三三字句,下句为七字句)不合。""'男无伦,女行奸,鬼子不是人所添。'丙本、己本作'男无伦,女行奸',比较自然。甲本作'女鲜节',不叶韵。乙本作'女无节义男不贤',叶韵了,但又太文了,显然是文人或印《拳匪纪略》的编者改的。下句丙本、己本作'鬼孩俱是子母产',此皆当时传写件,当是原始面貌,唯'子母产'不知怎样讲。乙本作'鬼子不是人所添',则流畅自然。甲本改'添'作'生',不叶韵,盖不知北方人把生孩子叫作添孩子。""'天无雨,地焦干,全是教堂遮住天。'丙本、己本、庚本作'地焦干',前两者系当时传写件,较近原貌。'焦干'者,如烤焦了一般的干,北方有此口语;'地发干'虽也顺口,但不如'焦干'之更能形容当时干旱之严重。甲本、丙本、庚本作'止住天',丁本作'遮住天',从字义上看比'止住天'更妥切。'遮'、'止'音近,诸本作'止'者,当是口传笔录时的讹误,因'止'易写,'遮'字对文化水平低的人来说,可能不会写,甚至认不得。庚本又讹作'支住天',字义相去更远。""'神也怒,仙也烦,一同下山把道传。'这两句各本出入最大,这里以乙本为准。乙本为当时传写件,字句也通俗流畅。上句甲本作'神爷怒,仙爷烦',庚本作'天爷恼,仙爷烦',神仙二字拆开连用。但'神爷''仙爷'口语间少此叫法,'爷'当是'也'之讹。'天爷'常见于口语间,可能有人就是由此而改的。但天仙并提不若神仙之自然,且'天'字前面已连用,重见不好。""'神出洞,仙下山,附着人体把拳玩。'下句盖谓'神仙附体',传习拳术。'附体'是当时拳场的术语,某神仙附在某人身上,便可以练拳了。甲本作'扶助人间把拳玩',乙本作'扶助大清来练拳',大约是《拳匪纪事》和《拳匪纪略》的编者所见的揭帖'附'字作'扶'(己本即作'扶着身体把拳玩'),而又不懂得'附体'一词,遂予改窜。惟甲本和己本、庚本,均作'把拳玩',民间谓练习拳术为'玩(加儿字尾音,轻读)拳',这样说更符合群众的口头习惯。""'兵法艺',是从'兵法武艺'这一说书唱戏常用的词,因而也是从群众所熟习的词来的;但这里是三字句,便省去一个'武'字。不过人们读起来,这个'武'字会作为无声的字在这里的字缝间出现

---

① 张守常:《〈神助拳,义和团〉揭帖》,《历史研究》1997年第3期。

的。'兵法'指用兵作战的韬略即军事理论而言,'武艺'指临阵交锋的武打技艺而言,两者俱精,才是文武全才。戊本作'兵法书',只指前者而言,不全面;且广大义和团员多不识字,万无只谈书本不提武艺之理。己本作'兵法术','术'或系'书'之讹,否则,'法术'虽可成词,但在这里,'兵法'一词是不能拆开的,若再缀一'术'字,便不通。甲本、丙本作'兵法易',把'艺'讹为'易'亦不通。"①这是一篇民间文学比较研究的著述,也是一篇非常重要的民间文学文献研究著述,堪称民间文学文献学的开端之作。特别是作者考证义和团运动及其民间文学历史演变,论述"光绪二十四年秋,包括曹倜在内的五个地方官来到梨园屯处理教案,将庙基判还村民之后,拳众暂时解散。四乡村民立即集资动手,不到两个月便在原址又修起了玉皇庙,并且唱戏庆贺。教会却极端仇视,洋神甫到省城向张汝梅施加压力,张又令曹倜将玉皇庙拆毁。曹倜伴同洋神甫带领清兵亲赴梨园屯拆庙,并图搜捕'十八魁'。赵三多等被迫于这年八月又聚众起事,打出'助清灭洋'旗号,进攻教堂,不久被直鲁两省调来会攻的官兵打败。赵三多遂北走直隶,联络和发动反洋人的力量。在正定大佛寺举行的会议上,他提出'神助义和拳'。从此不拜神佛的义和拳和拜神佛的民间秘密宗教力量结合起来,使义和团运动进入了迅速'神化'的过程,从而也就进入了迅速发展的阶段"。论述"《〈神助拳,义和团〉揭帖》中关于神佛的话,不是赵三多的,而是赵三多与之'联成一气'的那些会道门的话","如果赵三多不提出'神助义和拳',不和有上述神力的各地民间秘密会道门联为一气,那么义和团是不可能那样快地大规模发展起来的"②等。这些论述都是建立在历史事实之上的结论。民间文学的民族主义包含着民间信仰等内容,是一个值得重视的问题。通过史料钩陈和甄别,可以更清晰地看到义和团排斥外来宗教文化的原因。

中国近代社会,拉开现代民间文学的帷幕,将通俗教育和国语运动融入民间文学。提倡搜集整理和研究民间文学,成为中国现代民间文学的先声,面向民间,启迪民智,是中华民族追求独立自由和解放事业的开篇。

---

① 张守常:《〈神助拳,义和团〉揭帖》,《历史研究》1997年第3期。
② 张守常:《〈神助拳,义和团〉揭帖》,《历史研究》1997年第3期。

第二章　中国近代社会民间文学的记述

一、神话传说

神话传说在流传中形成重构。中国神话传说故事在近代社会历史文献中的系统论述,当推俞樾的《茶香室丛钞》(29卷),其序称:"余自夫人之亡,逾二年长子陨焉,其明年又有次女绣孙之变,骨肉凋零,老怀索寞,宿疴时作,精力益衰,不能复事著述。而块然独处,又不能不以书籍自娱,偶踵夫人故智,遇罕见罕闻之事,亦以小纸录出之,积岁余得千有余事,不忍焚弃,编纂成书。"①其《茶香室丛钞》卷二中的"盘古即元始天尊",其《茶香室续钞》卷二十三中的"古人室中有灶",有许多神话传说故事。尤其是其《茶香室三钞》,卷一目录中列有"七元"、"盘古生日"、"女娲补天"、"外国岁首不同"、"蒙古以佛涅盘纪念"、"闰正月"、"元旦立春"、"正月四日为宋开基节"、"正月六日送穷"、"正月晦送穷故事"、"上元张灯缘起"、"正月晦日"、"竹谜日"、"上祀、重阳改日"、"七夕卖谷版"、"乞巧用七月六日"、"九月九日老君生日"等。又如卷十中"屈原马迹"、"梁山伯祝英台读书处"。卷十七中的"三藏取经轶事"等,记述了大量神话与传说。这些篇章中,有许多关于民间文学的记述与议论,如其《盘古生日》记述曰:"国朝孙星衍《京畿金石考》:保定府完县,有盘古村。石刻云:邑人刘招,掘得断碣,有'盘古氏十月十六日生'九字,余书剥蚀。"其《女娲补天》记述曰:"国朝章有谟《景船斋杂录》云:'陆俨山云:平度州东浮山,即女娲补天处,其炼石灶尚存。所产五色石可烧。每岁上元夜,置一炉当户,高五六尺许。实以杂石,附以石灰,炼之达旦,火焰烛天。天为之赤,至于今不废。'国朝褚人获《坚瓠集》云:'宋以前,以正月二十三日为天穿节。相传女娲氏以是日补天。俗以煎饼置屋上,名曰补天。'葛鲁卿有《暮山溪》一阕,咏天穿节郊射也。有云:'天穿过了,次日名穿地。'按此补天不以上元夜,而以正月二十三。葛词云

---

① 俞樾:《茶香室丛钞》,中华书局1995年版。

云,则又有穿地之说,岂二十四日为地穿耶?"①

薛福成《庸庵笔记》记述民间文学甚为丰富,亦最为典型。其一生勤勉,著述有《庸庵文编》四卷、《庸庵文编续编》二卷、《外编》四卷、《庸庵海外文编》、《筹洋刍议》十四卷、《出使四国日记》六卷、《续刻》、《庸庵笔记》、《出使奏疏》二卷、《出使公牍》十卷等,其中许多地方涉及民间文学。其《庸庵笔记》序称"是书于平生见闻随笔记载,自乙丑至辛卯,先后阅二十七年","所记渐多,始自删存,其有精蕴及有关系者,复各以类相从,不能尽依先后为次。诸篇于近世巨公名人,或称其谥,或称其字与官,盖所述之人,生死不同,而所称之官,又有前后不同者,则以纂述非一时故也。若必追改为一律,转失核实之意,所以各仍其旧","是书所记,务求戛戛独造,不拾前人牙慧。固有当时得之耳闻,而其后复见于他书者,则随手删去。亦有一二偶未见及,致未尽删者,然各记所闻,其用笔亦稍不同矣","笔记据平日见闻,随意抒写,亦间有阅新闻纸,取其新奇可喜,而又近情核实者录之,以资谈助。今于新闻纸得轶闻二条、述异四条、幽怪二条,为删其芜冗,存其简要"云云。② 显然,其记述民间文学,既有古代神话传说,又有当世民间传说故事。

其卷四"永平古迹"条记述神话传说,如"《沪报》云:永平府城内三山不显,四门不对。有黑水井,一石柱巍然竖于井旁边,柱上有铁链一条入井。乡老称神禹治水时,捉一水怪锁于井底,人如掣链向上,水即上涌,故无敢掣者,且有人看管。又有铜壶滴漏,每日按时滴水,如自行钟表,自古至今,并不添水,而壶中之水,常滴不竭。即藏壶之楼,日久亦不塌坏"。又如卷三"四千五百余年元鹤"记"凡人寿不及百年,羽毛鳞介之族寿不过数年至数十年而止,此就寻常人物言之也。若其炼神服气,遁迹深山,年寿既永,而偶显其迹者,今华山有毛女洞,相传毛女是秦始皇时宫人,避乱入山,遍体生毛。罗浮山中有黄道人,相传东晋时葛洪炼丹仙去,道人捞其鼎中余丹吞之,遂为地仙,时时披发敞衣出行山中。又世所传神仙如钟离祖师、吕纯阳,常着灵异,然皆生三代以下,寿不过千岁以外耳。若舍人而论物,今洪泽湖滨之龟山,有井名曰巫支祈井,相传神禹锁巫支祈于此,有大铁链系于井栏,垂入井中,其下深黑,莫窥其底。明季及国初,尝有人拖铁链出而观之,盖一老猴也。此物不知生于何代,然自洪水时至今,厥寿已四千余年矣。犹有前乎此者,甘肃有崆峒山,黄帝访道之地,广成子所居也。广成子既升仙,所养元鹤一双留此不去。每逢朔望,天气晴明,于日出时,自山巅遥望云际,有两鹤张翼如车轮,徘徊翔舞,良久乃去。今出使美国大臣陈荔秋副宪(兰彬)语余云,昔游崆峒,尝亲见之,且曰:'今两鹤外又多一小鹤,道士谓近百年来所添也。'夫两元鹤生于黄帝之世,其寿当在四千五百年以外矣"。其记曰:"今宇宙间动物,此殆其最古者

---

① 俞樾:《茶香室三钞》,清光绪二十五年春在堂刻本,扬州大学图书馆藏本。
② 薛福成:《庸庵笔记》,光绪二十四年石印本,上海扫叶山房1925年版。

也。副宪壮年好奇,尝匹马游青海,踏冰至龙驹岛,居喇嘛寺数日云。"其卷四"白龙朝山"记述大禹之妻涂山氏传说,曰:"浙江上虞县之西门外,居民多遵海而处。海之石塘西自夏盖山而止,山巅有夏盖夫人庙,俗传为夏禹王妃涂山氏也。海中向有一白龙,每年于中秋前后,例必朝山一次,居民于此数日内,见云脚鳞生即指为龙,然其形,卒不得而见也。光绪四年八月十四日下午,凉雨新霁,海波如镜,忽西北方云叠鱼鳞,极其整密。俄有白光一道上冲霄汉,至半空夭矫腾拿,变化不测,四爪毕现,全身尽露,鳞甲万点尤觉分明,但其首则模糊不辨。顷之,龙尾亦随波而上,盘旋空际,陡见其掉尾一扫,霎时间黑风卷地,海水壁立,狂雨猛至,雷电交作,震山撼谷。迨雨过天霁,则已月出东山。县中父老皆谓四五十年来未见此瑞,见则岁必大熟。道光二年曾见一次,是岁禾稼倍登,棉花丰稔。今兹岁必大穰矣,已而果然。"①特别是其卷四"湄洲大鱼献灯油"记述的天后妈祖神话传说,曰:"天后威灵显赫,佑庇生民,其神力着于南北海面者二三万里,盖近千年矣。福建莆田之湄洲,为天后故里,有天后宫,素称闳丽。每岁三月二十三日,为天后圣诞。先期数日,辄有大鱼暴鬐濒海之沙滩,声如牛吼,闻十余里,湄洲之人皆曰:'大鱼来献灯油矣。'庙祝率数十人,担筒挈缶而往。大鱼长十余丈,或数十丈,开口,驯伏不动,若有待者。人皆携寻丈巨木撑柱其上下腭,恐其一鬐而杀人也。遂各负担秉烛而入,两足皆穿草鞋,恐其被滑倾跌也。诸人皆历鱼喉,抵鱼腹,观其脏腑间,积油甚多,无不任意把取,满器而出,或既出复入者数次。大约取油至数十石,可敷神前数年点灯之用,即不复入。去其口中挂木,鱼即扬鬐鼓鬣而逝。观其意,若甚自适者。或曰:'鱼腹中滞油过多,其气不能舒畅,去其有余,则鱼意自乐也。'或曰:'鱼以得献悃于神为快也。若人谋捕而杀之,必有殃咎,故相戒不敢萌此意。即偶有此意,而鱼亦似知之,必飘然而去也。'据闽人述之如此。"②这些神话传说故事都成为后世研究当时民间文学流传状态的重要文本,其中也表现出民间文学的思想理论。

与神话传说相关的是许多风物故事,其卷三"鬼神默护吉壤"记述许多神鬼显灵故事,往往古今相糅,如其记"世俗笃信地理家言,谓葬亲得吉壤,则子孙富贵蕃祉,否则贫贱衰绝。故凡稍有力之家,咸汲汲焉寻觅吉壤为务。而地理家稍有学识者,亦往往诵'阴地好不如心地好'之说。谓凡人之获吉壤,必其德足以居之。否则,或失之目前,或虽幸获葬,而鬼神不容也。地理家有所谓《钤记》者,大抵集古地师之言,谓得非常吉壤而默识之,其说似出于唐宋以前。攻此业者,转相钞习,流传至今不替。《钤记》所登,无锡、金匮两县境内,非常吉壤有二十余处,或出王侯将相,或葬王侯将相,而以鸿山泰伯墓居第一。大约十之七八皆已为前人所用,其十之二三未用者,则今人亦莫

---

① 薛福成:《庸庵笔记》卷四,上海扫叶山房 1925 年版。以下各卷皆为此版本。
② 薛福成:《庸庵笔记》卷四,上海扫叶山房 1925 年版。以下各卷皆为此版本。

能确指其地也。吴塘山滨临太湖,两峰夹峙,为无锡形胜之地,谓之吴塘门。《钤记》有云:'吴塘东,吴塘西,玉兔对金鸡,代代出紫衣。'乡先辈尤文简公(袤)之封翁,实葬得其穴。文简以清德硕学为南宋名臣,当时既钦其丰采矣。相传封翁葬时,文简庐于墓侧。一夕,隐隐望见神灯无数,有金甲神拥一贵人,从空中过,贵神忽问曰:'近有何人葬此?'金甲神对曰:'无锡人尤时亨也。'贵神诧曰:'此大地将发福三百年,谁敢葬此?速告雷部,明日发之。'文简大戚,涕泣望空遥拜,且祝曰:'父既葬此,诚不忍见雷击之惨,愿身受其罚,以保父墓。'金甲神为请曰:'尤氏累世积德,且其子真孝子也。彼既愿膺其罚,盍许之?'贵神曰:'尤氏之德,尚不足当此地,念其子之纯孝,姑许葬之。然彼既关受罚之愿,俟三百年后再议可也。'俄而寂然,神灯亦冉冉而没。文简既卒,卜葬于无锡孔山湾。尤氏子孙自元迄明入国朝,掇科第入宦途者,蝉联不绝。迨道光年间,尤氏忽控张氏盗买文简公墓余地,有司履勘,连年不能决。盖张氏既葬此数世,年代稍远,并不知尤氏子孙何人所卖。然府县以先贤坟墓,例不能不保护。张氏声势本微,而尤氏以旧绅合全族之力攻之。适有他郡尤姓人为常州府署刑幕,遽与互联宗谱,遂押迁张氏诸墓。数日前,即闻每夜鬼哭声,日稍昃,鬼声啾啾,数月不辍。张氏子孙以黄袱负骨,号泣而去者三十九家。有一家迁至四十九冢,中间一墓稍高者,墓门既启,忽见朱漆巨棺随风而化,随有一白须方面古朝服朝冠者,蹶然坐起,亦随风而化。读其志铭,则宋尚书尤公墓也。是时,距文简没时近七百年矣。或者神鉴文简之德,又展缓四百年,虽前言必践,而年代既遥,尸早腐化,所以遇风即散也。尤氏子孙因既涉讼,不量重轻,必欲求胜,实则并文简公之主穴,且不能知。后虽懊丧无地,将奈之何?自是之后,尤氏日以式微。盖吴塘墓之旺气,既发泄将尽,而孔山墓又忽被迁,宜其衰也"。又如其卷三"桂林刘仙岩"所记"出广西省垣文昌门三里,有刘仙岩,幽石玲珑,螭连蜃结,枕清漪,茁芳芷,至此耳目一开。相传:仙,元时人也,名仲远,以屠豕为业。家于岩下,上有小庵,仙每旦闻钟声则起,磨刀霍霍,屠豕趁墟,有年矣。忽一夕,僧梦缁衣老妇跪而泣曰:'我母子八口之命,悬于上人手。'僧骇问故,曰:'勿击晓钟,即生全之德也。'僧起,忆梦中语,因暂缓撞钟,以观其异。日向晨,闻岩下疾呼而至者,刘仙也,问:'晨钟何为失鸣?汝贪高卧,致余废趁墟之业。'僧以梦告,仙斥其妄。归家,则母豕生七子矣。仙恍然有悟,掷屠刀于溪,向僧谢罪,即隐于庵旁岩穴中,炼神服气。久之,为人决休咎,多奇中。京师长春馆道士邱处机,闻其名,致札邀往。岁余而还,后不知所终。村人疑其羽化,改庵为道院,肖像祀之。岩中高旷如大厦,其右有小岩,即刘仙当日坐卧处也。山故多虎,而岩无门垣,仅蔽风雨,虎狼之患终不及云。乾隆中,山阴人俞蛟游此,记其事颇详"。其卷三"杀字碑"所记"四川成都府署中有杀字碑,连书七个杀字,别无他字,相传张献忠手笔。每知府到任,必祭碑一次,否则必受奇祸。平时,终日关闭,不敢开视,否则必有刀兵之灾。余谓献忠固天地间之沴气所钟,当时全蜀被其荼毒,今其遗碑尚能为祟,是不可解。或者人心畏之过甚,至数百年而不衰,足以感召斯异欤。是当毅然决然投之水火,虽能为祸,亦不过一次,而其祟则从此销灭矣"。其卷三"名医治中消病"所记"祥符孙雨农孝廉(育均)尝为余言,昔汴人有得中消病者,日食米一二斗,腹日以彭亨,面日以黄瘦,而身日以饥惫,人无能救药者。闻某县有名医,往就之诊。医开一方,仅砒霜四两,别无他物。且戒之曰:'汝忍饥不食两日,然后食之。食必尽,否则不救。'众无不骇且怪者,又以其名医也,姑减半食之,则嗷然大呕,吐出白虫数十枚,其长六七寸不等,皆死矣。于是腹稍小,饥稍瘳,而尚未霍然也。复诣名医请诊,医嗐曰:'汝必食药未尽也。凡汝之一食即消者,皆此虫为之。今仅杀其半耳,余不能救矣。'问:'再食之可乎?'医曰:'不可。夫虫既食人之食,亦有知识。吾之开砒霜四两者,乃酌量虫数而投之。虫惯食人之食,故于久饥之后,一见即食。彼已见前虫之死,肯再食乎?虫既不食,则砒毒汝自当之。今汝食之则以砒而死,不食则以虫而死,均之死也,复何言!'病者不听,食之果死"。其卷三"轶闻"记述"蜀汉后主降晋,封安乐公,殁而葬焉,墓在今山东乐陵城南之五里村。村方圆一亩,近有耕氓拾得铜枪头,长二尺许,宽约二寸半;钢刀头长三尺余,宽约五寸;又有杯盂等物,皆古磁,极华美,夏时存肉不臭。入都售之,因得小康。又有惠王冢,在乐陵城南四十余里,相传冢内有金人男女十二,骡马鸡犬及一切器皿皆系黄金。有人得金鸽一只,售之亦小康。每年立冬后,五更报晓。又有夜明珠,深宵出现,行路疑为皓月落地,趋至其处,浑黑无所见,远观之仍如明月焉"。其卷四"蕈毒一日杀百四十余人"记述"寒山寺在姑苏城外,唐人诗已累累见之,千余年来,为吴下一大禅院。道光年间,寺僧之老者、弱者、住持者、过客者,共一百四十余人,忽一日尽死寺中。既已无人,乡保为之报县。县令前来相验,适一灶下养死而复苏,县令问:'诸僧今日食何物?'对曰:'食面。'县令复详询煮面之人与浇面之汤,灶下养对曰:'今日值方丈和尚生日,特设素面以供诸僧。我适见后园中有蕈二枚,紫色鲜艳,其大径尺,因撷以调羹浇面。但觉其香味鲜美异常,未及亲尝,忽然头晕倒地,不省人事。今甫醒而始知诸僧食面死矣,不知是何故也?'县令使导至后园采蕈处,则复见有蕈二枚,其大如扇,鲜艳无匹。命役摘蕈,蕈下有两大穴。县令复集夫役,持锹镢,循其穴而发掘之。丈余以下,见有赤练蛇大小数百尾,有长至数丈者,有头大如巨碗者。盖两穴口为众蛇出入之所,蕈乃蛇之毒气所嘘,以自蔽其穴者。诸僧既皆食之,故无一生。灶下养仅嗅其香味,故幸而复苏。县令乃命储火种,发鸟枪,一举焚之,蛇之种类尽灭,而寒山寺由此亦废"等。这些形形色色的风物传说价值更为特殊,与历史上众多风物传说一样,记述了民间文学独特的地方性知识及其标志性意义,不仅具有民间文学理论研究价值,而且有一些传说还具有非常重要的生活实用价值。

人物传说是历史文化的重要内容。薛福成记述了历史上和珅之流受到惩罚的政治事件,也记述了近代社会许多当世事件,一切都以具体的人物为中心。

诸如其卷一"查抄和珅住宅花园清单"所记:"嘉庆四年正月初八日,江南道监察御史广兴、兵科给事中广泰、吏科给事中王念孙等，参奏和珅弄权舞弊，僭妄不法。本日奉旨，将和珅、福长安拿交刑部严讯，并查抄家产。本日奉旨派八王爷、七额驸、刘中堂、董中堂讯问，随上刑具监禁刑部；派十一王爷、庆桂、盛住同抄和珅住宅，派绵二爷抄和珅花园。十一日奉上谕：'昨将和珅家产查抄，所盖楠木房僭侈逾制。其多宝阁及隔段式样，皆仿照宁寿宫制度。其园寓点缀，竟与圆明园蓬岛瑶台无异，不知是何居心。又所藏珍宝内，珍珠手串二百余串，较之大内多至数倍。并有大珠，较御用冠顶珠尤大。又有真宝石顶数十颗，并非伊应戴之物。而整块大石不计其数，且有内府所无者。所藏金银玉石古玩等类尚未抄毕。似此贪黩营私，从来罕见罕闻。'其议论曰"乾隆中叶最为天下全盛之时，不幸和珅入相，倚势弄权，贪婪罔忌。自督抚以至道府，往往布置私人。或畏其势焰，竞营献纳，以固其位。浸至败坏吏治，刻剥民生，酿成川楚教匪之变，元气一朘，至今未复。和珅卒伏其辜，一朝籍没，多藏厚亡，岂不信哉。亦书之以为黩货无餍者戒也"云云，这是近代民间文学中和珅故事流传的典型。

薛福成记述了许多社会动荡中各色历史人物的传说，这些传说故事具有相当重要的历史文化价值。如其卷一"蒲城王文恪公尸谏"所记"道光中，林文忠公（则徐）以钦差大臣驰赴广东查禁鸦片烟，与英吉利兵船相持海上，宣庙倚任甚至。既而中变，命大学士直隶总督琦善驰往查办，严劾林公，革职遣戍新疆，尽撤守备，与英吉利讲和。于是舆论哗然，皆骂琦善之误国及宰相穆彰阿之妨贤，而惜林公之不用也"与"世俗皆言自蒲城薨后，宣庙常闻空中呼林公姓名，故不久赐还"云云，这是珍贵的关于林则徐的传说。其叹曰"此说虽未尽然，然亦足见人心所归仰云"。其卷四"述异"所记曾国藩、李鸿章传说，如"曾文正公之生也，以嘉庆辛未年十月十一日亥时。曾祖竞希封翁，年已七十，方寝，忽梦有神虬蜿蜒自空而下，憩于中庭，首属于梁，尾蟠于柱，鳞甲森然，黄色灿烂，不敢逼视，惊怖而寤，则家人来报添曾孙矣。封翁喜召公父竹亭封翁，告以所梦，且曰：'是子必大吾门，当善视之。'是月，有苍藤生于宅内，其形夭矫屈蟠，绝似竞希封翁梦中所见。厥后家人每观藤之枯荣，卜公之境遇。其岁枝叶繁茂，则登科第转官阶，剿贼迭获大胜。如在丁忧期内，或迫寇致败屡濒于危，则藤亦兀兀然作欲槁之状。如是者历年不爽，公之乡人，类能言之。饶州知府张澧翰，善相人，相公为龙之癫者，谓其端坐注视，张爪刮须，似癫龙也。公终身患癣，余在公幕八年，每晨起，必邀余围棋。公目注楸枰，而两手自搔其肤不少息，顷之，案上肌屑每为之满。同治壬申二月初二日申刻，公偶游署中花园，世子劼刚侍，公忽连声称脚麻脚麻，一笑而逝。世子亟与家人扶公入室，盖已薨矣。是时，城中官吏来奔视者，望见西面火光烛天，咸以为水西门外失火。江宁、上元两县令，亟发隶役赴救，至则居民寂然，遍问远近，无失火者。黄军门（翼升）祭文有曰：'宝光烛天，微雨清尘。'盖纪实也。自后，庞观察（际云）来自清江浦，成游戎（天麟）来自泰州，皆云初二日傍晚见大星西陨，光芒如月，适公骑箕之夕也"。其卷六"幽怪"记述"曾文正公尝告幕客曰：余向不信扶鸾等术，然亦有奇验者。李忠武公(续宾)之克九江也,余方衔恤家居。一日,偶至余弟沅甫宅中,塾师方与人为扶鸾之戏,问科场事。余默念此等狡狯,何足为凭?乩盘中忽写赋得偃武修文得闲字。余言:'此系旧时灯虎,作败字解,所问科场事,其义云何?'乩盘中又写为九江言之也,不可喜也。余诧曰:'九江新报大捷,杀贼无遗类,何为言败?'又自忖九江去此二千里,且我现不主兵事,忽提及此,亦大奇事。因问:'所云不可喜者,为天下言之乎?抑为曾氏言之乎?'乩判为天下大局言之,即为曾氏言之。时戊午四月初九日也,余始悚然异之,而不解所为。至十月,而果有三河之败,全军尽殁,忠武及余弟温甫咸殉焉。乩仙自言彭姓,河南固始县人,新死于兵,将赴云南某城隍之任,道经湖南云。噫!一军之胜负,关系甚巨,此时文正虽奉讳里居,而东南全局,隐倚以为轻重,忠武固文正旧部,而文正之弟又在军中,半年之前,败征未见,而鬼神早有以告之,凡事莫非前定,岂不信哉"。其卷一"劫数前定"记述"昔曾文正公尝教后学云:人自六经以外,有不可不熟读者凡七部书,曰《史记》、《汉书》、《庄子》、《说文》、《文选》、《通鉴》、《韩文》也。余尝思之,《史记》、《汉书》,史学之权舆也;《庄子》,诸子之英华也;《说文》,小学之津梁也;《文选》,辞章之渊薮也;《史》、《汉》,时代所限,恐史事尚未全,故以《通鉴》广之;《文选》骈偶较多,恐真气或渐漓,故以《韩文》振之。曾公之意,盖注于文章者为重。此七部书,即以文章而论,皆古今之绝作也。人诚能于六经而外,熟此七部书,或再由此而扩充之,为文人可,为通儒可,为名臣亦可也"云云。又记曰:"兵燹之劫,皆有定数。余既屡著于笔记矣。咸丰癸丑二月金陵之陷,粤贼募得黔人之善挖煤者,由仪凤门穴地火攻而入。至同治甲子六月,威毅伯中丞曾公仍募得其人,由太平门外穴地火攻而入,斯事固已奇矣。尤奇者,常州府城以咸丰庚申四月初六日午时为粤贼所陷。今傅相合肥李公之巡抚江苏,也以同治甲子四月初六日午时攻克常州。相距匝四年,而一失一复,月日时皆不爽,谓非有定数而能如是乎。至如上海,以道光壬寅陷于英吉利,咸丰癸丑复为群匪所踞,迨粤寇之难,四乡虽为战场,而城独不陷。宁波亦以道光辛丑陷于英吉利,同治壬戌复为粤贼所陷,迨光绪乙酉法兰西以铁舰来攻,竟不能入口。大抵兵燹之劫,重于前则轻于后,冥冥中若有为之主宰者焉。"

在其记述中,曾国藩、李鸿章总是得到神助,如其卷四"水神显灵"记曰:"鬼神为造化之迹,而迹之最显者莫如水神。黄河工次,每至水长之时,大王、将军往往纷集河干,吏卒居民皆能识之,曰某大王、某将军,历历不爽。同治七年,捻贼张总愚窜入直隶、山东交界,今伯相合肥李公扼守黄、运两河,设大围以困之。当是时,各营兵勇不满十万,而汛地绵广数千里,人数不敷甚。巨贼以全力并冲一处,一处失防,则全局皆废,固非确有把握也。然竟以灭贼者,是时大雨时行,河水泛溢,平地积潦,往往盈丈,贼四面奔突,皆为水所阻,官军因得以合力痛剿,盖若有神助焉。"其笔下的人物具有独特的传奇性,这是民间文学体现社会生活中民间信仰的记述。

农民起义是中国近代社会的重要事件,薛福成记述了这些内容。如其卷二"日月合璧五星联珠之瑞"记述少数民族起义,曰:"占验家谓五星同在一次曰合,同在一宿曰聚。咸丰十一年八月丁巳朔,有日月合璧,五星联珠之瑞,从填星也。考是日卯正,日月同在张八度,岁星荧惑在张五度,太白在轸三度,填星在张九度,辰星在张七度。盖日月与木火土水四星同聚一宿,惟太白在轸。然与日月及水土二星相距不满三十度,则犹可谓之合也。尤难遇者,五星皆顺行而无迟留退逆之愆,且皆晨见而不伏匿,斯所以为盛瑞也。是岁,官军即以八月朔日卯刻克复安庆,由此各路大帅相继奏捷。甫逾一纪,而粤、捻、苗、回诸巨寇以次荡平。中兴之功,何其伟也!占验家又谓自张至轸为楚分野。是时辅翊中兴者,如曾文正公、胡文忠公、江忠烈公、罗忠节公、李忠武公、李勇毅公,以及今相国恪靖侯左公、巡抚威毅伯曾公、陕甘总督杨公、兵部侍郎彭公,皆系楚材,可云极盛。惟今相国肃毅伯李公所属淮部诸将,皆系皖人。然春秋时,皖北安、庐、凤、颍六郡,本皆楚地,则分野占验之说,似不诬矣!沈约《宋志》谓周将伐殷,五星聚房;齐桓将霸,五星聚箕;汉高入关,五星聚东井。大抵皆隆盛治平之象。然则中兴景运尚未艾也。"其卷二"李秀成被擒"记述太平天国历史传说曰:"金陵之拔也,伪忠王李秀成偕一僮遁走方山,突遇樵者八人,有识之者,喑曰:'若非伪忠王乎?'秀成长跪泣曰:'若能导我至湖州,愿以三万金为寿。'樵夫相与聚谋,以为不如执献大营,金其焉往,且可获重赏。遂麇之以归,其村名曰涧西。是时秀成与其僮两臂金条脱皆满,又以一骑负箱箧,皆黄金珠玉宝贵之物,约值白金数十万两。村民尽拘之一室,其珍宝尚未敢分也。村民陶姓者,八人之一也,时有族人在太平门外李臣典营中,将往告之。道过钟山,腹中饥渴。时提督萧孚泗驻营钟山,营中有伙夫素与陶姓相识,遂入少憩,语及献俘事。伙夫以语亲兵,亲兵以告统领,乃使一人留陶姓与之酒食,雅意絷维,不使得行。孚泗自率亲兵百余,驰抵涧西村,以秀成归,尽收其珍宝,将并杀陶姓以灭口。伙夫阴告之,分以宝珠五枚、良马一匹,俾乘夜逸去。孚泗竟以擒获秀成膺一等男爵之封。其后威毅伯曾公微闻其事,赏村民八人白金八百两,复为营中亲兵分去,仅以五十两畀八人者共分之。"其卷二"张洛行被擒"记述捻军起义曰:"张洛行为捻寇渠魁,跳梁十年,官军无如之何。同治癸亥,洛行为僧邸所败,以五千人保于尹家沟。僧邸率大军围之,洛行自知势不敌,以数百人突围出。僧邸召骑将恒龄率数千骑追之,擒斩贼党略尽。洛行以二十人奔西洋集。圩主陈天保,故贼党也,甫于是日降官军,而洛行夕至,天保纳之,阴遣人驰报宿州署中。时西林宫保(英翰)署宿州知州,率壮丁二百人赴之,直至洛行卧所。洛行方吸洋烟,英公呵之起曰:'汝非张洛行乎?'曰:'然!'曰:'从我走。'乃并其甥侄数人皆擒以归,解送僧邸军前,凌迟处死。僧邸保奖英公,俟补直隶州,后以知府用。朝廷颇嫌其赏薄,未数月,擢知颍州府,旋迁凤、颍、六、泗道,两年间遂至安徽巡抚。""同治五六年间,捻寇窜突苏、皖、鄂、豫、山东等省,黠猾以赖汶光为最,而慓悍善战莫如任柱,所统马队颇多。方诸军划运河而守。捻众马步约近十万,盘旋济、青、沂、海之间,行踪焱忽。官军追逐,往往落后,实尚未能制胜。"其记述石达开等起义军的传说曰:"余往尝游湖南,闻楚人皆曰:'骆公治吾楚十年,而吏民安堵,群寇远遁,此吾楚福星也。'厥后督师入蜀,蜀中值蓝朝鼎、李短搭搭等群寇蜂起,揭竿乌合之徒,所在屯聚,全省被蹂躏者四十余州县。骆公仅募楚勇万人以行。是时黄子春观察(醇熙)为统将,刘霞轩中丞(蓉)实以同知佐戎幕,旋超授四川藩司,赞画军事者二年。楚军入蜀,一战大捷,放行而西,驱殄群孽,连解定远、绵州之围。而黄观察亦遇伏战没,骆公选裨将代领其众,会合蜀军,分途追剿。蓝、李等巨酋十余人,以次擒戮。未一年,而全蜀肃清。盖蓝、李各寇皆起于草窃,声势虽盛,并无远略,实不耐战。骆公以楚中节制之师,进与之角,鲜不克捷。既捷之后,群贼望风瓦解,自就夷灭,故其摧陷。廓清之功为甚捷也。蜀民见骆公用兵如此之神速,以为诸葛复生,且出水火而衽席之,皆曰:'骆公活我。'石达开率其悍党窥犯蜀疆,自入绝地,诸土司扼守险隘,会合官兵擒灭之。天下闻之,谓石达开著名剧寇,不过稍亚于洪秀全,而骆公擒之,易于反掌,莫不仰其威名。蜀民亦谓骆公用兵果不可测,于是感之如父母,而望之如神明矣。蜀中地大物博,骆公既削平群丑,省中司道建议整理财赋,因而筹饷筹兵,南援滇黔,北援秦陇。当是时,曾文正公督两江,凡湖广、两粤、闽浙等省大吏之黜陟,及一切大政,朝廷必以谘之。骆公督四川,凡滇黔陕甘等省大吏之黜陟,及一切大政,朝廷必以谘之。二公东西相望,天下倚之为重。而骆公所陈大计,亦多能统筹全局,不愧老成典型。先是蜀中童谣曰:'若要川民乐,除非马生角。'盖俗称'骆'字为'马各骆',而南方又各角同音也。然则骆公当立勋名于蜀,其数早已前定矣。骆公既薨,成都为之罢市,居民皆野哭巷祭,每家各悬白布于门前,或书挽联以志哀思。适文勤公崇实,以将军署总督,谓为不祥,遣使禁之。蜀民答曰:'将军脱有不讳,我辈决不敢若此。'闻者为之粲然。迄今蜀民敬慕骆公,与诸葛武侯相等。骆公专祠,蜀民亦呼之为丞相祠堂,虽三尺童子入其祠,无不以头抢地者。或谓骆公生平不以经济自命,其接人神气浑穆,人视之固粥粥无能,而所至功成,所居民爱,在楚在蜀,自有诸贤拥护而效其长,岂其大智若愚耶?抑骆公之旗常俎豆,早有定数,大功之成不在才猷而在福命耶?余谓骆公之当享勋名,固由前定,然其德器浑厚,神明廉静,推诚以待贤俊,亮直以事朝廷,斯其载福之大端也。同时张石卿制军,其初名位与骆公相埒,而才调发越,则十倍骆公。然有为不能有守,好用权术,多谋少断。又所居皆贫瘠之地,所与共事多庸妄人,其遭逢不如骆公远甚,崎岖二十年,不能以功名终。盖其德不足以运其才,器不足以载其福,适若与骆公相反云。"

又如其卷四"郭汾阳王墓被掘"所记农民起义与盗墓传说,称"同治元年,关中回寇蜂起,屠戮之惨,甚于粤寇。是时,督师大臣胜保由豫入陕,其随员洪观察贞谦过华阴,曾呼一整容匠,问以汾阳王后人如何?其人怃然曰:我即郭姓,汾阳王后裔也。从前合族有十余家,皆零落不振,无读书者。今遇此大变,存者无几矣。乡人以惨遭荼毒,无所泄愤,则群哗曰:'始引回人入中国者,是汾阳王之咎也。'乃相率往掘王墓,其中羌无所有,惟得古剑一柄,亦已幽黯朽折矣。今虽稍加修葺,竟无力能复旧观。感唏不已。洪观察为余述之如此。余谓汾阳王虽借回纥兵复两都,然回纥之入中国,实不始于汾阳。且回回与回纥又是两种,乡愚无知,偶闻谰语,信为实然,一唱百和,且奋其愤毒之气,何所不至?当时,虽其子孙不能御,官法不能禁也。而自唐迄今已逾千年,则墓中一无所有,亦理之固然,无足怪云"等等。这些传说故事从不同方面具体记述了历史上的农民起义,具有独特的历史价值。

薛福成还记述了许多鬼故事,诸如卷六"幽怪"等篇所记述:"梅伯言郎中有友某君,素以胆力自负。郎中与之戏,请必以实事为证。是时,金陵城内有一池在旷野中,素号多鬼。""嘉庆中,先祖芋圃府君,设帐无锡北门外。有施生者,年逾二十,荒废学业,为狎邪游,屡诫不悛。先祖摈之门墙外,施生益流连酒色。一夕,在妓室酣饮,四更后肩舆归家,适经一桥,忽见一人身长丈余,白衣高冠,肩挂纸钱,如世所称无常鬼者,植立轿前,对之嬉笑。轿夫皆惊骇狂窜,委肩舆于桥上。顷之,有击柝行夜者,见轿中人已半死,复为呼集轿夫,舁至家中,灌以姜汤,呕绿水一盂而卒,盖其胆已破矣。""无锡北乡有村曰胡家渡者,一塾师训蒙于其间。每日暮,有一挑杂货担者至村,如糖果蜜饯之类皆有焉。训蒙师与其徒各稍买食物以为消遣,每日入至三更而返,日以为常。一夕忽不至,盼之两月,而杂货担始来。塾师问其故,挑担人曰:'此次一病几死,幸而痊愈,余从此往来此道,不免有戒心也。'盖挑担人之家,距村约十里,是夕三更后,由村回家,月明如昼,道经一桥,忽见两人凭栏玩月,身长不及三尺,而须眉皓白,相对啁啾,其语了不可辨。挑担人心知为鬼,然四顾旷野,欲退无路,只得放胆,挑担上桥径过,且曰:'请先生稍让!'闻一人曰:'是人可恶,速击之!'挑担人由此晕倒,人与担直坠至桥下。五更以后,有行夜者见而呼醒之,送之回家,一病两月。夫须眉皓白,而长不满三尺,《春秋左氏传》所谓新鬼大故鬼小者,岂不信欤?"这些故事与历史上的鬼故事可谓异曲同工,时间换成了当世,地点也做了改换。

近代民间传说故事的记述还有《中国诉讼师》等文献,集中叙述了近代中国社会各种各样的财产争端、情感纠纷等传说故事。

二、民间歌谣与民间叙事诗

近代中国社会内忧外患,民间歌谣在社会风俗生活中对各种时事进行述说。一方面,传统歌谣继续流行,成为民间百姓社会生产知识与社会生活知识的一部分,也成为他们宣泄各种情感的重要方式;另一方面,新的歌谣此起彼伏,如雨后春笋,成为中国近代民间文学史的一道亮丽景观。

（一）民间歌谣

民间歌谣的流行，常常伴随着相应的民间传说，成为时代的印记。除了方志等文献记述的民间歌谣，还有许多流传在民间口头上的歌谣，如"道光二十三，黄河冲上天，冲走太阳渡，捎上云锦滩"，表现黄河决口的历史记忆。又如清末至民国年间，北平传唱所谓"西山十戾"，描述时局。在民间文学史上，这是典型的妖魔化，形成文化累积层的箭垛现象。其中的历史人物性情在传说中总是被对应于具体的动物，而这些动物又被赋予一定的文化含义。如：多尔衮——熊，吴三桂——鸮（猫头鹰），年羹尧——豪猪，曾国藩——蟒，和珅——狼，海兰察——驴，慈禧——狐狸，洪承畴——獾，张之洞——猴，袁世凯——癞蛤蟆。

传说中的多尔衮虎背熊腰，高大威猛，像凶狠的狗熊一样，充满力气；吴三桂出卖民族，阴沉善变，投降清朝，后来又反清，是一个不吉祥的人物；传说中的年羹尧多谋机智，像一头豪猪，非常凶猛；曾国藩曾经为清朝卖命，镇压太平天国，是常常蜕皮的蟒蛇，或传说其有帝王之命，像蟒蛇一样能够摧毁世界，或传说他有皮肤病，经常脱去皮屑，像蟒蛇蜕皮一样；和珅凶狠狡诈，是一个大贪官，像饿狼一样贪婪，其千方百计迎合乾隆皇帝，最后弄巧成拙，在乾隆死后被嘉庆皇帝收拾，民间传说"和珅跌倒，嘉庆吃饱"；传说海兰察为驴托生来到人间，为清朝拉套，任劳任怨；传说西太后是凶狠狡诈的狐狸转生，曾经靠相貌迷惑皇帝和一些大臣听从她摆布，把控朝政；传说张之洞足智多谋，其勤读书而少睡眠，经常处于高度警觉状态，像猴子一样机智灵活；传说中的袁世凯五短身材，常常走八字步，大腹便便，像一只癞蛤蟆。当年，袁世凯镇压义和团，激起义和团的愤恨，他们在民间歌谣中痛骂道："杀了老鼋（袁）蛋，大家吃饱饭。" 19世纪80年代中期，笔者在北京街头调查此"西山十戾"的民间传说故事，搜集整理到一则民间小调，此录如下：

> 西山呀真正怪，
> 十个妖怪它呀么投了胎。
> 熊瞎子变成了多尔衮，
> 獾子变成洪承畴，
> 咳嗨嗨吴三桂他是那猫头鹰变得来。
> 和珅呀本是漫野的狼变成，
> 普天下第一个大贪官要多坏就有多么坏，
> 海兰察是一头驴子摇摆摆！
> 年羹尧他是一头头拱地的猪，

蟒蛇他变成了曾大帅。
猴子成精变成了张之洞,
玉面狐狸变成了慈禧老呀么老妖怪!
看只看癞蛤蟆成精吞下了日和月,
变成了洪宪皇帝袁世凯。
一个个妖怪成了呀精啊
天地都变了旧模样,
播下了罪孽种成千上了百嗨嗨呀嗨嗨!

值得注意的是,歌谣中的这些历史人物在正史即官方修订的史志记述中,与民间传说形成巨大差异,表现出民间社会关于历史人物的传奇化,形成文化变形的记忆与传播的多样化。这是中国民间文学发展史上具有普遍意义的现象,表现出民间传说的重要生成规律。

对比于《清史稿》等官方史籍,可以看到这种现象背后许多问题的复杂性。

歌谣中的多尔衮,是清太祖努尔哈赤第十四子,能征善战,以辅政王身份辅佐皇太极第九子福临即帝位,先后封叔父摄政王、皇叔父摄政王、皇父摄政王。其跟随皇太极突入明朝边塞,大败袁崇焕,攻打北京,消灭明朝和李自成军队,对于清朝的建立和定都北京起到了非常重要的作用。入主中原后,多尔衮权势熏天,其改革天下,"自明季祸乱,刁风日竞,设机构讼,伤财败俗,心窃痛之!自今皆予以维新,凡顺治元年五月初二日昧爽以前,罪无大小悉行豁免。有违谕评讼者,以所告之罪罪其自身。田、婚、斗殴细故,就有司告理即可。重大案情者经抚按结案,不是机密要情,无许进入北京越级诉诉。有讼师诬陷良民,加罪一等反坐讼师"。① 人称多尔衮有"六大弊政":剃发、易服、圈地、占房(侵占房舍)、投充(抢掠汉人为奴隶)、逋逃(逃人法)。《清史稿》记述当世大臣对多尔衮的评价曰:"多尔衮独擅威权,不令济尔哈朗预政,遂以母弟多铎为辅政叔王。背誓肆行,妄自尊大,自称皇父摄政王。凡批票本章,一以皇父摄政王行之。仪仗、音乐、侍从、府第,僭拟至尊。擅称太宗文皇帝序不当立,以挟制皇上。构陷威逼,使肃亲王不得其死,遂纳其妃,且收其财产。更悖理入生母于太庙。僭妄不可枚举","睿亲王多尔衮扫荡贼氛肃清宫禁。分遣诸王追歼流寇,抚定边疆。创制规模皆所经画。奉世祖车驾入都,成一统之大业,厥功最著","睿亲王多尔衮摄政有年威福自专,殁后其属人首告定罪除封。念定鼎之初王实统众入关,肃清京辇奠定中原,前功劳未可尽泯。今其茔域榛芜,后嗣废绝殊堪悯恻。交内务府派人员修葺,并令近支王

---

① 《清史稿》卷二〇八《列传》(五)。

公按时祭扫"。①《清世祖实录》称多尔衮:"凡一切政事及批票本章,不奉上命,概称诏旨。擅作威福,任意黜陟。凡伊喜悦之人,不应官者滥升,不合伊者滥降,以至僭妄悖理之处,不可枚举。不令诸王、贝勒、贝子、公等入朝办事,竟以朝廷自居,令其日候府前。"②多尔衮留下许多风流传说,但总的讲,除了他的显赫功勋和果断作风,就是擅权。所以,其遭到朝野人士嫉恨,被辱骂为蛮横霸道的"熊瞎子"。

与多尔衮不一样,洪承畴是一个明朝末年的汉族官员。洪承畴出生于福建泉州,初授刑部江西清吏司主事,后升迁两浙承宣布政左参议、陕西督道参议和延绥巡抚等职,曾经在镇压农民起义中战功累累。明末崇祯年间,洪承畴调任蓟辽总督,清军攻锦州等地,洪承畴派兵出援,败于塔山、杏山。在与清兵的作战中,洪承畴也曾经表现勇猛,主张决一死战,但松山城破,其被俘。面对清兵,洪承畴曾经坚守明朝臣节,绝食数日,拒不投降,但最后还是投降了清兵,并且帮助清兵攻入北京,成为清朝的太子太保、兵部尚书兼都察院右都御史,被授秘书院大学士。其晚年积极参与镇压反对清朝的地方斗争,丢失了应有的气节,受到世人的谩骂和鄙视。《清史稿》称:"国初诸大政,皆定自太祖、太宗朝。世谓承畴实成之,诬矣。承畴再出经略,江南、湖广以逮滇、黔,皆所勘定;桂王既入缅甸,不欲穷追,以是罢兵柄。"③獾子,李时珍《本草纲目》称:"獾又作狗獾,亦状其肥钝之貌。蜀人呼为天狗。"汪颖《本草纲目集解》曰:"狗獾,处处山野有之,穴土而居。形如家狗,而脚短,食果实。有数种相似。其肉味甚甘美,皮可为裘。狗獾似小狗而肥,尖喙矮足,短尾深毛,褐色。皮可为裘领。亦食虫蚁瓜果,面有海獾皮,可供衣裘,亦此类也。"獾子是民间传说中善于变化的动物,被鄙视为"形如家狗",表现出民间百姓对洪承畴之流失却民族气节的评说,也体现出对清朝统治的不满。

歌谣中的吴三桂被比喻为猫头鹰,即民间俗称的夜猫子。吴三桂,明朝辽东人,崇祯时为辽东总兵,当年与清兵作战,也表现得勇猛无畏。传说因为爱妾陈圆圆而降清,在山海关大战中大败李自成,被封为平西伯,镇守山海关。清朝建立之后,吴三桂镇守云南,康熙年间自称周王、总统天下水陆大元帅、兴明讨房大将军,与清朝对抗。《清史稿》评价吴三桂道:"三桂白首举事,意上方少,诸王诸将帅佐开国者皆物故,变起且悝扰。及闻上从容指挥,军报迅速,阃外用命,始叹非所料。制胜于庙堂,岂不然欤?上不欲归咎建议撤藩诸臣,三桂等奉诏罢镇,亦必曲意保全之。惜乎三桂等未能喻也!"④《清实录》载康熙皇帝语曰:"逆贼吴三桂,穷蹙来归。我世祖章皇帝,念其输款

---

① 《清史稿》卷二〇八《列传》(五)。
② 《清世祖实录·顺治朝实录》卷六。
③ 《清史稿》卷二三七《列传》(二四)。
④ 《清史稿》卷四七四《列传》(二六一)。

投诚,授之军旅,锡封王爵,盟勒山河。其所属将弁,崇阶世职,恩赉有加。开阃滇南,倾心倚任。迨及朕躬。特隆异数,晋爵亲王,重寄干城,实托心膂。殊恩优礼,振古所无。讵意吴三桂,性类穷奇,中怀狙诈,宠极生骄,阴图不轨,于本年七月内,自请搬移。朕以吴三桂出于诚心,且念其年龄衰迈,师徒远戍已久。遂允奏请,令其休息。仍敕所司安插周至,务使得所。又特遣大臣前往,宣谕朕怀。朕之待吴三桂,可谓礼隆情至。蔑以加矣。近览川湖总督蔡毓荣等疏称,吴三桂径行反叛,背累朝豢养之恩,逞一旦鸱张之势,横行凶逆,涂炭生灵,理法难容,神人共愤。"①鸱,是传说中的怪鸟,类猫头鹰。其喻指险恶小人,反复无常之辈。又名角鸱、怪鸱、鸺鸱,《山海经》曾记述其形状。《诗经·豳风·鸱鸮》有"鸱鸮鸱鸮,既取我子,无毁我室"句。《旧唐书·僖宗纪》记曰:"初则狐假鸱张,自谓骁雄莫敌。"康熙对吴三桂的评语,被世人认同,故有其传说。其遭遇世人辱骂的关键原因应该是引清入关,出卖国家。

和珅,钮祜禄氏,原名善保,出身平凡,但精明能干,受到乾隆皇帝的宠爱,迅速飞黄腾达。在其初入官场时,也曾经清正廉洁,在大学士兼云贵总督李侍尧涉嫌贪污案中,表现出刚正作风。但是,随着世事变迁,其私欲膨胀,愈发贪得无厌、横征暴敛。在乾隆皇帝下江南的传说中,也流传有许多关于他的故事。其官至内阁首席大学士、领班军机大臣、吏部尚书、户部尚书、刑部尚书、理藩院尚书、内务府总管、翰林院掌院学士等职,除了官场驰骋得意,他还聚敛钱财,开设当铺,设大小银号,与英国东印度公司等商业机构来往甚密,饕餮无度。乾隆皇帝死后,和珅罪行败露,亿万财产被朝廷收缴。民间传说称"和珅跌倒,嘉庆吃饱"。和珅有突出的才干,乾隆《平定台湾二十功臣图赞》记曰:"承训书谕,兼通清汉。旁午军书,惟明且断。平萨拉尔,亦曾督战。赐爵励忠,竟成国干。"《清史稿·卷三百一十九·列传一百六》称:"和珅,字致斋,钮祜禄氏,满洲正红旗人。少贫无藉,为文生员。乾隆三十四年,承袭三等轻车都尉。寻授三等侍卫,挑补黏杆处。四十年,直乾清门,擢御前侍卫,兼副都统。次年,遂授户部侍郎,命为军机大臣,兼内务府大臣,骎骎向用。又兼步军统领,充崇文门税务监督,总理行营事务。四十五年,命偕侍郎喀凝阿往云南按总督李侍尧贪私事。侍尧号才臣,帝所倚任。和珅至,鞫其仆,得侍尧婪索状,论重辟,奏云南吏治废弛,府州县多亏帑,亟宜清厘。上欲用和珅为总督,嫌于事出所按劾,乃以福康安代之。命回京,未至,擢户部尚书、议政大臣。及复命,面陈云南盐务、钱法、边事,多称上意,并允行。授御前大臣兼都统。赐婚其子丰绅殷德为和孝公主额驸,待年行婚礼。又授领侍卫内大臣,充四库全书馆正总裁,兼理藩院尚书事,宠任冠朝列矣。"在历史上,和珅是最大的贪官之一。狼是中国传统文化中恶的集中表现,其贪婪、凶狠、狡诈的性格被比喻为世间

---

① 《清实录·康熙朝实录》卷四四。

的恶人习性。中国古代有许多关于狼的传说故事,诸如《狼外婆》,讲述狼凶狠,善于欺骗。马中锡《东田文集》中有《中山狼传》,讲述狼恩将仇报的故事。纪昀《阅微草堂笔记》中曾记述了一个狼故事:"有富室,偶得二小狼,与家犬杂畜,亦与犬相安。稍长,亦颇驯,主人乃忘其为狼。一日,主人昼寝厅堂,闻群犬呜呜作怒声,惊起周视,无一人。再就枕将寐,犬又如前。乃伪睡以俟,则二狼伺其未觉,将啮其喉,犬阻之不使前也。乃杀而取其革。狼子野心,信不诬哉!然野心不过遁逸耳,阳为亲昵而阴怀不测,更不止于野心矣。兽不足道,此人何取而自贻患耶?"民间传说把和珅比喻为狼,揭示这类人失去人性的实质。这是对官场社会的讽刺和抨击。

民间歌谣中的海兰察是一头驴子。海兰察,全名多拉尔·海兰察,满洲镶黄旗人,多拉尔氏,平民出身,曾随军入准噶尔,平定阿睦尔撒纳的叛乱,平定大小金川。乾隆年间,甘肃、青海回族、撒拉族发动起义,台湾爆发林爽文起义,海兰察参加平叛。他还参加过收复西藏的战斗,率军征讨廓尔喀,粉碎了英国人的阴谋。《清史稿·列传一百十八》记述了他的事迹。史籍保存最多的就是乾隆皇帝对他的多次嘉奖。这是一位维护国家统一,保卫国家安全的英雄,为什么被辱骂为"驴子"呢?这首民间歌谣可能出自反清人士之口,只要是清朝皇帝赞许的人,都在其漫骂之列。

年羹尧在民间歌谣中被描述为一头猪。年羹尧,字亮工,号双峰,康熙三十九年(1700年)中进士。其非常年轻时,就被任命为内阁学士,不久又升任四川巡抚、川陕总督。时青海郭罗克地方叛乱,年羹尧"以番攻番",平定叛乱。后来,雍正时期发生罗布藏丹津叛乱和卓子山叛乱,都被年羹尧平息。雍正皇帝对年羹尧非常尊敬,给了很多的荣誉,而年羹尧却志得意满,日渐骄横跋扈,傲慢无礼,而且结党营私,聚敛财富,最后获罪,受到雍正皇帝的惩罚。《清史稿·列传八十二》称其"凭借权势,无复顾忌,罔作威福,即于覆灭,古圣所诫"。如此称其为"猪",是家猪,还是野猪呢?是称其笨拙愚蠢,还是称其野性十足呢?

曾国藩和张之洞分别被描述为蟒蛇和猴子,他们被赋予传说中的蟒蛇性格与猴子性格,应该都是对他们的人生经历的概括总结。曾国藩,湖南湘乡人,字伯涵,号涤生。其对于清朝的主要功绩在于训练湘军,平定了太平天国起义。《清史稿》称:"国藩为人威重,美须髯,目三角有棱。每对客,注视移时不语,见者悚然,退则记其优劣,无或爽者。天性好文,治之终身不厌,有家法而不囿于一师。其论学兼综汉、宋,以谓先王治世之道,经纬万端,一贯之礼。惜秦蕙田《五礼通考》阙食货,乃辑补盐课、海运、钱法、河堤为六卷;又慨古礼残阙无军礼,军礼要自有专篇,如戚敬元所纪者。论者谓国藩所订营制、营规,其于军礼庶几近之。晚年颇以清静化民,俸入悉以养士。老儒宿学,群归依之。尤知人,善任使,所成就荐拔者,不可胜数。一见辄品目其材,悉当。时举先世耕读之训,教诫其家。遇将卒僚吏若子弟然,故虽严惮之,而乐为之用。居江南久,功德最盛。国藩事功本于学问,善以礼运。公诚之心,尤足格众。其治军行政,务求踏实。凡规画天下事,久无不验,世皆称之,至谓汉之诸葛亮,唐之裴度,明之王守仁,殆无以过,何其盛欤。""国藩又尝取古今圣哲三十三人,画像赞记,以为师资,其平生志学大端,具见于此。至功成名立,汲汲以荐举人才为己任,疆臣阃帅,几遍海内。以人事君,皆能不负所知。呜呼!中兴以来,一人而已"。① 有传说称曾国藩前世为蟒蛇,患有皮肤病,身上常常有蟒蛇鳞甲一样的东西。也有传说称曾国藩命中有天子相,本来剿灭太平天国洪杨之乱,就可以称帝,却失去机会。所以后来他的家乡流传一种风俗,即在上梁的时候,人会唱"曾家要出真皇帝"的仪式歌。张之洞,字孝达,号香涛,祖籍河北南皮。其任山西巡抚、两广总督、湖广总督、两江总督、军机大臣等职,官至体仁阁大学士。他主张"中学为体,西学为用",创办了自强学堂、三江师范学堂等新学,创办汉阳铁厂、大冶铁矿、湖北枪炮厂等新兴实业。八国联军侵占北京,张之洞与人一起提出"东南互保"之策。他参加过抗击法国人的斗争,曾经提出"购快船、购军火、借洋款、结强援、明赏罚"的策略,也曾经镇压湖北荆州等地人民焚烧洋人教堂,反对外国人欺压中国人的活动。他在官场上明哲保身,《清史稿》称"之洞短身巨髯,风仪峻整。莅官所至,必有兴作。务宏大,不问费多寡。爱才好客,名流文士争趋之。任疆寄数十年,及卒,家不增一亩云"。② 其行走官场,奉守中庸之道,左右逢源,灵活多变。所以,民间传说把他比作猴子,道理应该就在此中吧。

  民间歌谣把慈禧称作玉面狐狸。慈禧入传《清史稿》之《后妃传》(《清史稿·卷二百一十四列传一》),其称"孝钦显皇后,叶赫那拉氏,安徽徽宁池广太道惠徵女。咸丰元年,被选入宫,号懿贵人。四年,封懿嫔。六年三月庚辰,穆宗生,进懿妃。七年,进懿贵妃。十年,从幸热河。十一年七月,文宗崩,穆宗即位,与孝贞皇后并尊为皇太后","上事太后谨,朝廷大政,必请命乃行。顾以国事日非,思变法救亡,太后意不谓然,积相左。上期以九月奉太后幸天津阅兵,讹言谓太后将勒兵废上;又谓有谋围颐和园劫太后者。八月丁亥,太后遽自颐和园还宫,复训政。以上有疾,命居瀛台养疴","二十六年,义和拳事起,载漪等信其术,言于太后,谓为义民,纵令入京师,击杀德意志使者克林德及日本使馆书记,围使馆。德意志、奥(澳)大利亚、比利时、日斯巴尼亚、美利坚、法兰西、英吉利、意大利、日本、和(荷)兰、俄罗斯十国之师来侵。七月,逼京师。太后率上出自德胜门,道宣化、大同。八月,驻太原。九月,至西安。命庆亲王奕劻、大学士总督李鸿章与各国议和。二十七年,各国约成。八月,上奉太后发西安。十月,驻开封。时端郡王载漪以庇义和拳得罪废,溥俊以公衔出宫。十一月,还京师。上仍居瀛台养疴。太后屡下诏:母子一心,励行新政。三十二年七月,下诏预备立宪","三十四年十月,太后有疾。上疾益增剧。壬申,太后命授醇亲王载沣摄政王。癸酉,上崩于

---

① 《清史稿》卷四〇五《列传》一九二。
② 《清史稿》卷四三七《列传》二二四。

瀛台。太后定策立宣统皇帝,即日尊为太皇太后。甲戌,太后崩,年七十四,葬定陵隆福寺"。慈禧一生,擅权为术,恶闻甚多。其虽然实行"新政",对兵、商、学、官、法进行改革,提出君主立宪,做了一些有益于国家的事情,但是,其恶名昭著,传说中就是一个垂帘听政的角色。玉面狐狸,即玉面公主,是《西游记》中的一个妖怪,一个狐狸精,也是牛魔王的妾,神通广大。她是万岁狐王的女儿,家产丰足,非常任性,又足智多谋,最后被猪八戒打死。民间传说中的慈禧,与这个妖怪有许多相似之处,受到诅咒。

"西山十戾"的最后一个人物是袁世凯,被比作形象丑陋的癞蛤蟆。在中国近代社会历史上,袁世凯是一个饱受争议的人物。其恶名主要在于镇压义和团、出卖维新义士、与日本人签订丧权辱国的《二十一条》,最大的污点在于其倒行逆施,在共和潮流中称皇帝。其实,与张之洞他们一样,袁世凯对中国社会近代化做出了不小的贡献。"清史工程"推出《袁世凯全集》①,恢复了他的许多历史面目。他早年在朝鲜办理商务,与日本人进行过斗争;他从天津小站练兵开始,一步步走进中国政坛,举办实业,兴办新学,是洋务运动的先锋。后来,他受到权贵的打击,被迫"回籍养疴"。辛亥革命爆发后,他获得了新的政治机遇,从内阁总理大臣到"中华民国"大总统,登上权力的巅峰。应该说,在逼迫清朝皇帝退位的历史进程中,袁世凯起到非常重要的作用。"中华民国"对于中国近代社会具有非常重要的意义,袁世凯并不是完全无所作为。但是,他镇压革命党人,违背了时代潮流,终于被时代所抛弃。黄毅《袁氏盗国记》、胡思敬《大盗窃国记》等丑化袁世凯的图书流行,也导致袁世凯许多负面传说的出现。民间传说中的袁世凯与慈禧是一丘之貉,把他描绘成一个外貌丑陋,像癞蛤蟆一样的人物。中国民间社会崇尚五毒,有端午节前把癞蛤蟆制作成中药的习俗,民间附会说袁世凯是癞蛤蟆转世,害怕过端午节。民间歌谣和民间传说与历史并不是完全同步而行,历史的真相常常在民间传说中被作为另外一种面目显示,其更多的是一种情绪的渲染或倾泻。

从多尔衮到袁世凯,中国近代社会的许多历史人物都在民间歌谣中出现,其显示出一个规律性现象,即社会发生重大变化的每一个时期都有一个典型的负面人物出现,成为人们评说的对象。

(二)民间叙事诗

民间叙事诗是我国民间文学史上重要的艺术体裁,诸如汉代《孔雀东南飞》等叙事诗,成为中国文学史上瑰丽的篇章。但是,由于种种原因,汉魏之后一直到近代社会,民间叙事诗的文献整理一直处于疏芜状态。在1949年之后,尤其是20世纪80年

---

① 骆宝善、刘路生:《袁世凯全集》,河南大学出版社2013年版。

代以来的田野作业中,许多人可以感受到这样一种事实:诸如《钟九闹漕》、《崇阳双合莲》和《郭丁香》,以及江南地区的《五姑娘》等民间叙事诗,应该是在近代社会形成和不断完善起来的。那么,在事实上,《钟九闹漕》也应该属于中国近代民间文学。如《钟九闹漕》的搜集整理者所指出:"又名《钱粮案》,是一部在湖北南部广泛流传的民间叙事诗。它真实地记录了清末崇阳人民在钟人杰、金太和等领导下由自发抗粮到组织武装起义的全部发展过程。抗粮斗争从清道光十六年(1836年)十二月开始,一直进行到道光二十二年(1842年)十月,历时近六年之久。这部长诗究竟首先出于何人之口,目前尚未考查清。据老人说,最早出现的手抄本是在辛亥革命前后,那时是暗地传抄,公开流唱。在国民党反动派统治时期,崇阳县政府曾进行搜查、焚毁《钟九闹漕》抄本的活动,但并未禁绝,新的抄本又大批地出现,至今崇阳县群众还珍藏着最老的手抄本。"①《崇阳双合莲》也是如此。其搜集整理者称:"《双合莲》是流传于鄂南山区崇阳县的一部优秀民间叙事诗。故事发生在清朝道光年间,主人公胡三保、郑秀英,反对封建制度和家规族法,强烈地追求婚姻自由,终于被封建礼教残害。人民对胡、郑深表同情,把他们的故事编歌传唱,借以批判罪恶的封建礼教和家族制度。传说此诗最初的作者,是郑秀英的一个族人,郑四爹青少年时读过几年私塾,爱唱山歌,爱听民间故事,尤其是'梁山好汉'一类故事,并深受故事中人物行为影响,爱打抱不平。他目睹胡三保、郑秀英衷心相爱而惨遭杀害的经过,愤愤不平,每日打铁,采用山歌和民间小调形式,将胡、郑不幸身世,编成歌本,随编随唱随抄。久而久之,就编出了《双合莲》这部长诗。为了扩大诗的影响,他把抄本封进竹筒,丢进隽水河里,顺流而下,抄本便传到了蒲圻、嘉鱼、武昌等地。后来一抄十,十抄百,以口传或手抄本方式在广大群众中流传,不仅在鄂南各县,甚至在邻近的湖南、江西两省边界县里,也有传诵。传诵方式大致有二:或是群众上山砍柴时,作为山歌对唱;或是已婚妇女在家纺织时,作为小调哼唱。至今,凡四十岁以上的崇阳人民,均能诵唱其中重要章节,或是背诵全诗。"②河南、湖北、安徽、江苏、山东等地流传的民间叙事诗《郭丁香》更是如此。《郭丁香》作为传统灶书的民间文学形式,曾经在 20 世纪 80 年代被整理出一部分并发表(《民间文学》1981 年第 10 期),近年来,河南学者整理出这部民间叙事诗的文学本。笔者曾经在 20 世纪 20 年代林兰编《民间传说》中发现其整理本,而且故事语言就是典型的韵文形式(笔者在他处有举例,并另述)。可以断定,其流传时间绝对不晚于晚清时期。所以,也应该视作近代民间文学。

---

① 中国民间文艺研究会湖北分会、湖北省群众艺术馆:《〈钟九闹漕〉各种版本汇编》,1980 年 11 月编印。
② 中国民间文艺研究会湖北分会、湖北省群众艺术馆:《〈双合莲〉各版本汇编》,1980 年 11 月编印。

《五姑娘》是我国浙江、上海、江苏等地流传的民间叙事诗,也曾在近代社会的历史时期流传。搜集整理者对此论述道:

> 浙江的嘉善、平湖、嘉兴,上海的青浦、松江,江苏的吴江等地都流传着五姑娘的故事。大约在150年前,上述各地以花名山歌的形式分十三个月叙述她短暂的一生的故事。如芦墟的短歌,正月徐阿天来上工,二月唱五姑娘相貌年龄,三月到八月唱二人定情,九月阿天想逃走,十月、十一月五姑娘被兄长逼死,十二月,杨金大(其兄)买棺材,"十三月有花花勿开,徐阿天哥哥打扮一个换糖担,伊一心想要偷牌位,牌位偷勿着,回到屋里摆只空座"。都没有"笃稗草"的细节。个别的唱十月或十个月。
>
> 1982年以来各地接连发表《五姑娘》长歌,国内外有三十多家报刊予以报道。1984年江苏人民出版社出版了陆阿妹等歌手口述的本子,分:歌头、杨家门墙、阿天上工、结识私情、暗箭伤人、恶嫂捉"奸"、磨房相会、开笼放鸟、阿天受难、歌尾等部分,约九万字。后记中说:"(它)是我国十九世纪中叶江南农村的一幅生活画卷。它通过江南农村的一个家庭的分化,通过爱情悲剧与伦理关系的错综的生动描绘,反映被迫害者的控告与反抗。"
>
> 目前,它不仅有了歌剧与越剧的改编本,也有了新的整理本,新的整理本更接近1983年的资料本。本书是据资料本选录的。
>
> 歌手陆阿妹认为:① 事情出在方家浜,她祖母看见过五姑梳头傢生。② 这是大私情,人物有六人,中心是"姑嫂结识一个郎"。十夜也唱不完,迷信说唱完要触霉头。③ 结尾有的是阿天与五姑娘下太湖,有的是五姑娘公堂胜诉,与阿天成婚。她唱的结尾是二人死后,分湖两头生了白果树,隔岸相望。也有人唱阿天出走,屋里摆冷牌位。到了迷雾天,五姑娘要送饭找阿天。也有人唱阿天死时,湖面上白鱼一片。④ 阿嫂打翻脚炉,杨家烧光。杨金大吓死。
>
> 另一歌手蒋延山唱的是阿天拐走两姐妹,阿天不是正面人物。嘉善有"五姑娘是本地人"的种种传说。
>
> 钱泳在《履园丛话》中介绍青浦金泽有陈三姑娘祠,是吴江芦墟人。道光六

年,官府折像,数千人求免,陈三事迹近五姑娘。江苏南部歌谣《狄庚》,也接近。①

民间叙事诗《孟姜女》的发现,在中国近代民间文学史上的意义更为特殊。历史上有文献记述"春歌"为"岁首先传俚唱新,喜闻吉语趁良辰;轻锣小鼓歌声缓,送遍家家龙凤春",以弹词等民间艺术形式演唱,曰:"入春,常有两人沿门唱歌,随时编曲,皆新春吉语,名曰'唱春'。唱时轻锣小鼓,击之以板,板绘五彩龙凤,中书四字曰:'龙凤官春'。俗传沿明时正德御赐"②云云。光绪十六年(1890年)湖州新镇刻本《孟姜女寻夫》记"《孟姜女过关》十二月唱花名",另外,还有浙江绍兴和江苏苏州等地刻本应当能够证明其在近代社会历史时期的流传。20世纪20年代五四歌谣学运动中,顾颉刚等学者对全国各地的《孟姜女》版本进行广泛搜集整理,成为我国民间文学史上一个"《孟姜女》学术事件"(另述)。此举例前代学者整理的"宋春荣本"《孟姜女春调》:

一 《春锣一敲十七响》
……
今朝来到贵村上,
春锣一敲就喉咙痒。
一勿唱刘备招亲甘露寺,
二勿唱武松打虎景阳冈。
三勿唱许仙巧遇白娘娘,
四勿唱孔明搭仔刘关张,
五勿唱梁山伯与祝英台,
六勿唱织女鹊桥会牛郎。
七勿唱西天取经唐三藏,
八勿唱八仙过海神通广,

---

① 搜集整理者还具体提到"故事的变异"。细节方面:增添二人赶重阳;入殓;阿天提鱼,恍惚见五姑娘,再去偷牌位;阿天先死;五姑娘买细骨银笺鹅毛扇为阿天扇凉等。地名变异最多:各地常按本地物产、风光增加富有地方色彩的描写。结尾:除上述变异外,青浦西岑公社陆顺山唱:"十四月里有花花要开,五姑娘停材停在坛墓(义冢)滩,拨勒来路客商翻尸倒首盗仔去,托梦侬徐天郎哥哥讨衣衫。"暗示迫害者的冷酷与当时江南阶级斗争的激化。"资料本介绍传授系统",诸如"杨其昌(绰号'山歌王'),朱阿四(绰号'毛坯阿四')是第一代,二人均咸丰年间人";"孙华棠(陆阿妹之父)、许庆福(绰号'檀木头'),前者同治年间人,后者略晚";"陆阿妹(绰号'山歌女王')"。其称《五姑娘》结尾有各种唱法,有作怨剧处理,也有大团圆处理。接近本节的是续写阿天受难,四姑娘代妹焚身,阿天探家被捕,五姑娘探夫被捕,阿天探牌位被捕,杨府天火烧等,反映了歌唱者传授系统的不同与他们自己的加工处理的复杂情况"等。见钟敬文:《中国近代文学大系·民间文学卷》,上海书店1995年版。

② 金武祥:《陶庐杂忆续咏》,金氏粟香室光绪二十四年(1898年)刊。

九勿唱姜太公钓鱼渭河旁,
十勿唱阎婆惜活捉张三郎。
东勿唱东海龙王水晶宫,
西勿唱西厢莺莺遇张郎,
南勿唱南海观音救苦难,
北勿唱北宋皇帝送京娘。
左勿唱花果山上孙猴王,
右勿唱猪八戒招亲高老庄,
上勿唱王母娘娘蟠桃会,
下勿唱阎王勒浪坐公堂。
唱歌郎你究竟要咱啥堂?
我只唱孟姜女和范喜良。
诸位官人心度急,我看歌勿唱要烧肚肠。
(颂"趣头")
念书人知道孔夫子,
江湖人知道关夫子。
哪个不知孟姜女,
除非此人是痴子。
……
读书状元上插金花,
身骑白马铜铃响。
我唱春状元两只脚,
一面金锣走四方。……

二 《范喜良逃役姑苏城》

……
喜良的老父范心德,
孔孟子弟读书郎,
家里头古书堆屋梁,
还有文章几十箱。

一条脚镣三尺三寸长,
一副枷铁十斤零二两,
可怜书生范心德,

活埋土中把命丧。

破房子经勿起大水冲,
死人失火祸成双,
热锅上蚂蚁团团转,
急得喜良无主张。

日里头盘进茅柴窠,
夜里头走勒小提埂。
河里头格清水当茶呷,
树皮草根充饥肠。

墙边有棵枣子树,
范喜良要想跳进墙,
枣树又高又大可粗壮,
文弱书生爬勿上。

小船在沙滩搁了浅,
进退两难无主张,
范喜良叫天叫地叫祖宗,
黄瓜性命在空中荡。

忽听枣树一声响,
大树变成小树样,
喜良上树树又高,
骨碌碌碌翻过墙。

范喜良躲进假山石,
满头冷汗手冰凉。
癞痢头辫子险(线)搭险(线),
叹一口大气宽胸膛。……

三 《花烛堂前遭祸殃》
……

孟姜女老父孟隆德，
也是一个读书郎，
这几天外面风声紧，
急得他六神无主少主张。

太阳晒得火辣辣，
孟姜女在花园乘风凉，
忽然一阵大风吹，
孟姜女格扇子落池塘。

孟姜女动手脱衣裳，
只剩下红绸兜肚遮胸膛，
拾到扇子爬上岸，
再朝四面望一望：

假山石上的牵牛花，
绕来绕去有名堂，
绕成一个"范"字样，
"范"字还在空中荡。

孟姜女嘴里头拿"范"字念，
忽然间假山洞里钻出个少年郎，
孟姜女紧紧把衣裳穿，
浑身发抖声不响。

范喜良从头说短长：
"我是虎口里头的小绵羊。"
要请孟姜救救他，
眼泪就像雨水淌。

孟姜女面孔血血红，
放大胆量把话讲：
"细皮白肉被你见，
孟姜女就是你妻房。"

范喜良有点难为情：
"夫妻怎好吭媒娘？"

孟姜开口问荷花：
"荷花呀，你肯勿肯把红娘当？"
天上吭下一丝风，
地上吭人拿荷花灯，
满池荷花齐点头，
都肯出来把红娘当。

喜良手拿红荷花，
孟姜手拉绿荷梗，
一红一绿手拉手，
红男绿女结鸳鸯。

孟员外抬头仔细看，
才貌双全读书郎，
问起少年老父亲，
原来是知心朋友好同窗。

……
孟姜女解下裤带去上吊，
床杠一断人跌倒，
老鸦在树上呱呱叫：
"清明上坟要把钱飘！"

孟姜女吹熄花烛掐断香，
绿腰带包包扎扎收拾好，
哭得眼睛头吭眼泪，
耳边只有乌鸦叫。

(宋春荣唱)①

---

① 钟敬文：《春调孟姜女》，见《中国近代文学大系·民间文学卷》，上海书店1995年版。

民间文学历史文本的获取是一件十分艰辛的事情。中国近代社会是现代历史的昨天，时过境迁，虽然民间文学具有口耳相传的传承性，但也有变异性。一切都具有相对的稳定性，从许多民间演唱记录文本看，其情节大致固定在几个方面，基本上没有什么变化。以此，我们可以看到这首家喻户晓的民间叙事诗在近代社会的流传与保存。

三、民间戏曲唱本

民间文学从来不是孤立静止存在的，所以被视作社会风俗生活的一部分。在农耕时代，民众获取的社会生活知识与历史文化知识，有很大成分是从戏曲演出得来的。酬神、庆贺等活动中，戏曲演出成为娱人、娱神的重要方式。民间戏曲的演出既是民间文艺的一部分，又是其作为主流媒体向社会传播民间文化，使得民间文化艺术保持旺盛生命力的重要源头，更是民间百姓自娱自乐的生活方式。

民间戏曲是民间文学的重要形态。在我国历史上，有周庄王击鼓化民的古老传说。笔者坚持《山海经》中的韵文应该具有戏曲形态的主张。① 当然，笔者也同意王国维等人所说的宋元时期的种种理论。近代社会历史时期，各种民间戏曲出现繁荣景象。笔者曾在一些民间戏曲密集分布的地区进行调查，地方民众常常称之为"戏窝"，他们解释"戏窝"形成的原因，总是用"穷"来概括。他们说，只有穷苦人才投身如此艰辛而痛苦的营生，一方面走南闯北，背井离乡，没有基本的生活保障，穷困潦倒，一方面则备受社会的歧视，等等。民间艺人传唱的民间戏曲更多是在倾诉他们自己的心声，其感人至深，包含着他们难以言说的酸甜苦辣。从更远处讲，民间戏曲与一个地区的文化传统密切联系在一起，尤其是对神灵的信仰。民间百姓希望借助民间戏曲的演出向神灵提出种种诉求，表达自己的情感，这成为民间戏曲繁荣的重要思想文化基础。

近世以来，关于民间戏曲的挖掘整理和理论研究，郑振铎、赵景深、阿英、关德栋、叶德均等学者做出了积极而重要的贡献。后来的杜颖陶等人贡献尤其突出，他们深入民间社会进行调查，有许多民间戏曲的发现。如杜颖陶著《记玉霜簃所藏钞本戏曲》、《二黄来源考》、《曲海总目提要补编》、《秦腔流源质疑》其中，《二黄来源考》②发现乾隆十九年金胜光所抄嘉庆年间耕心堂的《新旧门神》民间戏曲工尺谱本子，表明这些民间戏曲在近代社会历史时期流传。其所编《董永沉香合集》钩沉出许多近代民间

---

① 高有鹏、孟芳：《神话之源》，河南大学出版社2000年版。
② 杜颖陶：《二黄来源考》，《剧学月刊》第三卷，1934年第8期。

戏曲文本,从其演唱内容上可以看到近代中国社会的影子。

近代民间戏曲的文本保存、钩沉、甄别和辨析,是一个相当艰难的工作。此前,有许多文献多多少少体现出相关内容。诸如子弟书这种民间文学体裁,光绪四年(1878年)廖东林《陪都杂述》中曾记述"说书人有四等,最上者为子弟书",最次者为"大鼓梅花调",其"既荒唐,词句又多"。光绪二十九年(1903年)曼殊镇钧《天咫偶闻》记述"旧日鼓词,有所谓子弟者"以及"东城调"、"西城调",有多家,而"今已顿绝"。直到20世纪20年代,五四歌谣学运动中,刘半农等人对此做了更集中更系统的整理,编纂出《车王府俗曲提要》等民间戏曲文献集成。当年,从北平地摊上发现1400多种手抄曲本,孔德学校成为一个发现车王府俗曲的符号,顾颉刚等人的整理①,于不经意间开始形成民间戏曲研究的新高潮,其中民间戏曲的历史文化价值备受瞩目。亦如一位学者所讲:"车王府曲本的发现仿佛打开了一个久已尘封的民间通俗文艺宝库,是20世纪中国戏曲文献的重要收获,具有十分珍贵的研究价值。仅就戏曲史研究而言,它的出现填补了中国戏曲发展史上的一个关键环节。中国戏曲发展至乾嘉年间,昆曲逐渐式微,民间花部卓然兴起,成为剧坛的主流,直至后来京剧形成和繁盛。其间的嬗变演进轨迹以及演员、剧目、演出体制等方面的情况,因资料的缺乏而难以弄清。乾隆年间的流行戏剧本尚有《缀白裘》数种,嘉庆以后的剧本则没有专门地结集刊印,因此,当时的剧本难得一见。车王府曲本中有大量京剧及各地方戏剧本产生于这一时期,正好为这类研究提供了珍贵的第一手资料。中国近代戏曲的演进过程因这些丰富的文献资料可以得到很清楚地说明,而这也正是戏曲史研究的一个薄弱环节,比如有的剧本记录了戏曲演出时的角色安排,据此可以知道近代民间戏曲的实际演出情况。同时,这些剧本本身也有着较高的艺术价值,具有浓郁的乡土气息、新巧别致的构思,在中国戏曲史上自有其一席之地。"②这是近代民间文学戏曲文献发现的重要契机。20世纪20年代至40年代,近代民间文学戏曲文献的不断发现,包括田野作业,都有力影响了中国民间文学理论研究的深入开展。20世纪40年代初,傅惜华著《清代传奇与子弟书》,编纂《子弟书总目》,做了更系统的整理工作。其中,在近代社会历史时期子弟书流传中,从俗到雅的转变,标志着这种民间文学类型的重要变化。此如有学者所论:"'花部'中的吹腔、梆子、皮黄腔迅速崛起,'雅部'的昆腔、高腔由盛而衰。这不仅使京剧艺术形成并几至席卷全国,也使明代后出现的各地方小戏在此时获得

---

① 参见《写本戏曲鼓儿词的收藏》,《北京大学研究所国学门周刊》1925年11月18日第6期。又见顾颉刚:《蒙古车王府曲本分类目录》,《孔德月刊》1926年12月第3期、1927年1月第4期。
② 苗怀明:《北京车王府戏曲文献的发现、整理与研究》,《北京社会科学》2002年第2期。

快速发展。道情、秧歌、滩簧、采茶、花鼓等新兴民间戏曲也脱颖而出。"①形成这种现象的因素有很多,而近代社会历史时期政治黑暗中形成的文化空间的相对松散,尤其是民众信仰对民间戏曲的重要影响,为民间戏曲的发展和繁荣提供了难得的机遇,这是一种事实存在。

有如此众多的学术发现与学术准备,近代民间戏曲的钩沉自然能够取得重要成就。此举例梁山伯与祝英台传说故事,有学者整理出"洪洞戏"《梁山杯全本》地方戏文本,整理者称"从前在浙东一带,有一种农民临时组织的戏班,总在阴历正月农闲的时候,在各村出演。全班不过三四人,仅一副鼓板,也不用戏台,正与宋周密《武林旧事》卷六的所谓'打野呵'相似。有一特点,没有主角,以丑、旦为主角。《梁山杯全本》是洪洞一带的地方戏,它的性质恐怕和上述的浙东小戏相类似。以丑扮梁山杯,倒不是看不起他,大概也是有旦无生的关系;再看曲文中,提到'绽犁',提到做'纺花车'、'织布机',处处反映劳动人民的生活,写作和演出很明显是属于农民的"。其"'上学台'至'走一河'八段,丑即把旦曲复唱一遍,惟辞句也稍有出入,我们现在可以利用它来互校。有许多字,如'山伯'作'山杯','头戴'作'头代','你可'作'你刻','去罢'作'去把','拦路'作'搅路','但愿'作'台原'等等,都是音近假借。'懈不开'的'懈',当作'解',下文丑曲作'解'可证;'惚栾着'的'栾',疑是'恋'字的形误;'黄蛪牛'的'蛪',当是'茧'字,不知是否'牲茧栗'之意;'打打瓜'、'迷灯',未详"②。其言"未详",是因为在于此看到"从前在浙东一带,有一种农民临时组织的戏班",不知道这是中原地区的方言。笔者做过此地方戏的田野作业,其中"打打瓜"、"迷灯"都是山西、河南一带地方方言。20世纪20—30年代,冯沅君做过河南地区梁山伯与祝英台传说故事的调查研究,其整理文本的情节与此有相似之处。

《梁山杯全本》其实就是《梁山伯全本》,此处唱词为:

(丑上唱)日头出来挂红牌,师父见我从南来。我见师父作个揖,师父说我不成才。有朝一日成材料,不做高官做秀才。不做秀才捉犁拐,不捉犁拐顶锅盖。

(白)头代四棱子,身穿蓝衫衣。到去城隍庙,捉拿按察司。我乃梁山杯是也。只因祝伯父寿诞日,我与贤弟前去走走。贤弟走来,一同前去。(旦上白)走。

(唱)日头出来雾霭霭,对对夫妻下学来。(丑白)对对学生下学来。(旦唱)上学台来下学台。师父门前两株槐。一株槐,两株槐,青枝绿叶长出来。一株照着

---

① 刘云燕、王芳:《中国戏曲音乐发展概述——近代民间小戏的繁盛》,《乐府新声:沈阳音乐学院学报》2011年第1期。

② 钟敬文:《梁山杯全本》,见《中国近代文学大系·民间文学卷》,上海书店1995年版,第650—651页。"打打瓜"和"迷灯"是中原地区俗语,分别是拔掉瓜秧、不聪明的意思。

梁山杯,一株照着祝英台。撇的一株没吓照,照着奴家红绣鞋。红绣鞋,花绣鞋,恨爹爹吃了马家酒,恨母亲受了马家财。爹吃酒,娘受财,把一朵鲜花卖出门外。梁哥吓,大睁两眼懈不开。

(丑白)你懈开。走。

(唱)上学台,下学台,师父门前两株槐。一株槐,两株槐,青枝绿叶长上来。一株照着梁山杯,一株照着祝英台。撇的一株没吓照,照的奴家红绣鞋。红绣鞋,花绣鞋,恨爹爹吃了马家酒,恨母亲受了马家财。爹吃酒,娘受财,把一朵鲜花卖门外。贤弟哟,大睁两服你解不开。

(旦唱)上学庭,下学庭,师父门前两盏灯,一盏昏来一盏明。明灯好比老师父,昏灯好比二学生。老师父好比拨灯棒,拨一拨明一明。梁哥哟,你大睁两眼闷待兴。

(丑白)你道闷得兴。

(唱)上学庭,下学庭,师父门前两盏灯,一盏昏来一盏明。明灯好比老师父,昏灯好比二学生。老师父好比拨灯棒,拨一拨明一明。梁哥哟,你大睁两眼闷待兴。

(旦白)走。

(唱)走一凹来又一凹,凹凹里头有庄稼。高里是菽黍,低里是棉花,不低不高是芝麻。芝麻地,打打瓜,梁哥哟,我有心与你摘个吃,吃着甜头连根拔。

(丑白)你道连根拔。

(唱)走一凹来又一凹,凹凹里头有庄稼。高里是菽黍,低里是棉花,不低不高是芝麻。芝麻地,打打瓜,贤弟哟,有心与你摘个吃,吃着甜头连根拔。

(旦白)走。

(唱)走一沟来又一沟,沟沟里头有石榴。有心与你摘个吃,吃着甜头还来偷。

(丑白)你道还来偷。

(唱)走一沟来又一沟,沟沟里头有石榴。贤弟哟,有心与你摘个吃,吃着甜头还来偷。

(旦白)走。

(唱)走一坟来又一坟,坟坟里头有死人。人人都说死人死,梁哥哟,你比死人死十分。

(丑白)你比死人死十分。

(唱)走一坟来又一坟,坟坟里头有死人。人人都说死人死,贤弟哟,你比死人死十分。

(旦白)前边那是甚么庙?(丑)那是一个广生奶奶庙。梁哥,你就不要花媳妇?(丑)我不敢要。我娘说来,花媳妇老是利害。(旦)这不是那,这是十七八大闺女。(丑)贤弟,我要。(旦)去到广生庙内求神,叫他与你个花媳妇。你刻不敢睁眼。(丑)广生奶奶在上,与弟子一个花媳妇罢。(旦)要大的?要小的?(丑)要大的。(旦)庙外有个六七十老太婆,他跟你去罢。(丑)那我不要。我要那十七八大闺女。(旦)梁哥,我跟你去把。(丑)贤弟,你还不拿广告奶奶衣裳送回。(旦)我就送回。(丑)走。(旦)梁哥哟,你看庙外那是甚么草?(丑)那是星星草。(旦指草云)(诗)星星草,草星星,你大倒是俺公公。(丑)你大倒是俺公公。星星草,草星星,你大倒是俺公公。

(旦唱)走一坡,又一坡,上坡下坡一般多。叫贤弟扭项回头看,你看那相公背个花老婆。

(白)贤弟,你背背我吧。(旦)我背不动。走。

(唱)走一庄,又一庄,庄庄里头有木匠。张木匠、王木匠、庞木匠,三八廿四个巧木匠,他与奴家做嫁妆。先做一口柜,后做两个箱,然后再做床一张。再做一把纺花车,再做织布机一张。一把斧,四两钢。去到南园,柳树行。刊(砍)柳树,做车辆。黄蚕牛,忙套上。把奴家娶到你家乡,欢欢乐乐过时光。再迟三五载,与你生个小儿郎。你怀内转到我怀内,我怀内转到你身上,叫你叫声爹,叫我叫声娘。

(丑白)叫你叫声爹,叫我叫声娘。不迷灯把(吧)。

(唱)(旦)正是迈步往前走,只见小河揽路径。

(白)梁哥哟,那背我过罢。(丑)我不背你。(旦)你不背我,我就回去。(丑)我将你背过。(旦)梁哥背我,不像个花媳妇?

(丑)再说。那你搬河过来了。(旦)走。

(唱)走一河来又一河,河河里头有水鹅。公鹅只在前头走,母鹅随后紧跟着。夜晚宿到草窠内,公鹅母鹅惚来着。

(旦白)各顾各。

(唱)走一河来又一河,河河里头有水鹅。公鹅只在前头走,母鹅随后紧跟着。夜晚宿到草窠内,公鹅母鹅各顾各。

(旦白)惚来着。(丑)各顾各。

(唱)弟兄两人往前走,合愿来到伯父家。

(并下)①

这是中原地区的梁山伯与祝英台"十八里相送"一段故事的演绎。其中的方言与习俗,生动体现出地方民众心目中的梁山伯与祝英台的爱情故事。或曰,其传承性告

---

① 《梁山杯全本》,山西洪洞同义堂清光绪二年(1876年)丙子刻本。

诉我们,这个民间戏曲的清光绪二年(1876年)"刻本",戏曲语言与今天的地方方言几乎没有任何差异!

在中国近代民间文学历史上,戏曲艺术堪称最有特色的民间文学类型。尤其是那些民间唱本,是不可多得的民间文学历史文献。遗憾的是,我们20世纪50年代之后的民间文学研究在方向和方法上出现了严重的缺失,一方面大力强调民族文化遗产的重要作用,一方面又以破除封建迷信的名义极力消解民间戏曲的文化遗产价值,把二元对立的文化论争强化为唯一的价值立场,非此即彼,或好或坏,针锋相对。因此,很多珍贵的民间戏曲遗产被抛弃。

近世以来,民间戏曲的唱本刻印成为一种产业。这是值得注意的现象。北京打磨厂是清末民初最为集中的民间唱本生产基地,那里有著名的印书机构,多为规模不等的作坊。有名的作坊如宝文堂、致文堂、老二酉堂等,将那些民间流传的大鼓书等戏曲脚本刻印出来,成为中国民间文学史上值得重视的文献。一方面这些民间戏曲唱本成为民间戏曲的重要教科书,为民间艺人的演出提供文本,另一方面,作为社会通俗读物,得到流行。但是,受所谓社会正统文化观念的影响,我们的学术研究更多地关注士大夫阶层的文化生活,而对民间社会风俗生活中的这些民间文艺现象缺少关注。这些材料没有得到很好地整理,而是被了解中国文化秘密的一些文化间谍搜集了许多。尽管日本人保存了许多近现代历史上很多珍贵的民间文学文献,诸如他们对林兰编民间传说故事的搜集,包括北京打磨厂唱本的搜集,为我们研究民间文学提供了极大的方便,却不是我们的光荣。这一切都令我们十分尴尬。

北京打磨厂生产的民间戏曲唱本有上千种之多,或许有更多。其印制水平较低,纸张粗糙,刻板技术更差,没有错字的几乎没有。有些学者把这些唱本称之为"俗文学"固然有道理,而其中不少属于民间说唱的记录。特别是民间戏曲,其口耳相传,相当长一个时期内,民间艺人的传授方式就是口头传承。聪明智慧的学徒,可任意发挥,展现出奇特的说唱本领,从而赢得很好的声誉。

笔者搜集到一些出现在光绪时期的北京打磨厂宝文堂、致文堂、同文堂、双红堂、老二酉堂等民间戏曲唱本刻写本,将其大致分为这样几类:一类是《目连救母》、《二郎担山》、《白蛇传》与《八仙传说》等神仙戏,多渲染世道黑暗与虚幻情绪。一类是历史传说故事说唱,可称为英雄戏。其多是大鼓书、四弦书,突出历史上英雄人物的鲜明个性,诸如三国时期的刘关张结义、诸葛亮妙算,隋唐与两宋时期的罗成家族故事、薛家将故事、呼家将、杨家将故事,以及抨击严嵩、贾似道等奸佞权臣误国的片段。一类是《丁香割肉》、《郭巨埋儿》之类的劝善歌唱,取材于《二十四孝》等传统故事。一类是《王小赶脚》、《王大娘钉缸》、《王二姐摔镜架》、《王会川还家》、《王定保借当》、《吴永年搬家》等生活故事。这一类故事的价值最特殊,可以看作中国近代社会的风俗画,是口头故事叙述出的民间社会生活史。一类是民间趣唱,诸如以滑稽取笑的《颠倒歌》,罗列民间虫草知识的《百虫歌》，展示民间文化与社会生活知识的《百家姓》等，没有多少情节。再一类就是比较少见的各种夯歌，这是劳动者的歌声，刻印者未必是有意为这种劳动号子做记录保留，而是无意间保存了这些可贵的民间文学文献。无论这些民间戏曲的语言多粗糙，毕竟是来自民间社会，天然去雕饰，在事实上保存了近代社会的语言特点，具有意想不到的语言学价值。民间戏曲传播民间故事，衍生出许多新的民间艺术形态，诸如民间木版年画和各种雕塑、雕刻、刺绣，用民间艺术的叙事语言传播民间文学，形成中国民间文学史上经久不息的艺术形式。

（一）神仙戏

中国是一个多元神仙系统的国家，对于神灵崇拜有着漫长的文化传统。神仙观念的流行，更多的是民间社会对自身伦理秩序和道德观念的维护，是自我约束与自我规范。

以神话传说为题材的民间戏曲，主要讲述神仙、精怪。民间社会崇拜对自然和现实的超越，包含着对自由、幸福的追求。这是中国传统社会天人合一、天人相应、天人相通等文化观念的普遍表现。这类民间戏曲的流行一方面体现出民间百姓的思想观念，借助超越世俗的想象力，述说生活中的各种情绪。另一方面，其体现出民间百姓的信仰观念，包括人生善恶观念、道德观念、祖先崇拜等内容，借以传承和传播，形成民间社会的生活教化。在社会风俗生活中，神仙戏又根据神灵的属性和特征，分为正神戏、鬼戏、精怪系等类型。其中，儒释道文化及其相互之间的联系，不同程度的在这些民间戏曲中表现出来，进而出现世俗的神话传说戏和道教神仙戏、佛教神仙戏。

民间社会信奉生活中的修行，把生活中的各种境遇归结为人生现实之外各种因素的影响作用。神灵出现的结果，要么是对邪恶势力和不良现象的阻挡、消弭和惩处，要么是对正义、公正、贤淑、善良的佑护。

诸如著名的白蛇传说，讲述忠厚、本分、善良的青年许仙，遇到修成归来的两位蛇仙，与其中的一位蛇仙产生爱情。戏中借神仙世界与世俗社会的沟通，表面上在述说姻缘，其实是在生活中表现出对乐善的赞颂。北京打磨厂宝文堂刻印的《新刻白蛇借伞》，有大量的景物描写和生活细节描写，着力渲染生活中的美好愿望，突出许仙的朴素和善良，通过雨中借伞，表现其乐于助人的善良品格。此戏去除了传统戏曲中法海阻挠他们结合的情节，结局被描述为"白娘子怀胎十个月，东斗星下凡认母把胎投。临产之时麒麟送子，到后来得中状元独占鳌头。状元奉旨回家来祭塔，万古千秋美名留"。其情景形成近代社会生活的又一种记录：

言的是人生在世天下游，求名求利几时休。据罢江湖拔瘦腿，走遍天下游遍州。各种景致观不尽,西湖美景说杭州。山又青来水又秀,好比那金山竹影几千秋。俩河岸倒栽春杨柳,桃杏花开水自流。时逢正在清明佳节,家家上祭扫坟头。许汉文上坟面头天气早,一心要去把西湖来游。又只见观花望景人行走,王孙公子饮酒高楼。有许仙桥头正看金鱼豆,忽来了一阵凉风冷嗖。许仙难解其中意,原来是二位妖仙驾风头。有白蛇驾妖风断桥行走,观上见许仙站桥头。我与他本来有姻缘,今生今世把恩守。我有心上前去与他言,夫妻成就怕只怕泄露机缘恩爱,夫妻不到头。心生一计有,何不叫鱼儿自上钩。登时之间施法力,下一阵小雨冷嗖嗖(飕飕)。将许仙衣服全湿透,冻的他浑身打颤。我在此勿莫久站,倒不如买把雨伞。许汉文来至九江口,慌忙雇了一只舟。许仙上船将要走,二位妖仙把云收。白蛇有语开言道,叫声青儿听根由。急急忙忙随我变,我变姑娘你变丫头。青儿答应说有,随身变化不发愁。二位妖仙使法力,登时间变了两个大妞。姑娘不过十八九,丫鬟不过十五六。唉金莲扭扭捏捏往前走,真正是千般万般俏风流。他二人来到江边恰开口,叫了声船家大哥听根由。你将船舟拢了岸,将俺主仆带到杭州。船脚价钱不用表,一到杭州放钱留。受船的闻听不怠慢,急急忙忙拢船舟。二女子踩跳板扭两扭,似害羞好活动真风流,好像那架上金鸡乱点头。二女上船方落坐(座),船家开船顺水流。有许仙坐在船舱留神瞅,上下打量女娇流。只见她头上的青丝如墨染,梳的是时兴时样苏州头。前头分的是西瓜顶,使的本是桂花油。蓬头下耳朵垂似露不露,上带白八宝点翠渡金钩。蝴蝶变,两边瘦,抿子抿的真光流。横竖簪子花斩头,鬓边押掺一朵大绒球。葡萄眼睛似流水,两道柳眉弯又瘦。悬胆花的鼻子樱桃花的口,玉米花的银牙似露不露。只含有素沙合豆冠,为的是说话来更内头。红的胭脂白的是口,雪白的脖梗又把银锁练(链)扣。不用人说我知道,肚腹上必然戴着兜兜。上身穿淡青色的棉袄花洋线,大厢大沿绿挽袖。金线条子把边走,水波浪缎的条子大襟勾。洋镀金,花扁扣,花汗巾,腰内抽,雪青色,牡丹秀,穗子搭链勾三尺五六。小胳膊伸出了水的白莲藕,金银镯子带两副,上天平金足勾四刃五六。金戒指银戒箍带手满,指甲套花烧花花色赞头。白樱裙,腰中抽,湖色洋洋花来绣。中衣穿的玫瑰紫,刮大风,打不透。上手一摸大钱厚,这不是胡诌花洋诌。哈啦麾机鹤缎袖,这本是江南带来大川袖。这不是说书拉海口,当铺里一入就是八吊六。众明公若问怎么那么贵,原来是贷高价出头。平金裤腿系线带,绣的万字不到头。上面绣蝴蝶穿花蕊,下面绣狮子滚绣球。小金莲,似金钩,上尺排不过二寸五六。白绫子裹脚裹的紧,里边俱用麝香熏透。许仙正坐下风头,只闻见香听不见臭。原来是这一双红缎小鞋,是姑娘亲手做,满帮底,五彩花儿全都是半扎半绣。上绣着荷叶荷花莲藕,有两条金鱼来回闻。左绣鹭鸶来卧莲,右绣海棠玉兰俩大溜。鞋尖上两个蜜蜂来回走,鞋后跟又把芍药花绣。脚比着仙人过桥白高底,一头薄来一头厚。两头古地走道扭,当中还有一道流水的小沟。二女子坐在上边左右盼,秋波中照着许仙把情丢。手中拾一块绢子青洋帛,白狗牙锁边当中又把牡丹花绣。十指尖尖如嫩笋,正是千般雅致万种风流。如若闻牌净抓岸,掷色一料就是四五六。若问女子怎么那么巧,皆因他小模样长得不眼候。圣人有云道的好,窈窕淑女君子好逑。我有心与那女子成恩爱,大约着今生今世不能苟。这关好比睢鸠在河之洲样,窈窕淑女君子枉好逑。许仙正然留神观看,那女子雁语莺声叫了叫。青儿呀这阵冷雨好难受,凉风下来搜骨头。玉女耽耽(眈眈)往船舱凑,眼望许仙说根由。说大哥家住哪巷口,奴家与你好眼熟。许仙说我在药铺把罪受,家住就在这杭州。许仙说姐姐问我弟问你,高名贵姓说根由。爹姓什么娘什氏,贵庚今年十几秋。白蛇见问双眉皱,提起来把奴的肠子揉。家住在杭州城黑竹巷,姓白今年虚度十八秋。云南府正堂是我亲娘舅,父亲当年封过侯。不幸父母相继辞阳世,白门无子将奴留。白素珍(贞)就是奴的字,这是青儿使唤丫头。祖居云南年深久,到如今寄居在杭州。相公若回城内去,如今也回家近杭州。千里有缘来相会,男女雇下一只舟。说有话儿带伴走,心投意投脾气投。你说话儿奴爱听,话儿说着船也走。白氏说莫非你冰糖舌头山药口,说着话儿又甜又面又卤透。不多时来至南关拢岸船,许仙又把二人船不候。下船上岸全伴走,惊动了老老少少僧俗。两道回汉教士农工商,五行八作齐把话啾。都说是许仙上坟去押解,从哪里拐来两个大姐姐。许仙闻听说不好,心生一计要撒头。说说笑笑来得快,不多时过鼓楼。过了鼓楼要分手,许仙说二位姐姐听根由。今日暂且我不走,要往我姐夫家中宿。白氏说既然大哥你不走,有点小事要相求。将阁下的雨伞借与我,主仆打着往家溜。到明天女子送伞不去勾,求大哥取伞往我家中进。黑竹巷口将你等,到舍下还有秘事要相求。许仙说黑竹巷占地面广,乞小姐把贵府仔细诉根由。或住路南住在路北,可在东头在西头。白氏说东西大街住路北,并不在东头住在西头。坐北向南是我府,走马门长嘴牙钢叉铁眼上边休。上马石下马石分左右,金字大匾挂门楼。门洞里一边一条大闷橙,当中挂着大灯笼。书房过庭全都有,千间瓦舍住高楼。论我家口本不少,全都是家奴院工使唤丫头。到白天我与丫鬟去玩耍,到夜晚孤孤单单睡绣楼。明天大哥取雨伞,别过午后那时候。见人打听白家府,必然对你说根由。奴吩咐家奴大门等,千万光临寒舍游。你就提借伞这件事,必然将你带上绣楼。好预备酒饭将你等,还有细言诉情由。许仙说初次就把姐姐搅,不必费心折寿某。白氏说初次就将船不候,又借与雨伞早回头。为人不把恩情报,枉在世上为女流。语罢言绝分了手,彼此眼内把情留。二人皆有恋恋不舍之意,走了十步九回头。从此后借伞为媒成夫妻,风风流流过几秋。白娘子怀胎十个月,东斗星下凡认母把胎投。临产之时麒麟送子,到后来得中状元独占鳌头。状元奉旨回家来祭塔,万古千秋美名留。白蛇借伞是小段,明公买去解闷玩。

蛇仙如此,狐仙也如此,都是超越世俗的生灵。这些精怪以妩媚为外表,不乏对自由、幸福的渴望。民间戏曲描述这类神仙戏,在题材上明显继承了我国历史上的志怪小说中的精怪内容,赋予新的含义,使其娓娓动听。其中,人神之恋,人仙之恋,表现出中国传统文化的爱情观、自然观和社会观。神仙传说故事是神话传说的变体,不惟存在于远古时代,在现实生活中同样存在。这类神仙戏表达了近代社会民间信仰的一种形态。如北京打磨厂致文堂刻本《王金川得状元》讲述书生王金川路途上好心搭救狐仙,得到狐仙帮助,高中状元的故事。其记述道:

> 大清一统锦江山,光绪皇爷坐金銮。文忠武勇扶社稷,外国进贡到这边。风调雨顺民安乐,五谷丰登太平年。如今新出一件事,明公不知请听言,家住河南开封府,离城十里有家园,庄名就叫十里铺,员外名字王浩然,自幼娶妻陈氏女,所生一子王金川。公子七岁把书念,十二三岁全了篇,十四岁就把文举进,十五岁科举中解元。当今皇帝开大场,天下举子去求官。公子目下十七岁,要上北京府顺天。堂前辞别父和母,担起书箱奔阳关。行走来到中土路,眼看太阳坠庙山。公子正然往前走,一座大山把路拦,岭上岭下岭接岭,山前山后山连山,山左山右松柏树,山前山后少人烟。公子正然心害怕,又听女子哭皇天,顺着声音往前走,等时来到一山边,山坡坐着一女子,哭哭啼啼甚可怜。要问女子怎打扮,明公不知细听言,头上乌云白绫草,鬓边斜扠白玉簪,白绫孝衫系白带,三寸金莲白布瞒。公子不解其中意,又把女子问一番,莫非失迷路途景,为何啼哭在这边,家住哪州并哪县,姓字名谁对我言。眼看日落天色晚,就该即速回家园。女子听说这句话,止住眼泪开口,道声相公且请坐,家乡住处向你言。爹姓狐来娘姓狸,白云村中有家园。幼年我父下世去,撇下母女受贫寒,我的母亲得了病,谁想一命归阴间,上无兄来下无弟,少亲无故谁可怜,来在山坡无别事,不过一死归阴间。既然公子将我问,想必前世咱有缘,尊声相公名和姓,因何来在这深山。公子说家住河南开封府,我的名字王金川,我今上京去赶考,行走来在这深山。女子听说这句话,道声相公你听言,你今领着小奴去,路途作伴到顺天。公子听说这句话,腹内辗转好几番,看他不像良民女,说出话来太不贤。公子这里开言道,叫声女子你听言,男女授受不亲故,旁人看见笑话咱。公子迈步就要走,女子上前忙遮拦,拉住公子不让走,又听打围下了山,乌枪一响不要紧,这才吓坏女婵娟。女子这才撒了手,一苗火光钻了山。要问女子是哪个,多半狐狸成了仙。白绫汗衫丢在地,公子拾起带腰间,走到对庄住了店,用饭一毕把身安。一夜晚景且不论,太阳一出明了天,公子出了招商店,顺着大路奔阳间。有心打个路途闲,多咱说到

热闹间。剪短结说来的快,远远望见府顺天。有心观看城外景,哩喵啰嗦明公顺,进京住了招商店,日落西山黑了天。公子安眠要睡觉,来了女子狐狸仙,迈步就把上房进,道声相公你听言,自从山中见一面,时时刻刻挂心间,休当小奴是妖怪,修炼多年成了仙。我与相公有缘分,我到北京府顺天,找你不为别的事,帮助相公得状元。相公你把状元中,我好讨封上金銮。现今国母得了病,惊了多少中医官。多少名医治不好,万岁出旨午门前,哪家治好娘娘病,封他头名状元官。相公午门去揭榜,治病你上殿金銮。公子无说这句话,你今说话太不沾,自幼在学把书念,未曾学会当医官,娘娘病体怎么治,怎么开方下药丹。女子听说这句话,道声相公你听言,白绫汗巾拿了去,金殿上边把话言,洗了汗巾剩下水,就是云药一仙丹,国母皇娘用腹内,一时三刻病体安。正宫皇娘好了病,金殿一上得人元,万岁皇爷将你问,你对皇爷把话言,就说我在午门等,出旨选我上金銮,万岁皇爷将我问,小奴有话对朕言,相公只愿把官坐,千斤担子我自担。公子听说心欢喜,我今去到午门前。前行来在大街上,一街两巷甚威严。我有心表上大街景,多咱说到热闹处,上前揭了皇上旨,惊动皇爷家看门官。揭旨先生午门等,我去见驾上金銮。慌忙迈步来得快,来在品级一台前。口呼万岁万万岁,有人揭榜午门前。如今来了医生客,现在午门听朕言。万岁皇爷龙心喜,金殿上边把旨传,快选先生医生客,传旨官来在午门前。皇王天子圣旨下,医生遂旨上金銮。公子上了金銮殿,双膝跪倒把驾参。万岁皇爷开金口,叫声医生你听言,既然揭榜能治病,用什么药料开个全。公子听说这句话,道声我主请听言,哪样药材全不用,我今带来一仙丹,只要无根水一碗,国母皇娘病体安。内监取了一碗水,汗巾放在水里边,拉出汗巾剩下水,送在皇宫国母食,国母用了灵仙药,一时三刻病体安。万岁听说龙心喜,金銮宝殿请义官,你今治好国母病,封你皇榜御状元。公子叩头把恩谢,口道我主请听言,此方本是仙姑送,如今现在午门前,道声我主把她选,许多方法样样鲜。万岁听说龙心喜,快宣女子上金銮,圣旨传到午门前,叫声女子你听言,万岁皇爷将你宣,遂旨上殿把驾参。女子上了金銮殿,双膝跪在品级前,万岁皇爷开金口,说声女子你听言,既然治好娘娘病,封你代罗一神仙。叩头就把龙恩谢,即驾祥云归了天,千年狐狸成仙气,公子得中一状元。一言不尽狐仙殿,正正鼓板开正篇。

杨二郎劈山救母的神话传说故事源自《封神演义》《西游记》等文学作品。传说中的杨二郎,即杨戬,是玉皇大帝的外甥,有着奇特的法术,其第三只眼睛能够看到普通人看不到的世界,能辨别真伪,且力大无比。他还拥有一只哮天犬,在与孙悟空斗法中,逼得孙悟空走投无路。北京打磨厂同文堂刻本《二郎爷劈山救母》讲述杨二郎思念自己的母亲,战胜天兵天将,劈开大山,救出母亲的故事。戏文中出现杨二郎担山赶太阳的传说故事，也出现玉皇大帝、王母娘娘、孙悟空和李老君、托塔李天王、哪吒等神仙人物。其记述道：

> 言的是二郎爷来本姓杨，身穿道袍色缎黄，手使金弓银子弹，梧桐树上打凤凰，打了一支不成对，要打两个成了双，有心打他三五个，怕误担山赶太阳。十三个太阳压十二，留下一个照下方。玉皇爷一见心欢喜，摆下酒宴请二郎。二郎喝的是酩酊醉，躺在长生不老床，人人具有生身母，我二郎无有养育娘。玉皇见闻眼含泪，叫了声金花太子杨二郎，要问你那生身母，殿后去问你老娘。二郎闻听心欢喜，迈开仙足走慌忙。二郎来在那凌霄殿后，手拉王母叫老娘，是人都有父和母，我二郎为何无有生身娘。王母见问眼含泪，叫声御甥你听端详，提起你母姐妹九个，俱都临凡下天堂。说起你姨娘大公主，她也临凡下天堂，下界许配哪一位，匹配东海敖黄是龙王。你的姨娘二公主，也曾临凡降下方，下界许配哪一个，许配托塔李天王，你大姨娘生了一个子，剩下了独角龙镇守东洋，你二姨娘生下三个子，金吒木吒哪吒三个郎。你母本是三公主，也去临凡下天堂，下界许配哪一个，许配了杨天佐他身旁，水淹蓝桥生一子，生下你金花太子杨二郎。你母生你三天整，她在江边洗衣裳，沾染五湖四海长江水，恼坏东海老龙王。你老爷面前奏一本，天兵天马将拿你娘。天兵天将没拿住，花果山搬来美猴王。花果山搬来孙行者，去拿你那生身娘。他将你生母来拿住，将你生母压在了桃花园。要有真心救你母，老君堂去找开山斧一张。见了老君开言道，尊声老君听其详，急忙打开万宝库，各样法宝放毫光。老君说你若真心救母，一到下方把妖降。西边惊动哪一个，天蓬大帅问其详，问声真君何处往，二郎说一到下方救我娘。南天门外金钟响，放出金花杨二郎，有心要从凡间走，何时才到山西玻璃庄。画个十字足下踩，掐诀念咒法力强，真言咒语念三遍，一朵祥云空中扬，二郎站在云头上，身驾祥云走慌忙，睁开仙眼仔细看，远远望见玻璃庄。我有心真体落下去，泄露天机有灾殃，将身一转忙变化，变了个道童身穿黄。收住云头往下落，摇身一转落当阳，闪目留神往下看，有所庄院在路旁，有个老者门前站，两眼不住泪汪汪。二郎上前开言道，道声老者听原良，老者闻听抬起头，观看道童不寻常，老者有语开言道，道兄有语听其详。我也并非是缺儿女，家中不少五谷粮，我这村外有一老君庙，庙中出了个斧子大王，一天要吃一个人，两天要吃人一双。周围这些村庄堡，哪村俱都把人伤，昨日与我来送信，要吃我门前拜孝郎，老来无子将谁靠，叫我悲伤不悲伤。二郎闻言心好恼，尊声老者听言良，今日你管我一顿饭，我今与你把妖降。老者闻听心欢喜，道声道兄听端详，别说你吃一顿饭，住上几月碍何方。老者搭躬往里让，请进金花杨二郎。二人正走来的快，书房不远在当阳，迈步就把书房进，看了看里面陈设甚是强，七星宝剑把妖邪避，琴棋书画件一长，

八仙桌子当中放,太师官椅列两旁。客主二人将落座,书童急忙献茶汤,老者说吩咐厨下备酒饭,家人答应走慌忙。不多一时放下碗筷,四个菜碟放当阳。老者提壶把酒让,二郎心下犯思量,我今日吃了酒肉犯了戒,只怕难以回天堂。开言又把老者叫,道声老兄听短长,先去捉妖回来用饭,领我到庙看其详。二人说罢往前走,老君庙不远在路旁。老者手指说这庙,我先回去你把妖降,二郎说你且先回去,我去找妖精在哪方。前殿找到后殿内,不见妖精哪里藏,不用人说知道了,就知妖精不在庙堂。二郎掐诀又念咒,拘来东海老龙王,令龙王来把冰雹下,打的妖精回庙堂。二郎摇身忙变化,变了个小孩在供桌上。妖精又把庙门进,远远闻着人肉香,往常吃人吃大腿,今日把脑瓜先尝尝。妖精拽头咬了一口,人头长出整一双,妖精按头咬二口,人头长出整二双,连着咬了好几口,满座人头闹嚷嚷。不用人说知道了,不是行者是二郎。妖精回身往外跑,二郎一见着了忙,回手撒开哮天犬,咬住妖精左膀上,咬的妖精把原型现,原来便是斧一张。二郎得了开山斧,背在身上走慌忙。行行正走来得快,不多时到了桃花园,二郎掐诀忙念咒,拘来土地和城隍,你们久住这山上,可知我母在哪庙。城隍土地开言道,你母就在这山岗。二郎闻听心欢喜,急忙跪在地当阳,生中神佛多保佑,道声神斧听端详,如若真心救我母,开山不能把娘伤。无有真心救我母,斧刀落在娘身上。往上一举龙摆尾,五龙二虎把他帮,只听呵嚓一声响,一座大山两下张。二郎迈步往里走,看见他的生身娘,走上前去开言道,口道母亲听其详,白日观的什么景,夜晚睡的什么床,饿时吃的是何饭,渴了喝的什么汤。张三姐正在洞中坐,忽听的山开透太阳。三姐抬起头来看,见一道童跪当阳,口口声声把娘叫,为何跪地叫我娘。二郎闻听眼落泪,道声母亲听其详,莫非你老忘记了,我是你亲生之子杨二郎。三姐说你是儿杨戬,听我把受的苦处说其详:白日绑在花椒树,夜晚睡在冰雪床,饿了吃的松柏子,渴了清泉饮的凉。二郎闻听心好恼,大骂高山猴子王,一无仇来二无恨,你为何苦苦害我娘。一斧砍倒花椒树,一脚踢倒冰雪床,背起他母张三姐,一溜火光上天堂。南天门上挂了号,太白金星奏玉皇。玉皇见本龙心喜,凌霄宝殿宣二郎,下界救母称贤孝,册封你妙道真君万古阳。王母见女心悲恸,三姐见母泪汪汪。母女回在天宫去,姐妹九个乐非常。二郎复又奏一本,带兵去拿猴子王。玉皇又把二郎叫,叫声御甥听其详,孙悟空他保唐僧把经取,仗着他捉妖把怪降,西路妖魔把仇报,不必前去把他降。一言说不尽救母段,正正鼓板开二簧。

救母,是一种情结。杨二郎思念母亲,经过劈山救母终得母子团圆。这是人间伦理秩序的再现,表现出亲情意识。佛教传说故事中的目连,目睹自己的母亲在地狱受到的许多苦难,心中非常痛苦。目连接受建议,施展本领,救出自己的母亲。目连救母的神话传说最早出自汉代,传入我国的《佛说盂兰盆经》。北京打磨厂致文堂刻本《目连救母》记述了传统的目连救母故事,有许多生活细节描写。这里的目连看破红尘,知晓其母刘氏受到惩罚,解救了母亲,发生了"目连生上前背起生身母,回头逃出鬼门关"的情节。戏文中既有阎王,又有玉皇大帝,玉皇大帝指使阎王,表现出民间信仰在传说故事中的混杂现象。其记述道:

> 山靠青松松靠山,山藏古洞洞影仙。昔日里道有位目公子,三世吃斋结善缘。这公子一十四岁把学门入,满腹经纶广有诗篇。只因夜晚得一梦,有一位神人对他言。说道是人生在世如同鱼混水,上母愚潦在世间。阎王爷好比打渔汉,小鬼判官好比钓鱼竿。有着一日无常到,难逃阎王套鱼圈。阎王造下三更候,什么人活到明了天?楼台殿阁被人锁,娇妻爱子套人圈。酒色财气迷魂阵,多少人迷在阵里边。有人外出阵儿外,除非修真得道仙。争名夺利何日了,功名富贵枉徒然。就让你千间房子万顷地,临死日亦拾不去千文钱。及早回头听我劝,就是长生不老仙。话罢言绝给了一掌,惊醒了孝母自名叫目连。看破红尘不把书念,要到名山访高贤。亦是他三世吃尽行下的善,才由佛祖度他上天。传授他的长生路,他才在灵山得到真传。这位爷修真就在如母洞,每日苦练坐参禅。他的母刘氏不齐正,打僧骂道得罪天。好吃狗肉皮来漫鼓,狗油点灯供佛前。一位老奴将她劝,她倒把一位赶出门外边。当方土地将她奏一本,一本奏到玉帝驾前。玉帝爷一道圣旨传下去,旨意传到阎王殿前。阎王一见冲冲怒,忙差五鬼下阳间。五鬼对执捉刘氏,将刘氏捉到鬼门关。脖头扛枷身披锁,两眼好似朦缪粘。这是后话且不表,单说孝母的名叫目连。目连生放出了十万多恶鬼,不见他母到关前。目连生一怒闯进鬼门关去,瞧见了他的母受罪动转难。目连生一见赶上前去,连把老母叫一番。为儿特意来打救,打救老母即刻快出鬼门关。目连生上前背起生身母,回头逃出鬼门关。刘氏留神观仔细,许多怨鬼好凄然。但只见地狱之罪是难受,阴风凌凌透骨寒。多少怨鬼得得战,喊苦连天好凄然。又瞧见恶狗村内罪难受,许多恶狗把活人餐。又瞧见大油锅滚沸,有不少鬼提起活人摞在油里边。猛然又听人叫苦,瞧着了确白之罪苦难言。又瞧见小鬼折起人一个,不容分说往磨里填。两个鬼卒来推磨,口内流出血红鲜。猛然又听一声喊,大叫那你恶之人快上前。忽然回头那边看,原来是一座大刀山。那上边有一鬼卒手使狼牙棒,赶的那怨鬼往下颠。他在阴间身受罪,惊动了孝母的名叫目连。目连正坐在知母洞,一阵心惊不安然。指指一算早知道,他的母受罪就召即鬼门关。人生在世须行孝,老母受罪儿怎安然。我不搭救谁搭救,我不上前谁上前。目连急忙出了知母洞,脚驾祥云上了天。一见我佛双膝跪,来把我佛叫一番。虽说弟子我母身受罪,母来受罪不安然。不求人回刀铁慈悲,搭救我母得安然。我佛如来念

他行孝,赐予他八宝如意赤金九连环。目连生得了佛祖无价宝,脚驾祥云下了凡。枉死城前留神看,许多鬼卒还有判官。目连生九连环一举神鬼散,九连环三举地狱进出鬼门关,许多恶鬼出阴间。十万多恶鬼转阳世,也有转女也有转男。转在阳世还是多作恶,才惹得阎王老爷把脸翻。忙差鬼头转世去,又差那交面鬼王转阳间。差他二鬼把阳转,为的是十万多恶鬼叫他收还。鬼头托生了和尚明变绿,鬼王转了黄巢反长安。忽然从上往下走,可怜那皮肉被刀尖削。山上毒蛇真万恶,冷把抓肉苦难言。刘氏一见把儿叫,这些受罪之人好惨然。不知他在阳世做下什么事,目连耳闻听便开言。也是他阳世三间不行善,到阴曹才有苦处这一番。休怨阴曹身受罪,原本是阳世三间不修全。你看那行善之人他在金桥上走,可怜那作恶之人走在奈河桥边。这奈河里面罪难受,波浪滚滚上下翻。青蛇怪鳞来回窜,火眼金睛要把人餐。目连生背起他的母,急忙逃出鬼门关。这一言唱不尽目连生救母的段,下一回黄巢造反紧接连。完了,为人总要孝顺父母最好。

(二)英雄戏

中华民族历史悠久,英雄辈出,在历史上形成尚武的传统。民间戏曲与小说等文艺形式常常把讴歌英雄豪杰作为重要内容。历史上的英雄豪杰首先有过人的胆识和无私的品格,其次是具有维护正义的雄心和超凡脱俗的能力,再其次是具有坚强的意志,胸怀远大的理想。在社会发展的关键时刻,常常有英雄豪杰横空出世,解救民众于苦难之中,从而受到社会的颂扬和尊重。一些地方为了纪念那些有巨大贡献的英雄,为他们建造了庙宇,供人们凭吊、瞻仰。中国民间戏曲的兴起与人神共舞的文化传统密切相连,民间戏曲把历史上的英雄豪杰神话化,形成中国戏曲艺术的重要表现传统。英雄崇拜与神灵崇拜一样,成为传统文化中非常普遍的民族记忆,形成数不胜数的英雄传说。

由于历史和时代的原因,民族记忆中的英雄人物多集中在三国两汉时代和唐宋等历史时期,这是大动荡的时代,自然是英雄豪杰大显身手的时代。在中国民间文学发展史上,英雄文化不断繁盛,其中的原因是多方面的。社会发展总是曲折前进,人们呼唤英雄豪杰扭转乾坤,时代造就英雄豪杰的文化心理成为民族记忆认同的重要基础。一方面英雄豪杰对社会历史发展起到重要推动作用,另一方面,在不尽的诉说中,人们表达对英雄的尊崇,不断加深这种认同和记忆,所以人们更加关注这些时代。尤其是《三国演义》《说唐》《水浒全传》《杨家将演义》等通俗文化的影响,也使得这些英雄人物的形象更加深入人心,与民间戏曲渲染英雄、突出英雄的艺术方式形成互动,循环往复,出现英雄戏的繁荣。北京打磨厂宝文堂民间戏曲刻本保存了许多英雄戏,如三国英雄戏,出现"关公戏"等民间艺术形式。

《古城会》讲述关羽与刘备失散之后,其身在曹营心在汉,拒绝了曹操的种种诱惑,过五关斩六将,来到古城,终于相会的故事。其记述曰:

> 言一回有辈古人三大贤,刘关张结义在桃园,弟兄们在徐州大失散,老爷屯兵在土山。能言话语张文远,顺说老爷降曹瞒,上马金来下马宝,美女十名他送与二嫂前,三日宴来五日宴,官封寿亭他也不贪。那一日曹营来饮宴,探马见不住报门前,他报到颜良文丑造了反,唬坏曹兵百万千。老爷在席前红了脸,跨马提刀到阵前,斩了颜良文丑,一见书信泪涟涟。辞了曹操来归汉,灞陵桥上搅曹瞒,过五关曾把六将斩,人马来在古城边。人来报与刘先主,降曹二爷转回还,刘备闻听心中喜,张飞一旁把脸红,既是降了奸丞相,为什么来在古城边?吩咐兵卒把城开放,披挂上马到桥前,丈八蛇矛分心刺,青龙偃月忙遮拦。一言未书人呐喊,蔡阳人马到城边,张飞闻言到得好,斩了蔡阳得团圆。城楼助你三通鼓,十面小旗助威严。哗啦啦打了一通鼓,人有精神马又欢。哗啦啦打罢二通鼓,老爷提刀到阵前。哗啦啦打了三通鼓,蔡阳斗大的人头落马前。一来是蔡阳命该丧,二来是弟兄得团圆。古城相会受些折磨苦,圣贤爷进城,手扶着刘备叫声大哥,咱弟兄自从徐州来失散,至到如今二年多,曾记得咱在曹营那一伤战,那曹操把小弟困在阵中窝,小弟我左冲右撞,难出重围地,怎奈那曹兵越杀兵越多,那曹操添兵又添将。小弟我也不见三弟也不见大哥。那曹操他说,小弟是好汉,打发张辽把我顺说,我欲待要降曹,英名散尽。如不降顺,想出重围万不能得。万般出在无一计奈,吾对张辽把话说,要叫我降顺我三件事,张辽说十件八件也使得。我说是降汉不降曹,那是头一件,二庄还说大哥那条官爵,第三件打发人把大哥找。如若是有了大哥下落,归大哥。那曹操三件全应允,将小弟请进曹营把酒喝。那曹操待我的恩情重,客礼相待本不薄,三日小宴,五日大宴,十名美女把我陪着,还与我上马金来下马宝,赐予我征袍绿锦围。他还赐予我赤兔马。汉献帝他封汉,寿亭那样官爵,到后来曹操河北遇过袁绍,大兵来到白马坡。袁绍那里有良将,颜良文丑猛又顽,连胜曹操十数阵,只杀得曹操闻名战哆嗦,只杀得曹操人马滚,只杀得曹营内血水成河,只杀得大小儿郎闻名丧胆,只杀得曹操免战牌挂着,只杀得曹操许昌去求救。汉献帝闻听怒气多,给了小弟兵五百。他叫就到白马坡,曹操闻听心欢喜,将小弟请进大帐把话说。他说颜良文丑多英勇,只杀得兵将闻名战哆嗦。正是俺二人来谈话,军校跪倒把话说,他说颜良来讨战,还说文丑赛阎王,及早发兵将他会,如不然杀进营来何难活。曹操摆手说再探。小弟闻听怒气多。小弟吩咐提刀跨战马,我到战场会他几合。曹操观阵来交战,小弟

我斩颜良诛文丑就一阵得。到后来闻听大哥在古城住,吾辞曹三次寻我大哥。曹操三次不见面,无奈何将寿亭叩信挂在中帐,写书辞曹保皇嫂,要到古城见大哥。那曹操也曾八里桥上把行饯,赐袍赠金又把酒喝。我也曾闯过五关来连斩六员将,来到古城要见大哥。好个三弟不容我把古城进,勒马横枪不容分说。他说我把曹操顺,连刺三枪那还了得。要不是小弟吾刀马勇,就在三弟枪下见阎王。正是圣帝把前情诉,又听得三爷张飞把话说,双手抱住圣帝双膝跪,开言有语尊声二哥,千错万错小弟我的错,千为万为的大哥。望二哥担待担待多担待,担待小弟不值得。圣帝闻听忙扶起,叫声三弟这是怎说,咱弟兄自今以后多合意,合意同心保咱大哥。他弟兄相会就在古城郡,此以后弟兄同心把义合。古城相会本是个小段,到下回火烧新野县紧接着。

《单刀赴会》讲述东吴设计逼迫蜀国还回荆州,关羽只身来到东吴,破除鲁肃的诡计,显示出其从容不迫的英雄气概。其记述曰:

鲁肃设宴江边上,东吴名将数十员。齐目留神抬头看,上水下来一只船,旗杆上边飘帅字,关公端坐甚威严。五绺长髯飘额下,丹凤眼上卧双蚕。头代绿盔中一顶,九曲红缨罩上边,绿罗袍衬黄金镫,玲珑宝带束腰间。杀人宝剑束腰挂,战靴一双足下穿。人人都说云长勇,镇守荆州英名传。忽然看见一员将,两手捧刀在后边。沿毡大帽头上顶,软甲一领身上穿。腰束一根皮绳带,杀人宝剑腰中宣,膀乍腰圆高一丈,胡须一炸眼圆翻,手内捧足刀一口,黑煞天神降临凡。鲁肃看罢心中怯,腹内踌躇犯思量,画虎不成反类犬,放虎容易捉虎难。鲁肃江边来侍立,锣鸣响亮湾了船,吩咐攒跳搭扶手,关公上坐在岸边。鲁肃就把躬打下,请驾前来望海涵。关公闻听微微叹,子敬不必奉外谦,关公未有德能处,大夫情高重如山。二人携手往上走,关公留神四下观,陈武潘章来扎对,丁奉徐盛列两边,韩当周太大披挂,程普黄盖站棚前,明盔亮甲人数多,旗幡招展奉外鲜,各战蓬地安对军,兵马胜似九里山。五色彩棚高三丈,红毡铺地花毡幔,雕漆围屏安背后,大画一幅挂中间,上写王母来庆寿,下画五岳去朝天。玉屏一裏孔雀尾,水晶盘内金鱼顽。左边插的珊瑚树,右边珍珠倒卷簾。古董玩器书案摆,金炉一内冒香烟。人言江东多富丽,尽是众仙一洞天。鲁肃再三来让坐,关公坐在客席前,东吴众将分两边,黄文称献把茶端。关公接盅离了座,程普上前把席安。鲁肃奉敬来让酒,关公饮酒盅子干。酒过三巡菜五味,鲁肃陪叹便开言:今日专请君侯驾,诸事不恭要包涵。蒙君待我情义厚,有句闲言不好谈。关公听说开口叹,你我相好自顾言。鲁肃听说开口道,真正君侯海量宽,皇叔中原争天下,与曹大战结下冤。自从兵败潘河后,后来又败在长坂。皇叔失计在夏口,算来兵马不满千。鲁肃孔明定下计,代头孔明上江南。说的我主发人马,公瑾提调掌兵权。赤壁鏖兵一场战,曹操大败回中原。伤兵折将东吴的,费了粮草几万千。皇叔占了荆州府,至到如今总不还。君侯高明论天理,皇叔理上太不端。关公听罢一席话,腹内辗转好几番。大夫说的俱是理,我主礼上也周全。今日请我来赴宴,国家大事不可言。鲁肃闻听开虎口,信义二字要两全。鲁肃曾把荆州讨,皇叔已经有前言。刘琦在日皇叔住,刘琦不在即便还。当面就把文书立,千金担子鲁肃担。皇叔得了西川地,君侯才把荆州还。关公开口尊子敬,荆州大事重如山。孔明临行交与我,就叫关某掌兵权。我主会有旨意下,朝廷封江谁敢言。鲁肃抱拳来恭手,君侯言语不必谦。桃园结义恩情重,白马乌牛祭上天。翼德即公人刘备,三人算来是一般。别说一座荆州府,十座连城也敢夺。今日无有荆州府,我回江东见主难。说的老爷无言对,周仓捧刀站席前,大叫一声鲁子敬,你今错用巧机关,请我君侯来赴宴,索讨荆州万人难。高祖提剑争天下,得了江山四百年。传流二十单四帝,软弱献帝坐金銮。为君不止群雄起,天下百姓众不安。袁绍虎踞在北地,袁术强霸在河南,徐州坐了陶公复,刘章安居在西川,孙坚河南争玉笙,瞒心昧己丧中原。景升原是汉朝后,与你孙家不相干。皇叔原是刘表弟,弟承兄业礼当然。你家常把荆州讨,俺助东风怎不还。不看君侯我主面,打下席来不容宽。老爷听罢心暗喜,不料周仓能助言,故意霎时神色变,单凤眼上皱双蚕,大喝周仓会道理,宴前你敢胡乱言,子敬与我甚相好,幸亏大夫海量宽,今日不把你来斩,显的关某教不言,伸手亮出龙泉剑。老爷离座出席前,故意仗剑使眼色。鲁肃前来左右拦,周仓晓意往外跑,江边以上伺候船,红旗一展三军至,荆州兵马在岸边。鲁肃再三来相劝,闲言不必搁心间。老爷就事心内喜,故意扬声作叹谈,一手仗剑拉子敬,烦驾送我到江边。棚内战将数十位,江边三军重如山,子敬请我会思意,正人君子防不然。说着话儿出棚外,不急来到江岸边,撒手松了鲁子敬,老爷齐步上了船。抱拳并手来谢过,多谢大夫你包涵。关某荆州设下宴,子敬千万到那边。唇齿之邦要相好,免叫曹操耻笑咱。老爷说罢忙吩咐,水手尔等快开船,顺风打蓬飘然去,闪下鲁肃老年残。鲁肃江边痴状了,东吴重将把眼翻。一杆重将齐生气,程普黄盖便开言,吩咐三军整旗幡,大江一上架战船,赶上定招荆州要,不怕云长他不还。会奈鲁肃来点将,猛然抬头仔细观,马良驾船迎接到,关平领兵在岸边。荆州兵马会其数,枪刀剑戟赛兵山。鲁肃观兵心内怯,不必如他去接宽。收兵点将急回转,没精打采见孙权。鲁肃空定擒虎计,留下朽名万古传。

关羽是忠义的化身,在《古城相会》和《单刀赴会》中表现得有勇有谋。这是对历史的认同,同样也是对社会现实的呼唤,是对社会理想的表达。

唐代也是如此。在隋王朝的风雨如晦中,一群具有改天换地雄心壮志的英雄走向社会的大舞台。其中的罗成,是一个气势非凡的英雄,其个性鲜明,武艺高强,不幸战死。其传说故事通过《说唐》的演绎,通过对罗成托梦的描述,既刻画了罗成的壮烈牺牲,又表现了程咬金等人的惺惺相惜。北京打磨厂致文堂刻本《罗成托梦》,从侧面描述英雄罗成的传说故事,记述罗成死后阴魂回到家中,托梦与夫人和母亲,使得人物性格更加丰富、饱满。民间戏曲运用罗成给人梦中昭示的方式,描写了这一事件。如《罗成托梦》:

鼓打三更半夜天,天朝白虎星官下临凡,认母投胎罗门为后,罗成名字天下传,一杆银枪无对手,扶保大唐锦江山。只因为河北反了个刘黑塔,连环战表直进长安。建成元吉挂了个帅印,罗爷就是先锋官。周西坡前遭围困,这罗爷淤泥陷住马白猿。苏烈一见传令下去,吩咐三军用箭攒,箭似飞蝗一般样,把个盖世英雄乱箭攒,罗成箭下废了命,三魂渺渺把家还,叫声鬼卒带过驼魂马,罗爷阴魂抖嚼环。逢山就在山顶过,遇河不用摆渡船,前行不远来得快,等时来到西地长安。为什么行走来得快,这阴魂行走一溜烟。来到自己府门外,甩蹬离鞍到门前。罗成刚要往前进,二位门神把他来拦,大叫妖怪少往前进,再要是一近前来吃成干。罗爷一见唬一跳,叫声上圣请听言,休当我妖来别当我怪,我本是屈死罗成把家还,叫声上圣多方便,我今托梦进去有几句话言。门神说原来是家主到,急速进去急速还,你要一步来得慢,鸡鸣五鼓回去难。罗爷回言说知道,一阵阴风往里翻,到老夫人完帐外,唬坏老娘谁敢担。罗爷想罢忙跪倒,照定完帐把娘参,叩罢头来忙站起,这才是称为忠孝两双全。罗爷叩罢头三个,来到自己卧房前,有心进门去托梦,耽误时刻难回还。顺着完帐伏身进去,只见庄氏躺在床前。罗成上前把贤妻叫,庄氏一见唬一跳,只见迎面站着一个人,浑身上带着刀翎是柴棚一般。庄氏一见问了一声你是哪一个,罗爷闻听便开言,休当我是妖来别当成是怪,我本是屈死冤魂你的夫男。只因为建成元吉挂了帅印,为夫的倒是先锋官,周西坡前遭围困,后泥河陷住了马白猿,可叹为夫死得苦,柴贼就用乱箭攒。今日回家无别事,望定贤妻听我几句言。老母跟前多行孝,你替为夫孝顺那年芳,好好看守罗通子,长大成人替我好报仇冤。罗成说罢就要走,只见庄氏心痛酸。罗成好难舍的年残母,再也不能孝堂前,好难舍的庄氏女,再也不能同床眠,好难舍的罗通子,再也不能把怀开,好难舍的银叶甲,再也不能身上穿,好难舍的银战杆,再也不能手内端,好难舍的白龙马,再也不能背刁鞍,好难舍的金銮殿,再也不能把驾参,好难舍的唐王主,再也不能会堂前。千难舍来万难舍,难舍八水西地锦长安,有心再说三言五语,鸡鸣五鼓回去难。无奈何回身往外走,瞧见庄氏割舍难,无奈上前拍了一掌,庄氏醒来身是汗淋般。唬的她睁了眼来浑身战,方才丈夫在眼前,软怯怯上前摸了一把,叫了声在外的丈夫在旁边,方才做的本是不祥梦，睡不宁来坐不安。无奈何怀抱罗通子，胡言乱语叫了娘，我到上房去见老母，见了老妇人便开言，方才做了个不祥的梦，梦见我丈夫回家园，浑身上下带着刀翎箭，好是柴棚一样般，浑身带血是难看，吉凶二字难保全。夫人一听唬一跳，两眼不住泪涟涟，方才老身也得一个梦，你我做梦俱是一样般，看起来凶多吉少，到明天急差家将到军前。他婆媳说罢心酸痛，泪是涌泉一样般。一宿晚景且不表，东方发明亮了天。罗成托梦一个小段，留下忠义之名万古传。

宋王朝疆域比不上汉唐，但是，其创造了绚丽多彩的文化艺术，对后世影响深远，给世人留下深刻的记忆。保家卫国是宋代呼家将、杨家将、岳家将等英雄家族传说故事共同的主题。北京打磨厂同文堂刻本《呼延庆打擂》讲述了其中的呼家将传说。故事的主角是呼延庆，讲宋朝皇帝无能，太师庞文耀武扬威，指使教习和尚欠子英设擂。和尚害死天下英雄无数，惹起众怒，其中有替兄报仇的卢凤英。呼延庆路见不平，打败了和尚欠子英，破坏了庞文篡夺天下的阴谋。

《呼延庆打擂》记述曰：

东京汴梁好威风，四门外边水双城，南门以外昊天塔，北门外头天后宫，西门紧接黄河口，天下皇粮运进京，东门外有一座双国寺，宋王爷的一替身。四门景致且不表，再把宋王明一明，全仗着九卿八大朝臣把他保，文忠武勇定太平。倒座南衙包公正，铁面无私保二洪。武将有位杨文广，他的先人老令公，真是宋王擎天柱，敢与国家享太平。有一个太师庞文多奸诈，专权当道狗奸佞。他有个女儿生得美，宋主见爱坐西宫。这老贼在万岁面前说句话，如同板上钉上钉。他本是舌头挑来的乌纱帽，小金莲勾来的袍大红，杨柳腰挣来的衡廷玉，桃花面换来的美前程。不论他做下什么事，架不住他女儿把腰带松一松。庞文起了不良意，要夺宋王锦江洪。他府内修下了金銮殿，后宅内暗藏着有几万大兵。他府内杀人不眨眼，后边立下万人坑。教习打手无其数，有个总教习欠子英。老贼上殿奏一本，要保和尚欠子英，双国寺前立下擂，奏旨主擂百日工。保擂官员无其数，圆着擂台搭芦棚。未曾打擂先报号，一本大账计得清。上擂助你三咚鼓，刀枪剑戟手内擎。和尚立擂九十九日，见天大话口内称，打遍天下无敌手，无有好汉敢报名。打我一拳银十两，踢我一脚银一封。撞我个跟头银无数，大约着无有一人敢来报名。擂台上倒有一副对，这副对联写得精，上联写的拳打南山猛虎，下联写着脚踢北海蛟龙，横批倒有四个大字，为国求贤写分明。为何和尚说大话，呼杨不许来报名，押下和尚且不表，再把呼家明一明。呼延庆生来不怕死，庞文府上祭坟茔，十辆大车拉烧纸，拉到庞文府门庭，正遇庞文寿诞日，府门外边无门丁。你说黑爷愣不愣。大喊三声火光红。烧的骡马嘶呼叫，连车带马闯进府中。骡马烧死无其数,烧了他九九八十一间待客厅。家奴院共烧死了三百六,珠宝玉器计不清。庞文一见冲冲怒,调动了四十八万双城兵。呼延庆自从上坟他惹下祸,隐藏在杨宅一月零。这日喝下熏熏酒,自己偷跑出门庭。出门不往别处去,一溜歪斜上正东。行走来在擂台下,齐目留神看分明,打擂的本是个裙钗女,替兄报仇卢凤英,眼看姑娘无有救,打乱青丝把眼蒙。欠子英一见她把眼睛遮,拳头打得更加增。要容姑娘把青丝挽,女子不是省油灯。姑娘爹爹在擂台下,立在台下喊连声。如有人替我女儿去打擂,情愿与姑娘把婚成。老头儿喊得喉咙哑,并无一人敢答声。台下气坏哪一个,气坏黑爷呼胜僧,大喊一声把台上,骂了声狗娘养的休逞能。按了按头上扎巾帽,紧了紧腰中皮带恒,胳膊袖子挽了又挽,薄底皂靴登又登,打个飞脚劈劈叉,全身努力皆连通,两脚一晃十分力,骂了声立台的和尚狗娘生。嘭啪一溜旋风腿,撞倒闲人多少名。只听嘭啪的连声响,台下喝彩喊连声,打死他大徒弟名叫玻璃旦,打死他二徒弟名叫玻璃灯,打死他三徒弟名叫正该死,打死他四徒弟名叫早吹灯。黑爷刀劈人四个,和尚唬跑后台中。哪里来的黑小子,何处跑来愣头青。芦棚未曾去挂号,他不通姓又不道名,莫成他是呼家后,他与庞文有冤仇。和尚叨念心害怕,脖子后边冒凉风,我倒有心不出去,黑小子岂肯把我容。打死徒弟人四个,徒弟死的甚苦情。有心不出去与他去打擂,众人喧嚷我无能。今日若要死了我,谁保太师作朝廷?倒不如我稳坐后台不出去,后台迷着不作声。押下和尚且不表,再表呼门黑虎星,打死台上人四个,刀劈两半台下扔。骂声狗奴死净了,不见和尚欠子英。滚出来把你少爷打,爷爷与你见输赢。你若是不与你祖宗把擂打,丢你八代祖上的名。恼一恼打到后台追你狗命,劈净你们这狗娘生。我是你们立擂祖上祖,你们这些重孙污了祖宗名。一句话骂恼欠和尚,无名火起往上升。合着这把生灵骨,称称黄河几澄清。两膀用尽十分力,一个箭步出门廷。黑爷一见红了眼,困龙得水一般同。上山虎敌住下山虎,云中龙敌住海中龙。老虎遇着金钱豹,好汉遇着美英雄。嘭啪一阵扫堂腿,和尚漏空败下风。二人打了百十趟,和尚渐渐就不行。呼延庆越杀越有力,打倒和尚在台中。黑爷上前忙抓住,把和尚按在地流中,伸手抄起一条腿,那支大腿用脚蹬,只听噗嚓一声响,身子劈了两下扔。脑袋之上踢一脚,花红脑子四下崩,扑通扔在人群中,众人唬得四下哄。这个就把弟弟叫,那个又把哥哥称。老张回头叫老李,老王回头呼老丁。哪里来的黑小子,劈了和尚欠子英。太师庞文知道了,这个乱子可不清。黑爷立劈还不算,自己报名呼胜僧。庞文正在书房坐,门军跑来报事情。太师爷这可不好了,人家打擂劈了欠子英。庞文闻听传令把官兵调,莫放小贼逃了生。不多一时兵到把台围住,要捉小爷黑虎星。要知捉住捉不住,下回书里再说清。

（三）劝善戏

寓教于乐是文化发展的重要职能。善，在《说文解字》中被解释为吉，即美好的意思。《左传·昭公十二年》称"内外倡和为忠，率事以信为共，供养三德为善"。有人把"三德"解释为"仁德、智德和勇德"，其实就是端正，就是好的品行。劝善其实就是教谕，劝善戏用民间戏曲的形式劝导世人不断提高道德品质。在传统社会，善行不但成为一种贯穿道德的社会行为，而且被推崇为一种人生的境界。如《韩非子·守道》曰："圣王之立法也，其赏足以劝善，其威足以胜暴，其备足以必完法。"《汉书·公孙弘传》："臣闻上古尧舜之时，不贵爵赏而民劝善。"劝导善行，传达文艺的正能量，是民间文学的传统，有许多民间文艺形式因此而根植于社会风俗生活之中。劝善戏就是这些形式的一种。

北京打磨厂宝文堂的民间戏曲刻本有许多劝善戏，以二十四孝为主要题材，劝说世人积德行善，与人为善，特别提及孝敬父母的内容。这些民间戏曲采取生活中的传说故事，倡导牺牲自我、救护他人的善举，述说孝行必然得到美好的生活。

如《谈香女哭瓜》讲述民女谈香为了满足母亲冬天吃甜瓜的愿望，努力寻找不得，最后实在无奈，祷告玉皇，玉皇感动，调动各路神仙，冬天结出甜瓜，满足了谈香的心愿的故事。其记述曰：

> 言的是西北玄天字两行，张良留下劝人方。二十四孝第一个孝，千娇弱女小谈香。山东有个谈城县，离城十里谈家庄。谈家庄有个谈员外，万贯家财有余粮。万贯家财多好善，坟前缺少拜孝郎。老员外为儿许下修寺院，为女修下观音堂。员外修好修了三年整，卧房生下女娥皇。小姐生来多么清秀，起个乳名叫谈香。一岁两岁娘怀抱，三岁四岁离了娘。五岁六岁贪玩耍，七岁八岁齐贤良。谈香十岁妨去父，母女二人过时光。谈香长到十五岁，她娘得病卧了床。三天无吃一粒米，五天不喝半碗汤。谈香上前开言道，尊声我娘听端详。我娘得的什么病，想什么东西口中尝。老身睁开昏花眼，瞧见爱女小谈香。娘今不想别的来用，心想甜瓜口中尝。若是有瓜在哪里，若是无瓜上望乡。谈香闻听吃瓜的话，眼目之中泪汪汪。代说无瓜就添病，要说有瓜在哪方。为难多时有心想，抬动金莲回绣房。急忙开箱又开柜，换上一身粗衣裳。临行拾了银十两，来在谈城大街上。东街买来西街找，南街买到北市上。四面八方都买到，不见甜瓜在哪乡。谈香出在无其奈，眼望众人说短长。谁家有瓜卖与我，买在家里孝老娘。众人闻听哈哈笑，哪里来的疯姑娘。十冬腊月交三九，哪来甜瓜孝你娘。等到来年六月尽，甜瓜送你两大筐。谈香听说这句话，叫声众位听端详。等到来年六月尽，十个亲娘死五双。

第二章 中国近代社会民间文学的记述

谈香实在无可奈,掀动金莲回家乡。急忙开箱又开柜,换了一身旧衣裳。临行抓把甜瓜子,来在花园正当央。嫩笋玉腕排香案,二番净手又点香。双膝跪在流平地,祝告上天张玉皇。谈香之事且不表,再表上方张玉皇。玉皇坐不住凌霄殿,心惊肉跳不安康。也不知紫微困在哪方。左边遣去千里眼,右边遣去顺风郎。千里眼拨云往下看,顺风细耳听八方。众位尊神去交旨,一本奏到张玉皇。并不是困住了忠良将,紫微星官也无妨。下方有个谈城县,离城十里谈家庄。谈家庄有一个谈员外,他有一女叫谈香。她娘得了古董病,三九天想个香瓜口中尝。要有甜瓜病就好,若无甜瓜上望乡。玉皇闻听心欢喜,急遣东海老龙王。先差龙王下雨去,后遣火神到下方。你们领旨下方去,烧化冻地长瓜秧。火神闻听不急慢,抖抖星官下天堂。一驾云头十万里,二驾云头到下方。收住云头留神看,远远望见谈家庄。不多一时来得快,来到花园正中央。急急忙忙把文念,灵文圣语念其详。真言咒语念一遍,十二火神下地藏。天上下雨地生火,花园之内开了江。真心感动天和地,三九比作六月长。普天众神使法力,再说哭瓜小谈香。小谈香一更一点哭得痛,悲声惨切好心伤。谈香苦哭到二更鼓,瓜秧长出叶儿一双。谈香哭到三更鼓,瓜秧开花尺半长。谈香哭到四更鼓,鲜明甜瓜长一双。谈香哭到五更鼓,花园里边甜瓜香。谈香睁开流泪眼,鲜亮甜瓜摘一双。十指尖尖把瓜摘,双手捧瓜进绣房。独木案板忙放下,一把钢刀亮又光。切一块来又一块,切一双来又一双。一块先谢天和地,二块来敬张灶王。三块来把祖先供,四块拾来孝亲娘。走上前来开言道,尊声老娘听端详。醒来罢呀醒来罢,醒来尝尝甜瓜香。为儿双手甜瓜捧,单等我娘口中尝。老娘正在朦胧睡,猛听女儿叫亲娘。强打精神睁开眼,原来我儿站在旁。用手擦擦昏花眼,瞧见甜瓜扑鼻香。头一口吃的甜如蜜,二口吃的似砂糖。老身连连吃几口,身康体泰起了床。猛然之间精神长,拄着拐杖出卧房。拄着拐杖往外走,来在花园看其详。哪年不种千顷地,哪年不打万石粮。盘古至今从头论,哪有十冬腊月长瓜秧。不说老身病儿好,再把甜瓜表一场。禀报一件新闻事,急忙就往县里详。县官就往州里去,州里就往府里详。府里就往京里走,一溜携文到朝房。满朝文武来奏本,本奏甜瓜见君王。天子一见龙心喜,我朕有福出贤良。快把圣旨领下去,选来与我皇孙作昭阳。谈香哭瓜贤孝女,王祥卧冰孝顺娘。先养儿孙留后事,万古千秋把名扬。唱罢一回哭瓜段,费尽纸巾有半张。诸位要看《孝女传》,再看那丁香孝母更贤良。说到此处住一住,接接连连开正章。

《丁香割肉》讲述丁香的婆婆蛮横跋扈,梦想吃人肉。丁香忍受委屈,为其割下身上的肉,满足了婆婆的愿望。婆婆也表示错怪了丁香,忏悔自身的罪过。丁香因此过上美好的生活。其记述曰:

说贤良来道贤良,不知贤良女出在哪方,出在山西洪洞县,县西有一个王家庄。这庄有一个王员外,娶妻费氏不贤良。王老员外身辞世,费氏领着儿女守宅房。长子名字叫王顺,次子名字叫王良。三子名字叫王禄,现在念书在学房。大媳妇本是张家女,二媳妇就是李家二姑娘。小王禄娶了本庄的丁香女,本是贤良小姑娘。七岁上离了她的父,八岁上死了她的生身娘。小姑娘娶了到有二年整,打骂成了个小孽障。老费氏时看不上,成天打骂闹饥荒。等到三天不打骂,脚蹬锅台骂灶王。张灶王上天奏一本,一本奏到张玉皇,玉皇闻听心好闹,一名大火降下方。降火殃扑到上房去,老费氏一场大病着了床。三天三夜连声喊,我今天一定见阎王。也不想吃阳间饭,想吃人肉我尝一尝。我要吃了活人肉,立刻病好离了床。老费氏便把两个媳妇叫,大媳妇二媳妇走慌忙,来到病房留神看,开言叫声婆母娘。我的娘得了什么病,三天三夜没起床。老太说为娘得了个孽障病,不想吃饭不想汤。我心中想吃活人肉,你们为娘做碗人肉汤。俩媳妇闻听撇了嘴,哪一个去做人肉汤。老婆子你死了罢,死了大不了罢。你要死了我们商量好把家当,一跺金莲往外都出病房。老太见她出门去,说到这可苦了我孽障。老太病房哼嚷嚷,学房里来了听书的王三郎。小王禄来在上房里,仔细留神看他娘。我的娘得了什么病,三天三夜没起床。娘用茶来娘用饭,娘用水来娘用汤。老太闻听留神看,原是小三来问娘。老太就把三儿叫,叫一声教儿听端详。也不吃面来我也不吃饼,鼻子尖闻着人肉香,这三天要有活人肉,为娘病好离了床,三天若无活人肉,儿那老娘一命见阎王。小王禄闻言流下泪,叫了一声养儿的娘,街市上挂的牛羊肉,没见人肉挂在市上。小王禄哭啼啼往外走,来到自己卧室房。丁香女见自己的丈夫眼落泪,叫了声相公听端详,咱娘的病体怎么样?小奴家不敢进娘房。两个嫂病房去都出了上房。相公为何痛哭?为何今日带愁肠?小王禄闻言把妻叫,我今方才到娘房,娘道说她的病体好,除非是乐得一碗人肉汤。街市上卖的牛羊肉,哪有人肉在市上。娘道说三天要有活人肉,立刻病好离了床。三天要没活人肉,生我娘亲见阎王。丁香女闻听忙答话,说道是相公哪,你何必两眼泪汪?相公你上书房把书念,这件事是我们妇道人身上。常言道,孝敬翁姑十六两,不枉人活在世上。小王禄闻听双膝跪,妻呀,也不枉咱娘生了我一场。丁香女搀起小王禄,这件事情奴应当。王禄他上书房里去,丁香女出了绣房上厨房,将菜刀磨得风霜快,奴不由心中细思量。有心割去胸前肉,推碾子推磨无一人应当。有心割去腰中肉,又怕绝了王门后代香。慌忙解开了丝线带,一坐坐在板凳上。她把菜刀拿在手,裤腿捋在磕膝盖上。把腿一伸在板凳上,照定了腿肚下无一长。只听哎哟一声响,咕咚躺在地当阳。厨房里丁香躺在地,两个媳妇走进厨房,说三妹割下活人肉,到有二指宽四寸那么长。不管她死活快切肉,快与婆婆做碗汤。登时之间把汤做好,她二人端汤到上房,说娘你快快起来罢,为儿的与你做了一碗人肉汤。这是我二姊妹行孝道,我与娘亲做了一碗汤。老太闻听忙爬起,起身喝了一口汤。立刻病好心内爽,说道是怎么不见小丁香。两个媳妇说三妹厨房去睡觉,太太说跟我到厨房。太太来到厨房看,好一个胆大的小孽障,手拿拐棍往下打,打的丁香还了阳。小丁香便把婆母叫,你打了孩儿腿肚上,为儿割肉孝婆母,你老娘难道不思量。要打只往头上打,千万别打儿的刀伤。老太太闻听留神看,鲜血流在地当阳。这原来是丁香割下肉,两个冤家哄老娘。也是我背怀心眼常打骂,哪知我儿是一贤良。大媳妇二媳妇快撒手,将丁香搀在娘的房。从今后我把佛来念,吃长斋烧长香。但愿我儿刀伤快快好,落个美名天下扬。太太回在上房去净手,焚香跪佛堂。我要再把丁香打,叫我手上长疔疮。太太祷告多一会,敬重她家张灶王。她把那恶罐忙收起,又把那善罐满宅穰。数十天丁香把伤养好,平不搭的好了刀伤。到后来丁香降生两个子,一降生蓝田玉一双。丁香割肉算一个小段,性费曲文纸半张。①

《郭巨埋儿》(又名《行孝匣》)首见于干宝《搜神记》。唐房玄龄《晋书》载:"郭巨,家贫。有子三岁,母尝减食与之。巨谓妻曰:贫乏不能供母,子又分母之食,盍埋此子?儿可再有,母不可复得。妻不敢违。巨遂掘坑三尺余,忽见黄金一釜,上云:天赐孝子郭巨,官不得取,民不得夺。"元代郭居敬编《二十四孝》,使其声名远播。其讲述郭巨夫妇赡养母亲,母亲把仅有的饭喂给郭巨的儿子。于是,郭巨夫妇决意要把儿子埋掉,让母亲吃上饱饭。结果他们埋儿子的时候,得到苍天赐予的财富,摆脱贫穷。而且,郭巨的儿子"十七岁就把状元点,郭存一品陪伴君。到后来郭存八个子,俱在朝中为大官","次后来郭巨下世去,唐王把他封成神"。其记述曰:

　　古言一朝天子一朝臣,听我表上孝母的人。山东有个肥城县,离城十里郭家村。姓郭名巨本是他,此人三十单二春。郭巨娶妻张氏女,所生子名叫郭存。上房有他生身母,齐家四口过光阴。家中贫寒难度日,郭巨打柴上山林。郭巨上山把柴打,家中撇下大贤人。佳人房中流痛泪,埋怨丈夫礼不真。自催你上山把柴打,未从做饭难死人。一顿饭下不了半碗米,捞碗稠饭孝敬母亲。老母亲端起碗

---

① 北京打磨厂宝文堂《新刻丁香割肉》结尾有所不同,其称"太太祷告多一会,敬重他家张灶王。灶王后又奏一本,将本奏与张玉皇。本奏费氏改恶向善,又奏行孝小丁香。玉皇见本奏心喜,天官赐福到下方。不多二日刀伤好,恢复如初身体康。王禄后来进侍中,官居一品在朝堂。小丁香后来生两子,俱都登科把名扬。老费氏寿活一百岁,无疾而终一命亡。王禄把此事奏明圣上,与他立下奏孝牌坊。这是割肉奉母一小段,奉做子女也学贤良"。

来舍不得用,吃了两口喂了孙儿。把冤家喂了个肥又胖,饿得母亲露着青筋。佳人房中把夫盼,郭巨打柴回到家门。郭巨就把大门进,只听我妻泪纷纷。郭巨就把柴担放,叫声贤妻听我云。你和那东邻吵架西邻闹,悲着南邻共北邻。佳人闻听眼含泪,尊声丈夫你听真。咱的孩子咱不怨,埋怨丈夫一个人。只催你上山把柴打,你不想未从做饭难死人。一顿饭下不了半碗米,捞碗稠饭孝敬母亲。老母亲端起碗来舍不得用,吃了两口喂了孙儿。把冤家喂了个肥又胖,饿得母亲露了青筋。依着你妻我的主意,不如埋了冤家的身。埋了冤家咱行孝,老天爷不能绝了咱的根。郭巨闻听头低下,低下头来口问心。我有心埋了亲生子,清明佳节谁上坟。我若说不埋亲生子,外人说我不孝顺。郭巨拿定大主意,一定埋了冤家的身。贤妻既然一心孝,我郭巨不孝不为人。郭巨扛镐头里边,后边紧跟大贤人。瞒着母亲不知道,怀抱冤家出大门。往东走了二里多地,这才来到郭家坟。佳人坐在流平地,哭了声儿来娘的连心。我埋你不嫌模样丑,从来不嫌麻烦着人。我嫌你吃饭光挣奶奶的口,你可知道咱家日子贫。我的儿你到阴曹地府别告状,别告为娘好狠心。你再托生托生有的生,莫托生穷爹穷娘。佳人哭的肝肠断,小郭存手拍手儿笑出音。郭巨把镐抄在手,恶狠狠地往下抡。只听咯吱一声响,里边露出好金银。大小元宝无其数,金条还有二百多根。元宝以上写大字,字上行间写的真。上写着本是郭存的命,下联郭巨孝母亲。金条口水写大字,玉皇口差来增福神。郭巨一见心欢喜,开言就把我妻云。来来你往坑里看,从今后只受荣华不受贫。他妻闻听这句话,夫妻二人拾金银。一趟一趟又一趟,将金银抬到他家门。好地要了三千顷,骡马买了一大群。急忙叫上泥水匠,楼宇平房一座新。前门栽的摇钱树,后门现的聚宝盆。有了一天扫一趟,三天不扫囤了门。铜钱扫的无其数,后门又去拾金银。郭巨富大且不表,听我表表小郭存。郭存长到十五岁,月老配就了何氏花裙。十七岁就把状元点,郭存一品陪伴君。到后来郭存八个子,俱在朝中为大官。次后来郭巨下世去,唐王把他封成神。看来还是行孝好,老天爷成就大贤人。郭巨埋儿是个小段,奉劝世人行孝心。

(四)风俗戏

所谓风俗戏,主要指表现社会风俗生活故事的民间戏曲。其表现出民间社会的各种生活故事,描绘人生传奇,讲述世间道理,把爱恨情仇等生活的滋味用戏曲形式表现出来,充满生活的情趣。近代中国社会,以农耕生产为最基本的生产方式,社会风俗生活中依旧是男耕女织背景下的农村家庭结构,自给自足。这些民间戏曲中的故事,是社会现实生活的集中体现,形象地记录了中国近代社会的风俗生活。

风俗戏的主体是生活故事。民间戏曲通过对生活故事的叙说,描述世俗社会中各色人等之间的联系,或者表现人的遭遇,或者诉说人的诙谐、幽默,在矛盾冲突中塑造人物性格。

风俗戏的形式也是多种多样的,根据其表现生活的内容,可以划分为人情类、诙谐类等类别。

人情类风俗戏多描述日常社会生活中普通人的情感和命运。如北京打磨厂致文堂民间戏曲刻本《吴永年搬家》,讲述农民吴永年因为天灾,逃命他乡,希望自己当年救助过的牛德山能够帮助自己,却不料遭到牛德山拒绝。吴永年的妻子病在破庙,被人催逼,要卖掉儿子,又遇到强贼欺骗,正在走投无路时被人救下。后来,吴永年回到住处,与妻儿相逢,儿子中举,喜气洋洋,得到善报。其主旨被概括为"劝明公行善福寿万冬"。其记述曰:

自从盘古立地天,数着清朝新又全。出了些奸侫与邪盗,喜共乐,悲与欢。也有忠孝两双全,论听还是苦辣酸甜。新出奇巧事一番,列位不知请听言。此事出在朝阳界,城西南有马家园,家有犬子把身安。有一人姓吴名叫永年,夫妻同庚三十三,所生一女并一男。学生八岁叫锁住,女儿名叫秋莲,一十四岁美容颜,温柔典雅女中魁元。夫妻受苦赛黄连,父母双亡早染黄泉。一无房子二无地,又缺吃又少穿。指人挣钱度艰难,时运不至又赶上歉年。粮米高贵柴草值钱,家上户上都打算盘。有钱之家不把人用,穷人家难挣钱。家上户上叫苍天,单表苦命吴永年。永年一阵好心酸,思前想后也是为难。求亲告友不公敬,富豪家住深山,亲戚朋友长往还,穷在街前无人可怜。众人不信世上看,到处把穷人下眼。观街坊邻居不能长借,直饿得眼发蓝,孩子饿得直叫唤。见天那得饥饭冻,饿死夫妻命里该,也算我夫妻无有能耐。可惜儿女命不及,两冤家错投胎。跟着父母受罪来,少吃无穿净把饿挨。在此久住命不全,不如投活把家搬。思想搬家无有去路,想起来事一番,想起仁兄牛德山。我二人相交十数多年,他家难过无吃无穿,长来求借我也不闲。仁兄他说得了地,忘不了我永年。听说搬到府顺天,运转时来大发财源。叫声贤妻你是听,依我搬家上盛京,见了仁兄说一便。他不能断交情,到在那里忍几冬,过去了歉年再回家中。贤人听说也道是理,明日起身莫要延迟。常言古语说得好,有穷家定难离,亲朋来送泪悲提,谏上不舍故土难离。一家人起身奔阳关,吴永年头前把担子来担。贤人出在无几耐,领着女带着男,哭上啼上叫苍天,赶多咱得的才把身安。路途遥远非一天,相接万水与千山。一天难行卧牛地,要饿了到门前。寻茶讨饭度艰难,长叹一声说是可怜。手拉女儿叫心肝,直走得浑身肋骨酸。有心不走歇几日,命不及苦难言。手内缺少盘费钱,无奈何正奔阳关。走了一天又一天,不显又走十数天。这一天来到小黑山镇,太阳落黑了天。居家入店把身安,杨氏病了把身缠。杨氏得病重十分,难坏了永年受罪的人。举目无亲新来乍到,天无路地无门,思前想后难死人。忽然一计上了心。近了柜房见店东,托付你老事一宗。病人在此住几日,我前去上盛京,到那求借牛仁兄,回来再报你老恩情。回过头来叫贤妻,好好养病莫着急。我上盛京找朋友,杨氏女泪悲啼。急去早来莫延迟,晚来一天挂在心里。路上闲事要少摊,过河过水问上人言。回来有钱家防备,路上伴行心太偏。见财起意命相连,为妻的言语记在心间。不用费心好好养病,秋莲打住听父明,别叫你母他把气生。两孩子泪英英,连叫爹爹你老听,你老不必挂心中。一家人离别泪涟涟,吴永年出店心如油煎。把心一横扬长去。两孩子出店,眼望爹爹不见面,寒泪进店站外面前。心急如箭奔阳关,打问住店一路不言。这一日来到奉天省,来到了大西关。找着仁兄牛德山,施礼打躬上前问安。牛德山开言叫贤弟,有什么事情来到这里?永年说话眼落泪,尊大哥你请听,咱们朝阳不收成,因此搬家来到盛京。你弟妹病在小黑山,无钱养病来到这边。奉求大哥发善念。牛德山听此言,思想来到得花钱,什么叫交情不想当年。牛德山冷笑把口开,连叫贤弟你听明白,你今来的不凑巧,缺吃粮少钱财,房屋狭窄住不开,兄弟你回店里去安排。牛德山拿过二百钱,吃饭不饱闻包子烟。永年一见心犯火,连叫声牛德山忘恩负义,不想当年可惜我待你一片心甜。把脚一跺出房门,连叫苍天请听真,莫非天有绝人路,断交情丧良心。千里投奔落长空,正走来到大房中。眼睁日落黑了天,投宿住店把身安。得了气恼伤寒病,一头扎床里边,腿直牙咬眼发蓝,一命难保定是可怜。永年死活且不言。再表杨氏女中贤,思想丈夫十数天,多日不见他转回还。叫奴一阵好心酸。房东长上来要店,忽听门外有人言。店家进房来要店,不贤人病中等,店主多忍耐等几天,他父回来把账还。店东拍手不容宽,难坏了杨氏女中贤。无钱到处难,忽然想起一辈古秦叔宝病河间,贾氏上街卖泰山。何不学上古圣贤,有心卖了女儿秋莲。又怕为奴落下贱,为奴做妾还罢了,恐怕是为下贱,入了烟云柳巷院,那时候挖去了娘的心肝。横心咬牙泪涟涟。秋莲过来听娘言,你到外边卖锁住,小锁住泪不干,夺声母亲请听言,卖儿岂不断了香烟?为娘万般无计奈,自顾眼前哪管后来,随你姐姐快上去。秋莲女泪满腮,领着兄弟出店来。大贤人如同把她心摘。姐弟正走着,目睁大街上人多闹吵吵,伸手拿起一根谷须,小锁住扎草标,手拉兄弟泪滔滔。姐姐说话心里记着,谷须好像杀人刀,斩断了姐弟一奶同胞。从今以后不能见面,到人家好里学。省着挨打心发焦,不像娘打你姐姐拉着。姐弟来到老爷庙前,无人敢买来的价钱。众人围住两小孩子,这个问那个盘,内有一人便开言,先表名姓后表他家园,名叫贵号叫老成,他家住在抚宣县城,自幼在外做买卖,福占当多兴隆。他本当正财东,可惜无后缺少子宫。老成看见两个孩子,看见了人家想起自己。当年娶过三房妾,我今年六十七,不能留后宿根基。这个孩子我可买的。老成心里爱儿男,有众人一齐便开言,老成你把孩收养去,老成心喜欢。姑娘贵姓表家园,因什么到此来卖儿男?秋莲含泪把大爷称,家住朝阳不收成,举家逃荒来到此处,我母亲病店中。我父求借上盛京,一去不来各月的工。我父不来未何情,店东要个更不宽容。我母出在无计奈,才叫我到街中,卖了兄弟还店东,一来将养我母病症。要卖孩子多少银钱?秋莲说大爷请听言,赏赐多少是多少。老成喜心怀十两银子,拿手问锁住,愿去到我家园?锁住说,情愿吃碗饱饭,你老等等我有话言。小锁住跪在流平地,叫姐姐你听言,回店劝娘别想咱,要你行孝在娘跟前。父亲回来问锁住,就说是死了短命之徒。多劝母亲好好养病。姐姐想你别哭,想起就把心横住。姐姐替我侍奉父母,只想逃活命,不想失散各奔东西。姐弟哭的难割难舍。有众人痛伤情,一齐叫道焦老成,你领孩子快回去,把十两银子递与秋莲。姐弟离别定是心酸。姐姐回头看兄弟,小锁住回头看,看着看着不见面,各人痛苦。秋莲回店按下,他姐弟且不云。内里出来一个小人,此人住在锦州界,他的名叫郝云,净做坏事长颈人,方才卖人记到心。郝云时下赶辆车,要诓杨氏女娇娥。回店就把车来套,鞭子响嘟嘟哈好快,一封嘚嘴骡来在店外。下了车,郝云进店打一躬,叫声店主你老听,贵店住着搬家的客。(店主)高老香暗叮宣,打听搬家为何情。借问你老贵姓高名,你老不知请听言,我贱姓牛名叫德山,家住边外朝阳县,举家搬府奉天。现今不缺吃共穿,当年家贫多亏永年。吴永年兄弟我的恩人。牛吴相交很个不分,不想到此遭了大难,到我家病缠身,弟妹病中若难云,我来接他到我家门。高老香闻听一点不差,叫他母女细细问。他领着郝云客堂进,有店东把话答复,你母女享福罢,牛大爷接你们到他家。奴人闻听拿主张,怕的是为冲来把奴诓。牛仁兄一路多辛苦,不是我心里藏,如今做事太不良。从头说对上沈阳。郝云听说喜心中,多亏我从头记得清,从头到尾说一遍。大贤人心内明,果然你是牛仁兄,快去套车好上盛京。母女中了计牢笼,上车如同跳在火坑。郝云赶车跑得快,走差路东北行,跑出三十有余零。一片荒郊又把车停,恶霸郝云把话明,别把我当你牛仁兄,我叫郝云把车赶,诓母女到此中。你得跟我把亲成,在此不应把命倾。母女吓得战兢兢,下车跪在地流平。你老宽恩发善念,做好事善道行,只当卖鸟放了生,后辈儿孙有典高升。恶霸只当耳旁风,举起钢刀亮又明,你要从我还罢了,要不从刀下倾。母女吓得走真灵,真节难保有了救星。此人姓刘叫刘青,胡家窝棚有他门庭。庄家日子过得好,念过书拉过弓,好玩火枪打得精。蹲在土坑里枪加火绳,土坑里等着鸭雁行。忽听妇女放悲声,举目抬头留神看,见妇道女慈容,二人跪在地流平,苦苦哀求那人。不容恶霸举刀下绝情,不像夫妻儿女情,不是奸夫就是拐,待我不救他肯容。我得上前求人情。手拿着火枪出了坑,紧走几步来到车前,仁兄息怒听弟解劝,半路途中把妻管。贼郝云眼瞪圆:狗拿耗子多管闲。话不投机把脸翻,郝云举刀下绝情。刘青端枪加上火绳,眼睁二人要出人命。马大人路上行,领兵察道问得清,绑上郝云车入官中。母女二人上了车,小刘青提鞭急忙赶着,郝云上绑跟着马跑,众官兵紧跟着。大营不远,来到了营门下了车。马大人进营把堂开,先问杨氏后问刘青,把郝云问成死罪。马老爷问刘青,你今多大别瞒哄。我本是属牛一十七冬。大人闻听喜心中,有宗事情你得应成,秋莲今年十四岁,许配你把亲成。你们母女可愿从？哪有不应！又派兵人二名,去传当铺焦才东。不多一时全来到,进大营跪流平。大人上边把话明：买孩子有罪你可知情？孩子可是我买的,有罪无罪小人不知。时下要买就当罪,论王法待了你,重打八十揭开皮,罚大化小哪条愿意？焦老成害怕战兢兢。口称大人你老请听,大人恩点发善念,免罚罪去打刑,化个多少我愿从。马老爷闻听喜在心,你焦门无子缺少后,成他吴门也只一个根,恒与你焦门做个养子。这孩子福不轻,我也认他子冥灵。大人说,孩子给我把书攻。马爷又叫焦亲家,住一间房子我把个钱化,你母女且去安身罢。又差人找亲家,明日起身去找他。话未说完永年到家,夫妻见面放悲声,说不尽内里苦情。大人说不必伤心,好好过。老成说,亲家听,吃啥柴米油盐我应成。大人说要做买卖,我的才东焦老成。上大人回营,刘青告辞也回家中。锁住上学把书念,吴永年做经营。运转时来洪福增,大发财源生意兴隆。眼睁过了五六年,秋莲出阁女中贤。锁住念书把功用,十五六,全了篇,头科得中回了家园,中了举人立上旗杆。要贺举人唱大戏,不是亲友也来随礼。牛德山倒运遭了,人家花败打借地,路过此处看大戏,听说是永年儿子中了文举,牛德山一气吹了灯。一世的报应时到不容。锁住娶妻张家女,生五男二花容。永年夫妻笑英英。劝明公行善福寿万冬。

风俗戏的共同主题是颂扬积德行善,阐明祸福自有报应,认为行善事者会有儿女,生活幸福,行不义者便会灾祸横生。当然,其表现的生活细节来自于社会现实,人情世故成为其情节起承转合的主要因素,社会风俗生活一直是其主要内容。

风俗戏表现普通人生活的艰辛,将背井离乡的情绪演变成民间戏曲的主题,借以形成民间戏曲的感染力。北京打磨厂致文堂刻本《王会川跑关东》讲述农民王会川为了生计,离开家乡,闯荡关东,在生活中遭遇冷暖的故事。其记述曰：

正月里是新年,家中贫寒,一心里上关东去挣银钱。求亲戚告朋友借钱几吊,东临家西舍家见行一番。抛父母老年残不能孝顺,闪妻子在家中独守孤单。小婴儿一两岁不能知事,老的老小的小怎样为难。知心话嘱了妻几句,敬双亲二老人贤孝当先。拉扯婴婴子成人长大,扶你我一膀力结果根原。门户儿交与你紧守一二,前前后里里外执掌家园。少干柴盐油米暂且摘借,等丈夫在外边带回银钱。俏佳人闻此言满眼落泪,尊声夫主你且听我言。老的老小的小少柴无米,千斤担叫奴怎样为难。但愿你到外边创成事业,小奴家不过是受些艰难。东三省好风光五方襟地,休赌钱休飘荡莫恋杯盘。一路上晚登程早把店住,非一日身保重要你平安。到那里要有了安身之地,有便人捎书信父母堂前。去三年并二载早回家转,省的那爹和娘揪在心间。左叮咛右嘱咐千万千万,我劝你你劝我痛碎心肝。说了些知心话难离难舍,哭的个俏家人湿透衣衫。老爹娘难割舍心肠寸断,泪珠儿止不住滚下腮边。叫一声我的儿你只顾你,抛一家老和幼少吃无穿。你去了老爹娘所靠哪个,或有钱或无钱早把家还。手拿船费行里小包一个,拜别了二双亲好不可怜。一家人分两开离了家下,送出了庄和村奔了阳关。黑阴天雪纷纷冰霜在地,云遮日雾迢迢好个冷天。冻得我无藏躲透体身冷,大路上断来往无有人烟。路途中受辛苦一言难尽,那一日过来了山海一关。住了些大小店将将就就,过了些街和镇好稠人烟。走了些山与巅不平道路,过了些河水一马平川。看了些官与私车坐轿,看了些客与商乘马摇下。也有那向东行愁眉不展,也有那往西去面带喜欢。奔城池大地名自多不少,那一日刚刚到了奉天。存小店到大街游城逛景,沈阳城原本是八门八关。买卖多生意大一本万利,又兴隆又茂盛大发财源。观不尽好美景流落几日,要行路衣当净无了盘川。我熟人不见面无法可使,只落得要小钱甚是贫寒。人人说上外边风光最好,依我看只不如回上家园。我有心回家去观见亲友,在家里在外头俱是一般。无奈何省城去辽阳所在,一真的来到了把座太山。将不起做苦工暂且忍耐,不过是费气力由命凭天。在铺中做小工殷勤无比,杂货铺掌柜的甚是喜欢。问根由与名姓家乡何处,看此人有发达相貌非凡。看起来聪明伶俐,我何不拉扯他大发财源。将此人留在铺理些生意,又伶俐又端正正在少年。见高人会贵客能说会道,或是买或是卖必要挣钱。跑外柜当内柜都是好手,在柜上拉主顾数他占先。执料事有担待量出远大,上也合下也胜得人缘。掌柜的抬爱他夸奖不止,是魁手真可取提拔一番。请东家放分一品掌柜,当了个总当家利绩如山,只顾着大发财忘了家下,单等着俏佳人再把书传。这就是跑关东一生之事,下接着一枝花稍书一篇。

风俗戏表现人情世故,通过对夫妻恩爱和各种亲情、乡邻等社会往来的反映,体现出浓郁的生活气息,也体现出鲜明的时代风格。北京打磨厂宝文堂民间戏曲刻本《王定保借当》,讲述王定保与姑母家表姐小伦订婚,王定保学堂读书,因为赌博欠人钱,悄悄找到小伦借钱还债。李举人见财起意,诬陷王定保偷其家财。小伦和丫鬟小存一起到衙门为王定保鸣冤叫屈,终于使得案情大白于天下。后来,王定保夫妇过上幸福美满的生活,李举人受到惩罚。其记述曰:

大清国,锦江山,君正臣良万民安,真是风调雨又顺,五谷丰登大有年。且押正,请听言,此事出在京西南,真定府管真定县,住在城东汪家滩。此村内,有一人,姓王名润本地人,娶妻韩氏名吴惠,夫妻和顺存好心,修桥铺路结善缘。广积阴德功感上天,膝下一子叫定保,南学习字念书篇。西南五里张家湾,姑姑居住此村间,门前有座娘娘店,来接定保把俄观。母亲韩氏领儿男,姑姑家内住几天。后院有个小伦姐,他与定保同庚年。韩氏见,便开言,叫声他姑听根源,这是谁家小大姐,姐姐听我说一番。俺家叔婶性情美,所生此女在膝前,与偕定保是同岁,也是属狗那一年。他常来,这里头,比偕定保大一年。他爹名叫张端泗,他的姥姥家姓闫。门户相当也难怪,如今还未把婚连。正是二人来讲话,伦姐的母亲到跟前。见大娘,礼儿谦,又问妗子身可安,这是你家令公子,好爱人的小儿男。他二人都有爱意,他姑一旁把话云,既是两家俱爱好,我今情愿做大宾,门户相当正般配,亲上做亲礼当然。两家都称心头愿,各领儿女还家园。王润知,也喜欢,两家情愿结凤鸾,他姑既说一定好,不像别人两头瞒。

定保七岁念书篇,光阴似箭梭一般,不觉长到十八岁,堪堪也该把亲完。先生这日出门栏,同窗学友偷耍钱,定保输了钱八吊,晚上不敢转家园。王定保,甚为难,实在无法把钱还,又怕爹娘知道了,挨打罚跪又顶砖。忽然间,巧计生,何不到我姑家中,此事对我姑姑讲,借点当头把账还。主意定,不消停,迈步如梭走似风,来至姑姑大门前。大门紧闭把栓横,王定保,手拍门,惊动存姐女钗裙,开门让进王定保,彼此问好分主宾。小存姐,便开言,叫俺姐姐这几年,表兄少来好几次,今有何事到此间。王定保,把话答,姑父姑母可在家。存姐闻听回言道,父母东庄去吃茶,有何事,问爹妈。定保长叹说根源,我今到此来借当,姑父姑母不在家。存姐说你念书篇,不过拉下纸笔钱,就该和我舅父要,何用借当到此间。表妹呀,你听言,因我胆大偷耍钱,也是为兄不成器,一场输了八吊钱。存姐听,心胆寒,哥哥你的胆包天,吃酒玩钱量家业,输了指着什么还,不凑巧,这机缘,父母出门无有还。新鲜衣服穿了去,存姐拉住又开言,说声没有就要走,等我与你绕田湾。存姐说无针不引线,真乃无水怎渡船。定保说,别戏真。姑娘那里转借钱,伦姐姐是你的妻,说起她来有消息,簪环首饰全都有,还有现做新鲜衣。我去借当不费难,暂且一时挪挪肩。定保说虽是夫妻未从娶,别人得知作笑谈。存姐说你待心定,你知我知伦姐知,我今替你亦此事,旁人如何知端的?定保说,莫依迟,妹妹前去提一提,行与不行快回转。存姐说,一去必妥一定依。小存姐,不消停,款动金莲往后行。一直来至后院内,进了伦姐绣房中。伦姐一见便开言,你今看家不得闲,大伯大娘回家转,那时有空再来玩。存姐听,把言开,尊声姐姐听明白,心中今有为难事,望祈相求到此来。妹妹你,休胡说,闺门幼女未出阁,水来湿平饭来用,可有何事把我求。小存姐,带笑言,尊声姐姐听根原,俺的表兄今到此,你猜他是谁家男?伦姐听,满面羞,骂声蹄子臭了头,原来故意打趣我,淡口曲舌信嘴啁。存姐说,话是是,哄你我是小狗子。伦姐听他登不愿,急忙搜根问端的。小伦姐,把言开,你表兄往时不常来,今日到此因何故,快快对我说明白。若提起我的表兄,终日南学把书攻,同学赌钱输下账,借当来到咱家中。我爹娘,不在家,教我可与他什么,无奈前来转求你,可肯给他不给他。伦姐听,不耐烦,年轻轻地就要钱,什么家业输不净,不成器的小孽冤。提借当,却不难,有的是银子有的是钱,大雨下在空柳树,也怕惯了他心里边。妹妹你,别挂闲,有本输来有本还。这次不必把当借,看他玩钱不玩钱。你要疼,你表兄,替他还钱把账清。存姐听说撂下脸,姐姐说话不中听,不是夫妻不挂念,俺是表亲不相干。他的手痒不长茧,他输钱来叫他还。气本是,把账还,投河跳井把梁悬。抹脖子服毒去上吊,你思前容易后悔难。自怨我,多事端,赌气出门就回还。伦姐又恼又是气,气罢伸手拉衣衫,我方才,是戏言,哪知妹妹不识烦,不看他来也看你,还有妹子脸面关。开箱柜,取衣衫,一件一件俱新鲜,印花包袱蛇皮袋,上拴一个古铜钱。小伦姐,不小心,绣鞋一只里边存,回手又取钱一吊,还有三两雪白银。叫妹妹,你听着,你要可怜你王哥,此当本是存伦借,外人不可对他说。你劝他,别玩钱,这银这钱不用还。当票早早赎给我,姐姐不必昧心间。你夫妻,未过门,此话怎肯告外人。咱们做事咱知道,除了咱三还有谁。俺王哥,他爱羞,外人怎肯把眼丢。你的这银子不要我知道,心里厚些别细揪。伦姐听,面羞惭,骂声丫头太嘴尖,俏皮话儿真不少,轻轻贱贱扯疯癫。你不像,女婵娟,蹄子信口瞎胡谈。说着举手才要打,小存姐拎着包袱一溜烟。手拿银,跑得欢,稀乎丢了一吊钱。进了后门到家内,见了王哥把话言。小存姐,把话发,一五一十告诉他,定保接过往外走,存姐开门看着家。王定保,心内欢,暗夸我妻性情美,当下还家还了债,立志攻书不玩钱。

王定保,到东关,把话横更另有言。西门内有李武举,人人称他李大官。此人方恶胆包天,无枣树上打三竿。不料他家失了盗,大成当内访查点。李武举,坐里边,再把定保说一番。包袱放在阁柜里,掌柜的打开番衣衫。女袄袄,锦镶边,里面包裹全看完,一物丢在流平地,弯腰拾起用目看。掌柜的,拾起来,原是一只绣花鞋,不大不小刚三寸,半新不旧底儿白,满帮花,金线排,又不倒搭又不歪,做得周正穿得好,难得见见女裙钗。莫非他,偷来的,李大官查访在这里。趁早不若将他现。武举见怪定不依。忙包起,到里边,奉与武举面跟前。一番回头把相公叫,几件锦衣几件单。王定保,把头低,不知锦衣与单衣。未从说,嘴打战。恼了武举把座离,用手指,骂连番,你的胆大包了天,昨日我家失了盗,绣鞋为证去见官。回跟随,将他拴,两旁从人答应欢,拉着定保出当铺,进了衙门到堂前。张青天,升大堂,带上二人问端详。武举上前将躬打,公台座前诉短长。我生负,运气低,昨日被贼偷东西。赃证具有贼拿到,现有绣花鞋一只。太爷吩咐带贼人,定保双膝跪埃尘。看他不像做贼样,眉清目秀又青春。青太爷,问一番,为何做贼胆包天。定保跪趴多半步,太爷在上请听言,小的家住汪家滩,终日南学念书篇,不懂偷摸伤天理,诬良为盗把人损。李武举,怒冲冠,现有真赃在堂前,今日不把刑来动,想他是说难上难。青太爷,把脸翻,年兄说话太无端,不守堂规来多嘴,藐视本县小看咱。我看他,读书男,赃证真假两可间,倘若不招无口供,屈打成招把人冤。我可不,坏心田,万民吐骂无才官。当堂添言你多事,就该罚跪在堂前。李武举,不敢言。太爷摆下八根签,按到面前王定保,四十大板不放宽。王定保喊连天,太爷说你快实言,绣鞋从何来到此,为何衣服记不全。抬夹棍,摔堂前,定保害怕说实言,小的无端把钱耍,输下账来不能还,无奈何,到城南,岳父居住张家湾,借当无数衣裳件,不知绣鞋在里边。青太爷,叹两番,必有岔事定有缘,明日早堂二次审,且把定保收在监。

不说武举回家园,太爷手内又抓签。快手即找张端泗,张家湾里说根源。刘子玉,手接签,出衙上马一溜烟,见了张家问明了,告辞回衙去满签。且说武举恨县官,不看体面糊涂官,猛然想起一条计,家奴能干叫跟前。你把裁缝叫到家,一个任五一苏三,叫他二人做硬证,不可泄露这机关。叫他说,单共棉,某月某日才做完,什么领子什么袖,工价赚了多少个,许他个,三十吊,能干答应不费难。不说武举巧定计,再说快手回话言。青官爷,退了堂,明日二审审端详。不言公堂说王润,闻听凶信唬脸黄。王润他,吓吊魂,哭声姣儿针钉心,只说南郊把书念,哪知你去当衣衿。哭定保,子姣生,父子连心岂不疼,明日去找李武举,与他拼命是正经。不说王润心挂念,回头又表张家湾。自从快手出门去,端泗屋内泪不干。见闫氏,说端的,他妻闻听哭啼啼,夫妻哭的声不断,来了伦姐女花枝。走近前,问爹娘,因为何事哭悲伤,莫非女儿孝心不到,招惹的父母痛惶惶。张端泗,把话提,今日却为你女婿,当铺走当犯贼盗,丢去绣花鞋一只。伦姐听,泪汪汪,回房打开柜和箱,衣服首饰全不少,唯有绣鞋不成双。也是我,太心粗,无故生非害丈夫。你在南牢身受苦,我奴在家只是哭。我有心,去探监,幼女无伴两头难。忽然想起一条计,想起妹妹女婵娟。借当时,却有她,二人做伴到衙前。夜晚登梯过墙走,背着爹娘私离家。

姐妹俩,行路难,天明见人面羞惭,一直找到衙门口,舍命上前去鸣冤。青官爷,把堂升,来了武举俩裁缝。吩咐速提王定保,当堂二番审分明。怯青天,拍京堂,大叫定保多不良。你的岳父无借当,哪里偷来这衣裳。不实招,抬大刑,吩咐两边不消停。腿大夹棍才要上,大胆姐妹把冤鸣。小伦姐,跪堂前,口里连连叫青天,夹棍别撒饶了命,容奴一一诉根源。太老爷,叫住刑,且问女子有何情。定保本是奴夫主,虽是结发婚未成,只因他,偷耍钱,借当去到张家湾。奴的大娘是父母,赴席不曾在家园。他表妹,对奴言,背着父母借衣衫。老爷闻听又来问,几件绵来几件单。伦姐说,记得全,青缎袄袄锦镶边,红身主腰绿挽袖,还有一件蓝釉衫,绿罗裙,梅花边,贡缎合裆色新鲜,青花包袱蛇皮袋,上拴一个古铜钱。也是奴,不小心,绣鞋一只里边存。太爷回言说的对,鞋上故事云一云。小伦姐,把言开,听奴说说红绣鞋:不大不小刚三寸,半新不旧底儿白,绿袖子,把口延,底下又用云子磻,一层锦金掏万字,一层纲子狗牙边,圆圈砌,送子莲,两边俱是佛手干,蜜蜂落在花心内,拱着腰儿两翅扇。鞋尖上,两朵花,绿叶相称黄疙瘩,木头底内装上粉,走一步漏出一朵梅花鲜。奴的鞋,是一双,这只还在袖里藏。取出鞋来当堂对,武举一旁脸吓黄。武举把,眼色变,两个裁缝跪堂前,口尊明白又对证,就把针工问一番。叫任五,共苏三,一字言差不容宽。针工见问先打颤,口不应心俯首言,我们小人做衣衫,也有绵夹也有单,某月某日做完备,共是多少工价钱。青官爷,把脸翻,衣裳就算你做完,绣鞋大小什么样,问住任五共苏三。怯语结舌无对言。老爷堂上怒冲冠,吩咐一声叫掌嘴,乒乓打的甚可怜。李武举,又开言,绣鞋可教女子穿,或大或小不可脚,要想定保逃罪难。太爷吩咐退三班,绣鞋递与小姐穿,芦席围严把鞋穿,掀开芦席走堂前。

小存姐,在旁边,爬起眼望姐姐言,调唆毁骂李武举,惊动官宅小丫环。往后跪,到内宅,见了太太讲明白。太太闻听心欢喜,悄悄迈步走出来。煖阁后,仔细瞧,伦姐踞起骂声高:大胆武举王八蛋,诬良临盗臭杂毛,睁眼驴,狗抬头,姑奶奶穿鞋看明白,又不大来又不小,又不倒来又不歪,腹面不高又不低,不肥不瘦脚不受屈,帮儿不深又不浅,不宽不窄鞋脸戚,不是亲手做怎可足,叫你那闺女老婆到堂前。骂的他,不敢哼,回头又把老爷称,为救丈夫来出丑,情愿一死不顾生。暗带来,小刀子,当堂一死赴阴司,刀横脖项才下手,官太太抱佳女花容。真烈女,你听知,姓名不是盐搌的。丫环拉着小存姐,一同后面听解局。怯太爷,骂无端,送之拧顶抛在监,随即修书上了省,巡抚起本上燕山。骂裁缝,惜图钱,损人利己坏心田,每人重责四十板,枷号一月县衙前。把定保,提出监,摆酒压惊送回还。太爷退堂到后面,连夸小姐女中英,立坊掛匾万古传。遂认干亲有往还,排开执事送回去,举家团圆谢上天。忧化喜,俱各欢,择选良辰把亲完。武举作恶欺良善,发配充军上云南。

劝世人,莫行奸,秉正从公自有天。今日看完绣鞋计,小伦姐哭瓜紧相连。王定保,把亲完,伦姐生来性情欢,公婆眼前多孝顺,小心敬奉丈夫男。婆婆韩氏病染身,服药无效枉费心,伦姐侍奉床前问,想吃什么对儿言。他婆母正在昏迷,不久要把阳世辞,别的东西不想用,想个甜瓜吃一吃。伦姐听,暗思量,哪有甜瓜敬高堂?十冬腊月无处买,怎救婆母病离床。小伦姐,泪涟涟,焚香跪叩求上天,保佑卖瓜来到此。高香不断上三年,自哭的,血泪滴。却为婆母想瓜吃,京动玉皇忙传旨,快到下方查虚实。千里眼,顺风耳,领旨下界来探听,看到头来听到底,回奏玉皇说分明。王定保,是金童,伦姐是玉女下天庭。因他仙班对面笑,将他谪贬受冤情,赎他的罪孝心无,一般功果在后边,解元之妻解元母,了却俗缘归仙班。传太白,李金星,快到凡尘走一程，摇身一变云游道，王家滩上显神通。大门外，坐蒲坦，打动木鱼念真言。惊动哭，小伦姐，前行来在大门前。口里尊，德道仙，既然能渡就有缘，现今婆母把瓜想，恳求救母病休安。金星合掌说不难，葫芦一开求仙丹，等时变出甜瓜子，埋在门里股里边。众神圣，在云端，千灵万应真妙立，生芽开花结个果，顷刻长成香又甜。伦姐见，心内欢，真正道爷是神仙。金星袍袖只一展，化阵清风上了天。望空拜，谢上天，转与婆母病床间。韩氏一连吃三口，大病痊愈遍体安。韩氏好，身离床，举家叩头谢上苍。谁知天仙来送子，伦姐生儿叫内郎。且说存姐女红颜，配与东庄苏家滩，女婿名叫苏怀保，却是一个庄稼男。从过门，不几年，挨打受骂甚不堪，严公恶婆女婿狠，小姑狡嫁又不良。受不过，寻无常，磨房一里头悬梁。当方土地将她救，红鸾星官有灾殃。玻璃盏他把破残，将他谪贬下尘凡。日后家财主万贯，我不搭救谁见怜。救她活，不心言，再把伦姐说一番。想起妹妹小存姐，接他咱家住几天。王定保，也答言，套车急到苏家滩，接到家内住几天，姐妹见面叙温寒。小存姐，从头说，委屈烦难受折磨，伦姐听说心好恼，大骂小姑与公婆。小伦姐，怒气发，姐姐不必你怕他，叫声长工将车套，我今送你回婆家。来到了，苏家滩，下车一直进门栏，见面必此先问好，话不投机把脸翻。小伦姐受过仙传，拳脚棍棒学的全。我今要不显手段，他们岂肯惧怕咱。把她婆婆头发揪，一脚踢倒地平川。把又抓来口又咬，老头子喊连天。老头子，怒冲冠，望着伦姐就动拳，伦家一见不急慢，回手掏出金刚圈。打倒了，老头子，门外进来他女婿。她的小姑也来到，伦姐拳打脚又踢。她公婆，只哼哼，丫头小子只喊疼，伦姐好似一疯魔，街坊解劝来说情。刘大嫂，是邻居，相劝伦姐到她家里。转来又把妈妈劝，两下相和把事稀。刘大嫂，事说完，伦姐拜辞转家园。不言存姐身得地，再说定保中解元。李武举，发云南，路死路埋染黄泉。武举家中遭天火，逃出妻子名爱莲。他的妻，讨饭食，走至解元府门前。伦姐叫她问就理，立刻大恼把脸翻。推出去，离门前，此事羞煞名爱莲。前行来到乱葬岗，一脚摔死命染全。黑狗吃，白狗食，这事报应有循环。存郎后来身得中，一门父子双解元。绣鞋记，完了篇，劝君常存好心田。存姐后来生贵子，善恶分明两周全。定保借当这事完，京都宝文折写全。

风俗戏中，描述实现生活的理想，往往注重这样几种途径，一是安贫守道，夫妻恩爱，勤劳耕作；一是通过读书获取功名，求得荣华富贵，光宗耀祖；一是兼营生意，积德行善，接济众生，修成正果。北京打磨厂致文堂民间戏曲刻本《王天宝》讲述邓州书生王天宝误解妻子，新婚之夜发生纠纷，遂赌气离开家乡，在苏州遇到刘财主，做了上门女婿。多少年之后，王天宝思念家乡，回到家中与父母和妻子团圆。其记述曰：

人生在世命由天，男要忠孝女当贤，财过百斗端个碗，瓦舍千间住一间。命穷人，数范丹，梁灏八十中状元。石崇豪富今何在？哪有明朝沈万山？动明公，耐贫寒，秉正心田自有天。京南有位王天贤，亚赛前朝一辈贤。王天宝，住邓州，先富后贫度春秋。只因书生年幼小，父亲忠厚母温柔。十二岁，定下亲，岳父居住李家村。村里有位李明贵，家中豪富有金银。李明贵，王自存，男小女大长成人，择定良辰黄道日，腊月十八过了门。夫妻俩，美婚姻，可喜才子配佳人，拜了天地洞房入，两朵鲜花并一盆。交杯盏，酒满斟，夫一巡来妻一巡。子孙饽饽长寿面，贺喜亲朋挤破门。海棠女，偷眼观，瞧见女婿唬一跳，模样虽好衣裳旧，布袍布褂是毛蓝，白布袜，足下穿，厚底云鞋甚不堪，头上毡帽自来旧，荷包手巾配火镰。海棠女，泪淋淋，心中暗叫二双亲，将奴许配穷女婿，到了三天怎回门。李门中，有高亲，女婿贫穷不如人，这件喜事全拉倒，别叫奴家发恶心。正生气，粉面嗔，酒席已毕散了亲，谯楼以上起更鼓，天宝进门喜吟吟。铺被褥，要安眠，海棠姑娘把脸翻。你要睡觉地下睡，动我铺盖难上难。身上泥，别混沾，休要对面惹厌烦。天宝书生赔着笑，初次夫妻休要玩。佳人说玩什么玩，与奴说话算高攀，奴家好比千金女，你一身不值四百钱。我家富，有银钱，又有吃来又有穿，穷人怎配富家女，我怎么瞧你怎么嫌。你的衣裳针线连，上面补丁有万千，浑身怪臭恶心死我，离我远远少近前。饿得面黄真可怜，大长辫子赶成毡，头上虮子有一捧，活活叫你气死我。王天宝，把脸翻，贱人说话小看咱，赌气下炕地下睡，铺下草簾头枕砖。睡不着，吃袋烟，爬将起来蹭火镰，急忙装袋棉花叶，扑哧扑哧且吃烟。海棠女，偷眼看，瞧见女婿地下眠，有心叫他奴害臊，地下冰凉冷又寒。小佳人，左右难，搭讪装袋满城烟，叫声他呀给个火，天宝说要火八千钱。佳人说你脸太憨，穷的胡说混想钱，世上哪有这么火。天宝说要的对火钱。奴从今，不吃烟，为什么花这眼子钱。天宝说长短不给火，单要铜元罗汉钱。佳人说，呕杀咱，叫你老实又更难缠，咱俩拉倒别说话，一言传出奴不贤。天宝说贤什么贤，你我从今两无干，头夜你就小看我，过到久后不香甜。佳人听，泪扑簌，冤家何必欺负奴，方才说的玩笑话，望你担待奴糊涂。你再生气奴就哭，绫被绸褥与你铺。皮箱现有银五百，奴家帮你好读书。天宝说，少嘟嘟，不使银子不读书，男儿自由冲天志，贱人你把我看俗。到早晨，太阳出，天宝开门出房屋，越思越想越生气，开了贱人另谋划，遂迈步，出邓州。

天宝书生闷悠悠，顺着大路往前走，饥食渴饮到苏州。小书生，用目瞅，繁华之地人烟稠，两边都是绸缎铺，街道广大看不到头。有财主，本姓刘，厅堂大厦有高楼。此人名叫刘君弼，所生一女性温柔。刘君弼，昼夜想，思想女大不中留，要与女儿寻配偶，万贯家财归玉秋。正出门，一抬头，看见花子泪交流，年轻幼小多稳重，此人不像本苏州。王天宝，泪扑簌，拉住老者放声哭，可怜学生年幼小，饥饿难当亲朋无。刘财主，叫书生，你今随我到家中，领着天宝到家内，眼望安人话言明。老安人，叫相公，因何来到苏州城，你家住在哪州县，怎么这般苦伶仃。王天宝，把身恭，学生家住邓州城，先富后贫真难过，来到贵地找亲朋。刘员外，老院君,都爱天宝甚斯文。王天宝,机会临,称了员外安人心。玉秋女儿十八岁,将他招个倒扎门。择吉日,选良辰,天宝得地又招亲。

　　苏州住了十二载,忽然想家泪纷纷。抛父母,十二春,不知爹娘存不存。置下千箱绫绸缎,雇下双般探满门。海棠女,守清真,孝顺公婆无二心,恼恨丈夫心太狠,原是玩话离了门。我父母,供金银,等候丈夫十二春,奴家死是王门鬼,忍守活寡不嫁人。王天宝,起了身,四月初一到家门。儿子住在父亲店,父母妻子不知闻。这一日,天色晚,天宝店内闲散心,厢房住着他父母,须鬓皆白长皱纹。又观见,女佳人,年纪不过有三旬,细瞧好像李氏女,贱婢原来未嫁人。李氏女,晒衣裳,天宝抽身走进房。绫被缎褥泼上水,试试丫头良不良。绳上晒,湿衣裳,佳人一见脸气黄。客人休要来撒野,调戏奴家算欺你娘。天宝说,你发狂,大爷衣裳并不脏,借点光儿晒晒罢,你要动动是饥荒。今日晚,落太阳,我铺草簾当床休,枕着砖头地下睡,你再要火算你糠。李氏女,细端详,好像丈夫回家乡,冤家发财调戏我,好个无情薄侍郎。俏佳人,走进房,尊声公婆老爹娘,上房住的绸缎客,是奴丈夫回家乡。忙坏了,二爹娘,磕磕绊绊进上房,手拉着天宝将他叫,昏花二目痛凄惶。父认子,儿认娘,李氏贤人走进房。尊声丈夫你好狠,不想奴家想爹娘。谈离别,落太阳,酒饭已毕各归房。今又洞房花烛夜,旧喜房改新喜房。

　　他夫妻,乍团圆,男欢女乐非等闲。次日天宝去发货,四月以内卖全完。辞父母,下江南,又与父母留养廉,为儿苏州去置货,来年四月再问安。洒泪别,离家园,先起早路后上船。那日到了苏州地,下船急忙到家园。岳父母,在病间,七天双双命归泉,发送双亲祖茔间。天宝对妻说实言,卖家产,换银钱,雇下回北沙飞船。夫妇二人回故里,父母夫妻皆团圆。

风俗戏中,情趣是其表达的重要内容。男男女女在日常生活中相遇,产生口角,你来我往,妙趣横生。这是民间戏曲非常普遍的题材。北京打磨厂致文堂民间戏曲刻本《王大娘钉缸》讲述一个锢漏锅的手艺人遇见村民王大娘,看见王大娘打扮非常动人,一走神打破王大娘的腌菜缸。二人发生口角,语言诙谐生动。其记述曰:

　　(丑主唱)人为名利奔他乡,担着担儿游四方。出了汴梁城一座,一心要上王家庄。担儿放在十字路口,锯盆锯碗又锯缸。(白)店家是谁。(丑唱)王大娘正在绣房坐,忽听得锯盆锯碗锯大缸,别下钢针盘绒线,款动金莲出绣房。王大娘站在大门口,叫一声锢漏锅的钉巧匠。我有卤菜缸一口,说个价好商量。(丑唱)锢漏锅的闻听这句话,大娘说话不在行。无见家伙大和小,怎作价钱怎商量。(旦唱)担儿担在我家内,见了东西再商量。(丑唱)大娘前边领着路,锢漏后边紧跟上。担儿放在当院里,再叫大娘搬菜缸。不要你多来不要你少,铜钱你给五十双。

(旦唱)那个烂缸值多少,再添四十买新缸。(丑唱)锢漏儿闻听忙赔笑,开口就叫王大娘,买卖不成仁义在,还个价碍何方。(旦唱)王大娘闻听心欢喜,叫声缸漏钉巧匠,不给你多来不给你少,铜钱给你四十双。(丑唱)整整半天无登市,不徒赚钱,我为开张,拾过板凳忙坐下,叫声大娘快搬缸。(旦唱)大娘闻听不急慢,急忙忙进绣房。毛腰先搬大瓷罐,然后又搬腌菜缸。款动金莲绣房去,回到绣房巧梳妆。(丑唱)只见大娘她去了,不由一阵大悲伤。一双爹娘去世早,撇下我一人受磨障。百全手艺我这行,单学那锯盆锯碗锯大缸。虽说我这行当不好,一年赚了个王大娘。这边又使锯子锭,那边又使大马锒。左手使着全钢钉,右手又钉腌菜缸。(旦唱)王大娘绣房巧打扮,从下而上巧梳妆。慌忙拾过菱花镜,肥皂胰子喷鼻香。杭州官粉搭了面,苏州胭脂点唇上。左梳右挽盘龙髻,右梳左挽水盘香。盘龙髻内加香草,水墨云内加麝香。七根小簪揣北斗,八宝金环坠耳厢。上穿石榴红大袄,绿袖子裤兜大甩裆。线绒裤腿蛇皮带,可脚的红辫子鞋儿一双。乌木杆子银烟袋,胳膊腕银镯响叮当。行动好似风摇柳,如同仙女下天堂。(丑唱)铮铮钉了多半晌,没有瞧见王大娘,猛然抬起头来看,眼前看见个娇婆娘。头上青丝挽水篡,八宝金环坠耳厢。身穿石榴红大袄,绿袖子裤兜大甩裆,小小金莲刚三寸,可脚红辫鞋一双。行动如同风摆柳,好似仙女下天堂。乌木杆银烟袋,大娘忙把香烟装。吃锅高烟再去锭,锢漏儿看着心内慌。翻穿皮袄毛朝外,浑身觉得直发痒。顾了看来顾不了锭,走了锤子砸了缸。王大娘劈手夺过银烟袋,骂声锢漏儿巧匠。放着生意你不做,大瞪两眼看老娘。你看老娘就该死,为何打破老娘的缸。(生唱)砸破旧缸值多少,打了旧缸赔新缸。(旦唱)王大娘闻听不悦,新缸不如旧缸光。新缸腌菜无有味,不如旧缸腌菜香。(丑唱)锢漏儿闻听忙跪下,咕咚跪在地当阳。望王大娘饶了我,情愿认你做干娘。(旦唱)大娘闻听劈脸啐,骂声锢漏儿莫张狂,放你妈的驴子屁,不要脸的小兔崽子,谁人要你叫干娘!我的当家的来,先打折你的腿,然后叫你把缸儿偿。(丑唱)锢漏儿看着事不好,挑起担子走他娘。(旦唱)王大娘上前忙拉住,两手拉住他的柜箱。锢漏儿要想逃走,你可是万万难。(丑唱)锢漏儿一阵心焦躁,遇见刁婆娘,照着全身使脚踩,一脚踩倒了王大娘,趁此机会挑着担子跑他乡。(旦唱)哎哟一声罢了我,攒着脚儿骂他娘。(丑唱)锢漏儿挑着担子撒腿跑,心忙意乱出了庄。从今立下洪誓愿,再也不上王家庄。得了命奔他乡。(旦唱)王大娘起来破口骂,骂声锢漏儿贼杀的外丧的兔羔子。你把我的红缎鞋儿踩些泥,羞羞擦擦回绣房。

一个时期的民间文学语言形态,标志着一个时期的民间文学流传形态。我们更多关注了民间文学的主题意义,而忽视了语言这一更富有时代气息的价值体现。

北京打磨厂各个坊间的《王小赶脚》版本最为丰富。其语言生动活泼,富有民间生活气息,流传也更为广泛持久。如北京打磨厂宝文堂民间戏曲刻本《王小赶脚》《十

不闲》)讲述脚夫王小送二姑娘骑驴回家,一路上两人你一句我一句,相互挑逗,在对话中形成斗嘴,充满生活情趣。其记述曰:

(丑上)好跪好跪,两鹊争吵,伸手一抓叱楞飞了。(白)自己一题王小的便是,今天天气晴亮,不免将毛驴拉来。挣个三日一十的,量几升红粮给孩喝粥,只可前去。(唱)王小我生来命儿穷,一条扁担两条绳。走得紧来穷赶上,走得慢了赶上穷。不紧不慢走几步,一步踏在穷人坑。穷人坑内穷神庙,穷神庙内穷神灵,穷的土地无有帽,穷的判官无有眼睛,穷的小鬼无有腿,穷的供桌一个窟窿。说我穷来道我穷,穷的浑身骨头疼。人家撞钟叮当响,王小撞钟差了声。行行正走来的快,来在十字大街中。毛驴拴在槽头上,有人雇驴应一声,王小站在大街以上。(旦唱)又来了行程的二姑娘,二姑娘行程好热天,走不动我扇子扇。我在婆家得了病,要到娘家住上几天。我家小女婿待我好,临走给了我二百钱。这一百铜钱把毛驴雇,这一百钱作盘川(缠)。有心就把毛驴雇,不知赶脚在哪边。(旦白)好热驴呀。(旦唱)二姑娘这里抬头看,观只见赶脚瞎叫唤,有心就把毛驴雇,不知老大老二老三要多少钱。(丑白)我没说你这个人,你叫我老大就是老大,怎么叫老大老二老三呢。(旦白)我叫你老大,你是老二呢?我叫你老二,你是老三呢?我叫你老三,你是老四呢?我叫你老四,你是这个呢?(丑白)我咬了你的。(旦白)什么?(丑白)手指头。大道沿南来的,北往的,谁不知我叫王小呢?(旦白)你就是王小儿?(丑白)我光王小不儿。(旦白)我是河间府口音不说儿,说不出话来。(丑白)你是雇驴吗?(唱)我有心就把你来送,但不知大姑娘二姑娘七八十啦,姑娘住在何方?(旦白)王小儿你叫我大姑娘二姑娘,七八十啦姑娘。(丑白)我叫你大姑娘,你说你是二姑娘,叫你二姑娘,你也是这个。(旦白)什么?(丑白)五姑娘小五小五,就在这小手指头上。(旦白)谁不知我叫二姑娘。(丑白)你就二姑娘二姑娘,你是雇驴。(旦白)我是雇驴。且听。(唱)不要你多来,不要你少,银子要你十两三。(旦白)你要十两三?(旦白)是我要的价钱。(旦唱)有了银子雇驴马,不雇你那小毛驴。(丑唱)二姑娘不瞧我的小。(旦白)什么?(丑白)毛驴什么?(唱)拿银蹄能登山。(旦白)到过哪里?(丑唱)往北到过古北口,往南到过老伽山,往东到过东海岸,往西到过西天边。(旦唱)铜钱不给你多和少,铜钱给你鬼贝钱。(丑白)二姑娘你住了,这鬼贝钱是多少?(旦白)不懂的,是一个大钱,俩小钱。(丑白)一个大钱,俩小钱,你就骑驴,你连我那驴儿。(旦白)什么?(丑白)连我那驴脊梁,也骑不了。二姑娘骑驴还大大添钱。(旦唱)不给你多来不给你少,铜钱给你一百钱。(丑白)住了。我算算,买二斤草,得花个十个八个的,量半草料,花个三沙五沙的,剩个十个八个的,秤二斤山药。跪到庙后头坐着吃了。二姑娘我驮你下子吧。(旦白)我骑你下子罢。(丑唱)听了,王小听说不急慢,慌忙就把毛驴牵。(白)二姑娘骑驴罢。(旦唱)我把包袱递过去。(丑唱)王小搂在我手间。(白)二姑娘你这包袱里,无摸哈的,长的溜的,这竟什么东西?(旦白)长的溜的,是把剪子,无摸哈的是平口。(丑白)平口有花吗?(旦白)有花。(丑白)有花送给我一个。(旦白)送到我家,我就送给你一个。(丑白)二姑娘上驴罢。(旦唱)二姑娘这里开言道,王小儿啦你听言,你这毛驴摔着我,手拉手到当官,将你拉在大堂上,四十大板摇南监。(丑唱)王小这里开言道,二姑娘来你听言,我这毛驴摔着你,白送一程不要钱。(丑白)二姑娘上驴罢。(旦唱)二姑娘上驴把腿翘。(丑唱)王小这里看见了。(旦白)看见什么啦?(丑唱)红袖子小棉袄挽袖,绿袖子裤子白裤腰,腰内带着花平口,叮铃当当香荷花。(旦唱)二姑娘这里开言道,王小儿啦你听着,咱二人行程好一比。(丑白)比作何来?(旦唱)好比外甥送他姨。(丑唱)王小儿这里开言道,二姑娘来你听着,咱二人行程好一比。(旦白)比作何来?(丑唱)好比干爹送闺女。(旦唱)二姑娘这里开言叫,王小儿啦听其详,咱二人行程好一比。(丑白)比作何来?(旦唱)好比儿子送干娘。(丑唱)王小儿这里开言道,二姑娘来你听着,咱二人行程好一比。(旦白)比作何来?(丑唱)好比丈夫送他妻!走吧瞎扯。(旦下丑白)好二姑娘和我眉来眼去的,想蹦我小驴,她在大道走,我在小道接她。二姑娘慢走,别跑坏了我那七条腿?(旦白)怎么七条腿。(丑白)小驴四条腿,二姑娘两条腿,还有那驴几老八。(旦白)王小儿你是母驴?你是叫驴?(丑白)我是草驴叫驴,驴是草驴叫驴,是个草驴。(旦白)我看看肚皮底下一咕噜一块是什么?(丑白)是放乳呢。(旦白)我看不像。(丑白)像什么?(旦白)像卖瓜子的烟袋。走罢。(唱)催动毛驴往前走。(丑唱)来在柳荫大树前。(白)二姑娘住了,歇歇再走。二姑娘下驴,拴上小驴,喂上它大草叶子,上扭下转。二姑娘咱俩来个破谜,你先说。(旦白)在南来了白大姐,无有骨头无有血。(丑白)是豆腐。(旦白)不是。(丑白)豆腐渣?(旦白)不是。(丑白)猜不着了。(旦白)豆腐脑。(丑白)我就无猜豆腐脑。(旦白)在南来了白大姐,无有骨头无有血。(丑白)棉花?(旦白)不是。(丑白)猜不着。(旦白)豆腐。(丑白)我就无猜豆腐。(旦白)我再说一个你猜,伽瓢对伽瓢,里外通有毛。(丑白)我说一个你猜,粗粗的硬硬的,离你那个近近的。(旦白)你说的什么?(丑白)你说的什么?(旦白)我说的牛耳朵。(丑白)我说的牛头角,离你那个远吗?(旦白)走罢。(唱)二姑娘这里抬头看。(丑唱)远远望见一座关。(丑唱)远看城头高三丈。(丑唱)近看垛口万万千,护城河边垂杨柳,来来往往打鱼船,护城河内寒鸭浮。(白)二姑娘往下看。(唱)许多的王八把眼翻。(旦唱)无心观看城外景。(丑唱)催动毛驴进了关,来在大街用目看。一街两巷好人烟,生药铺紧对熟药铺,金铺银铺紧相连。街北有个饸饹铺,里边汤水做的鲜。跑堂的有个好小伙,年纪不过二十三。我问王小怎么知道?俺二人隔墙推过卧船?(丑白)怎么叫推卧船。(旦白)俺二人拜过盟兄把弟。(旦唱)人人说他是个兔子。(丑唱)拔了香头一百年。(旦白)王小儿多大了?(丑白)十八啦。(旦白)十八啦拔了香头一百年。(丑白)你说他是兔子多说年头。(旦唱)十字大街用目看,四台大戏唱得欢,南台唱的包文正,北台唱的南塘关,东台唱的牧羊圈。(丑白)二姑娘往西看。(唱)王小赶脚唱旦的欢。(旦白)唱丑的欢。(丑白)唱丑的粘。(旦唱)无心观看城里景,催动毛驴出了关,二姑娘这里抬头看。(丑唱)远远望见王八湾?(旦白)张家湾。(丑白)王八湾。(旦白)怎么王八湾。(丑白)你那房后头有水,水内有王八,叫王八湾。(旦白)张家湾。(唱)催动毛驴来得快。(丑白)来在你家大门前。(旦唱)大门以外把驴下。(丑唱)包袱递在你手间。(旦唱)开言再把王小叫,王小儿啦你听言,今天随我娘家去,随到俺家吃袋烟。(丑唱)王小摆手不上当,不用想着我一百钱。若是吃烟我自己有,腰里带着钢火镰。(旦唱)抱着包袱就要走。(丑唱)王小上前拉衣衫。(旦唱)拉拉扯扯什么样?(丑唱)为什么骑了俺的驴不给钱?(旦白)王小儿你还要钱?(丑白)看看在哪里?驴在你那里,为什么不要钱?(旦白)王小儿你忘了,在高粱地里头。(丑白)在高粱里无怎么样,就是批了把叶子喂了喂小驴。(旦白)躲在大树阴凉里。(丑白)在大树阴凉里凉快凉快,又怎么样?(旦白)你无看俺。(丑白)你无看俺,你少看了俺一眼。(旦白)俺是个娘们。(丑白)众位娘们,通看看,她是个娘们,分明是个半拉小伙子。(旦唱)二姑娘听说不怠慢,慌忙拾出一百钱,我把铜钱递过去。(丑唱)手接铜钱裤带上拴。(旦白)王小儿你没有个平口。(丑白)你说起来,我也想起来了,给我个平口吧。(旦白)你得叫点什么。(丑白)叫你二姑娘拾平口来。(旦白)叫好听的。(丑白)二姑娘好听。(旦白)你得叫干娘。(丑白)叫了拾平口来。(旦白)无听见。(丑白)我心里叫了。(旦白)不算。(丑白)干娘拾一个来。(旦白)拾着腔儿,象牙筷子挑凉粉,哆嗦的干娘你好味。(丑白)真难,象牙筷子挑凉粉,哆嗦的干娘呢?好哇,拾来。(旦白)黄了。(丑白)黑的白的绿的通行,不要黄的。(旦白)好不懂,哥儿黄了是没有了。(丑白)无有了你走不了。(旦白)你看那边一个雀俩尾巴。(丑白)好!二姑娘,跑到最后和你算账。

这是中国近代民间文学史上一部非常难得的民间戏曲整理文本。其叙事方式显示出极其浓郁的地方性,真实表现出农耕时代民间百姓的生活情感,特别是男女之间朴素的生活情趣。这一流传百年而不衰的民间生活故事,为何以鲜活的生活语言在民间社会生存,其中的民间文学史价值值得我们深思。林林总总的民间传说故事以民间戏曲的形式流传,在民间戏曲的语言表现方式中,民间文学的语言特征得到突出显示,同时,也表现出民间戏曲在社会生活中顽强的生命力与不可替代的影响力。

（五）游戏小调

民间戏曲的形式多种多样，除了情节完整、矛盾冲突明显、人物形象突出、个性鲜明的戏曲之外，还有一些单纯以语言表现幽默、诙谐，体现某种生活知识的戏曲，具有游戏的特征，可以称之为游戏小调。北京打磨厂致文堂民间戏曲刻本，有不少此类唱本。

如其中的《十女夸夫》，通过一位老人生日庆贺宴席，举家团圆，共话人生感受的话题，逐一讲述社会生活中的不同职业，表现出不同女性对生活的感受和喜爱。其记述曰：

> 有个太太七十七，四年未见八十一，一辈无儿绝户样，挨肩生下八个闺女。八个姑娘还嫌少，以外又认两个干的。亲的干的十个女，每人寻了一个女婿。要找门当户又对，个个全要在行里。大姑娘的女婿是木匠，二姐许配了锻磨的，三姐嫁个圈罗的匠，四姐寻了个厨行的，五姐许个卖糖汉，刘姐嫁个打铁的，七姐本是泥瓦匠，八姐配个锯碗的，九姐嫁个打鱼的汉，十姐寻了个种地的。这日是太太寿诞日，十个女全来上寿俱来会齐。十位姑娘全来到，全都坐在上屋里。酒席筵前说闲话，大姐开言把话提，七十二行数哪行好？哪行高贵哪行低？太太说我今说句不偏话，哪行挣钱都不离。大姐说哪行不如我们木匠好，二姐说木匠不如我们锻磨的，三姐说锻磨不如我们圈罗匠，四姐说圈罗不如我们当厨的，五姐说厨子不如我卖糖好，六姐说卖糖不如我们打铁的，七姐说打铁不如我们泥瓦匠，八姐说泥瓦匠不如我们钉碗的，九姐说钉碗不如我们打鱼好，十姐说打鱼不如我们种地的。大姐闻听心好恼，叫声妹妹们你听知，众位妹妹且请坐，听我把你姐夫之行说仔细。哪行不如木匠好，听我对你们夸一面，要是出门把活做，锛斧锯来抖威，先修皇爷金銮殿，两边朝房紧相随，高桌板凳我会做，八仙靠椅做得更阔气，吃饭长年在屋里，日头不晒风又不吹。谁像那二姐嫁个锻磨汉？叮叮当当的锻到黑。二姐闻听心好恼，姐姐说话笑话谁。七十二行不如石匠好，锤子钻子来抖威，大磨小磨我会锻，金水桥儿修的更了不得。吃饭也在屋里坐，日头不晒风也不吹。木匠石匠是一个祖，我们祖师不雷追，谁像那三姐嫁个圈罗匠？终朝每日圈棒槌。三姐闻听心好恼，姐姐说话笑话谁？七十二行不如圈罗匠，听我从头夸上一面。长的会圈擀面杖，短的会圈捣蒜锤。吃饭也在屋里坐，日头不晒风不吹。易牙本是我的祖，我们祖师也高贵。谁像那五姐嫁个卖糖汉？拿着糖锣敲到黑。五姑娘闻听心好恼，四姐说话笑话谁？七十二行不如卖糖好，听我把卖糖夸上一面，一出门铜锣先打十三梆，做官不能有此威。终朝每日绕街串，九门提

督不让谁。史大奈本是我们祖,我们祖师不徽谁。谁像那六姐嫁个打铁汉?终朝每日他抡大锤。六姑娘闻听心好恼,姐姐说话笑话谁?七十二行不如打铁好,锤子钳子来抖威。大姐夫镑斤斧锯我会打,二姐夫锤子钻子打的得,三姐夫旋刀得了样,四姐夫菜刀多亏谁?敬德也曾打过铁,老君的门徒不雷追。谁像那七姐嫁个泥瓦匠?每日里拿着抹子他勾石灰。七姐闻听心不悦,姐姐说话笑话谁?七十二行不如泥瓦匠,瓦刀抹子他来抖威。先修皇爷金銮殿,两边的朝房紧相随。瓦房平房全会盖,大庙小庙修的更得。吃饭也在屋内坐,雨又不打风又不吹。谁像那八姑娘许配间小炉匠?每日里钉盆锯碗钻到黑。八姑娘听说好生气,我姐说话笑话谁?哪行也不如锯碗好,听我从头夸一回,家家户户全得用,走遍天下不吃亏,吃饭也上屋内坐,日也不晒风也不吹。胡定本是我们祖,我们祖师不雷追。谁像那九妹妹配了打鱼汉?每日水里泡到黑。九姑娘闻听好生气,七十二行不如渔家乐,听我从头讲一回。渔樵耕读俺为首,鲜酒活鱼饮几杯。姜太公渭水曾垂钓,八十二岁有雄威,斩将封神谁不晓,与周灭纣成王位。又不怕旱不怕涝,不怕下雨与风吹。谁像那十姑娘寻个庄稼汉?早起晚睡恼到黑。十姑娘闻听心好恼,姐姐说话笑话谁?万般不如庄稼好,你们听我言一回,种上一斗打一堆,秋收冬藏真乐事,奉上钱粮诸事没。脚蹬妻来怀抱子,哪像你们他乡在外苦奔为。后稷本是农人祖,我们祖师甚高贵。要是我们不种地,饿死你手艺买卖一大堆。十姑娘说句包天话,气的众姐皱双眉。大姐闻听心好恼,叫声妹子你詈谁?姐妹十个变了脸,这个时候谁怕谁!大姐抄起镑斤和斧锯,二姐拿起锻磨锤,三姐拿起擀面杖,四姐菜刀手内提,五姐敲的糖锣响,六姐要抡打铁锤,七姐瓦刀执手内,八姐举钻钻一回,九姐鱼竿抡圆了,老姑娘又把扫帚闹了一堆。姐妹十个要打架,太太过来劝一回,只许打来不许骂,你们要骂娘吃亏。哪个如果要出口骂,桄你们老牛孤孤嘴。十女夸夫一个小段,起名叫作十枝梅。

民间戏曲中的《十二月花调》提醒人们注意月令和农事,如其中的《十三月古人名》,通过一年各个月份的自然特征,把历史上的传说故事贯穿其中,其记述曰:

正月里来五谷丰登,斩将封神姜太公,能掐会算诸葛亮,未到先知李淳风,洒金桥算命苗光义,刘伯温制造北京城。二月里来草芽发,三下寒江樊梨花,手使大刀王怀女,替天夺印葛红霞,穆桂英大破天门阵,刘金定下山把四门杀。三月里来桃花开,吕蒙正无时去赶斋,顺说六国苏季子,朱买臣无时去打柴,寻茶讨饭崔君瑞,提笔卖字高秀才。四月里来麦梢黄,把守三关杨六郎,白马银枪高思纪,高君保背母下南唐,十三太保李存孝,日收双妻小罗章。五月里来端阳节,刘备无时卖过草鞋,推车贩伞的柴后主,贩卖酸梅洪武爷,上天不灭汉刘秀,煤山吊死崇祯爷。六月里来暑三伏,王老道捉妖拿妖狐,济小唐捉妖收五鬼,张天师捉妖收五毒,法海捉妖雷峰塔,济颠僧捉妖白水湖。七月里来七月七,秦琼手使铜锏二枝,尚司徒把守潼关镇,皂茂骑定斑豹驹,秦琪归顺曹蛮去,黄飞虎归位东岳天齐。八月里来是中秋,李三娘推磨泪珠流,杨柳春苦十二载,孟姜女寻夫哭倒城头,雪梅吊孝真节烈,王三姐挖菜在香坡头。九月里来燕雀飞,浑浊闷愣黑李逵,敬德监工大佛寺,拆桥断路猛张飞,呼延庆把擂来上,七郎搬兵总没回。十月里来小阳春,卖过竹扒程咬金,罗开道下山劫法场,征袍夺印是朱温,杨志劫过生辰纲,九口飞刀盖苏文。十一月里来雪花飘,赵太祖手使龙盘棍一条,黄巢杀人八百万,孟良放火把昊天塔烧,梁山大刀名关胜,酒后曹彬保宋朝。十二月里来整一年,金眼毛遂盗仙丹,身量矮小是冯茂,窦一虎把守锁阳关,智君章又把昆阳闹,姜三尺坐过文职官。十三月里来一年多,白袍救驾淤泥河,岑彭也曾救过驾,赵子龙救驾在长坂坡,伍子胥救驾在禅鱼寺,高怀德救驾把亲说。我唱的本是十三月,还本是六十五个古人名。

中国是一个具有悠久农耕文明历史的国家,民间戏曲总是与农耕生产密切相关。在游戏小调中,草虫成为民间百姓调侃的对象,他们运用拟人化的手法描述虫类,借以述说人间的世态炎凉。如北京打磨厂致文堂刻写的《蚂蚱算命》,其记述曰:

八月十五月正明,暑去寒来换金风,燕飞南北和寒暑,苦坏了少皮没骨浑草虫。有一个青头愣的蚂蚱得了病,苦坏了他妻洒豆虫。开言叫步撵,叫一声步撵,你要听见爹爹得了病,你快到外边请先生。小步撵闻听哪急慢,连跳带蹦出门庭。行走来在慢凹地,见了蟋蟀讲子平,走上前去忙施礼,尊了声蜉蝣老先生:我爹爹今天得了病,请到家中问子平。小步撵头前引着路,后边跟着季蟟老先生。季蟟进门吓了一跳,口尊蚂蚱老仁兄,拉过了大腿号了号脉,这病得的真不轻。我算你正月里面十一二月长,我算你三四月里六连通,我算你五六月里杨公运,运败时衰换了金风。我算你与蚍毛虫儿打一仗,两家对敌交过征。我算你天天在外边住,身受逼潮省了风。我算你三天两头饮食不进,怕只怕仁兄命要坑。洒豆虫闻听吓了一跳,口叫步撵,你要听见父是染病体重,快快的放一口柏木椟灵。小步撵闻听他已死,先来在外边请宾朋。请了来锯齿蚂蚱立材板,请了来铁腿蚂蚱撑材钉,请了来白蛾执孝有,请了来蛛蛛搭灵棚。青头的蚂蚱归阴去,哭坏了他洒豆虫。头戴白来身穿孝,腰系一根白麻绳。百尺孝裙腰中系,三寸金莲白布蒙。叫一声儿呀小步撵,与你表兄把这信通。小步撵带泪往外走,请你来到我家中。它二人就把大门进,眼前就是白灵棚。洒豆虫一见开言道,拉着蜗蜗四外甥。今日死了你的亲娘舅,这事理上处处你照应。蜗蜗拍手说不中用,说道是孤树单丝不能行。这件事要叫照管,还得去请好宾朋。请了来叫驴来观省吊,请了来蚂蚱当先生,请来了牙蟟蛄是总管,照应客的是刀愣。请来了鸡凤子狗庙山上,请了来执事的老蜈蚣,请了来阳拉子没人惹,豆虫咒的眼廉松。请了来会会身穿大黄袄,黑老婆浑身穿着青,花蝴蝶本是它的外甥女,外穿白来内套红。还请了来麻豆苍蝇来吊孝,蚊子一旁哭嗡嗡。汉灯蛾把丧吊,守灵就是绿豆蚁,请了来食尸虫臭大刀,报丧就是蓝头虫。请了来水牛把菜倒,请了来大虫点上灯。牛蜂蜜蜂就是吹鼓手,蛐蛐念的对桶径。梆头就把木鱼打,金钟叫得更受听。请了来油浑蚂蚱把厨房下,请来的卖油担水工,请了来西草虫把席设,拍来的就是毛毛虫。蚱蜢坐席光吃肉,孤偏锯吃来把袄工,把席坐急的伏凉喊来声。正是大家把席坐外边,来了瞎狗蟆东倒西歪把身进,大叫步撑要你听。今天死了你的爹,为何没有把信通?狗蟆要你听在那里,挖了两行拉拉蛄丧收的坑。犬家来在坟茔内,从空中来了一个秃头鹰,展开两羽往下落,它不管它那亲戚朋友往嘴里哄。一言说不尽的百虫段!明公包涵在别的听。

这里的蚂蚱和其他的虫类,其实就是现实社会中人与人之间的联系。各种草虫,就是各色人等。

又如北京打磨厂宝文堂民间戏曲《新刻百虫名》,与《蚂蚱算命》一样,把日常生活中的各种虫类,运用拟人的手法讲述出它们不同的特征。其记述曰:

蜜蜂儿出征丧残生,土蜂儿回营报军情,大肚子蝈蝈为元帅,拿住了刀螂问典刑。红儿黄儿钻天安营寨,屎壳郎黑旅滚进大营。轱辘锅的牛蜂吹大号,臭大姐喷出一阵臭风。金钟灶马儿把住潼烟口,梆儿头巡逻外带打更。蛐蛐油葫芦也要出阵,花牛儿旅须逞英雄。艾瓢儿之十样锦,蝴蝶披甲也要出征。都只为身上那块肉,招了些个苍蝇绿豆蝇。水牛见了槽头喂战马,田鸡定下计牢笼。树上知了不住地叫,招惹的伏凉大喊声。蚂蚱一怒与人骂,挂大扁穿裙通点红。蜘蛛它撒开天罗网,磕头虫害怕吐鲜红。懒得活槐虫见他在树上先就上了吊,气不忿怀抱着他的义子螟蛉。你看那蜈蚣长老又把山来下,后跟着蜈蚣子他摆尾瞪着眼睛,拿了来的屈鳝又往钩子上钓,啦啦孤他最怕这个夹子绳。枣树上刺猬反脸有点扎手,又调来老山缝一支蝎子兵。带兵将官青头楞,竹节钩法宝妙无穷。枝愣儿真可惨,不好了,蟓蚁国专练聚雄兵。黄蚁国的人马往黑蚁国进,沿路上遭害了长尾巴蛆的生灵。扑灯蛾不住围灯转,蚊子飞在半悬空。猛虫摆队拦去路,桂蛾穿孝放悲声。我问桂蛾号啕痛,他说百虫儿造反闹得更凶。惊动惊动哪一个,惊动寿星仙鹤下山峰,扇着膀止不住地叫,招惹百虫吞吐在他的腹中。一言唱不尽百虫名的段,愿众位福如东海,指日高升。

类似的还有北京打磨厂致文堂刻写的民间戏曲《虫虾打仗》,明为叙说虫类,其实意在影射人世。其记述曰:

闲来无事出城东,撞见了屎壳郎带讲子平。有个蚂蚁来算卦,口称先生你老听。人人都说你的卦奇好,听说你算卦未足灵。今日与我算一卦,子午卯酉算个清。你看我几时生来几时长?何年何月归阴城?屎壳郎闻说不怠慢,两手慌忙不消停。我算你正二月内无有你,三月四月你才生。五月六月大运旺,七月八月中不通。九月交了严霜降,三场白露吹了灯。蚂蚁闻说生了气,气恼中寒归阴城。蚂蚁死了要出殡,请了知客沙豆虫。大牛虫来抬棺材,铁腿蚂蚁打寿钉。八个蚊子吹鼓手,蚯蚓蛐蛐来念真经。八个白蛾穿重孝,磕头虫儿来守灵。有蜗牛一个来吊孝,哭声蚂蚁大长兄。你今死了只怨你,抛下小弟怎过冬?记下一处表一处,两头齐说不受听。毛毛虫他把厨子找,来了厨子人几名。油葫芦蚂蚁厨房下,扁担挑水不消停。棉花虫儿来烧火,煎炒烹炸蚂蚁身。拉扯前来盗坟墓,四十八万蚂蚁来守灵。正是蚂蚁要出殡,气坏一群众蜢虫。蜢虫一见心好恼,死了蚂蚁天闹红。我今飞到高山上,要到高山去搬兵。搬来马蜂打前敌,有个蜜蜂作先行。蝎子挂了元帅印,押粮运草下山峰。马蜂带来兵和将,带来了一万八千八百绿豆蝇。蜜蜂带领人共马,带领着一万八千八百大虾蜢。两边齐打催阵鼓,尘沙迷天热气生。旌旗蔽天昏惨惨,人喊马嘶闹哄哄。山上人马朝下闯,蚂蚁出殡起了灵。两头一见红了眼,话不投机大交兵。山上人马如潮涌,蛰的蛰来叮的叮。眼看蚂蚁扑了地,气坏八脚蜘蛛精。蜘蛛一见心好慌,要与蚂蚁打不平。蜘蛛撒下天罗网,挈住飞将多少兵。蚂蚁黄蛾死在天罗网,这才吓坏蝎子精。蝎子回山去交令,有个野鸡下山峰。蝎子一见心害怕,野鸡一见喜心中。闭翅收翎往下落,落在蝎子面前横。蝎子一见魂不在,弯着腰儿不咕哝。只听咯吱一声响,蝎子一命归阴城。这是虫战一小段,费尽笔墨半日工。

同时,笔者在北京打磨厂宝文堂新刻大鼓书系列版本中也看到一些热烈歌颂袁世凯、黎元洪、徐世昌等人的唱本,唱本中详细述说了甲午战争和义和团运动等历史事件。唱本也有关于太平天国、义和团和武昌起义的故事,这一类文献能否看作中国近代民间文学的历史内容呢?这是一个值得深思的问题。

笔者一再强调,在民间文学研究中,要特别重视民间戏曲的价值与意义。在农耕时代,听戏是民间社会最隆重的文化生活,也是民间文学传播最丰富的方式。民间文学传说故事的讲述形态与民间戏曲的演唱方式,二者经常相互影响,一方面是民间戏曲的聚众方式,使得民间戏曲中的情节形成新的传说故事语言形态,一方面是民间戏曲的演唱方式遵循民间文学的地方性需求，不断进行自我调整。这是民间文学发展中不同体裁形式的相互影响作用，也是民间文学发展的重要规律。

四、《中国十八省府》的风景

中国近代社会，列强的坚船利炮撞开中华民族的大门，但农耕时代自给自足的生活结构并没有改变。民间文学的讲述与歌唱，仍然在这种生活结构中运行。西方人，连同大工业的文化，一同走进中国。他们目睹中国社会，评价中国，影响中国。此时，作为旅行家的一个美国人，走进中国的城市和乡村，在中国发现了许多传说和故事。《中国十八省府》[①]，作者威廉·埃德加·盖洛，是20世纪初美国著名的旅行家、英国皇家地理学会会员。1865年，他出生于美国宾夕法尼亚州的多伊尔斯顿城，他曾经接受过严格系统的地理学专业训练，在当时旅行热的影响下，对古老的东方中国产生日益浓郁的兴趣。1903年，盖洛来到中国，在中国的南方做实地考察，采访了一些官员、市民、农民、纤夫等不同阶层不同身份的人，撰写出《扬子江上的美国人》（1903年）一书，向世人介绍中国社会风俗与自然风光，受到西方读者的欢迎。之后，他多次来中国各地考察，走进中国许多城乡，出版《中国长城》（1909年）、《中国十八省府》（1911年）和《中国五岳》（1926年）等著作。从其行文中可以看到，他采纳了大量的地方志资料，其中，有许多神话传说和民间歌谣的记录。《中国十八省府》的学术史价值，在这里主要表现为一个西方人眼中的中国民间文学，为近代中国民间文学史填写了非常别致的一页。

盖洛考察中国的时间在1911年即辛亥革命之前，清王朝即将崩溃，整个中国社会都在风雨飘摇之中。这是一个典型的历史阶段，他笔下的民间传说故事与歌谣因此而具有特殊的价值和意义。《中国十八省府》可以称作晚清时期中国都市传说的重要集成。当然，中国地大物博，民族众多，民间文学极其丰富，盖洛的考察非常有限。如新疆于光绪九年（1883年）建行省，台湾于光绪十一年（1885年）建行省，包括宁夏、青海、内蒙古和我国东北地区因盖洛没有走到，这些都没有写到。他的记述更多的是浮光掠影，走马观花。

（一）盖洛的"中国南方"与传说

中国南方是一个让人充满幻想的地方，因为这里风景秀美，令人春心荡漾。从

[①] （美）威廉·埃德加·盖洛（William Edgar Geil）：《中国十八省府》，沈弘、郝田虎、姜文涛译，山东画报出版社2008年版。

《中国十八省府》目录上可以看到,其第一部分为"南方的省府",开篇第一章为"杭州"。他分别介绍了杭州的历史、杭州的街道、杭州的衙门以及"水道与方志"等。应该说,当时的中国最能吸引西方人的是上海,那里有形成规模的租界和十里洋场,处处灯红酒绿。而盖洛首先选择了杭州,或许,他以为这样才能真正记述一个真正的中国和中国社会。

(1) 杭州

杭州是中国东南的重镇,鱼米之乡,富甲天下,有许多关于城市形成、历史变迁与发展的传说。在关于杭州的城市传说介绍中,盖洛介绍了"杭州人杀死了那只能下蛋的鹅"①,但是,关于"能下蛋的鹅"的故事本身,他却没有述说。接着,他记述了历史上建造杭州城的传说:"由于受到潮水的日夜猛烈冲击,他无法使从两端开始修筑的海堤合龙。于是钱王便命令数百个弓箭手一起向潮水放箭,以射杀推波助澜的精怪;与此同时,他又让和尚在山上摆起道场,焚香祈祷。在乱箭齐射和念经声中,潮水愧然而退。钱王又急令人们编织竹筐,装满石头之后投入水中,直至堆成一座小山,就这样,海堤终于合龙。钱王稍事休息,又开始建造城墙。"②

杭州成为南宋的都城,经过了一场民族浩劫。而在这之前,杭州就已经繁盛。盖洛记述道:"由于北方入侵者的南下,宋朝时这儿发生了一个很大的变化,据说曾经把船泊在杭州一块巨石前的秦始皇,他在公元前所修建的长城并没有挡住来自塞外的游牧民族。于是,北方的金兵大举侵犯中原。溃败的皇帝于 1130 年左右在杭州安营扎寨,并决定将它升格为一个新的首都。他修筑了新的高大城墙,并将其一直延伸到了钱塘江边。"③

杭州的传说被载入文献,盖洛对此作了专门考察。这里,他提到田汝成和他的著作,应当是田汝成和他的《西湖游览志》,称其"十二卷"。田汝成(1503—1557 年),字叔禾,钱塘(今杭州)人,居余杭方山,留心地方风俗与历史文化。其明嘉靖五年(1526 年)中进士,曾任南京刑部主事、礼部主事等职,著有《炎徼纪闻》、《龙凭记略》,成为记述西南边境各少数民族社会风俗难得的民族志。他还著有《辽记》、《田叔禾集》、《武夷游咏》等著作。田汝成因事罢官后,隐居西湖,穷览湖山风光,心怀天下古今,著有《西湖游览志》24 卷、《西湖游览志余》26 卷,记述西湖湖山胜迹,穿杂南宋遗闻轶事。盖洛说的应该就是这部卷帙浩繁的《西湖游览志》,但不止十二卷。他记述道:"更有趣的

---

① (美)威廉·埃德加·盖洛(William Edgar Geil):《中国十八省府》,沈弘、郝田虎、姜文涛译,山东画报出版社 2008 年版,第 5 页。
② (美)威廉·埃德加·盖洛(William Edgar Geil):《中国十八省府》,沈弘、郝田虎、姜文涛译,山东画报出版社 2008 年版,第 6 页。
③ (美)威廉·埃德加·盖洛(William Edgar Geil):《中国十八省府》,沈弘、郝田虎、姜文涛译,山东画报出版社 2008 年版,第 5 页。

是,当时有一位名叫田汝成的中国文人写了一部十二卷的书,对杭州及其周边地区进行了详细的描述。作者还请到一位浙江巡抚来为此书作序。这部书的前三卷专门描述西湖及其周围的公共建筑。有一则轶事讲述一个男孩被秦始皇曾经拴过缆绳的那块巨石所吸引,立志要用它来雕刻一个佛像。长大以后,他在妙行寺出家当和尚,法名为思净。他实现了早年的愿望,将巨石雕琢成一座佛像,在佛像身上涂了金漆,并在巨石所在处盖了寺庙。在元朝时期,大石佛身上的金漆被人刮走,寺庙也被烧毁。但在明朝的永乐年间,大石佛又得以重修,寺庙也得以重建,而且还兼并了附近的一个庙宇。书中对一个奇怪的溪名还作了很好的解释:当上古的帝王舜决定退位时,他提出把帝位传给杭州附近的一位本地人。当时这位中国的辛辛纳图斯正在田里耕地,他觉得舜帝的提议玷污了自己的耳朵,便赶紧到附近的一条溪沟里去洗,同时他也洗了他耕牛的耳朵,因为他怕舜帝的提议还留在它的耳朵里,这条溪从此得名为濯耳溪。"①同时,盖洛对此进行与西方同类历史传说的比较,他在注释这则传说时称:"辛辛纳图斯,是罗纪政治家,传说公元前458年,他被公推为独裁官,去解救被围困的一支罗马军队,当接到此任命时,他正在自己的农庄里耕地。而且敌人被打败之后,他便马上主动辞职,返回了农庄。"②这是故事中的故事,从古至今,杭州不俗的历史文化引人入胜。

  杭州的19世纪80年代,许多历史名胜被荒废,许多闻名天下的圣迹成为垃圾满地的废墟,与文献记录格格不入。由此,盖洛感慨"这个巨大的垃圾堆占据了整整九卷书的篇幅,人们值得对其进行仔细筛选,以便能找出一些真正有价值的古代传说",他应该认真阅读了《西湖游览志》这些著作。其作记述道:"作者的识见集中体现在对地名变化的辨识上。他引用了古代的史料:杭州之名,相传神禹治水,会诸侯于会稽,至此舍杭登陆,因名禹杭。至少康,封庶子无余于越,以主禹祀,又名余杭。秦置余杭县,隋置杭州。至于这段古代传说的残篇,作者评论说,也许大禹治理洪水的时期,吴国和越国尚被洪水所淹没。所以对这一段文字的正确解释显然是禹正式在那儿建立了一个渡口,用一条方舟将旅客们在大江两岸之间来回摆渡。"他进而指出:"书中摘录的另一段故事跟杭州的著名居住者有关。宋高宗在一次为大臣们举办的宴会上,看到张循王手持一把带有玉孩儿扇坠的折扇,认出这正是自己十年前在宁波不小心掉入水中的一把扇子。张循王证明这把扇子是自己从杭州大街上一个店铺里买来的;店主证明他购于一名提篮小贩;而小贩又是从候潮门外的陈宅厨娘处买的;那位

---

① (美)威廉·埃德加·盖洛(William Edgar Geil):《中国十八省府》,沈弘、郝田虎、姜文涛译,山东画报出版社2008年版,第8—9页。
② (美)威廉·埃德加·盖洛(William Edgar Geil):《中国十八省府》,沈弘、郝田虎、姜文涛译,山东画报出版社2008年版,第8—9页。

厨娘则宣称自己是在剖黄花鱼时发现这把扇子的。宋高宗把这件事视作是他将要回失地的一个好兆头。于是便对张循王、店铺老板、提篮小贩和厨娘全都发了赏钱。最妙的是,这个故事竟然被编进了《天方夜谭》！这同一个皇帝听说有位诗人写了一首诗,讽刺皇帝训练鸽子飞翔是浪费时间,并质问为何他不训练信鸽,以便能从两位被废黜的皇帝那儿带回消息。皇帝立即封那位诗人当了官——也许是用这种方法封他的嘴。也正是这位皇帝发明了用一双筷子从盘子向碗里夹菜,而用另一双筷子从碗里吃饭的方法。他不得不对武后解释说,若非如此,他的脏筷子就会糟蹋了盘子里所有的菜——这句话极好地说明了当时的风俗和卫生习惯……虽然田汝成将跟杭州有关的东西一股脑儿地全都收进了他冗长的附录部分,但他还是收集到了各种各样不同的传说,其中有许多是跟杭州的城市生活密切相关的。"①

以此,他举例写出他认为的"精彩片段",而这些片段,事实上都是历史传说。诸如,"宋朝的时候,西湖施食亭前水面上浮着一种青红色的光。这是一种神奇的湖光。后来有一个人得到一条云鹤水犀带。当他佩上这条腰带涉入湖中时,顿时'水开七尺许',让他能足不沾水的通过！还有一把削铁如泥的宝剑,能一下子斩断十根钉子,而剑锋无损,它还可以'屈之如钩,纵之复直,非常铁也'……有一头猪产下了人头猪身的两个怪胎,这被视作是犯上作乱的征兆。""唐光化三年九月,杭州有龙斗于浙江,水溢,坏民庐舍……宋元祐六年,浙西大水,杭州死者五十万人……熙宁八年,杭州地涌血者三,最后流入河,腥不可闻……建炎己酉,清波门里竹园山,平地涌血,须臾成池,腥闻数里……明年,金人杀戮万余人。""绍兴三年八月,浙右地生白毛,韧不可断,童谣曰:地动白毛生,老小一齐行。绍兴二十年,余杭民妇产子,青毛,二肉角……乾道六年,北关门有鲇鱼,色黑,腹下出人手两旁,各有五指。淳熙十二年二月庚申,钱塘龙山江岸,有大鱼如象,随潮而来,复逝。次年八月丁酉,杭城民家有血从地中涌出,溅至屋梁,污人衣。""淳熙十四年六月,临安府浦头民家产子,生而能言,暴长四尺……开禧三年四月,钱塘大水,漫坏民庐,西湖溢,濒湖民舍皆圮,嘉泰辛酉,大旱,西湖之鱼皆浮,食者辄病,谓之鱼瘟。""元至正壬辰三月,杭州黑气亘天,雷电而雨,有物若果核,与雨杂下,五色间错。破食其仁,如松子,相传为娑婆树子。"对此他感叹说:"古代的杭州似乎是一个非常适合安居乐业的地方,因而当我们听说当时杭州人口众多时也不觉得奇怪,但该书的作者仍然出言谨慎,'很难证明这些事情'。"②或许可以这样说,这是盖洛眼中的杭州和杭州的历史文化。

----

① (美)威廉·埃德加·盖洛(William Edgar Geil):《中国十八省府》,沈弘、郝田虎、姜文涛译,山东画报出版社2008年版,第10—11页。
② (美)威廉·埃德加·盖洛(William Edgar Geil):《中国十八省府》,沈弘、郝田虎、姜文涛译,山东画报出版社2008年版,第11—12页。

所以,他设想"假如孔子来到杭州"如何如何。他对杭州的印象,正如他所感慨:"如今的杭州就像是恺撒手下的高卢,可以分成三个部分:城市、督抚和人民。"①他总结道:"假如我们认为这些河道是城里最美的景色的话,杭州人则认为当地有七种值得称道的东西:扇子、洋人、脂粉、剪刀、丝绸、中药和儿童。"②

这里,盖洛还记述了杭州歌谣与歌唱的情景。他说:"汤米牙牙学语是从童谣开始的,当他躺在一个相当于我们的婴儿车或童车的摇篮时,人们就会对他唱:时而哭来时而笑,三只黄狗来抬轿。在婴儿室里,人们会给他讲月母娘娘的故事,或教他玩婴儿游戏:两个食指碰碰拢,两只鸟儿亲亲嘴。鸟喙碰鸟喙,然后展翅飞。大鸟飞上天,小鸟守家里,飞到高山吃白米——这最后一句是张开双臂,用拖长的声音说出来的。"③

盖洛注意到杭州的自然风光,更重视杭州的社会历史,特别是一些特殊的历史人物及其传奇故事。杭州是人间的天堂,风景秀丽,如歌如画,也是近代中国英雄辈出的地方。盖洛考察这里的社会政治,记述了当年秋瑾牺牲的情景。他如此描述道:"初五早晨三点,秋瑾被砍了头。她是由山阴区本部的卫兵押往刑场的。在行刑时她穿着一件白色的女式背心,以及用黑薄纱做的上衣和裤子,脚上穿着洋鞋。她的双手被手铐和铁链绑在背后,当她从监狱出来、穿过街道时,有一名士兵用一根铁链牵着她走,还有好几个人从背后粗暴地推着她。到了刑场后,她跪下身去,回头看了一眼,便引颈就戮。第二天一早,有人抬来棺材,将她收殓了。一个女人被砍头是一条很引人注目的新闻,而且她现在还被荣耀地埋葬在西湖边上。也许她的事业将因为她的牺牲而变得尽人皆知,这与民间的信仰非常一致。这种信仰还通过其他怪异的习俗表现出来,如代人受罚,以及替疯子接受治疗。"④这是一则新闻,也是一则传说。

盖洛注意到新的社会变化与风俗生活的联系,感叹"自从太平军被镇压后,有两股西方的思潮影响到了杭州,这就是传教使团和教育",用流传的风俗故事解释"若问黑心人,念佛堂里寻"这类谚语,表明了民众对他们即伤风败俗者"绝无好感"。他说:"百姓们已不再受旧的佛教控制,尽管在太平军被消灭之后,有许多寺庙又得以重建。到处都可以听到有关和尚偷懒和不道德的故事。其中有一个故事已经作为经典编入

---

① (美)威廉·埃德加·盖洛(William Edgar Geil):《中国十八省府》,沈弘、郝田虎、姜文涛译,山东画报出版社2008年版,第19页。
② (美)威廉·埃德加·盖洛(William Edgar Geil):《中国十八省府》,沈弘、郝田虎、姜文涛译,山东画报出版社2008年版,第20页。
③ (美)威廉·埃德加·盖洛(William Edgar Geil):《中国十八省府》,沈弘、郝田虎、姜文涛译,山东画报出版社2008年版,第21页。
④ (美)威廉·埃德加·盖洛(William Edgar Geil):《中国十八省府》,沈弘、郝田虎、姜文涛译,山东画报出版社2008年版,第23页。

了灵隐寺的标准导游词。话说一个和尚去出售食品、焚香和蜡烛的地方逛街,在那儿买了胭脂、水果和糕点。他瞟见一个窗户里有个漂亮女子在看他,于是便对她意味深长地举了一下手中的东西。她把此事告诉了自己的丈夫。两人串通一气,要捉弄这个和尚。她便对那个和尚挤眉弄眼,但告诉他说自己的丈夫经常在家。所以那个和尚开始经常来光顾这个店,使店里的生意大为改观。最后她告诉和尚,自己的丈夫将出门做生意,跟他约定幽会。她给和尚摆下酒席,接着让他进她卧室去做好准备。和尚刚刚脱掉衣服,忽然有人敲门,原来是她丈夫回家来拿东西!她要和尚躲进一个箱子,不要出声,然后把箱子锁了起来。直到天亮,夫妻俩抬着锁住的箱子前去见官。结果那个官老爷判决说,既然是他们的箱子,就应该把它扔到河里,让此事有个好结局。"①

　　盖洛不仅关注杭州历史文献,而且非常关注杭州的传说故事,他及时记述了著名的胡雪岩故事。他记述道:"司徒尔博士与这个大药堂的创始人有过一段交情,他告诉了我下面这个简短的传记故事:胡雪岩原是在一个钱庄拖地板和干杂物的学徒。有一次钱庄着火,其余的伙计都逃走了,只有年轻的胡雪岩坚守岗位,留了下来。钱庄老板为了报答他,便给他升了职。他很快就发迹致富,成了杭州城里的洛克菲勒和大清国的首富之一。他开办当铺,这在中国是个一本万利的行当。他娶了30个妻妾,建造了城里最豪华的宅院。而且他还在有自己当铺分店的各个城市里都买了妾和宅院,省得出门时还得带家眷。他曾向皇帝放过债,一生过得潇洒快活。在杭州的胡宅里置了整整60个竖钟。有一次,他要一家药铺退款。被拒绝以后,他就开办了另一家药堂与之抗衡。如今这家药堂成了中国最大的药店。他因囤积丝绸而倾家荡产。胡雪岩唤来妻妾,给了每人100元,让她们各自回娘家,然后他吞金而死。然而,他的大药堂却仍然生意兴隆。"自然,他总是念念不忘用这些传说故事与西方做比较,他说:"胡雪岩从一个穷人变为富翁,颇有点做美国梦的意味。由于过于贪心而丧失一切,又不能忍受失败,于是便吞金自杀。"②这样的记述方式不同于以往中国传统的语言模式,充满生动的气息。

　　(2)福建和福州

　　与杭州相比,福建显现出另外一番景象,那里给人的印象是崇山峻岭,是榕树满天,是客家人的集聚地。《中国十八省府》第二章为"福州"。盖洛介绍了那里的文化,记述福建的诗歌和通俗散文,特别是那里的"药府"。传说故事与民间歌谣成为他关

---

① (美)威廉·埃德加·盖洛(William Edgar Geil):《中国十八省府》,沈弘、郝田虎、姜文涛译,山东画报出版社2008年版,第23—24页。
② (美)威廉·埃德加·盖洛(William Edgar Geil):《中国十八省府》,沈弘、郝田虎、姜文涛译,山东画报出版社2008年版,第35—36页。

注的重要内容。

一切传说都具有真实的地名作为真实性讲述的背景。盖洛走进福建,他未必懂得福州和建州作为福建地名所具有的意义,而他有着敏感的嗅觉,把"古老"与"神奇"作为自己记述的重要依据。

福建的港湾与杭州不同,水域也不同。盖洛这样描述道:"在途经闽安要塞之后,便来到了我们这个锚地所在的、被群山所环绕的第三个港湾。马上就有人来找我们的医生去照看一位被某种怪物说是海龟①所伤害的潜水采珠人。周围的一切都显得那么古老,在港湾入口的川石山(Sharp Peak)后面竖立着一个高塔;它是一个妻子为了盼望出外远航的丈夫早日归来而修建的。但当看到这个奇怪的标志物时,那个丈夫以为自己弄错了港湾,于是便驾船离去,再也没有回来。这儿有一根标明沉船的柱子;还有一个旧灯塔已经被电报所取代;再往前即是防守通道的要塞。这儿还有一位清朝官员在熔岩上留下的一双脚印中的一只。亵渎神灵的采石工想用錾子去凿这块石头,刚一动手就伤了手,但这并未阻止他们凿走带有另一个脚印的那块石头,并把它拿去筑桥。可是那石头上的脚印反守为攻,将那些石匠们踢进了河里。人们理解这个暗示,将那块石头也扔进了河里。而这个脚印则保留了下来,以证明这个故事的真实性。"②江山秀丽的中国,处处都有传说装点。盖洛是一个来自异域他乡的人,未必有这种感觉,但他绝不会对此无动于衷。他在旅行中时时有感而发,不断有种种感慨和记述:"当汽艇载着我们沿美丽的闽江溯流而上时,我们看到岸边的风景也丝毫不逊色。这儿能看见使我们联想到中国的圆弧形屋顶。现在信奉功利主义的本地人说它们被建成这样,是为了不让恶鬼降临时有落脚之地,从而把它们再赶回空中。如今这儿还保留了许多奇怪的习俗。这儿你可以看到屋顶上塑了一个泥猫形象,用以避邪;那儿甚至还有一条鱼的塑像,以招徕福气。我们还看到去年就贴出来的一张破旧红色画卷,顶部有一道白色条纹是为了哀悼已经灭亡的明朝。而明朝在查理一世殉难前四年就已寿终正寝。"③显然,这是对明代历史传说的记述。

福建远离中原王朝,那里的山雾缭绕间,流传着更为奇特的神话传说。如著名的盘瓠神话,原型在高辛帝神话传说中模式化,在福建的流传具有更独特的价值意义。特别是少数民族社会风俗与盘瓠神话的融合,既有历史的原因,也应该有时代的各种因素。盖洛用非常详细的篇幅记述了这则神话传说,与我国古籍文献记述不同,他这

---

① 盖洛注释道:我们西方海蛇怪的中国对应物是一种巨龟,中文名字为"鼍"。
② (美)威廉·埃德加·盖洛(William Edgar Geil):《中国十八省府》,沈弘、郝田虎、姜文涛译,山东画报出版社2008年版,第43页。
③ (美)威廉·埃德加·盖洛(William Edgar Geil):《中国十八省府》,沈弘、郝田虎、姜文涛译,山东画报出版社2008年版,第45页。

样讲述道:"明朝的时候,这个地区(当时称作无诸)已属于中国。嘉靖皇帝(Kao Hsing Huangti,1522—1567年)在位时,西部有个藩国叫作西域(Siu Iu)。该国进犯中原,与明朝的军队交战,并且重创了明军,使得明朝的将领心惊胆战,没有一个敢请缨抵御这个西部藩王。于是藩王变得越来越目中无人,而嘉靖皇帝则愈发恼火。他布告天下,招募壮士。布告中说:'谁若能抵御和打败这个西部藩王,就可娶公主为妻。我将把女儿送给胜利之师的那位将领。'"①如此,一切场景都发生了变异。他接着记述道:"当时在无诸有一位骁将看到了这个布告。这位将军养了一条两尺高、两尺半长颜色雪白的狗。这狗十分凶悍,人人都对它退避三分。这条狗跟主人寸步不离,吃饭和睡觉都在一起。这位将军暗自思忖明天去向皇帝请缨出战的事,这条狗跑进来,在他身旁汪汪直叫。于是将军问狗:'你能替我去打这一仗吗?'狗点点头表示愿意。所以这个将军便前去谒见皇帝。皇帝听说有人请缨,十分高兴,便给他发了御敌的令箭。然后将军又把这个任务交给了他的狗。这条狗用嘴叼着令箭,兔水来到了西部藩国。藩王见狗,大喜道:'明朝已经一败涂地,就连他们的狗都逃到了我这里。快来坐在我的旁边。'藩王接纳了这条狗,并让它住在宫里。这样,狗就与藩王朝夕相处。这条狗心想:'虽然你给我吃山珍海味,但我心里怀着复仇的精神,因此再也不能拖延下去了。'所以滞留藩国的第十天晚上,等藩王睡着以后,这狗一下子就把他的头咬了下来,并且叼着这颗头颅回到了中原。它把藩王的头交给了那位将军,而将军又把它献给了皇帝。接着皇帝询问将军,他是怎么杀死藩王的。将军便告知了那条狗的故事。明世宗听了之后又喜又惊,喜是因为藩王被杀,惊是因为他不想把公主嫁给一条狗。由于皇帝不能食言,而这条狗也成功地完成了任务。可是他怎么能把女儿嫁给一条狗呢?于是他便问将军,这狗是否能变成人。将军问狗:'你能变成人吗?'狗又点点头。那天晚上,狗托梦告诉将军:'你必须把我关在一个斗里,等待七倍于四十天的时间,这样我就能变成一个人。'于是将军便去把这个梦告诉皇帝。皇帝听了很高兴,便叫将军把狗带进皇宫。他把狗放在一个大托盘上,并在上面罩了一个斗,接着又把盘子和斗放入一个大篮子,并将篮子吊在一个很高的地方,以等待七倍于四十天的结束。可在规定时间到来之前,即只过了四十五天,由于雨下个不停,天空电闪雷鸣。皇后心里十分害怕,她想那条狗这些天来一点东西都没有吃,肯定已经饿死了。于是她便跑去打开了那个篮子,想看一下那条狗是否还活着。狗还活着,除了头之外,它的全身都已经变成了人,而这是因为规定的时限还未到的缘故。所以,它还没有完全变成人。现在倒真是无力回天了!公主只能嫁给篮子里这个狗头人身的男子了!但这个东西实在是吓人,因此,人们在他的头上罩了一块布,想以此遮丑。甚至到了当今

---

① (美)威廉·埃德加·盖洛(William Edgar Geil):《中国十八省府》,沈弘、郝田虎、姜文涛译,山东画报出版社2008年版,第48页。

的时代,那些居住在福建北部山区的妇女在她们的头饰前面还有一个流苏象征着那块遮丑的布。她们一辈子都不能改变这种头饰。假如要改的话,她们就必须改嫁,因而她们的头饰从不改变。现在每当中国过年的时候,这些山民就会用大张的纸来画狗的形象,对其顶礼膜拜,并且说它就是他们那个战胜藩王的祖先,而中国的官吏们也无法控制他们。这些山民种植茶叶和甜薯,还能制作扫帚。这里凡是姓雷、钟、蓝、潘的人都是这条狗的后代。这些福建北部的山民们有他们自己的语言。现在有许多人由于接受教育、学会认汉字和讲汉语方言而有所改变。但他们绝不会跟福州人通婚。他们的阴历月份和节日全都跟福州人相同。"①尽管盖洛记述的时间有误,但故事的情节是完整的,其具有的民族志意义非常珍贵。这则传说告诉我们当时的盖洛如何记述了它,并且留下其中"这里凡是姓雷、钟、蓝、潘的人都是这条狗的后代"的风俗考察。

然而,盖洛并没有真正看重盘瓠神话传说的学科价值。他从自己的知识经验出发,论述道:"遗憾的是,这个生动的传说对于我们来说并没有多大的帮助,因为它发生在大约四百年以前。当我们必须调查苏人和奥萨瓦托米人②时,也许可以在一定程度上依赖于卡特林③所收集的,或是被朗费罗改变成诗歌的传说。然而,史密森学会④为我们展示了一种更好的方法。那儿的科学家们在研究霍皮族印第安人时,将他们跟现已经绝迹的民族遗迹进行比较。对于福建的这些土著民来说,还没人进行过这样的重要研究,而我们所能做的就是来看一下中国人在美国革命爆发的那一年所收集的汉族文献记载。"⑤或曰,这是盖洛人类学的学术萌动。他的比较意识处处显示出这种萌动,却没有形成自己的学理体系。这种意识还表现在他对其他民间传说故事的理解,如其论述"楚国那时已灭亡了一千多年!他送给樵夫一根开花的石榴树树枝。然而当樵夫再去找他时,这位穴居者已经不在那儿了——也许他加入了以弗所长眠七圣的行列"⑥。又如他对福建灾异传说的记述:"福州后来的历史说来似乎有些

---

① (美)威廉·埃德加·盖洛(William Edgar Geil):《中国十八省府》,沈弘、郝田虎、姜文涛译,山东画报出版社2008年版,第49—51页。
② 苏人(Sieux)和奥萨瓦托米人(Ossawatomies)都是生活在北美地区的印第安人部落。
③ 卡特林(George Catlin,1796—1872)是著名的美国画家和作家,以描绘和研究印第安人的生活见长。他的"印第安图展"在19世纪中期曾经在欧美巡回展出,影响很大。此外他出版了一系列有关印第安人的著作,其中还有他自己的版画作为插图。
④ 史密森学会(the Smithonian)是位于华盛顿市的美国一流博物馆和研究机构,因一名英国科学家史密森捐款而得名。
⑤ (美)威廉·埃德加·盖洛(William Edgar Geil):《中国十八省府》,沈弘、郝田虎、姜文涛译,山东画报出版社2008年版,第50—51页。
⑥ (美)威廉·埃德加·盖洛(William Edgar Geil):《中国十八省府》,沈弘、郝田虎、姜文涛译,山东画报出版社2008年版,第54页。

平淡无味,尽管在美国独立那一年(1776年)所编写的地方志上记载了168次大的灾难。方志作者按年代顺序记述了洪武六年的一次地震和一次大雪;在另一年当中,山上的土匪侵占了全省;还有一次,台风造成了城市被洪水淹没;因东海龙王在城市下面掘洞而引起大地震;李子树上长出了桃子;一位武将的妻子一胎生下了两个儿子和两个女儿;城市遭遇旱灾;天降雷电;一股白烟升腾而起,形如长剑;1698年出现了彗星等等。"①在盖洛的眼中,福建是闭塞的,是一个充满迷信的地方,一切都是陈旧的气息,如其关于地方风俗与传说的记述:"九仙山。陆药师的药神庙。每月初一、三、九、十五、十九和廿四日为烧香日。在这些天里,庙门就会打开,风雨无阻,烧香活动午前开始,初三日下午,有一个问诊的机会,除此以外只卖药不看病。所有虔诚的香客和相信我们医术,想要求诊的人必须提前挂号,并且敬备香烛,还有求签时写誓愿的纸和费用。"②

对于具有真实性显示的民间传说是这样,而对于幻想性色彩浓郁的民间故事,盖洛更失去应有的耐心,一概称为中国人的"粗俗",即不文明。如他对路途上听到的《海棠花》的记述与感慨:"乾隆年间,有一位大臣作为皇帝的特使被派往国外。外国国王把一支美丽而芳香的花朵送给了他。回国以后,他又把这朵奇异芬芳的花献给了皇帝的母亲。过了不久,有一位政敌在背地里说这位大臣接受了贿赂,并且作为回报,把自己的国家出卖给了异邦人。这个谣言几乎把大臣置于死地。那位苦力已经读到了太后跟皇帝说话的那一回:'我的儿,你为何这么生气?今天有谁惹怒了你?''我的大臣铸成了一件大错,他们说他出卖了国家。''等一下,吾儿,我为他求情,并告诉你他是清白的,而且证明他不应该受这诬告。他不肯卖掉那无价之花,而是把它拿回来送给了我。所以我来为他求情,并要把他的仇敌抓起来,让他立马不得好死。'在下面一回中,那位仇敌已经被抓了起来,他正在哀叹自己的命运:'我怎么能料到太后竟会亲自介入此事,我要是猜到这一点,又哪敢跟那大臣一争高低!现在我可真是死到临头,哎呀我的命可真是苦,可怕的苦难和折磨现在就要紧随仇恨而来。'这些故事书本来是用来遏制人们,警告他们别去犯那九条罪孽的;但是书中用了大量的篇幅来描述犯罪的方式,以至于它们在那些暴力倾向更为严重的社会阶层中广受欢迎,成为人们发现该如何去犯罪,而非怎么避免犯罪的途径。因此,上流阶层现在对这样的书颇有微词;正如黄色小说在美国人中间只有苦力阶层的人才会去读。"③同时,他记述了同

---

① (美)威廉·埃德加·盖洛(William Edgar Geil):《中国十八省府》,沈弘、郝田虎、姜文涛译,山东画报出版社2008年版,第55—56页。
② (美)威廉·埃德加·盖洛(William Edgar Geil):《中国十八省府》,沈弘、郝田虎、姜文涛译,山东画报出版社2008年版,第66页。
③ (美)威廉·埃德加·盖洛(William Edgar Geil):《中国十八省府》,沈弘、郝田虎、姜文涛译,山东画报出版社2008年版,第62—64页。

样是路途听到的充满所谓荒诞色彩的故事《三六十样婆婆》:"南方的婆婆要面子,头发上爱插花。发式像猪脚的婆婆手脚迟缓,老家是在兴化。做媒的婆婆鞋夹脚,走路钻心地疼。给人当保姆的婆婆没得歇,半夜三更就出门。奸狡的婆婆啥都要,一桶水也不放过。婚丧大事上拎礼物的,准是连江的婆婆。山区来的婆婆一开口,谁也听不懂。流鼻涕的脏婆婆,大模大样不知羞。满脸麻子的婆婆,就用胭粉来遮丑。婆婆贪嘴爱虚荣,全家跟着倒大霉。广州婆婆会做人,脚小心又好。算命的婆婆好周全,晴天带凉伞。服侍蛮夷的婆婆,身上通常穿长衫。生麻风病的婆婆命不好,因前世作了孽。在街上喊'大人少爷'的,准是讨饭的婆婆。苏州婆婆人清秀,百看也不厌。山上的婆婆到城里,不肯回家去。歹毒的婆婆会咒人,直骂得狗血喷头。渡船上的婆婆油嘴滑舌,谁也不能比。唱戏的婆婆与鸨母,合穿同一条裤子。招摇过市的婆婆,会拉大旗作虎皮(即她是个旗人)。总而言之,中国人的谈吐可以跟任何一位受过教育的西方人一样粗俗。但是在书铺里,有时候也能找到一些比《逗乐荤段子》和《通俗惊险故事》更为严肃认真的书籍。"①

盖洛搜集到福州流行的婚嫁歌与陪护儿童的游戏歌谣,详细记录了"姑娘们在新房外面所唱的歌曲"与"专门用来给婴儿们催眠的摇篮曲"②:

婚嫁歌

掀起红盖头,
好运即刻现。
举起新娘冠,
房田买进来。
好呀!好呀!
福禄又长寿,
财富增荣耀。
鸡胸喂新郎,
早日得贵子。
鸡背喂新郎,
宅第用不光。
好呀!好呀!

---

① (美)威廉·埃德加·盖洛(William Edgar Geil):《中国十八省府》,沈弘、郝田虎、姜文涛译,山东画报出版社2008年版,第65页。
② (美)威廉·埃德加·盖洛(William Edgar Geil):《中国十八省府》,沈弘、郝田虎、姜文涛译,山东画报出版社2008年版,第58页。

生活好甜蜜,
夫妻子女旺。

儿童游戏歌谣
呜呜啰,
贼公贼婆不要来啰,
我命实在爱困眠。
呜呜啰,
眠公眠婆快快来啰,
我命实在爱困眠。

(3)广州

第三章为"广州",盖洛记述了广州"羊城"的历史,介绍那里"古老的羊肠小道",分述"国家传记辞典"、"旧中国的消逝"等内容。其特别描述"新广州"即新变化的都市风情。广州是中国开放最早的城市之一。鸦片战争使得这个城市蒙受了耻辱,也给其商业贸易的迅速发展提供了一定的空间。盖洛对广州的印象与杭州和福州不同,其开篇即说"广州是一个商业的城市"。他非常看重《羊城古钞》中"古老的羊肠小道",称:"该卷所描述的时代是当华夏文明集中在华北黄河盆地的时候,当时著名的周朝统治着这块唯一可以被称作是中国的地区。从这儿往南,是还没有被大秦征服的荒蛮楚地。"这里他记述了南海龙宫的传说:"南海是龙王的王宫。在乾隆时代,有一条渡船穿越海流去三岛。在渡船到达岛上之后,渡船上的乘客回头望了一眼陈忠码头(Chen Chung Landing),看到水里有一根黑色的木头。突然间,海水开始沸腾起来,天上降下了云彩,海面上升起了惊涛骇浪。突然间狂风大作,大雨瓢泼。这时他才意识到,那根黑色的木头原来是条龙。"[①]他说:"我们希望从这个传说的时代得出有关广州的、雅正的历史记载,以便找出科学认识的事实。"[②]与之前他对中国人的"粗俗"印象相比,广州五羊城的传说并没有激起他美好的感受。他如此描述道:"按照周朝的记载,有五位神仙身穿不同颜色的衣服,骑着色彩斑斓的五头羊来到了南海。这五位神仙来到了楚庭,每个神仙的手中都拿着一根有五个头的谷穗。他们把谷穗赐给百姓

[①] (美)威廉·埃德加·盖洛(William Edgar Geil):《中国十八省府》,沈弘、郝田虎、姜文涛译,山东画报出版社2008年版,第82页。

[②] (美)威廉·埃德加·盖洛(William Edgar Geil):《中国十八省府》,沈弘、郝田虎、姜文涛译,山东画报出版社2008年版,第81页。

时说,'你们住在这儿会长久和平,永无饥荒'。然后他们就消失了,但那些羊变成了石头。由于这件事,广州城就被称作'五羊城'、'仙城'和'穗城'。在坡山的一个寺庙里,甚至还可以看到五位神仙的塑像,最年轻的那位神仙站在中间,手里拿着一根稻穗,其他神仙则拿着高粱穗或非洲高粱穗。在蛮荒的时代,这些塑像受到了高度的尊崇,塑像前的石羊头上经常香雾缭绕。这些石羊由于信徒们的抚摸而变得非常光滑。"他得到的结论是:"我们很高兴地发现,古典教育并没有扼杀所有独立思想的力量。我的一位才华横溢的朋友,姓陈,是一位举人,他直截了当地说,上述说法纯系空穴来风,由于这片地区没有文字,所以没有任何记录保存下来。这些故事都是北方人后来编造出来的。"①

岭南多鬼,多淫祀。盖洛在这里听到许多关于"圣姑"的信仰与传说,他记述道:"明朝永乐年间,在广东省有一个跟南雄州学府相关的邪恶寺庙,庙里供奉着圣姑。按照习俗,学政要带领学生前来拜这个菩萨。当这位姓彭的进士被指派为学政时,对于这种迷信感到非常气愤,决心要毁掉这个塑像。在前来就任的路上,他遇到了一个来自南雄州学府的学生。当他惊诧地问那位学生,他是怎么知道他要从这儿经过时,学生告诉他:'圣姑托梦对我说了你的名字、村庄、县、称号和官衔,她派我来这儿来恭候阁下。'他接着历数了圣姑的功绩,试图得到学政的欢心。但姓彭的进士勃然大怒,一上任就在寺庙周围堆起了柴火,准备在某个晚上放火,使这个寺庙被大火烧掉。但就在这事发生之前,那位学生又做了第二个梦。圣姑在梦里现身对他说,'那个学政真是不知好歹,你去告诉他,我会给他带来灾难。过几天以后,他家的仆人就会死掉,再过几天他的儿子和妻子也会死,最后这个人自己也要死'。学生传递了这个信息,但彭进士根本就不理睬这个威胁。果然几天之后,他家的仆人丧了命。于是他家里的人都觉得十分害怕,不断地向圣姑祈祷,直到仆人们又活过来为止。当学政明白发生了什么事以后,义愤填膺,公开烧掉了这个寺庙。第二天晚上,他的儿子夭折,很快他的妻子也过世了。因此,所有的学生都请求他向圣姑屈服,但是他仍然毫不动摇。当学生们看到他的死辰没有按预期那样到来时,心里开始对圣姑有了怀疑。那同一个学生又做了第三个梦。他问圣姑为什么最后一个预言没有灵验,圣姑回答说:'我是一个脱离了躯壳的鬼魂,我怎么有能力给人们带来生命或死亡呢?彭先生的儿子和妻子气数已尽,这一点我知道,所以便利用了这个知识试图迫使他屈服。但彭进士功德齐身,铁骨铮铮,前途无量,我又怎么敢把他怎么样呢?'后来这位学政被晋升为

---

① (美)威廉·埃德加·盖洛(William Edgar Geil):《中国十八省府》,沈弘、郝田虎、姜文涛译,山东画报出版社 2008 年版,第 81—82 页。

两江提学使,最终还得到了御史的职位。就这样,他成了后代文人仿效的一个楷模。"①自然,他在记述的过程中包含着对迷信者的批判。同样的姿态,他以文明者自居,处处审视着眼前与耳边的社会。

(4)桂林

其第四章为"桂林",盖洛分别记述了"溯秀丽的桂江而上"、"这座城市的故事"、"桂林唯一的外国人坟墓"等内容。

广西素称八桂大地,盖洛称之为"广阔的西部",他的印象是(这里)"在远古时期曾是一个以神秘著称的地区","据说,这里住着一些胡作非为的人,他们因受一些不道德的和尚的恶意引导而堕落","60年前,该省又因太平天国运动而再次获得坏名声"。他称"在广东时我们已听说了许多有关船民的故事,于是我们决定调查一下我们的这位船长","这位姓罗的船长在我们的现场日记里是这样出场的",其实,船长所讲述的,就是传说故事。其记述道:"由于船行走缓慢,我们就责怪他在为船的安全和速度献祭时没有看好风水。这位姓罗的老人坚决否决,声称他杀了鸡,放了鞭炮,也'贴了红'。我们就问如果忘记贴红,那会怎样?他答道:'我怎么会忘记贴红呢?''贴红'让我浮想联翩,便去请教相关的知识。事情似乎是这样的:船长在船舱前贴上三张纸,正面入口处的两边各一张,门上一张,然后将献祭的鸡血涂在船梁和两个门柱的纸片上。这就算是贴红了。罗说船也是'有脾气'的,在这一特定方面尤其像龙,因此他不允许妻子上船头。当我问为什么禁止他妻子来船头时,他反问了一个令人吃惊的问题作为回答:'你会让一个女人站在你头上吗?'"②

鬼故事在许多民族中都有流传,而其作为民间信仰,成为许多风俗的表现内容。盖洛走进广西,感受到鬼故事在民间信仰中体现的特殊意义。其记述一个场景:"到了平静的水面上之后,老板往回指着说:'那儿全是鬼,虽然我看不见它们,至少也有上百个。有时候它们抓住船舵,就让船停下来。它们抓住不放,直到船上的人累坏了不得不放手——于是船便沉了。上个月有条船上死了八个人,鬼将他们捉去了。这些鬼又饥又穷,找的是那些有钱人。所以我丢了些米和纸钱给他们,这样他们会放我们走。我总是投给他们米和纸钱。上个月送了命的那八人也成了鬼。无论什么时候,人死了就会成鬼,看护着这条江。每个鬼管着48斤水呢。'我们向老板打听阎王的事情,阎王把这个湍滩之处的水都分给了那些鬼魂们去管,每个鬼魂分到48斤。老板说每个人死后就会变成鬼,然后,倘若他是个好鬼,三年之后便又投胎成为好人。但若

---

① (美)威廉·埃德加·盖洛(William Edgar Geil):《中国十八省府》,沈弘、郝田虎、姜文涛译,山东画报出版社2008年版,第85—86页。

② (美)威廉·埃德加·盖洛(William Edgar Geil):《中国十八省府》,沈弘、郝田虎、姜文涛译,山东画报出版社2008年版,第99页。

是坏鬼,他便活了多久,就得做多久的鬼,此后会托生为母牛、公猪或者其他惹人嫌的动物。我们也同样过了二女滩,只是有好几分钟,老板都唱着一首怪异的曲子来吓唬走二女滩上的鬼魂。他说某天晚上有六个汪洋大盗试图攻击他,然而他们却全都丧了命。那天晚上桂江上又添了六个新鬼。他坚持说所有当官的肯定都会变成恶鬼,因为'他们的心歹毒'。'他们杀害无辜,死后会变成厉鬼。'老板对于中国官员的看法跟其他每个中国人没什么两样。"以此,他充满深情地感叹道:"秀丽的桂江!美貌的两位姑娘!这样美的地方哪会有什么鬼怪、黑暗和危险的恶魔啊!"①他对又一个场景记述道:"在高高的绝壁投下的阴影里,有人影在神秘地晃动。火堆、黑锅、鸡肉,还有猪肉。大束的焚香在水边被点燃,迷信的仪式开始了。那艘失事船只的船夫们说话仅限于耳语,他们吃着鸡肉和猪肉,此前也向水深处的精怪们投去了一些,算作是别离时的款待。正当我们下结论说,这些只不过是鬼魂们的诡计,实际上它们正在策划攻击我们的阴谋。突然我们右舷近旁失事船只的船夫们跳起身来,发出一声凄厉的号子声(我抓住了来复枪),在向水里扔进更多的肉以后,开始燃放鞭炮,然后就悄悄而迅速地走了。将饥饿的鬼魂送往下游的仪式就此结束了!据船长说,只是饿鬼才会在桂江上毁坏船只。我们的船夫在谈论完江里的鬼魂和船上的洋鬼子之后,请求我用来复枪放一枪,当我问他们要不要焚香和放鞭炮以赶走水里的鬼魂时,他们回答说:'不用,它们不缠洋人!'这话听起来是一种莫大的安慰。"②鬼故事的信仰意义非常复杂,其中的"不用,它们不缠洋人!"更耐人寻味。

  盖洛的心中并不全是鬼,他也懂得鬼与神的差别。这里,他详细记述了大舜神话传说故事在南方的流传:"桂林城中有座寺庙是纪念舜的,后者被认为生活于公元前2200年左右。然而,这座庙却是修于约三千年之后,我们从纪念碑上抄下来的碑文准确地讲并非同代人所写。那石碑现已破损,碑文中的许多名字都已经消失了。但下面似乎是它要讲述的传说,这个故事跟桂林城并没有确切的联系,而只是宽泛而模糊地提到了南方:帝舜姓姚,名重华,暗示着他比先帝尧更厚德。他是颛顼的后代,20岁时因尽孝而闻名于天下。30岁时他成为帝尧的大臣,后来他继承了王位,并且挑选大禹作为他的继任。50岁时他登上王位,112岁的帝舜巡视南方各省时崩殂。他的美德往下传了万代。他的精神蔓延到了全国,并非局限于本地。南方的人民深切地纪念着他,立了这个神龛,来供奉牺牲给他。此地在夏、商、周这三个远古朝代(约公元前2200年至前255年)也供奉祭品,秦始皇帝当政时也没有断过。唐大历十一年(公元

---

  ① (美)威廉·埃德加·盖洛(William Edgar Geil):《中国十八省府》,沈弘、郝田虎、姜文涛译,山东画报出版社2008年版,第100—101页。

  ② (美)威廉·埃德加·盖洛(William Edgar Geil):《中国十八省府》,沈弘、郝田虎、姜文涛译,山东画报出版社2008年版,第103页。

776年),舜帝的后代居住在陇西地区……(石碑在此被毁坏)"①同时,盖洛记述了南中国守护疆土的故事:"著名的马援将军在世时,一个被称为安南的地方曾有征侧、征贰两个女人领头造反。当时汉朝的皇帝派遣大将马援前去讨伐。建武十一年(43年)正月,这两个女人被斩,南方重新平定下来。"②马援将军是传说中的"聚米为山"即沙盘的发明者,至今仍然有婆罗神庙和庙会纪念他守护南疆的业绩。

最后,盖洛记述了他与人游历七星岩听到的传说:"我们去看了七星岩,它就在城市对面的桂江彼岸,足有一里远的地方。在四个手持汽油火把的导游和保镖陪伴下,我们从岩洞的鱼龙口进去,欣赏了以下这些景点:亲王台、鱼龙口、太白罗汉。'这个罗汉',那名精力充沛的向导说,他的声音足以惊醒佛陀,'负责看守桂林的东城门。'接着他大声喊道,声若滚雷:'天堂祥云!'虽然我们告诉他,我们的听觉都很好,但他迷信的内心仍然驱使他大声叫喊出来。仙境头门、二龙戏珠、钟乳石栏——以上就是我们这位可敬的向导对于那些奇特洞中景物的阐释。'无底深洞!'向导吼道。人们的注意力转向这个可怕的景点,竟是由于一个更为可怕的声音,这真是令人毛骨悚然。我们往洞里望去,深不见底。善男信女们经常向里面投活鱼放生。'龙鼓!'向导的声音震耳欲聋。灯杆、三鼓、仙境三门……'天宫幕帘!'所有的向导齐声喊道,那隆隆的回声传进了黑暗的石洞和潮湿的过道。猴偷蟠桃……'仙人床!'那老向导尖声叫道。骆驼和狮子、青蛙、鱼、老虎头、吃石榴的仙女、风龙洞……'蜗后三星!'向导吼道。然后是一阵令人畏惧的沉默,此间我们都在严肃地冥思,那万能的上帝之手如何在漫长的岁月里精心塑造了这些钟乳石和石笋。不久,我们便从'八里岩'的口里钻了出来,因为我们把向导也算作是一颗最大的明星。"③

(5)贵阳

第五章"贵阳",盖洛记述了"桂林至贵阳,从肉桂林到鬼魂之地"、"牌坊:为死人招魂的门楼"、"鬼魂之地及其首府"和"当地的方志和神话",包括其"探访苗寨"等。

盖洛走进贵阳,由桂林至贵阳,被他理解为"从肉桂林到鬼魂之地",他把贵阳称

---

① (美)威廉·埃德加·盖洛(William Edgar Geil):《中国十八省府》,沈弘、郝田虎、姜文涛译,山东画报出版社2008年版,第105—106页。
② (美)威廉·埃德加·盖洛(William Edgar Geil):《中国十八省府》,沈弘、郝田虎、姜文涛译,山东画报出版社2008年版,第108页。
③ (美)威廉·埃德加·盖洛(William Edgar Geil):《中国十八省府》,沈弘、郝田虎、姜文涛译,山东画报出版社2008年版,第116—117页。

作"鬼魂之地"①,称自己的感觉是"贵州省虽然地处高原,但却并不干燥"②。对于他来说,这里的传说故事最有特色的是苗族起源洪水神话。他称"有关苗族起源的传说,我们在旅途上就听到了",而这里的故事是从一份传教士会刊上转述的:

> 在大洪水的传说中,有两个人存活了下来,他们是兄妹俩,因躲在一个硕大的葫芦里而得救。哥哥希望妹妹做他妻子,但妹妹认为这样做不合适而拒绝了他。最后她给哥哥提建议说,一个人拿石磨的上面部分,另一个拿下面部分,走到相对的两座山山顶,将磨石朝两座山之间的山谷里滚下去。如果在山谷里面发现这两块磨盘就像原来那样合在一起,她就会同意做他妻子,而如果发现石头没有合在一起就不同意。哥哥同意了这个建议,但考虑到两块从相对的山上滚下的石头按所要求的方式叠到一起,可能性很小,他便偷偷地在山谷里面放了两块磨盘,一块放在另一块的上面。然后他们从山顶把石磨盘滚了下去,石磨盘在山坡上就滚丢了;到了山谷下面,他把事先放置好的两块磨盘指给妹妹看。然而她对此并不满意,又提议说在山谷里放置一个盒子,然后他俩从两座相对的山头往山谷里掷小刀。如果两把小刀都被发现在盒子里,他们就结为夫妇,否则不然。于是哥哥再次想到两把小刀都掷到盒子里是多么不可能,所以在上山前就拿了两把小刀放在了盒子里。从山顶上掷下的两把小刀都丢失了,当妹妹看到了哥哥事先放在盒子里面的那两把小刀,就同意做了他的妻子。随着时间的流逝,一个孩子出生了,又聋又哑,没胳膊没腿。狂怒的父亲就把孩子给杀了,砍成了碎片,在山坡上扔得四处都是。第二天早晨,这些碎片变成了男人和女人,这样大地上又住满了人。③

对此,他总结道:"按照我们自己听说的版本,人类的肉体和神圣的灵魂结合起来生成了苗人,因此苗族是众神的后代。当地人对于苗族起源的记述就是如此。"④20多年后,留学归来的人类学学者凌纯声、芮逸夫等人记录的苗族起源洪水故事与之情节相同。盖洛在他们之前就已经很详细地记述了这些内容。值得注意的还有盖洛在

---

① 汉语中的"kuei"原意为"鬼",由于作者也清楚的原因,这儿也许曾被称为"鬼魂之地"。但是它现在的名称"贵州"中所使用的是另外一个"贵"字,意为"宝贵"的。
② (美)威廉·埃德加·盖洛(William Edgar Geil):《中国十八省府》,沈弘、郝田虎、姜文涛译,山东画报出版社2008年版,第119页。
③ (美)威廉·埃德加·盖洛(William Edgar Geil):《中国十八省府》,沈弘、郝田虎、姜文涛译,山东画报出版社2008年版,第121—122页。
④ (美)威廉·埃德加·盖洛(William Edgar Geil):《中国十八省府》,沈弘、郝田虎、姜文涛译,山东画报出版社2008年版,第122页。

这里发现了《小红帽》故事的异文,他说:"当地版本的小红帽的故事太长,就不在此引述了。有一处很好玩的修改是那只狼要坐在一个鸟笼上,而非椅子上,这样它的尾巴就不可以在笼子里面摆来摆去了。"①这是一个具有民间文学比较研究意义的论断。

民族起源在神话传说中被描述,而描述的背景常常与一定的仪式相联系。盖洛还记述了他看到的黔地风俗,把这些风俗看作是那些神话传说故事的土壤。他记述道:"仲春时节,他们在跳场中央植上一棵冷杉,树枝上系上了野花儿。那一天男人和女人都要穿上漂亮衣服。男人吹着竹箫,女人唱着情歌。他们就这样围着那棵'野花树'而舞,为选择爱人提供条件。男女互相交换腰带就意味着他们两人愿意成为一对儿,之后送给新娘的聘礼根据她脖颈上戴的银首饰的多少来决定。他们认为第六月是一年的开端,他们都是一些朴素、害羞的人,但他们也很辛勤。男人主要的劳作是耕种,女人是纺织麻布。"②在他看来,生活中的信仰深刻影响了民族的心理与行为:"他们没有专门的结婚仪式。春天时在户外的开阔地上跳舞,跟其他部族一样,那时未结婚的人们会聚集在一起抛彩色棉线球和唱情歌。扔球的时候可以扔给任何他或她喜欢的人。但是如果对方捡起了球,就被认为是愿意跟抛球者结合。此后作为聘礼的公牛就会送往新娘家。根据新娘的美貌程度,公牛的数量也会增加或者减少。最漂亮的女子会得到50头肥公牛的聘礼。"③继而,他记述了传说中有名的巫术"蛊":"据说有些苗人养蛊,即一种有毒的蠕虫④。蛊可以分为两种,金飞虫和蛙虫。前者晚上出来饮水的时候发着微黄色的光,所以叫'金飞虫'。蛙虫只有女人会养,晚上跟她睡在一起。如果有人杀了蛊,那女人就会死。这两类蛊都常常会为它们的主人带来财富,主人因此总是很富有。每隔一千天,那蛊就得杀死一人,否则主人会被毒到。养蛊的房子必须非常干净。"⑤这些材料的意义在于其不仅是风俗志,而且是民族志,是苗族起源神话传说的忠实记述。

在中国的大西南,盖洛看到众多的鬼神信仰。他亲眼看见了中国南方民族的风俗,前后态度发生了一些变化。他说:"按照中国的习俗,要求门神以版画的形式贴上

---

① (美)威廉·埃德加·盖洛(William Edgar Geil):《中国十八省府》,沈弘、郝田虎、姜文涛译,山东画报出版社2008年版,第141页。
② (美)威廉·埃德加·盖洛(William Edgar Geil):《中国十八省府》,沈弘、郝田虎、姜文涛译,山东画报出版社2008年版,第124—125页。
③ (美)威廉·埃德加·盖洛(William Edgar Geil):《中国十八省府》,沈弘、郝田虎、姜文涛译,山东画报出版社2008年版,第127页。
④ 这里人们需要非常仔细,不能把两种类型的"蛊"给弄混了。一种指肠内寄生虫,不一定有毒。另一种是致命的毒药,根据中国人的说法,就是将各种有毒的昆虫和爬虫关进一个盒子里面,让它们互相撕咬,直到只剩下最后一个毒虫。一位中国作者写道:"那些为蛊所咬的人全身发黑,腹部鼓胀。"
⑤ (美)威廉·埃德加·盖洛(William Edgar Geil):《中国十八省府》,沈弘、郝田虎、姜文涛译,山东画报出版社2008年版,第128页。

去。寺庙大门上的门神图也是一样,只是更大一些,面露凶光,气势逼人。他们并非在威胁居民,而是保护住在里面的人免受具有敌意的仇人伤害,或是避开邪气的影响。这些方法几乎在全中国都普遍采用。"①经过实地考察,他认识到"苗族人的迷信是说也说不完的","他们仍处在万物有灵论的阶段,生活在对邪气恶魔的永久恐惧之中,认为它们是所有疾病和灾祸的原因"②。他也因此总结出一些规律与方法,对于"中国的学者羞于提他们的古代地方志","在对中国古代地方志感到厌恶和对其民间传说感到骄傲之间的这个特定时期内,存在着古籍会随时遭受毁灭的危险"③。在科学考察中,不能盲目进行判断,所以,"对于外来者,对于那些非常了解这个地区的人,对于那些了解方志诉诸口头传说的人,'书目'部分的内容非常有趣"④。

盖洛从地方志等材料中记述了一些地方歌谣,他说:"从成长如此之快的大量文学中挑选是件难事儿,也许童谣是首选的体裁。"其记述道:

瞌睡来,瞌睡来,
要我脱掉绣花鞋。
席子叫我躺下来,
被子叫我盖盖好,
枕头叫我睡香甜。
好,明天吃糖果。

大姑姑,二姑姑,
蘸着蜂蜜吃糖果,
打破蜜罐生了气,
彼此不再来往了。

小老鼠,爬烛台,
吃了烛油下不来。

---

① (美)威廉·埃德加·盖洛(William Edgar Geil):《中国十八省府》,沈弘、郝田虎、姜文涛译,山东画报出版社2008年版,第137页。
② (美)威廉·埃德加·盖洛(William Edgar Geil):《中国十八省府》,沈弘、郝田虎、姜文涛译,山东画报出版社2008年版,第143页。
③ (美)威廉·埃德加·盖洛(William Edgar Geil):《中国十八省府》,沈弘、郝田虎、姜文涛译,山东画报出版社2008年版,第146页。
④ (美)威廉·埃德加·盖洛(William Edgar Geil):《中国十八省府》,沈弘、郝田虎、姜文涛译,山东画报出版社2008年版,第150页。

打翻烛台烛油淌,

弄脏太太绣花鞋。

别出声,猫来了,

喵呜！喵呜！喵呜！①

(6) 昆明

第六章"云南府",盖洛称之为"海拔最高的省府",同时,记述昆明地方风俗,记述为"往事如烟"。盖洛笔下的云南没有贵州的漫天鬼神气息,但也不乏神秘的景象,构成诡异的传说世界。总体而言,相对简略。如其记述"顺治四年,南城外雌鸡变雄！……顺治十一年五月,城北涌泉庙,龙斗,坏僧舍山门及文殊寺。顺治十六年三月,大雨,雹如卵如拳,深二尺,伤牲畜无数。……顺治十八年正月,太白经天,有小白蝶群飞蔽天,自东南而西北,月余乃止"。这是有名的"蝴蝶传说"。云南的风光旖旎,伴生许多风物传说。如其记述:"康熙十年(1671年)五月,一只大鸟降临这城,一场大洪水毁了兵营、几千间房屋；死伤无数人和动物。康熙十二年元旦地震。三月五日,北门城楼东脊鸱吻中出白烟,高五尺,宽四尺；察之乃蚊也,以泥涂之乃息。西寺塔②顶铜凤有声呼叫,数日不止,断其首方已！又有异鸟来,展翼方丈余,击杀之,貌状怪异,博物者不能知其名。"③

(二) 盖洛眼中的"扬子江"故事

盖洛记述"扬子江流域的省府",其第一章专程记述"苏"这个词具体指什么,然后记述"坐船游苏州"的观感等内容,他还介绍了"一部苏州的小说",而重要的还是那里的故事。

这里有一个问题,盖洛是从云南折回来才走进苏州的吗？

他为什么在记述中国南方的自然、历史,包括传说与故事时,要专门从苏州开始他的书写呢？进一步说,他为什么对上海这座紧邻着苏州的中国近代最有影响力的都市没有记述呢？

---

① (美)威廉·埃德加·盖洛(William Edgar Geil):《中国十八省府》,沈弘、郝田虎、姜文涛译,山东画报出版社2008年版,第140—141页。

② 西寺塔为昆明市内建筑最古老的宝塔之一,约建于840—859年之间。

③ (美)威廉·埃德加·盖洛(William Edgar Geil):《中国十八省府》,沈弘、郝田虎、姜文涛译,山东画报出版社2008年版,第151—152页。

(1) 苏州

走进苏州,盖洛首先看到的不是那里风景优美的园林,而是"名人"及其传说故事。他说:"在两千多年的历程中,苏州自然也产生了一些名人。明朝的一位著名艺术家唐伯虎就住在桃坞街,他的画作和手稿如今价格惊人。马良(Ma Liang)生于广东附近,但来此学习,他投身于绘画,孜孜不倦地在昆山对着一尊菩萨练习,看到他画的人无不交口称赞。一位叫臧纳(Tsang Na)的友人将他的亲笔题词写在画上,结果它们卖得非常好,他的名声都被记载在地方志中。对于那些只能画一个主题的街头画家来讲,这一事例显然给他们带来了希望。"①接着,他述说苏州的风景与故事。他这样描述:"城外最大的桥以'宝带桥'而著称,又称'五十三孔桥'或'金钩桥'。这座桥横跨在玳玳河流入大运河的地方,而且桥上还有大运河的纤路。它位于这座城市东南角往南三英里左右的地方。桥的北端为一座佛教寺庙,那里有两个和尚卖给我们凉茶,收了三个先令,还有一只鼓,收了一个先令。关于这座桥的来由,他们还讲了一个故事。'李某这个大强盗住在太湖旁边的山里。他胡须很长,吃饭时要碰到食物,所以他不得不用两个金钩将胡子撑到耳朵处。他手下有一千喽啰,对那些被勒索钱物时乖乖给钱的人,他就发给一种保票,可使他们不再遭到抢劫。'这跟西方市场上所用的方法十分相似。他也不会抢劫穷人,而是劫富济贫,官员们对他望而生畏。现在他想积德上天堂,于是便决定建这座桥,并在它的地基下埋了珍贵的腰带和珍珠。他90岁才过世——去了哪儿?我从未听说他去了天堂,也没听说他下了地狱。但是他的肚量很大,充满了正义。如果他积的德超过了恶,那他就会上天堂的。"②他介绍苏州的贡院和他在这里听到的传说故事,说:"我访问苏州时,旧的贡院还在,算是一处闲置的遗迹。现在所有的变化都来得太快,人们渴望孝道的精神不要因为西方的自由空气在这片土地上传播而消失。杨先生给我们讲述了一则典型的传统故事:一位中国士绅跟他的儿子打了一架,打斗中儿子不小心敲掉了父亲的几颗门牙。父亲尽管受到了很大的侮辱,但由于儿子力气比他大,没办法去惩罚儿子,于是就诉诸法律。这吓坏了儿子,他就去请教一位姓楚的人,请他想法子救他。楚要他第二天早晨爬到一座高山顶上来。虽是深冬时节,儿子却穿着薄薄的夏衣。当他坐在山顶的庙里时,他姓楚的朋友也上了山,在帮他解决这场严重的打架问题之前,向他要两千元。儿子给了钱,然后楚掏出一把刀,要割下那侮辱了父亲的儿子的一只耳朵。儿子反对这样做,但楚却告诉他,没有比这更好的办法了。在衙门里审讯时,儿子可以说父亲咬掉

---

① (美)威廉·埃德加·盖洛(William Edgar Geil):《中国十八省府》,沈弘、郝田虎、姜文涛译,山东画报出版社2008年版,第165页。
② (美)威廉·埃德加·盖洛(William Edgar Geil):《中国十八省府》,沈弘、郝田虎、姜文涛译,山东画报出版社2008年版,第170页—171。

了他的一只耳朵,而且他是在挣扎中才敲掉了父亲的门牙。儿子修正了楚的说法:在打斗中他没有敲掉父亲的门牙。而是父亲咬他耳朵时,他本能地向上仰了一下头,不小心撞掉了父亲的门牙。这个说法听起来似乎更为合理,于是官老爷将二人都遣散回家。父亲和儿子又和好如初,幸福地住在一起。后来父亲就问儿子怎么想到这么好的辩护词,因为他根本没有咬儿子的耳朵。儿子告诉他是楚帮了忙。于是父亲迁怒于楚,将他送进了衙门,但楚声称自己没有帮过儿子。'不对,是你帮我想的主意。'儿子说。'你说我们是在什么地方碰的头?'楚问道。'山上,你记得我那天穿着夏衣。''什么,在冬天穿着夏衣?'地方官插问。'是的,是在冬天。'这个细节是该案件致命的破绽,被告当庭无罪释放。像这样的故事显示出,我们离普通中国人的思想有多远,离欣赏他们的标准有多远。"①他关注苏州,但笔墨明显淡于对杭州和福州的风俗与传说的记述。他在最后提到"从寺庙转向宝塔:有三座宝塔引起了我们的注意,其中有两座是笔状的,另一座呈墨水瓶状。有一位学者建造了那双塔,为的是招徕能确保该城镇有好学问的风水"②。

（2）南京

盖洛将南京称为"南方的京师",介绍新南京的景象。这里是南中国的政治、文化的重要标志。盖洛说:"南京的故事是从伟大的征服者和改革家秦始皇开始的。在那次对所兼并属国的著名巡视中,秦始皇将自己的营地驻扎在了大江③的北岸。第二天一早起来,他拉开帐篷的门帘,发现对岸的山顶上有一团玫瑰色的彩云,云团中显现出一个皇帝的轮廓。他知道这是个预示:那座山里一定有一条龙,而龙的任务就是产生皇帝。因此他必须去拜会这条龙,并且必须对它做出一些安排。'快来船!让桨手和轿夫们把我送到那座山上去!'不久,人们就找到了龙的所在地。对待一条龙,就像对付强有力的对手那样,有两种办法:要么把它的珍宝全部掠走,使它变得虚弱,但这可能会引它发怒;要么就送它许多珍宝,以此来收买它的善意。秦始皇选择了后者。他在龙的颈部埋了许多珍宝,让它去尽情享受,并且给它留下了一支仪仗队,以免盗贼们将这些珍宝'搬走'（这是委婉的说法）。于是公元前212年,这儿建起了一座名为'建康'的兵营。它在好几个世纪中都守护着那些珍宝,以保证这儿不会产生与当时统治者争权的皇帝。……当吴国复兴时,这一地区从907年起又成了它的首都。然而随着1280年蒙古人的征服,它又一次地变得不再重要。此时,口头传说又走到了前

---

① （美）威廉·埃德加·盖洛（William Edgar Geil）:《中国十八省府》,沈弘、郝田虎、姜文涛译,山东画报出版社2008年版,第173—174页。

② （美）威廉·埃德加·盖洛（William Edgar Geil）:《中国十八省府》,沈弘、郝田虎、姜文涛译,山东画报出版社2008年版,第176—177页。

③ 长江的旧称,另一个旧称是扬子江。

台,远比单纯的事实要有趣得多。有几位大臣从大都(北京)来到了南京。于是许多谣言便开始流传:说其中有一个人将来要成为皇帝。接着就来了一个卖黑梅的商贩。这是一个身体强壮的男人,一位优秀的将领和一位权力越来越大的官员。他手下的士兵告诉他怎么才能找到那个未来的皇帝:背紫头绿,那就是天子。许多人都声称自己是天子,于是他们被带到御碑所在处,让他们站在御碑的前面。但是一旦被问及国家事务,他们或是哑口无言,或是满嘴蠢话,显然他们并非天子。不久又有谣言传开,说紫金山(即好运山)上有真正的天子。于是有许多人便去寻找,在秦始皇埋藏财宝的地方,他们看到岩石上有一个光背的男人。他头盖荷叶,用以遮住阳光,并且信誓旦旦地宣称,'我是天子'。有许多人嘲笑他,直到一位智者指出他的背部被阳光晒得发紫,以及他的荷叶阳伞是绿的,然后说道:'背紫头绿!'于是人们把他带到了御碑处。他的智慧也在回答每个问题时显现出来。秦始皇的预见得以实现,就这样龙完成了它的使命,因为洪武①率领汉人赶走了蒙古人。"②这里的帝王传说的确有特色,而在盖洛的眼中,都成为家常话。

　　南京是太平天国的都城,盖洛在这里找到当年历史的见证人,他说:"我们所采访的一位幸存者是78岁的殷先生。他被自称'和平赐予者'的太平军抓住,保全生命的唯一条件就是参加太平军。由于没有武器,他只能充当苦力。他没有参与攻陷安庆的战役,也没有参加接下来的那场接连三天的大劫掠。因为当时他逃回了360里以外的家,但后来却被抓住。在干了一年苦力之后,他被派往南京,编入了禁卫军。但那时战事较少,只有挖地道。后来他被送回乡下,在那儿他参加了20场战斗,最惨烈的一次就是常州保卫战,双方都有大约两万兵力。太平军放弃城墙的防护,出城来与清军在平原上决战,战斗整整持续了12天。枪林弹雨,血流成河,尸骨遍野。然而太平军将士们丝毫也不畏惧,他们崇拜上帝,所以并不害怕。城市最终还是陷落了。他背部被刺了一枪,却死里逃生。他现在想起来,觉得自己是因为受到上帝的保佑,以便能见证福音。大部分守城者都被斩首,当他们前往刑场时,有些人始终表现出了大无畏的气概,笑着拍拍脖子,说:'我头颈这儿正痒痒呢,把我的头砍下来吧!'殷先生记起了太平军内一次盛大的宗教仪式,军官们带领一群士兵跪下,大声重复24个句子,开头的一句是:歌颂上帝!歌颂耶稣基督!歌颂圣灵!仪式结束后,人们郑重地将纸符付之一炬。然而这个仪式没有向他传达任何东西,因为那儿没有任何教义……他向传教士询问,并最终加入了教会,现在他已是一名虔诚的基督徒。当太平军忽视宗教仪

---

① 这是年号,他的名字是朱元璋,年幼时由于家贫而出家当了和尚。人们称他为乞丐王。他获取权力的故事要比虚构更加怪异。但总的来说,他无疑是中国历史上最伟大的人物之一。

② (美)威廉·埃德加·盖洛(William Edgar Geil):《中国十八省府》,沈弘、郝田虎、姜文涛译,山东画报出版社2008年版,第194—196页。

式时,他们就开始失败了。汉人崛起的时机尚未成熟,还欠考虑。奇怪的是,这使我们想起了克伦威尔为了摆脱来自北方(斯图亚特家族)的桎梏而领导的起义。……一个牧羊人在明孝陵所在的荒芜山坡上徘徊,突然他遇见了一位身着古装的人。后者问他:'天明了吗?'牧羊人一时弄不清,就只好照字面意思回答了一句:'已是拂晓,尚未天明。'那位明①人转身就回去了,以等待玫瑰云的再次升起,以及巨龙再次推出一个救世主。"②

盖洛看到了一个新南京,他看到的是美国人对"新天地"的贡献,也看到中国人所坚持的"迷信"。他说:"我们看到了有关老南京的两件遗物:大钟和剪刀。那口大钟有一个著名的故事,讲述皇帝命令工匠为他铸一口世界上最大的钟,以及工匠如何一次又一次地失败,只有他女儿的死才能够弥补他的失败。所以在关键的时刻,他女儿纵身跳入熔炉之中,以牺牲自己的代价来换取铸钟的成功。还有大钟如何在铸成之后一直发出动听的声音。但是这个传奇故事还会长久地流传下去吗?新版的地方志中有这样一个说明:'我们已经把贞女和孝女的章节并入了烈女的那一章。'在这个新版本中,'祥异'的章节已经消失,或许不久以后的修订版又会删去自杀的章节。最早的美国人是于1876年来的,当时的人们对于太平天国运动依然记忆如新。面对人们的怀疑和辱骂,要得到一个立足点是很不容易的……美国人在一个很重要的方面开辟了新天地。中国人坚信世上有鬼,他们认为吊死鬼会缠住一座房子。但是在经历了两次围城和成批的妇女自杀之后,南京还能有哪座房子能幸免于鬼呢?曾经有一度,城里的每口井中都是女人的尸体。所以在房产代理人手中总是有一大堆闹鬼的房子,传教士们和皈依的中国基督徒们经常能买到很便宜的房子。有一次,他们廉价买到了一座别人不敢住的房子。当传教士的家庭变得人丁兴旺时,以前的房主又以高价买回了这座风水得到改善的房子。一个算命先生吃惊地问,在美国是否有鬼魂或精怪。当听说那儿没有的时候,他便自作聪明地推测,鬼魂肯定是被我们的宗教全部都赶到中国来了。用基督教来抵御鬼魂倒是一个不错的主意。目前抵御鬼魂的通用办法就是请巫师或道士、和尚前来念咒击鼓。或许将来找基督徒来做房客这个办法会更加流行!"③

(3)安徽

盖洛走进安徽,选择了古老的都城安庆。他记述"环绕城墙的散步"、"珍奇的安庆

---

① 明(Ming)的原意为"光线"或"明朗"。
② (美)威廉·埃德加·盖洛(William Edgar Geil):《中国十八省府》,沈弘、郝田虎、姜文涛译,山东画报出版社2008年版,第198—199页。
③ (美)威廉·埃德加·盖洛(William Edgar Geil):《中国十八省府》,沈弘、郝田虎、姜文涛译,山东画报出版社2008年版,第199—201页。

宝塔"与"地方志"等内容。映入他眼前的不是这里久远的历史,而是具有典型意义的土地庙和土地神。因为中国有漫长的农耕文明,所以,土地神的信仰更能够显示中国文化的特征。

他记述道:"不远处就是土地庙,土地神是一种乡间的神祇,它比城隍神的等级更为低微。土地神在城里的唯一职责就是照看菜园。而在城外,所有的农田都在它的管辖范围之内,包括每隔几里就能看见的坟墓。通常来说,人们烧香放鞭炮来祭拜它。在春秋两季专门的节日里,人们要敲着铜锣,念诵经文,而且还要在它的神龛前摆放鱼肉、鸡肉和猪肉,这些祭品后来都被道士和看园子的人吃掉。"①他所关注的是"他们对于土地神的信仰",并由此观察安庆的历史文化。他记述道:"东城门通常被称为'枞阳门'。枞阳是九十里外一个镇子的名字,这就像是在曼彻斯特有伦敦路和牛津路的火车站。箭楼的两侧各有一块约五英尺高的柔滑大理石板。当地人认为它们具有很高的药效,尤其对气喘病和消化不良十分灵验。他们从白色的大理石上刮下少许石粉,然后将其注入开水饮用。所以两块石头上都有很深的凹痕。城墙外有一家正对着宝塔的茶馆,它目睹了几年前一个骗子被当众揭穿的一幕。一个圣洁的尼姑正在进香的途中,有一个旗人或兵勇保护着她。他们走访了许多尼姑庵,显然是收到了信徒们的大量捐赠。到了这儿,尼姑要为保镖结账,结果仆人觉得自己受到了不公平的待遇,于是他去地方官那儿告密。尼姑被召来进行盘问。地方官命令尼姑在厅堂上脱光衣服。在中国,即便是一个普通女人,如果遇上此事也会自杀,但这位'尼姑'居然是个男人,奇怪的是,他还被放走了。这件事很好地诠释了'知人知面不知心'这句谚语……另一个故事是这样的:在一场大水中,这个城镇被淹没,巡抚命令手下官员去祈祷,但却没有奏效。当他自己走出这个城门,下令用铁链抽打洪水时,洪水马上退去了好几英尺。皇帝听说此事后,下令要将这位巡抚的高风亮节刻在牌匾上,使之流芳千古。"②他接着讲:"安庆的名人留下许多轶事,但绝大多数轶事似乎都与新近的朝代有关,即集中在从元代到清代这一时期。明朝时安庆有一个贫穷的年轻人名叫王生。他娶了当地一个豪门的小姐,他的两个连襟都很富裕,只有他自己很穷。有一次,豪门里添了一个孙子,他的岳父便于孩子出生后第三天在大堂里挂了一把弓,并根据习俗邀请了许多客人前来庆祝孙子的诞生,许多客人都带来了礼物。王生的礼物颇为寒酸,而且他自己也衣衫褴褛。他的岳父觉得丢脸,拒绝让他跟其他的女婿坐在一起,命令仆人将他的饭送到后面的一个房间去。就连外面的人大摆宴席

---

① (美)威廉·埃德加·盖洛(William Edgar Geil):《中国十八省府》,沈弘、郝田虎、姜文涛译,山东画报出版社 2008 年版,第 207 页。
② (美)威廉·埃德加·盖洛(William Edgar Geil):《中国十八省府》,沈弘、郝田虎、姜文涛译,山东画报出版社 2008 年版,第 208—209 页。

狂欢时,王生也无缘参加。然而他的岳母可怜他,命令仆人在二楼的阳台上为王生单独设宴,并派人给他送去了一碗小米粥,但仆人忘了送筷子。当时在阳台上跟王生在一起的岳母就取下了自己头上的夹发针,给他当筷子。她因为要招呼其他的客人,就转身离开了他。王生因在豪门家受到如此屈辱而感到愤怒,所以只喝了半碗小米粥就离开了那儿。第二天,他的小舅子前来找他,要他归还那一对金制的夹发针。由于被怀疑偷窃,王生提出跟小舅子一起去城隍庙,以重誓来洗刷自己的罪名。在进门的时候,他绊了一跤,摔在地上,碰破了头,血流不止。所有的旁观者都说:'这还用发什么誓?城隍菩萨已经给了骗子以应有的惩罚。'王生无奈之下,只好离开安庆,到了京城,他在那儿得到了皇帝的青睐,高中状元,在名扬全国的同时还当上了大官。他回到了安庆,将妻子的亲戚们召集在一起,说:'这次回来,目的就是要跟城隍菩萨来算账的。城隍菩萨把一位诚实的人当作了骗子,他怎么还配有明智和公正这样的头衔呢?我要让大家都见证它受到惩罚。'就在那天晚上,他和他的岳父母都梦见有人告诉他们打开城隍菩萨后面的神龛。打开之后他们发现,原来很久之前丢失的金制夹发针就藏在那儿。这样,不仅那位聪明的城隍菩萨逃脱了一场迫在眉睫的灾难,而且豪门内两个分支间由来已久的矛盾也得到了圆满化解,就连状元名声上的污点也永远消失了。"①

盖洛看中国,时刻使用西方人的时间单位,这应该是一种本能。他在这里记述道:"令人感到悲伤的事实是,自从西西拉的时代起,一直到义和团运动爆发之后来到北京的法国人和俄国人,每当一个城市陷落之后,随之而来的肯定是屠城、劫掠和强奸妇女。"接着,他列举了"三个例子",其"选自明朝被满人所灭时的阵痛时期",应该属于当代传说。一个传说故事是:"陈氏是明末崇祯皇帝统治时期一位小官吏的妻子,她和丈夫都被流窜的匪徒抓获。匪徒举刀要杀她丈夫时,陈氏奋不顾身地挡住了他。她的四个指头被砍掉,匪徒以为她被砍死,就扬长而去。皖城的驻军发生叛乱,到处烧杀劫掠。刘氏在与丈夫严谡失散之后,跳进了一条小船,但是看到自己的亲戚试图逃走时,她不敢冒险,所以就跳入江中淹死。"一个传说故事是:"安庆城陷落之后,苏氏一家躲在皇家的粮仓里,强盗发现他们之后,杀死了一名侍女。苏氏把血抹在自己脸上,使自己显得丑陋,以避免受强盗凌辱,然后她坐在井口,准备投井自杀。但是看到自己的公公和婆婆仍在强盗的手中,就摘下耳环和首饰,想用它们作为赎金来换取公公和婆婆的生命。当这个请求被拒绝之后,她破口大骂强盗不知廉耻,罪该万死,结果强盗们恼羞成怒,把她砍成了肉泥。"一个传说故事是:"在安庆的南边有一座山叫作'和尚',山头上寸草不生,就像是和尚的光头。现在这个名称已经变得不太有针对

---

① (美)威廉·埃德加·盖洛(William Edgar Geil):《中国十八省府》,沈弘、郝田虎、姜文涛译,山东画报出版社 2008 年版,第 220—221 页。

性了。因为大多数的山头都变秃了。俗话说:'不当和尚,不会感冒。'满人强迫所有的汉人都剃掉头顶上的头发。然而,这座山的名字却是来自一个姓杨的和尚。他在一次大旱中念经求雨,结果老天马上就下起了大雨。后来有一次大旱,他堆起了三个大柴火垛,并立誓假如天不下雨的话,就让他自己在柴火垛上烧死。结果天没有下雨,他身上冒出三道火苗和浓烟,将他烧为灰烬。于是,这座山便以他来命名了。"①三个传说故事都在证明什么呢?只有盖洛自己明白。

(4) 江西

在江西南昌,盖洛记述"湖泊与淑女"、"陶瓷、天师和其他产品"与"朝南开的城门"等内容,他把民间社会语言称之为"百科全书中的胡言乱语"。

盖洛对江西印象最深刻的一个是陶瓷,一个是天师,还有就是"一千头猪,七千担米"②。其实,江西人对文化的重视和贡献,也是非常醒目的。唐宋八大家之中,宋代的欧阳修、王安石、曾巩都出自江西。当然,江西的风水先生可以称为"富有文化的巫师",在全国也负有盛名。江西流行的风水传说,自然受到盖洛的关注。

他解释说:"道教的教皇在中文里称'天师'。据说天师的身体里附着著名道士张道陵的灵魂。张寿命超长,活了一百多岁(34—156年),后来发现了长生不老药,成了神仙。天师死时,宝贵的灵魂会投生在张家某个后代身上,这个后代的名字用上述方法便可得知。"接着,他记述道:"南昌城坐落在一条大河东面。一千年前,风水先生测算过它的位置和形状,认为南昌地处水乡,应该在南方北方各建一座塔,以镇住漂移的城市,而且所有的城门都要朝南开,以吸祥纳瑞。所以,唯一的北门藏在角落里,朝西的瓮城遮住了它;东面的两个门和西面的两个门都开在瓮城的侧面,变成朝南开的城门;真正的南门当然不成问题。这样,南方的祥瑞可以源源不断地涌入南昌城⋯⋯南塔比北塔更容易找到。唐朝的一个皇帝在征战朝鲜时发现了一块黑硬闪光的石头,便将它带回到了军营。结果他发现自己的身体周围雪花不落。于是皇帝便把石头带在身边,发现到哪儿都是这样。所以当战争结束后,皇帝把奇石带回了中国。后来,一个方丈治愈了皇帝的病,皇帝出于感激,把奇石赏赐给了方丈。方丈带着奇石回到家乡,在建南塔时把这块奇石放置在塔顶。不幸的是,19世纪初的一个巡抚不知道奇石的妙用,把它扔掉了。从那以后,暴雨经常侵袭南昌城,就在我们访问期间也是大雨不断。在公元500年之后的梁朝,太清皇帝有一次生病时发愿说,如果病愈,他要做一件大善事。为了还愿,他召见最钟爱的和尚征求意见,并派他前往印度,取一

---

① (美)威廉·埃德加·盖洛(William Edgar Geil):《中国十八省府》,沈弘、郝田虎、姜文涛译,山东画报出版社2008年版,第222—223页。

② (美)威廉·埃德加·盖洛(William Edgar Geil):《中国十八省府》,沈弘、郝田虎、姜文涛译,山东画报出版社2008年版,第229页。

部佛经,或请一尊精美的佛像回来。三年后,和尚回来了,带回了如何建造新式八角寺庙的细则,其中四边是空的,另外四边有开放的窗户,燃着油灯,为漫游的精灵和鬼魂照明。皇帝于是命令他属下十三省的所有破败佛塔都按照这个模型重修,并且派人照管油灯。皇帝死后,油灯不点了,但钱照领。南北双塔建在一条向北蜿蜒的大龙身上,它们的位置恰好在可以触摸到龙脉搏的地方。……最近,与南塔有关的故事更加悲惨。几年前,一个罗马天主教传教士郑重索求一些法律上的权利,他的固执要求使他的传教士同行们成为仇恨的对象,而直到最近使所有中国人都害怕这些传教士。"① 这在事实上讲述了一个风水故事,包含着盗宝传说故事的重要原型。

道士故事、风水故事等奇异故事,在这里都属于天师故事的一个类型。这是江西的特色,盖洛对这些传说故事的记述,为中国民间文学史提供了一个特殊的文化标本。他说:"这些地方志里包含着丰富的信息。由于天师是这个地区的特色,所以应该选出几段更具凶兆性的轶事:道士陈师与一位梅氏住在一起。他向梅氏借了二十只碗及筷子,以举行宴会。他带着梅氏来到要在那里面举行宴会的山洞口,赴宴的人都穿着周朝时期的衣服。有一道菜是熟蒸婴儿,梅氏惊恐地拒绝了,烹煮小狗也不敢吃。陈师叹了口气,把碗筷还给了她。回到家里以后,梅氏发现它们都变成了金子。秦国的王子和一个女孩一起私奔到了西山,在峰顶,他(萧史)吹箫吹得如此美妙动听,凤凰飞来,停在了他身旁。一名随从想靠近它仔细看一眼,但凤凰消失了,萧峰就是这一事件的见证。章帝(元和)二年,白鸟现南昌。三年,海昏县出明月珠,大如鸡子,圆四寸八分。无疑是那只白鸟下的蛋。永嘉中,有大蛇长十余丈,断道,过者蛇辄吸之。吴猛与弟子杀蛇,猛曰:此乃叛贼之精,蛇死而贼当平。汉朝兴时,斩白蛇为新帝之兆。(孝武帝太元)十六年,太守献白鹿一头。哲学家朱熹度过勤劳一生的江西山谷即以此白鹿命名。安帝(义熙)七年,一男子变成了老虎。文帝(元嘉)五年,有大蜈蚣长二尺,落胡充妇前,令婢挟掷。才出户,忽睹一姥,衣服臭败,两目无睛。唐朝贞观年间(627—650年),马孝恭入南山,化为虎。23年后,复为人。史书睿智地加了一笔:这是他的终结。应该注意到,他姓马,马变成虎不足为怪。昭宗年间,掘出一木柜,内金人12头。没有什么奇怪的,金人用于装饰寺庙。唐高祖七年,星陨于道观前,有声如雷,光彩如虹。石阔十丈,节度使设斋祈谢,以避灾祸。七日,石渐小,止寸八分。徐俊家屋子的一根梁柱长出叶子,院子里生着用于占卜的宝草的幼芽,几年后,他便中了状元。值得指出的是,儒学对迷信的消弭作用甚微:就像前面的例子一样,凡是考上举人、进士的人,他的亲戚们都能举出吉兆来。这样的高级学者,脑子里会有什么科学呢?附近地区出现了三条龙,伴着一阵白风,白风摧毁了房屋。接着甘露大降。

---

① (美)威廉·埃德加·盖洛(William Edgar Geil):《中国十八省府》,沈弘,郝田虎,姜文涛译,山东画报出版社2008年版,第233—236页。

十二月,一条龙出现在丰城,体长四十多丈,头和角颇似牡牛。七天后,它飞走了,隐没在云中。崇祯(明朝的最后一个皇帝)十七年,虎渡河至德胜门外。……同年,有虎入城,蹲于街上,一只小鸡变成了厨子。唐朝时,被关在城外的鱼贩子听到千百个念佛的声音,结果发现是鱼在念佛,所以就把鱼都放回河里。第二天夜里,他看到沙岸上有亮光,挖下去,得到一罐金子。他把大部分金子都分给了穷人。从此,他的家族一直受到人们的尊敬。这些故事也许对人类学家会有价值,能丰富《金枝》的内容,它们被当作事实,而非民间传说,记载在正史里,这说明了很多问题。这些传说闹了多少恶作剧!许多人'大山上不跌脚,却被土坷垃绊倒了'。"①盖洛的判断未必完全正确,但他在事实上保存了近代中国社会流行的传说故事典型,也表现出他的民间文学观念。

(5)湖北

盖洛笔下的"武昌"有"三城三山",他记述了"武运昌盛之城"、"新式教育"等内容,书写了一篇武昌风俗志。

盖洛记述武昌的风景与传说,称:"武昌城是湖北省会,蛇山东西横亘,把武昌城正好分成了两半。南半部过去有九个湖,但其中五个已经填湖造田了。很久以来蛇山从西面大约三分之一处就有一条隧道,那是一条连接宫殿和陵墓的大街。为了车辆通行,沿山脊炸开了一条新路。但是当总督在那儿安顿下来以后,脖子上长了个痈,怎么也治不好。中医认为,这是因为新的大车路割伤了蛇的脖子,伤了它的脊骨。总督赶紧召集所有的劳动力,花了600两银子填上了炸开的缺口,然后蛇也就让他的脖子痊愈了。在下文中可以看到,这位总督非常开明,他理应记得,蛇形的路是最好的。"这是一则风水传说故事,是武昌的标志,也是武昌的信仰。同时,盖洛记述了一则具有公案色彩的民间传说:"福吉街(Fuki Street)上住着一个姓王的人,他和邻居有隙,一直耿耿于怀。最后,他采用了南昌道台对付罗马天主教牧师的办法:他将自己吊死在仇人的门前,希望激起百姓的义愤和官方的法律行动。仇人听说了他的计划,暗中观察着,等王某咽气之后,便上前把尸体解下来,拖到了跟他有仇的一个第三者门口。然后,他重新把王某吊成了标准的自杀式样。次日清晨,第三者很早就起床了,看到尸体后吓得半死。但他注意到夜里下了大雨,街上满是泥泞,就把王脚上的鞋子脱下来,换上了一双干净的。很快,有人看见尸体以后报了官,官员来到现场调查。人们的怀疑集中到了第三者身上,但他表现出义愤填膺的样子,坚持说不认识王。他宣称,肯定是有人把尸体转移到了这儿。因为鞋子是干净的,所以死者是不可能自己走过来的。父母官表示认可这个解释,判决'死因不明',结果第三者的人格就像他的鞋子一样,没有受到玷污。"他说:"这件事诠释了纯粹内在的旧习俗。1882年的一个事

---

① (美)威廉·埃德加·盖洛(William Edgar Geil):《中国十八省府》,沈弘、郝田虎、姜文涛译,山东画报出版社2008年版,第239—242页。

件则向我们揭示,城市治安是如何得以维持的,三月底的时候,武昌谣言四起,说造反者将从汉口起事,大肆杀人放火。人们信以为真,十有八九逃到了乡下,很快出现了一座空城。外国租界发现,所有的中国警察都没来上班,仆人们也都十分适时地不辞而别。官员们当然竭尽全力想减轻恐慌,宣称人们没有任何理由逃走。但28日那天,有人来到巡抚衙门,为悬赏而出卖了全部秘密。原来有个汪洋大盗一直在跟守城军队密谋,把一百名盗匪偷运进城。他们都藏在官家的一个谷仓里,谷仓理应盛满大米,但由于某个小吏的需要谷仓都被搬空了。大盗安排好了一班放火的人,得到某个特定信号后,他们就会在全城放火,而几个营寨里的兵勇们会同时起兵,按计划在城里趁火打劫。官府派出亲兵,果然在谷仓里发现了一帮流氓无赖。他们支支吾吾,说不出为什么会躲在那里,于是,他们都被当场斩首。第二天早晨,装满人头的篮子在城里各主要街道上悬挂示众,以恢复民众的信心。这一措施果然奏效。"①

在盖洛看来,武昌的街头充斥着愚昧,所以才混乱不堪。他说:"活跃在城里的算卦者有千种之多。武昌的公共舆论截然不同,可能五个男人中有两个算过命,五个女人中有四个算过命。"而真正改变这一切的,只有教化,所以,他特别提到"近三十年以来,有些开明的中国人一直在致力于改变上述状况,提高民众的素质。其中最早和最有影响的一个人就是张之洞"②。

(6) 湖南

盖洛将湖南称之为"一个高地省份",记述"处女城"与"圣山"等文化遗迹与民间传说。盖洛记述"该省有许多传说",称:"在洞庭湖中的小岛君山上,有尧的两个女儿的坟墓。公元前2285年,这两个女儿都嫁给了舜。舜治天下五十年后领兵战三苗,并征服了这一地区。接着舜病倒了,二女得知之后,匆匆赶来照顾丈夫。走至这里时,她们听到了丈夫的死讯,立即自杀了。舜葬于九嶷山,山上有纪念他的庙,人们每三年祭奠他一次。关于尧舜有许多故事。尧希望四岳这位能干的首领继承他的王位。但四岳拒绝了,推荐舜为继承人。舜经受住了考验,并且得以继承王位。在同一本中国古代史书中还记载着当时所进行的勘测,南至神圣衡山的南端,即绵延20英里的岣嵝峰。"他说:"湖南省的历史十分悠久,多半像尧、舜、禹的故事一样真实。现在许多活着的人还记得太平军起义,湖南当时受到严重波及。太平军的起义源于对清朝统治的反抗。它模糊的基督教倾向更增加了这一事件的复杂性。"③

---

① (美)威廉·埃德加·盖洛(William Edgar Geil):《中国十八省府》,沈弘、郝田虎、姜文涛译,山东画报出版社2008年版,第245—247页。
② (美)威廉·埃德加·盖洛(William Edgar Geil):《中国十八省府》,沈弘、郝田虎、姜文涛译,山东画报出版社2008年版,第249—250页。
③ (美)威廉·埃德加·盖洛(William Edgar Geil):《中国十八省府》,沈弘、郝田虎、姜文涛译,山东画报出版社2008年版,第259页。

盖洛看到地方风俗与教化的联系,详览当地具有模范色彩的人物故事,说"为了与这个湖南男人的典型故事相匹配",其"选摘了《长沙县志》中'列女'部分"。"妇人为保贞节,在夫死后自杀或不嫁,并不是自然的倾向,而是乾坤正气、朝廷激励所致。贞节的冲动在妇人皆等,无论高低贫富。著名的李习之曾说:一女得到光荣后,天下会鼓励其继续光荣。"其举例说:"晋朝时,太守尹虞有二女,皆国色,虞战败被杀,胜者获二女。二女云:父为太守,宁死,不为贼人妇。贼害之。明朝时,叛贼张献忠陷长沙,一女见乱贼登城而兵吏皆逃,遂执长矛宝剑,飞身战贼。贼异之:兵士皆逃,女流何苦若此?女曰:羞尽天下男人懦夫。骂贼不止,以戈逐之,死。城陷时,有男名周冲元,其妻常以善劝之。贼至,妻匿深室,闻夫被执,出,请代夫死。贼获周并妻出城。妻哀恳再三,终夫妻异地,妻骂贼死。1536年,妻后人为之立牌坊。其时,有男子汪某被杀。汪妾年仅二十,为贼获,投河死。其子五里外闻之,亦赴水死。后数日,家人觅尸,母子挽手不脱。常家二女无兄弟,因守贞不字,力勤女工,奉养父母。积财建桥梁,今尚存。二女一卒年六十九,一卒年七十。"①

同时,盖洛记述了星宿传说,称:"在孔子的时代,某颗特殊的星辰据认为与长沙地区相关。这颗星辰居于轸宿正中,掌管生与死。如果它变小变亮,能保证多子、长寿,轸宿居于二十八星宿最后一位,与君臣有关系。如果关键的星星接近轸宿,则和谐占上风;如果远离轸宿,君臣之间就会产生不信任;如果变亮,就会有和平;如果变暗,战争即将来临,官员们忧心忡忡。所以这座城市不仅叫作长沙,还有'星沙'的别称,就像波士顿是宇宙的中心一样。"②

湖南是屈原的故乡,盖洛记述了关于屈原的传说:"另一座小的祠堂是纪念屈原的。屈原是公元前300年以前楚国的高级官员,他总是请求国王遵循崇高的原则,结果招致嫉恨。他的诗歌《离骚》广为流传,瑰丽的语言和崇高的思想催人泪下,至今为人们所敬仰。但同僚们非常不欢迎他。虽然国王仍宠信他,他还是投江自杀了,希冀以此唤醒人们。为了纪念屈原,人们设立了端午节,渐渐风行全国,成为中国的三大节日之一。每逢端午节时,在江河湖泊上都要举行龙舟竞赛,而大家都吃用小米和大米做的粽子。人们最早是把谷物直接投进江河,以祭奠屈原。但屈原在梦中显灵,告诉他们,谷物都被河里的一条龙给吃掉了。于是他们按照屈原的要求改变了做法,用某种叶子把米饭包起来,做成粽子。但大多数的粽子都自己吃了。"③

---

① (美)威廉·埃德加·盖洛(William Edgar Geil):《中国十八省府》,沈弘、郝田虎、姜文涛译,山东画报出版社2008年版,第261—262页。
② (美)威廉·埃德加·盖洛(William Edgar Geil):《中国十八省府》,沈弘、郝田虎、姜文涛译,山东画报出版社2008年版,第262页。
③ (美)威廉·埃德加·盖洛(William Edgar Geil):《中国十八省府》,沈弘、郝田虎、姜文涛译,山东画报出版社2008年版,第266—267页。

最后,他记述地方传说,如肖某"一杯肖","贺长龄一块大腊肉","贺长龄这三个字使得皇帝龙颜大悦,重重地赏赐了他","罗典他书艺高超,能用旧的毛笔头写字","他智慧超群,连皇帝都曾向他咨询过"等故事①,其特别详细地讲述"人们经常来岳麓山消闲游玩,尤其在阴历三月三和九月九两个民族节日时游人如织。从孔子的时代起,人们就相信,三月三那天,应该走到山里,在泉水边洗濯,甩掉严冬的皮衣,享受如茵的青草,萌发的绿叶。九月九是重阳节,源于桓景的故事。桓景在梦里得到警告,必须逃到山里,他回来后发现鸡和狗都死了"②。所有这些,都可以看作湖南风俗志的内容。

(7) 四川

《中国十八省府》记述扬子江的最后一页是"成都",他非常关心那里的历史人物与传说,如他笔下的"政治家和军事家诸葛亮"、"中国最伟大的诗人李太白"、"伟大的水利专家李冰",最后记述了当地的"物产"与"宗教的兴衰"。

盖洛称:"成都古老的光荣来源于三个闪光的名字,一位政治家、一位诗人和一位工程师,他们均是四川省的骄傲。"他记述诸葛亮传说道:"这一'游侠时代'不仅通过小说,而且还通过戏曲广泛流传。在许多个舞台上,诸葛亮每次亮相都头戴样式古老别致的帽子,身披黑色大氅,背上绣着金色的神秘图案,手摇鹅毛扇,扇中央有代表吉祥的圆圈。"③他记述李白传说道:"李白宣布要参加下一次科举考试,却发现官场上腐败横行,除非贿赂考官,否则肯定落榜。可是李白不名一文,学士帮他活动一下。但由于没有许诺现钱,考官连看都不看就把卷子扔到了一边,而且说了一些很难听的话。李白发誓要报仇,他的机会从天而降。东方来了几名使者,使者的文书无人能懂……李白毛遂自荐,在难堪的沉寂中,李白抓住机会,建议第二天与使者会面,由他充当口译。使李白感到幸运的是,皇帝像他一样热爱杯中物。李白要报仇的誓言一一实现。关于他个人生活的故事不用多讲了,这些故事的主要价值在于表明一个伟大的王朝是如何失去人民尊重的。"④他总结道:"诸葛亮、李太白和李冰并列为成都三杰,但其中最伟大的人是李冰,他为四川增添了光辉——使得原来长一棵草的地方能长出两棵来,这样的人才是人类真正的恩主。李冰的工作在平原上和成都城里处处可见。可是为了理解它的源头,我们沿着李冰开挖的渠道从成都上行了 120 里。李冰天才焕

---

① (美)威廉·埃德加·盖洛(William Edgar Geil):《中国十八省府》,沈弘、郝田虎、姜文涛译,山东画报出版社 2008 年版,第 269 页。

② (美)威廉·埃德加·盖洛(William Edgar Geil):《中国十八省府》,沈弘、郝田虎、姜文涛译,山东画报出版社 2008 年版,第 272 页。

③ (美)威廉·埃德加·盖洛(William Edgar Geil):《中国十八省府》,沈弘、郝田虎、姜文涛译,山东画报出版社 2008 年版,第 276—277 页。

④ (美)威廉·埃德加·盖洛(William Edgar Geil):《中国十八省府》,沈弘、郝田虎、姜文涛译,山东画报出版社 2008 年版,第 277—280 页。

发的时代正是秦始皇刚刚统一中国不久,他留下的工程经受了许多个世纪的风雨考验。"①他着意介绍李冰治水的传说故事,说:"山上最吸引人和最有名的特征是一座庙宇,不是供奉佛祖或普通菩萨的寺庙,而是崇拜李冰之子的庙,人们尊称他为'二王'。每年五六月份,香客们从平原上或更远处成群结队地赶来祭拜他们的大恩公。最常见的供品是公鸡和香纸,每年上香还愿或许愿的男人、女人和孩子有几万人。"②多神崇拜信仰,特别是道教文化在四川的繁盛,使得李冰这类特殊人物传说的传播力进一步增强。盖洛注意到这一内容,说:"对李冰的崇拜并不排斥其他崇拜。这很容易理解,因为即便在李冰的庙里也供着别的神灵。"③最后,他记述道:"合乎情理的是,道教在这个多山的行省势力甚众。最有名的道教圣人老子属于这一山区,和孔子分据中国相对的两端。老子的一个追随者名字叫李八百。他这么称呼,可能是因为他是一个800人部族的首领。传统却不这么认为,说他在四川山中巧得长生不老药,活到了800岁。"④

(三)盖洛笔下的黄河

(1)兰州

黄河是中国文化的重要发源地,也是中国文化的重要集结地。

其第三部分是"黄河流域的省府",第一章"兰州",盖洛将甘肃称之为"锅柄状的省份",他详细记述了"兰州八景",以及那里的"过去、现在与将来"等内容。

盖洛说,"兰州是中国的重心所在之地"⑤。他也可能知道兰州是丝绸之路的重要驿站,是中国黄河流域连接中亚、西亚和欧洲的重要环节。黄河,因为丝绸之路而具有更为特殊的交通意义。

他特别强调"中华文明源于黄河流域",记述张骞出使西域的故事与中国人的开拓力,其论述道:"黄河是不是中国的象征呢?假设有人能够窥见幽暗的过去,会看到一个来自偏远西藏的民族创造了黄河流域的文明,为中国的繁荣发展奠定了基础。

---

① (美)威廉·埃德加·盖洛(William Edgar Geil):《中国十八省府》,沈弘、郝田虎、姜文涛译,山东画报出版社2008年版,第281页。
② (美)威廉·埃德加·盖洛(William Edgar Geil):《中国十八省府》,沈弘、郝田虎、姜文涛译,山东画报出版社2008年版,第283页。
③ (美)威廉·埃德加·盖洛(William Edgar Geil):《中国十八省府》,沈弘、郝田虎、姜文涛译,山东画报出版社2008年版,第285页。
④ (美)威廉·埃德加·盖洛(William Edgar Geil):《中国十八省府》,沈弘、郝田虎、姜文涛译,山东画报出版社2008年版,第293页。
⑤ (美)威廉·埃德加·盖洛(William Edgar Geil):《中国十八省府》,沈弘、郝田虎、姜文涛译,山东画报出版社2008年版,第299页。

向东去!……黄河之水从可可淖(Koko Nor)的高地流下来,与从干旱的沙漠卷来的风交汇在一起。来自神秘陌生地带的各种宗教、道德、商业潮流也在这里汇合,结果使得那些可塑性很强的当地民众让人难以理解和驾驭。这些山崖和高峰见证了从教堂尖顶到魔幻流星等种种胆大妄为、不适宜记载在现代书中的事件。这儿的高原骑手热爱自由,乐于厮杀侵掠,并且狂躁不安,但其战斗力却无可否认。""中国有三条大河,都是黄色的,但只有这一条被称为黄河,黄河和扬子江就像一对兄弟,是中国的以扫和雅克……中华文明源于黄河流域,有神话时代的贤帝尧、圣人孔子,以及曾作为帝国京师的洛阳和西安,所有这些都诱惑探索者不断地沿着黄河上溯,以寻找中华文明的源头。""中国人自己感觉到了神秘的诱惑,民间流传着张骞探险的故事。在很久很久以前,大英雄张骞乘着木筏,沿黄河上溯,直到荒无人烟的地方,直到西藏的雪山,直到他发现黄河水是从银河或天河上流下来的。无论中国人是否认为天上的银河和地上的金水同出一源,这个故事就像《鲁滨孙漂流记》一样广为流传。"①

这里,与考察中国南方地区的记述方式一样,盖洛记述兰州的自然与历史,称:"在黄土层以下,有砾岩和沙砾层,五泉即由此而出,该山也因此得名。每年春天,在山脚下要举行连续五天的庙会,市民们纷纷前往庙会,度假作乐。小摊上摆满了糖果和玩具,招揽法定假日的度假者。说书艺人取代了吟游诗人或黑人说唱演员。小山谷里树林中的淙淙泉水吸引着人们去那儿野餐,还有人爬上陡坡,去观看山坡上的一座座寺庙。"②他记述了这里的许多有趣的盗宝传说和广泛流传的鬼故事,特别提到著名的回民起义,都是难得的材料。他讲道:"从同样遥远的时代,甚至比秦代更早的时候,流传下来许多表现这些偏远地区民众思想的传说。兰州西南的果园里有一棵棋盘树,三十英尺高,四英尺的干围,树顶长出两条树枝,各五英尺长,形状奇特像椅子。棋盘树的树龄很高,现在看上去像是枯死了。故事里讲,汉朝时棋盘树已经老了,有两位仙人爬上了树,坐在那两个椅子里下棋喝酒。他们的智慧的气息浸润了古树,产生了抗菌效果,所以古树保存至今。在朝北的另一个方向还有一座山,自古被称作金山。人们常常来到这儿,在黄河边上捡金子。山里有无数的金牛、金羊、金兔、金马。但只有夜深人静,它们到山顶嬉戏或河边饮水时才能见得到。这些动物不仅身体是贵重金属,而且拉的屎也同样珍贵,被人们贪婪地拾取。有个南方人想捉住一只下金蛋的鹅,把它圈养起来,于是设计了周密的计划。但他带到现场去的同伴之一在关键时候咳嗽了一声,把鹅群给惊散了。天亮时,只看到各式各样奇特的大石头。整座山

---

① (美)威廉·埃德加·盖洛(William Edgar Geil):《中国十八省府》,沈弘、郝田虎、姜文涛译,山东画报出版社2008年版,第300—302页。

② (美)威廉·埃德加·盖洛(William Edgar Geil):《中国十八省府》,沈弘、郝田虎、姜文涛译,山东画报出版社2008年版,第306页。

上到处都建起了寺庙,但最真诚和坚忍不拔的崇拜也不曾唤醒那些石兽,使它们重新变成金兽。这一类鬼故事多得不得了。但并非所有的故事都像下面这个那么富有现实针对性:一个病人来求道士指点该去哪儿就医。道士给他抹上了能见到鬼魂的眼膏,并让他到每个郎中家里去观察,直到发现没有鬼魂缠绕的那位郎中。于是病人便开始寻找。最有名的郎中所住的那条街上挤满了鬼魂,其数量不亚于挤在他候诊室里的病人。在每一位当红郎中的家门口,他都看见了一群一群的鬼魂,好像是在对那位把他们领入阴间的人行祭拜祖宗的大礼。他走了一处又一处,每个地方都很容易找到郎中的家,因为那儿鬼魂成群。正在为找不到没有鬼魂跟随的郎中而失望时,他终于高兴地发现身后只有一个鬼魂跟随的郎中。他立刻求见这名郎中,毫无保留地按他的医嘱去做。但后来他问这位郎中:'先生给人看病已有多少时间了?'郎中毫不隐瞒:'小人刚刚开业三天,先生是第二个踏进这个门槛的。'不久,郎中的门口便有了两个鬼魂。"最后,他提到"兰州是中国的麦加",说:"中国有两千多万回民,其中甘肃省最多,首府兰州自然成了回民的中心……最严重的事件是中国回民大起义,起义的司令部在甘肃。"①

(2) 西安

西安是汉唐古都,曾见证中国历史上最为强盛的两个朝代。盖洛记述了那里的"城市的现状"、"城市的过去",最后介绍"西安地方志"。盖洛把西安看成中国文物的中心,说:"一位古文物收藏家很难找到比它更好的古物中心了。"②他考察了西安的碑林,说:"碑林里有两件重要的古代文物紧挨着,即秦碑和景教碑。"其中的景教碑具有非常重要的历史价值,涉及中国丝绸之路的历史,他论述道:"景教碑记述了基督教最初进入中国的情况。景教的大本营在波斯,景教传教士从那儿出发,走遍了亚洲。有一个广为流传的故事说,有些景教传教士研究了丝绸业,并在竹手杖里偷运蚕籽出境,从而打破了中国人对丝绸的垄断,使丝绸业在公元500年左右扩展到了波斯和欧洲。波斯帝国就是在日薄西山的时候,向中国派遣了强大的传教使团。"对于秦始皇与长城的传说故事,他论述道:"我们对秦始皇奴役民工的故事有所保留。这类故事出自作为他敌人的文士笔下。他们以此证明秦始皇的奢侈无度和暴虐专制,但故事并不符合秦始皇在全国不断推行进步措施的事实。尽管一个能设想,并确实建造了长城——宏伟的长城今天依然屹立着——的伟人当然是能够调动建筑师和苦力们为他修建首都的,但我们最好还是等到看见了他修建并使他饱受指责的几十个宫殿的

---

① (美)威廉·埃德加·盖洛(William Edgar Geil):《中国十八省府》,沈弘、郝田虎、姜文涛译,山东画报出版社2008年版,第308—309页。
② (美)威廉·埃德加·盖洛(William Edgar Geil):《中国十八省府》,沈弘、郝田虎、姜文涛译,山东画报出版社2008年版,第313页。

废墟再说。"①

他考察了《长安县志》等历史文献,注意到其中"有一卷专门记述好官们的聪明办案手段",他记述了这个传说:"张松寿是长安县令,他在任时,一个大清邮政的信差遭到抢劫,在昆明池边被杀害了——不是北京颐和园里的昆明湖,而是长安县境内的昆明池。上峰命令县令十天之内把凶手缉拿归案,限期破案通常被用来督促官员。在犯罪现场,县令发现一名老妇人在树下坐着卖吃的,就把她扶上马鞍,带到衙门,好吃好喝地招待了三天。老妪回去后,安排了一个密探观察谁和她说话。贼人的心虚和好奇驱使他询问妇人在衙门都做了些什么。他疑心长官审问了她,很想知道她招了些什么。探子一看到有外表紧张的陌生人向这位妇人问话,立刻拘留了他,用他自己的汗衫蒙住了他的头,把他带到了衙门'讯问'。其侦讯程序就跟宗教裁判所和纽约警察局别无二致,对受审人颇有不便之处。嫌犯很快就认了罪,财物被追了回来。张县令以他的智谋赢得了高度尊敬,人们称赞他实在神明。"②

(3) 开封

开封是著名的八朝古都,见证了中国历史上文化最为繁荣的北宋。盖洛记述了"到达开封:日记选段"与"开封文献",将那里称之为"破落的城市"。他更关注的是那里的犹太人。来到开封,他记述了"开封三样必看、两样必吃和一样必饮的东西","三看是指大庙、湖和灯(合起来算一样)以及一座堂皇的官邸(应该是山陕会馆)"。他描述了向导对他的介绍:"他告诉我们参观每一处所需付的费用,讲起二吃时,他变得滔滔不绝,满面红光地回忆起过去的宴会。有一种黄河产的鱼,味道鲜美,价格昂贵。通常买活鱼,讲价时鱼吊在那里挣扎着,讲好了价,鱼贩子便在一个特定的地方把它撞死,一块钱只能买一条小鱼。第二吃是一种特产的鸭子,价格奇高,需要反复讨价还价。买时显得很小,烹调时会涨得很大,要趁滚烫时享用,切下一片吞食一片。他所说必饮的琼浆并非我们最早在中非碰到的香蕉汁,而只是普通的外国啤酒!"这一切都可以看作是传说,是开封故事,是开封社会的生活文化,而开封给他最深刻的印象是"一个衰败的城市","开封也许算得上是地方上的集镇,但看起来更像个散漫的大村庄"。他记述开封的市井风俗,称:"城里一个用墙围住的院落里有几座大的寺庙,庙里菩萨众多,但香客稀少。……唯一剩下的宗教标志是夹在拉洋片、变戏法和戏台中间的一个宣讲佛法的帐篷。有个和尚在给男人们讲经,另外还有个和尚是专门给女人讲经的。"他关心开封犹太人的历史与现状,其中有不少传说的内容。他说:"对于犹太

---

① (美)威廉·埃德加·盖洛(William Edgar Geil):《中国十八省府》,沈弘、郝田虎、姜文涛译,山东画报出版社2008年版,第322页。

② (美)威廉·埃德加·盖洛(William Edgar Geil):《中国十八省府》,沈弘、郝田虎、姜文涛译,山东画报出版社2008年版,第329页。

人的调查也令人失望。早期的地方志讲到犹太人,有充分理由相信他们在中国已经有两千年的历史。但过去 300 年来,他们聚居在这个省会里,与城市一起衰退了。现在,我们发现只有七家犹太人了,那块地方已经卖掉了,泥土被运到别的地方做填料,一个臭水塘覆盖了遗址。穷困潦倒的幸存者似乎靠运土为生,虽然他们还记得过去,有几件从前碑刻的拓文供出售。他们的宗教已经消失得无影无踪,他们不再拥有希伯来经卷,即便有也无法读懂。只是他们仍然不吃猪肉,不拜偶像,不给祖先烧香,开封的犹太人已经散如云烟。"①

开封有许多古迹,在明清时期是中原的重镇。盖洛对这里的感受,除了破败之外,就是保守。他记述了这里废墟一般的景象,特别记述了中国古代科举的贡院,他或许不知道,正是在这一片土地上,中国几千年的科举制度画上了一个句号。他写道:"时代的变迁有三个迹象,其中有两个迹象是本土的,第三个则是外国的,它们分别是大会堂、兵营和传道会所。……因为苦读和迷信仍然无法使人们通过这个严峻考验,每过三年,那些坚韧不拔的父亲或祖父们还会再来。在经历漫长的悬念之后,只听到有人说:'哦,妈呀,爷爷又落榜了!'这些狭小的考试棚已经被弃置不用,一组漂亮的新楼拔地而起,门口只有一名不带武器的卫兵站岗。然而走近观察又会使人幻想破灭:新楼虽然外表美观,里面却杂乱无章,满是灰尘。"②

或许是孟姜女传说故事里的男主角叫范杞良,与开封近郊杞县的地名相同,这引起盖洛的注意。开封的郊区保存有孟姜女庙,盖洛来到这里做考察,说:"秦始皇修长城时,范杞良被迫离职做苦工,他的妻子孟姜女背了一包冬天的衣服去找他,但发现他已经死了,他的骨头筑进了长城。孟姜女在长城上不停地寻找,直到长城裂开,现出她丈夫的尸骨。孟姜女仔细掩埋了丈夫的尸骨。民众兴建了一座庙宇来纪念她。"③

他还记述了一个别样的三国故事:"这里有一座纪念七烈女的庙,建于 1662 年的大洪水之后";"在中国的'玫瑰战争'中,两位英雄在桃园相遇,发誓要拥立刘备登基。其中一个叫关羽,他因为忠诚和勇猛而一直被尊为战神。他的对手曹操在此地统治,捉住了关羽,百般恩惠,企图感化他。但关羽写下了一封感谢信,说他不能背叛主公。

---

① (美)威廉·埃德加·盖洛(William Edgar Geil):《中国十八省府》,沈弘、郝田虎、姜文涛译,山东画报出版社 2008 年版,第 332—336 页。
② (美)威廉·埃德加·盖洛(William Edgar Geil):《中国十八省府》,沈弘、郝田虎、姜文涛译,山东画报出版社 2008 年版,第 338 页。
③ (美)威廉·埃德加·盖洛(William Edgar Geil):《中国十八省府》,沈弘、郝田虎、姜文涛译,山东画报出版社 2008 年版,第 343 页。

曹操十分钦佩,给他准备了大批礼物,亲自把他送到了边界"。①

他非常重视地方文献对传说故事的保存,说:"方志中还有一部分专讲奇闻轶事,像通常那样。这一大杂烩其实可以称作'挑战信仰',但它们也许是被记录下,以挑战阐释者的。所有的记载都有明确纪年。"②他说:"值得注意的是,方志的最后一部分与法律有关,题为'如何决疑'。一个所罗门式的故事揭示出古老的箴言在人们心目中的位置。"然后举例讲述了一个公案故事:"一个90岁的富翁有个女儿,但却没有儿子。他娶了一个佃户的女儿之后,第二天早上便去世了。十个月后,寡妇新娘生了个儿子,这个儿子的身份受到质疑。富人的大女儿想独吞财产。这个案子一拖数年,直到一个叫邴荻(Ping Ti)的县官碰巧想起古语说'老来生子无影、怕冷'。当时是八月,天气还算暖和。县官命令带来小孩,还有一个同样年龄的小孩,让两个人都脱掉衣服。涉案的小孩很快冻得哆嗦,走到太阳的下面,也看不到影子。于是县官将财产判给了这个小孩。"③应该说,这类故事之所以能够流传,就因为这类现象仍然存在,其核心在于民间信仰,即风俗成为现实。

最后,他讲述了与黄河相关的传说故事,其称:"黄河曾清过两次,都在汉朝末年。大雨和冰雹像两条青龙一般从天而降。在一次风暴中,冰块和木头从空中坠落下来。有人从池塘里钓出两条跟青苔一样颜色的小龙,把它们关进了紫禁城。其中有一条小龙在夜里不见了,天上雷声隆隆,第二天早上它又回来了。在一次大雷雨中,冻僵的乌龟纷纷落在了方圆十多里的一个地区。一场红雪整整下了一天。气象学的内容就是这些。有人捉住了三只野兽,其形状像水牛一样,一红、一黄、一黑;它们相互争斗,黑兽被杀死,另外两只野兽跳进了河里。开封附近还捉住了一头白鹿,城内出现了四条龙,井水变浑。一只乌鸦变成了喜鹊,第二年,那只喜鹊又变回了乌鸦。郑州捉住了一只九尾狐。黄河里钓上了一只双头龟。"④这类传说的背后,一是灾害的记录,一是信仰的表达。

(4)太原

山西的"太原府"被盖洛称之为"在狼乡"。他记述那里的生活行为如何堕落,有

---

① (美)威廉·埃德加·盖洛(William Edgar Geil):《中国十八省府》,沈弘、郝田虎、姜文涛译,山东画报出版社2008年版,第345页。

② (美)威廉·埃德加·盖洛(William Edgar Geil):《中国十八省府》,沈弘、郝田虎、姜文涛译,山东画报出版社2008年版,第345—346页。

③ (美)威廉·埃德加·盖洛(William Edgar Geil):《中国十八省府》,沈弘、郝田虎、姜文涛译,山东画报出版社2008年版,第346页。

④ (美)威廉·埃德加·盖洛(William Edgar Geil):《中国十八省府》,沈弘、郝田虎、姜文涛译,山东画报出版社2008年版,第346页。

"民众的烟瘾如此之大,以至于谚语说,10 个人中有 11 个抽大烟"①等风俗与传说。

盖洛关注的地方传说主要来自地方志材料,其记述道:"洪武四年,太原有异常的天气现象。二十八年,有妖怪出现,索取酒食,举起火炬,威胁人焚烧宫室;第二年二月,宫室被焚。……天顺年间,甘露降于太原府学门前和文庙树上,这被解释为才人将出的预兆。万历元年,府学门前生西瓜,瓜蔓一丈,结瓜十一,这一次科举中了十一人。路汝(臣)的妻子一产三男,关帝庙一夜全毁。八岁幼男生出胡须,浑身有毛。道光九年,一兽口喷烟火。"这些传说被其概括为"民众的无知和迷信不仅是过去的事情,而且现在也蕴含着危险"②。

盖洛记述了山西官场与洋教士的传说:"迫于外国驻华使节的压力,山东巡抚毓贤被调查时,慈禧太后在北京赏赐给他一件自己亲手做的饰物,上面绣有'福'的字样,并且派他到太原府去做山西巡抚。恩铭,一个正在候缺的满人进士,正好用作毓贤的工具。恩铭以提供保护为名把 45 名传教士骗到太原,按照太后的密令,毓贤把他们统统杀掉了。"他说:"全省上下都是类似场面。当风暴平静下来之后,外国的影响似乎彻底遭到了破坏。没有一个还活着的洋人,洋人的房产都被烧毁,洋人的同情者都被杀害或流放。"③

最后,盖洛记述了这样一些地方传说:"城镇西北角有鸣犊庙,在那里求雨的祷告常常应验。窦鸣犊是古代一位赵王的大臣,赵王哀叹他的子民无可救药地顽固:'麻雀入了海,变成蛤蜊,雉鸡入了河,变成青蛙。只有人,唉,什么都不能变!'但是窦为他们谢罪,赢得了声名。"④"万历年间大饥荒,有三个人讨饭吃,一个老人、一个年轻人和一个妇人。他们捡拾了一些被遗弃的婴儿,喂他们吃的。没有孩子的人家给点钱,就可以把婴儿裸露着抱走。这样,许多孩子的生命得以保全。三人困厄之际,而能如此充满人间温情,真是功德无量。三人被称作桥下仁人。"⑤"李闯王造反时,樊子英是这里的一名官员,李闯王手下称闯王为'万岁'。叛军向北京推进,最终占领北京,统治天下十天。李闯王途经山西时,占领了太原。有一队人马遇见樊,樊献上美酒,但拒绝下

---

① (美)威廉·埃德加·盖洛(William Edgar Geil):《中国十八省府》,沈弘、郝田虎、姜文涛译,山东画报出版社 2008 年版,第 349 页。
② (美)威廉·埃德加·盖洛(William Edgar Geil):《中国十八省府》,沈弘、郝田虎、姜文涛译,山东画报出版社 2008 年版,第 349—350 页。
③ (美)威廉·埃德加·盖洛(William Edgar Geil):《中国十八省府》,沈弘、郝田虎、姜文涛译,山东画报出版社 2008 年版,第 350—351 页。
④ (美)威廉·埃德加·盖洛(William Edgar Geil):《中国十八省府》,沈弘、郝田虎、姜文涛译,山东画报出版社 2008 年版,第 354 页。
⑤ (美)威廉·埃德加·盖洛(William Edgar Geil):《中国十八省府》,沈弘、郝田虎、姜文涛译,山东画报出版社 2008 年版,第 355 页。

跪。他瞅见地上一块大砖,击向叛军头目,差点把他打死。叛军拖着樊去见李闯王,樊鄙夷不屑地高声叫骂。当武力抵抗不再可能时,这样的行为是很令人敬佩的。樊最终被勒死了。"①他记述了这些传说,看到其中的民众心理,同时仍然不忘将这些传说故事与西方历史文化作比较。如其所述:"这一类轶事揭示了大众喜爱的行为,是世代相传的品格典范,如果拿起一本英国史,记下一些大人物——威克里夫、黑王子、乔叟、霍茨珀、拥立国王者、卡克斯顿、沃尔西、莫尔——两者之间的对比很值得我们细细思索。"②其举例"赵氏做姑娘时名慧宝,知书达礼,又聪明贤惠……前往夫家参加祭礼,她瞅准机会,在丈夫的棺材旁边自缢了,年仅18岁";"一个女人名淑英,年幼时听到父亲谈贞节与正义,说道:'两个都不难。'"。"另一个有关知县宋时化的故事非常值得在此引用。逢天大旱时,他赤脚来到各个寺庙祈雨,并献上书面的请求:乞赐一场雨,愿减三年寿。他对民众的感情如此深厚真挚,使得巡抚向皇帝保荐了他。从那天以后,再也没有像他那样的人了"。他在做比较时称:"中国各省的地方志却迥然不同,可以从我们浏览的那个时期举出三个例子,而英国的史书中一个都没有。"③

(5) 山东

盖洛走进山东,记述了山东"医学、博物馆和人"、"新城市、新人民"与"典籍之乡的文献"等内容。盖洛称"教育和秘密会社过去就是山东的特产",他记述"山东基督教大学分为三个校区:文理学科在潍县,神学和教育学在青州,医学和博物馆在济南"④。

山东是中国圣人孔孟的故乡,盖洛说:"济南府所在的山东省因孔子的生平和劳作而变得不朽。"⑤他记述了这里的孟子传说,讲道:"在青州期间,我们住在热情好客的武德逊博士家里,与著名的学者们进行了非常有趣的谈话,而且瞻仰了孟子曾经授课的地方。虽然屋已经不在了,但还有两个大石狮子标志着那个地点。孟母在选择住址上碰到了一些困难,因为她的儿子极其善于模仿。住在屠夫家对面时,他就学猪被宰杀时所发出的长而尖利的叫声;当孟母搬到墓地对面时,孟子很快就学会了像一个寡妇那样哭丧哀号。孟母怕他愈陷愈深,像寡妇那样去上吊自杀,就搬到了一所

---

① (美)威廉·埃德加·盖洛(William Edgar Geil):《中国十八省府》,沈弘、郝田虎、姜文涛译,山东画报出版社2008年版,第355—356页。
② (美)威廉·埃德加·盖洛(William Edgar Geil):《中国十八省府》,沈弘、郝田虎、姜文涛译,山东画报出版社2008年版,第356页。
③ (美)威廉·埃德加·盖洛(William Edgar Geil):《中国十八省府》,沈弘、郝田虎、姜文涛译,山东画报出版社2008年版,第356—357页。
④ (美)威廉·埃德加·盖洛(William Edgar Geil):《中国十八省府》,沈弘、郝田虎、姜文涛译,山东画报出版社2008年版,第358页。
⑤ (美)威廉·埃德加·盖洛(William Edgar Geil):《中国十八省府》,沈弘、郝田虎、姜文涛译,山东画报出版社2008年版,第367页。

私塾的对面。从此,孟子看到的是衣冠楚楚的君子和举止得体的学者,于是他便渐渐成长为一名圣贤。孟母终于如愿以偿。现在,神学院非常重视对中国传统礼仪规范的培养。"①

他考察了地方文献《历城县志》,对济南、历城一代流传的秦始皇传说故事记述道:"二十八年,始皇东行至山东,登峄山,立碑,峄山近孟子生地,上泰山,从南路登顶,立石颂秦德。沿北路下山,至小山,立规矩,登山神,供牺牲。复东行至海。当是时,蜀(Shu)来书献长生不老花,始皇听之,准听请。东海有仙山三,闻名已久,然无人知其所在。遣三百童男、三百童女求之,无人还。②复沿海岸南下,泛舟扬子江,逢大风,几不得渡。上愠,问庙何神,对曰:尧女舜妻。始皇大怒,令尽伐山树,赭其山。三十七年十月,始皇再东游,左丞相李斯及幼子从。幼子爱父皇,故从之。每至一处,辄立石颂德。后至一津渡,染重病,七月,崩。丞相斯秘之,不发丧。"③这里,他记述《济南府志》中的"祥异"即地方传说:"元凤三年,莱芜山南侧有喧闹声,好像几千个人的声音。放眼看去,只见一块大石头直立着,15尺高,周围48尺。石头入地八尺深,立在另外三块石头上,像个三脚架,有数千只白鸟聚集在旁边。元初三年,东平陵有八瓜同蒂。泰康三年闰月,两条白龙出现在历城。四年,一只白兔出现在富平。济南一石兽夜里忽然移向东南方,一千多只狼和狐狸跟随着它,它们的足迹清晰可辨。永嘉年间,像太阳那么大的星星现于西南方,伴随着许多蒲耳大的小星星,天作红色,有声如雷。永和十年,自织女星座出一蒲式耳大的流星,红黄色,有声如雷。中兴二年,长山王捕获了一头异龟。异龟一头六目,腹下有万欢的字样,还有卦兆。"他说:"这些卦兆原本的确来自龟背,但在龟腹上发现,很是少见。不必过多引用这一类文字了,它们中间有最无聊的鸡毛蒜皮,也有精确纪年、对天文研究大有助益的彗星报道。"④

古老的女性文化,即列女传说,也是盖洛关注的内容,他记述这些人物传说故事,说这些故事"说明了男人理想中的女儿、妻子、寡妇和儿媳的形象",其记述道:"衍纶六岁时能歌《诗经》,她从不信口开河、胡言乱语。长大后,她读孝子忠臣的故事。她的父

---

① (美)威廉·埃德加·盖洛(William Edgar Geil):《中国十八省府》,沈弘、郝田虎、姜文涛译,山东画报出版社2008年版,第359—360页。
② 《史记·秦始皇本纪》:"遣齐人徐市上书,言海中有三神山,名曰蓬莱、方丈、瀛洲,仙人居之。请得斋戒,与童男女求之。于是遣徐市发童男女数千人,入海求仙人。"三十二年,"因使韩终、侯公、石生求仙人不死之药"。秦始皇染病的地方是平原津,译者查阅了《历城县志》(1773年,50卷,16册),没有找到这里引用的有关秦始皇的信息。
③ (美)威廉·埃德加·盖洛(William Edgar Geil):《中国十八省府》,沈弘、郝田虎、姜文涛译,山东画报出版社2008年版,第369页。
④ (美)威廉·埃德加·盖洛(William Edgar Geil):《中国十八省府》,沈弘、郝田虎、姜文涛译,山东画报出版社2008年版,第370页。

亲病了,她夜不安寝地守候着,为他梳头、洗浴。粗心的女仆把窗帘烧着了,女儿大声叫着,企图把火扑灭,但是无济于事。家人破门而入,把父亲拉出来,但女儿为了救母亲,和母亲一起葬身火海,以孝女闻名乡里。""乔夫人生病的婆婆想吃羊肉汤,因为下雪,乔夫人不能去买,就果敢地从左臂上割下一块肉来,烤了,为婆婆做成肉汤。""薛继宗娶了一个17岁的女孩,过了两年,抛下她死了。她侍奉婆婆30年,过继了一个侄子作为子嗣。在50年里,她始终是一名贞洁、有品行的寡妇。""郭廷魁死了,撇下19岁的寡妇,寡妇生下一个遗腹子。她的娘家想让她改嫁,但她刺破了脸,发誓守寡。公公婆婆死后,她没有钱买棺材,准备把孩子卖掉。突然,她看到废屋中有光,掘下去,得到五两黄金。于是她撕毁了卖身契,操办了葬礼,守寡直至28岁死去。""刘夫人美丽有才。她听说叛军正在逼近城池,请求丈夫保全她的名节,不要让她和孩子成为肮脏的鬼魂。丈夫好言安慰了一番。但几天后,城池陷落,刘夫人解下腰带,上吊死了!"①从这里可以看到,虽然是转述,而其记述语言也不乏感情色彩。

(四)盖洛笔下的北京

最后,盖洛专门记述了北京。他将北京称之为"首善之地",他记述了"从宝珠洞看北京"、"地方志中的北京"、"从城墙上看北京"、"夜幕下的北京"、"从天坛看北京"和"彩虹下的北京"等内容,其中保存了许多民间传说。

盖洛称北京是"中国最神奇的城市",他从地方志了解北京城市的历史发端,记述这里的传说故事。这是北京别样的都城历史。

他记述道:"在那个遥远的时代,出现了一个封建王国——燕国。它的重要性不断提高,其统治者九代为侯,然后八代为公,再后十代称王。根据方志记载,燕王对宗教的要求漠然置之。一名北方人向昭王进贡了一头猪,这头猪的年龄为120岁,重达一千多磅。它太重了,几乎难以站立。猪的肉没有用处,手下人建议用来祭神。昭王命令厨师烤肉,为祭祀做准备。当天夜里,神在昭王的梦中显灵,责怪他不该供奉没有价值的礼物。这样的种族最终屈服于人,谁会感到惊讶!"②其记述"元凤年间,燕地有黄鼠狼口衔其尾在王宫大门前跳舞。燕王亲自前往观看。黄鼠狼继续跳舞不止,燕王命令官吏以酒食祭祀。黄鼠狼舞了一天一夜,倒地死了,仍然口衔其尾。后来,这

---

① (美)威廉·埃德加·盖洛(William Edgar Geil):《中国十八省府》,沈弘、郝田虎、姜文涛译,山东画报出版社2008年版,第371—372页。

② (美)威廉·埃德加·盖洛(William Edgar Geil):《中国十八省府》,沈弘、郝田虎、姜文涛译,山东画报出版社2008年版,第377页。

被解释为王旦谋反及王子遇刺的征兆!"①一切都在神秘中运行,被民间传说所表现。北京是明朝的首都,盖洛讲述这个城市与朱元璋的联系,讲道:"汉人在明朝洪武帝的领导下摆脱蒙古人的枷锁后,一下子产生了许许多多关于此地的故事。有关改朝换代预兆的一则故事是这样讲的:有位宫廷大夫妙手回春,声名远播。他70岁时,一个老妇人请求他到西山为她的女儿治病。大夫让妇人把女儿带过来,几个小时后,妇人回来了,后面跟着两个天仙般的女儿。大夫试了她们的脉,叫道:'这不是凡人!告诉我你到底是谁!'妇人承认她是西山老狐,恳求大夫不要出卖她,并把她的女儿治好。大夫回答说他有责任这么做,也想这么做。但他疑惑为什么他住在紫禁城里面,皇帝有百神佑护,坏精灵还是能够闯进来。西山老狐回答说,真命天子不在紫禁城,而在濠州,城隍菩萨已经命令所有的精灵在濠州保护他。大夫惊愕异常,张嘴结舌,赶紧开了药方。两个女孩盈盈下拜,表示谢意。"②明王朝在北京兴盛起来,也因为种种原因在这里灭亡。盖洛记述道:"明朝最后一个皇帝崇祯年间,北京流行大瘟疫。一大家人一夜毙命。有人来找棺材商,并讨价还价,请求收尸。接着那人不见了,丧葬人员由此知道他肯定是死去那家人中的一个鬼魂。天亮后,他付的钱变为纸钱,即冥钱。"③这是一则神秘的传说,更是一曲挽歌,歌唱腐朽没落的封建王朝必然灭亡。

新的时代如何来临常常是不可预测的,但是,能够让人感受新的时代必然来临的气息。盖洛发出自己的感慨,充满激情地说:"小脚正在消失,细腰来了,刮头皮的刀片让位给了剪辫子的剪刀。而它正以一种方式得到发展,而这种方式足以使欧洲人认真地加以思考。……中国人正在变得巩固和强大起来。很快,攻击它将会变得十分危险;用不了多久,它就会苏醒过来,那些阻挡它前进道路的人将要遭殃了!"④

其实,这声音在今天仍然有其震撼时代的魅力。

近代中国的民间传说记述也好,讲述也好,都不是无端的。每一句,每一字,都包含着时代的强音,有豪情,有悲歌,更有改天换地的预言。

---

① (美)威廉・埃德加・盖洛(William Edgar Geil):《中国十八省府》,沈弘、郝田虎、姜文涛译,山东画报出版社2008年版,第378页。
② (美)威廉・埃德加・盖洛(William Edgar Geil):《中国十八省府》,沈弘、郝田虎、姜文涛译,山东画报出版社2008年版,第378—379页。
③ (美)威廉・埃德加・盖洛(William Edgar Geil):《中国十八省府》,沈弘、郝田虎、姜文涛译,山东画报出版社2008年版,第381页。
④ (美)威廉・埃德加・盖洛(William Edgar Geil):《中国十八省府》,沈弘、郝田虎、姜文涛译,山东画报出版社2008年版,第389页。

五、传教士笔下的《中国民间崇拜》

中国近代社会的文化发展,传教士带来的中外文化交流具有非常重要的价值意义。其中,一些西方传教士为了更好地向中国民众介绍基督教等教义,寻找中外文化的契合点,特别重视对中国社会风俗生活包括民间文学的调查。这些调查在事实上形成又一种形式的近代中国社会的民族志,既有这些传教士对中国近代社会风俗生活和民间文学的具体记录,又有他们对中国社会风俗生活和民间文学的理解认识,形成别具一格的民间文学思想理论。

1840年之前,就已经有不少西方传教士来到中国,他们不遗余力地宣传他们的文化教义,希望改造中国社会,使得中国民众成为他们的信徒。由此可以上溯到明朝万历十年(1582年)意大利耶稣会士利玛窦入华传教,此可以看作西方传教士对中国的侵入,中国接受了世界现代文明。1807年9月,英国传教士马礼逊来到中国广州,以新教传教士为主角的西学东渐开始成为中国社会的重要内容。此后,传教士蜂拥向中国,他们不仅走进中国的沿海,而且走进中国的内地,走进中国的城市和乡村。他们在自己的著述中记录了这些活动。如英国传教士米怜(William Milne)1819年出版的《新教在华传教早期十年史》(*A Retrospect of the First Ten Years of the Protestant Mission to China*),记述了1819年之前伦敦会传教士(马礼逊、米怜和麦都思)在广州等地的传教活动。之后,英国传教士麦都思(W. H. Medhurst)1838年出版《中国:现状与未来》(*China, Its State and Prospects, with Especial Referenceto the Spread of the Gospel*),记述伦敦会等传教士在广州、澳门的传教活动。他们无一例外的述及他们的传教活动在中国受到抵触。其中,文化传统的差异,成为他们最大的障碍。在他们看来,中国人对苍天和鬼神的信仰充满荒诞和愚昧,只有他们才能够使中国人变成文明人。

1840年之后,来到中国的传教士和汉学家越来越多,日益形成规模。其中,上海等新兴的都市成为他们重要的聚居地。这些传教士中,许多人对中国社会风俗生活和民间文学产生浓郁的兴趣,以此作为了解中国文化的窗口。他们编写关于中国社会风俗生活与民间文学的书籍,记录他们的所见所闻。如法国的戴遂良(Leon Wieger)曾经编写出《中国近代民间传说》(1909年),保存了二百二十二则中国民间传说故事,成为中国民间文学的重要记述。同时,在世界范围内,一些汉学家纷纷把目光投向中国民间文学。他们自觉开展关于中国民间文学的研究,诸如卫礼贤(R. Wilhelm)编写的《中国神话故事集》(1914年),威达雷(B. Vitale di Pontaggio)编写的《中国民间传说》(1896年),丹尼斯(N. B. Dennys)编写的《中国民间传说及其与雅利安和闪米特人民间传说的亲和性》(1876年),儒莲(S.Julien)编写出三卷本的《中印寓言、神话、诗歌、小说合译》(1859年),都涉及中国近代社会的民间文学问题。这些著述也应该视作中国近代民间文学的一部分。

上海得开风气之先,徐家汇成为这些西方传教士研究中国文化的中心,来自法国的禄是遒(Henri Doré)是他们当中有意识地认识中国、研究中国、记录中国社会风俗生活的一个典型。1884年,禄是遒来到中国,开始在中国的上海、江苏、安徽等地考察社会风俗生活和民间文学,整个过程达30多年。他阅读了许多中国古代的历史文献和一些地方志,结合他的个人采访等田野作业,同时也参考了一些传教士的相关著作,如黄伯禄的《训真辨妄》等,编写成卷帙浩繁的《中国迷信研究》,即《中国民间崇拜》系列著述。《中国迷信研究》的前几卷分别出版于20世纪初①,后来被爱尔兰传教士甘沛澍(Kennelly. Martin)翻译成英文,得到更为广泛的传播。《中国迷信研究》主要是为了方便他的传教士同行了解中国。

与盖洛所不同的是,禄是遒1859年生于法国,曾经在神学院读书,在苏格兰加入耶稣会,辗转来到中国,深入乡村、城镇传教,采访中国下层民众,得到许多第一手的社会风俗生活和民间文学的资料。如甘沛澍所言:"他作为传教士在江苏、安徽两省传教了二十多年,还从事左右中国人社会和家庭生活的宗教和其他无穷无尽的迷信的研究。为此,他访问了市镇、庙宇和寺观,向人们征询神公神母、地方神祇和神仙人物,为他未来的巨著收集了珍贵的材料。他告诉我们的,都是他亲眼见证的,或者是从那些他日常接触的人们的嘴边听来的。"②在西方人看来,真正的中国不在通商口岸城市,而是在"遥远的地区","一些离奇的老镇,一些边远省份的隐蔽村庄"③。

与盖洛所不同的是,禄是遒的《中国民间崇拜》以中国近代乡村社会为主要观察对象,记录其流行的各种社会风俗生活现象,把民间信仰作为贯穿全书的一条主线,

---

① 1914年5月,甘沛澍曾称禄是遒的《中国民间崇拜》"全书一共八卷,大约于1915年完卷"。见李天纲译《中国民间崇拜》"英译版序",上海科学技术文献出版社2014年4月版,第1页。其实禄是遒编撰的《中国迷信》原著有十六卷,其中《中国民间崇拜研究和图谱》(法文版)总共有14卷之多,分别出版于1911年至1919年。第1卷1911年版;第2卷1911年版;第3卷1912年版;第4卷1912年版;第5卷1913年版;第6卷1914年版;第7卷1914年版;第8卷1914年版;第9卷1915年版;第10卷1915年版;第11卷1916年版;第12卷1918年版;第13卷1918年版;第14卷1919年版。甘沛澍和芬戴礼等人翻译成英文,编成10卷本,分别为《婚丧习俗》、《咒术概观》、《符咒说文》、《命相占卜》、《岁时习俗》、《中国众神》、《佛教传说》、《佛界神祇》、《道界神祇》、《道教仙话》,近年来由高洪兴等人翻译成中文,以"徐家汇藏书楼汉学经典译丛"丛书出版。

② (英)甘沛澍:《中国民间崇拜·序(英译版)》,李天纲译,上海科学技术文献出版社2014年版,第1页。

③ (英)甘沛澍:《中国民间崇拜·序(英译版)》,李天纲译,上海科学技术文献出版社2014年版,第1页。

具体记录社会风俗生活的各个事项,并进行详细的解说、阐释。这在事实上形成上海、江苏和安徽等地的民族志考察,是一种别开生面的田野作业。在其解说和阐释中,处处表现出他作为一个局外人对中国社会风俗生活的判断,处处显示出"异教徒"的定位,表现出一种毫不掩饰的鄙视和嘲讽。他认为中国人的信仰与生活习惯充满荒谬、怪异,与所谓的现代文明格格不入,是愚昧的。一切都因为禄是遒是一个来自中国之外的基督教传教士,自认为是上帝的代言人。他不是中国人的朋友,也不是中国人的敌人。

民间信仰是社会风俗生活与民间文学的主体,具体体现在日常生活中各种仪式和符号等形式的运用与表达上。许多风俗其实就是传说的仪式化表现。禄是遒眼中的中国,是一个西方基督教徒视野中的他者,也是西方文化视野中的他者。其寻求的不是先生,而是学生,需要用基督教文明提高和改变生活方式与思想观念的受教育者,自然就有了居高临下的傲慢与偏见。这是时代赋予他的列强思维。中国的幅员辽阔和五千年历史的悠久文明对他来说并不重要,重要的是中国民众的"愚昧",信奉命运和鬼神,作为落后、保守、迷信的体现,成为社会风俗生活的思想观念基础。所以,在他的著述中形成一个逻辑:中国民众就是民间信仰的载体,一切生活都具有信仰的内容,民间信仰贯穿在日常生活的方方面面。在禄是遒看来,一切非基督教的文明,都是落后的,所以,中国社会风俗生活与民间文学充满荒诞、怪异。这也正体现出整个欧洲社会对中国的理解和判断。其无意中为西方人类学、比较宗教学等人文学科提供了现实的证明。

生老病死伴随人生礼仪而成为社会伦理秩序,既是生活,也是文化,因为其中的每一种行为都贯穿了信仰的内容。禄是遒《中国民间崇拜》的《婚丧习俗》分为"诞生和幼时"、"红事"、"白事"、"死者之符"和"为死者服务的种种迷信"等,常常在议论中表现出他对这些社会风俗生活事项包括民间传说的具体观念。

其介绍"诞生和幼时",将其分为"出生前"和"出生后"、"孩童时期的迷信习惯",罗列出许多风俗事项。其记述"出生前"风俗,称:"多子多孙不说是最大的,至少也是所有中国人莫大的愿望。由此就会有许多与祈求得子有关的神灵。"然后解释"为祈求子嗣而特别受到崇拜的神",其举例"女神观音菩萨",描述道"所有庙中都有观音像,同时几乎在所有地方都可看到在观音像的脚下放了一只或几只小小的鞋子。这是祈求神灵送子给她的妇女做的供物。作为一种信物,鞋子就被供放在那儿","与供放这信物相联系的风俗多种多样","一些地方,放在观音像脚下的一双鞋中的一只会被借(偷)走,当祈求的小孩出生后,这只鞋子就被归还,作为还愿,信徒加上另外一双新鞋","在上述活动中,往往伴随举办一场庄重的宴席,以示对得到神的恩惠的感谢。此时还要请一位和尚诵经谢恩"。① 他接着介绍"有些人的住宅中供奉着天仙送子图",称:"天仙是道教统系的女神,她是东岳大帝的女儿,名叫泰山娘娘,在山东和邻近几省尤其受到崇拜。其他神作为助手为她服务,执行她的指令。"其举例介绍"催生娘娘、送生娘娘、子孙娘娘、注生娘娘",说:"最后一个女神在南方数省特别受到尊崇。"②中国是多神教社会,民间信仰中的神灵崇拜具有不同身份、不同地域神灵选择与认同的差异性。有许多信仰现象,需要具体的传说来解释,才能知晓其含义。禄是遒述说"并非只向女神祈求"道"一些男神同样也被安排来和蔼地聆听求子者的求愿","官员和文人家庭常常祈求掌握文运之神的魁星,祈求他送来有才气的子孙,能在科举考试中金榜题名","有时我们看到吕洞宾和关公怀抱一个男孩。这是一种护佑,保佑新家庭多子多孙,在他们中出知名文人和显赫官员","坐在一头驴上的张果老,也能为新婚夫妇送子嗣。他的图像经常被挂或贴在洞房中","人们使用吉祥图案来求取上述目的"。③

"出生后"的风俗被禄是遒描述为十几种事项,诸如"洗澡"、"七星灯"、"桃剑"、"桃符"、"狗毛符"、"钱龙"、"铃铛"、"点朱砂"、"杀鸡"等。其实,每一种风俗都包含着具体的民间传说。他特别详细介绍"偷生鬼"道:"偷生鬼屡屡不请自来要夺走小孩的性命,令做父母的最惶恐不安。当面临与小孩性命攸关的问题时,随之而来的就是有关的迷信活动。"④在此,他举例"偷生鬼首先是以邻家的一只黄狗的样子出现,将要强夺一个正在生病的小孩的灵魂","一只讨厌的猫在门口叫唤",然后描述祛除偷生鬼的巫术行为。同时,他还详细介绍了"畜名或丫头(用动物名起名或用女孩名字)",他解释这种风俗的意义在于"可以成功蒙骗专找男孩加害的鬼","人们希望防止那个鬼的令人烦恼的追逐"⑤。他把育儿风俗概括为"孩童时期的迷信习惯",介绍了"戴锁"、"戴圈"、"戴耳坠子"、"戴钱"、"戴八卦"等佩戴习俗,以及"认干亲"和"成功逃脱守关魔鬼的烦扰"的"过关"等风俗。

婚礼是中国民众最重要的生活礼仪,是乡村社会的狂欢节,包含着民众的喜悦,

---

① (法)禄是遒:《中国民间崇拜·婚丧习俗》,据(英)甘沛澍英译本,高洪兴译,上海科学技术文献出版社 2014 年版,第 1 页。

② (法)禄是遒:《中国民间崇拜·婚丧习俗》,据(英)甘沛澍英译本,高洪兴译,上海科学技术文献出版社 2014 年版,第 2 页。

③ (法)禄是遒:《中国民间崇拜·婚丧习俗》,据(英)甘沛澍英译本,高洪兴译,上海科学技术文献出版社 2014 年版,第 2—3 页。

④ (法)禄是遒:《中国民间崇拜·婚丧习俗》,据(英)甘沛澍英译本,高洪兴译,上海科学技术文献出版社 2014 年版,第 8 页。

⑤ (法)禄是遒:《中国民间崇拜·婚丧习俗》,据(英)甘沛澍英译本,高洪兴译,上海科学技术文献出版社 2014 年版,第 10 页。

体现出不同地域的风尚和习俗。禄是遒始终以一个外来者的眼光看待一方民众的社会风俗生活,并带有鄙视的目光。这里,他描述了婚姻礼俗的构成,将其细分为"订婚"、"婚礼"、"新娘启程"和"新娘进新郎家",从"传庚帖"到"定日子",到"新娘的花轿"如何辟邪,到"新娘从花轿里出来",他非常详细地记述了仪式的每一个过程。最后,他描述"闹洞房"的风俗,明显具有西方人的偏见,其称:"现在一个名叫闹新房的恶俗开始了,可谓下流、粗俗不堪。三天三夜里,所有人都可进去看新娘,随意品头论足。在此场合允许头发花白的老人说年少风流的话。异教恐怖如此,甚至连最基本的廉耻观念都已经摈弃了。"[1]可见,他丝毫不理解中国民众的感情表达方式。

对于中国社会风俗生活中的婚丧习俗,禄是遒把更多的笔墨放在丧俗上。他详细描述了"死前"、"死后"、"入棺"、"下葬"和"葬后"的各个环节及其礼俗,特别介绍了"葬礼上焚化的迷信纸"和"买路钱"。在记述这些社会风俗生活内容的时候,他使用一些民间传说作为自己的证据。如他在解释"买路钱"的起源时,就把孔子弟子高柴埋葬妻子时损伤农作物遭人索赔,作为传说根据。这里,他还将中国人的丧俗与日本人"沿路撒铜钱"作比较,他说"无论道路通过的地区是公众的或私人的,所有人都有免费使用路的权利。这是完全正确的,但是,信徒们相信孤魂恶鬼在丧葬日聚在周围取得施舍,如果被拒绝,就怕他们给丧葬挡道","先前下葬时一路不撒纸钱,送葬队伍没有遇到任何意外。事实上从未听说送葬队伍中途受阻或被迫返回的事情","孔夫子的追随者,就像他们说的那样,是因为高柴的事才为送葬付买路钱。然而这一做法既欺骗了单纯的民众,也欺骗了他们自己。这习惯在整个江南地区普遍存在"[2]。

民间信仰的观察和记录,不仅仅是一个在场者的述说,而且包含着在场者的情感表达和价值判断、价值立场。灵魂崇拜是中国传统文化的重要内容,与祖先崇拜、英雄崇拜、自然崇拜等信仰传统共同构成中国社会风俗生活主体,其中,对于亡灵的守护和祭奠成为人生礼仪的重要事项。禄是遒对中国民众所表达的对于逝者的祭奠和追思,存在着严重的隔膜。特别是中国社会风俗生活中融入的多种文化元素,其形成情感和信念的传承方式,背后的因素非常复杂。尤其是佛教文化的渗透,形成中国社会风俗生活中的"祭荐亡人",禄是遒不懂得其中的含义。他常常从简单的事物发展道理出发,解释这些现象。如其论述"无论穷富,都要给死去的双亲提供肉食",其称"这一习惯追溯到遥远的古代","准备酒、肉食、水果和蔬菜,放在一只桌子上,请死者

---

[1] (法)禄是遒:《中国民间崇拜·婚丧习俗》,据(英)甘沛澍英译本,高洪兴译,上海科学技术文献出版社 2014 年版,第 25 页。

[2] (法)禄是遒:《中国民间崇拜·婚丧习俗》,据(英)甘沛澍英译本,高洪兴译,上海科学技术文献出版社 2014 年版,第 45 页。

来享用,这是一个严明的职责"①。他把这一问题的根源归结于佛教文化,称:"只有活着的具有肉体的生命才会吃,死后,灵魂离开行将腐烂化为尘埃的躯体。自此以后脱离肉体的灵魂既不会饿,也不会渴,那么它怎么会需要食物?即便无知也懂得这一点。不幸,佛教学说侵入人心,借口灵魂在阴间仍然需要吃喝,因此其后代应该提供食物,定期提供肉食,免得他们成为饿鬼。"②他还注意到"在一些地方习惯准备一支鸦片烟枪和一只小小的装鸦片的容器。两者和祭品一起放在桌上,以便死者饭后可以吸鸦片,因为他生前惯于吸鸦片",称"这是颇为时髦的创新",他说:"如果我们仔细思考异教的中国人的内心想法,我们就会发现潜伏在他们心底的、或多或少他们也承认的一个更紧迫的动机。他们抱有这样的希望:他们的父母将会保护他们,保佑他们。经常供祭的目的就在于此。"对此,他接着说:"从历史观点上说,此习惯起源于中华民族的上古时代。事实上历史告诉我们,舜把丹这个地方授予尧的儿子朱做世袭领地,条件是他每年一次祭祀其父亲。"③如此解释祭祀的意义,也就未免过于简单化。

值得注意的是,禄是遒记述民间传说,不仅大量采取历史上的故事,而且注意到许多当世传说。如他对"招亡"即招魂的记述,其称"招亡是异教地区实行的一个普遍的习俗","无论何时一个家里的成员死了,亲属就去请教在当地作为阴阳两界媒介的术士或巫婆,他们常常用魔法招魂,询问他在阴间的情况"。他借以批评"所有佛教教条的错误在短短的几分钟内展示出来"④。他声称,"这些仪式只是一个精心布置的骗局","灵媒以此来欺骗单纯的民众"。其举例地方传说曰:"几年前,一个名叫许世英的富人死于运漕。他的妻子渴望知道他在阴间的生活,便来到安徽芜湖,请教一个在乡邻很有名气的老巫婆。为了取得她所获得丰厚遗产的回报,至少是说一些好话。当她求助巫婆时,这位闷闷不乐的寡妇被明确告知她丈夫在阴间得到一个官方职位,她因此为他的幸福而高兴。"⑤在禄是遒的眼中,招亡就是装神弄鬼,就是欺骗单纯的民众。

符的使用有道教文化的成分,属于民间信仰。在《中国民间崇拜》的《咒术概观》

---

① (法)禄是遒:《中国民间崇拜·婚丧习俗》,据(英)甘沛澍英译本,高洪兴译,上海科学技术文献出版社2014年版,第88页。
② (法)禄是遒:《中国民间崇拜·婚丧习俗》,据(英)甘沛澍英译本,高洪兴译,上海科学技术文献出版社2014年版,第89页。
③ (法)禄是遒:《中国民间崇拜·婚丧习俗》,据(英)甘沛澍英译本,高洪兴译,上海科学技术文献出版社2014年版,第91页。
④ (法)禄是遒:《中国民间崇拜·婚丧习俗》,据(英)甘沛澍英译本,高洪兴译,上海科学技术文献出版社2014年版,第110页。
⑤ (法)禄是遒:《中国民间崇拜·婚丧习俗》,据(英)甘沛澍英译本,高洪兴译,上海科学技术文献出版社2014年版,第111页。

中,禄是遒解释了他所搜集的各种"符咒"的功能和含义。在他看来,各种各样的"符"出自僧人、道士之手,它的功能在于"医治疾病,防止或控制瘟疫,抵拒魔鬼,对治各种邪恶势力,并为人间一切不祥求得诸神的佑护"①。他把"符"分为"治病符"、"吉祥符"和"祈请符",逐一展示其在社会风俗生活中的使用方式,说明其价值意义。同样的记述和阐释方式,在《中国民间崇拜》的《符咒说文》中得到更详细地表达,如甘沛澍所述"在本卷,我们可以看到中国民间习俗的本质和内在逻辑","这一卷的研究对象主要是符咒的组成、结构、形式,精巧而神秘的结构方式,如何使咒语增效,以至最终彻底解释它的原理和意义,说明符咒怎样发挥作用,使得神明和神力遏制妖邪而治愈疾病并按照中国人理解的那样增进今生和来世的幸福"②。

命相和占卜属于中国文化传统,是社会风俗生活的重要内容,其中伴随着一些民间传说。禄是遒在《中国民间崇拜》的《命相占卜》中,介绍了"算命"、"占卜"、"征兆"和"崇拜仪式"等内容。甘沛澍在本卷的"英译版序"中称,古代的埃及、巴比伦和古希腊、罗马都有一些占卜者,具有"欺骗性本质"。以此为比较对象,他描述了"古代中国的占卜",称"占卜活动很早就在中国流传",并借用别人的话说,"不敢说占卜于公元前5200年就已在中国出现,但是自有历史记载起,便有占卜的记录","运用八卦进行占卜,在周朝前就已十分盛行"。③ 禄是遒记述了"算命"的风俗,称"算命者大多数会运用名为《选择备要》(二卷)之书为人算命","这部作品几乎囊括了所有骗子在安徽惯用的算命手法。在农村地区,同样有多种算命手法,这些方法只需查看手纹和指节即能完成。在书中提到了各种鬼神喜好的事物,陆地星相产生的影响以及吉凶预兆的内容,还有探究这些影响时需要掌握的规律。"④其介绍了中国传统算命术中的"八字",质问"算命者又是如何由这些精简的元素探究一个人的命运",自问自答道:"他们采取以下方法:五个字代表着'五行'——木、火、土、金、水,这五行与代表'十天干'的十个字和代表'十二地支'的十二个字相配,之后天干与地支再循环相配。"⑤

"拆字"是占卜的一种形式,禄是遒举例历史上的民间传说道:"宋高宗(公元1127

---

① (法)禄是遒:《中国民间崇拜·咒术概观》,据(英)甘沛澍英译本,程群译,上海科学技术文献出版社2014年版,第1页。
② (法)禄是遒:《中国民间崇拜·符咒说文》,据(英)甘沛澍英译本,张旭虹译,上海科学技术文献出版社2014年版,第1—2页。
③ (法)禄是遒:《中国民间崇拜·命相占卜》,据(英)甘沛澍英译本,陈海燕译,上海科学技术文献出版社2014年版,第4页。
④ (法)禄是遒:《中国民间崇拜·命相占卜》,据(英)甘沛澍英译本,陈海燕译,上海科学技术文献出版社2014年版,第1页。
⑤ (法)禄是遒:《中国民间崇拜·命相占卜》,据(英)甘沛澍英译本,陈海燕译,上海科学技术文献出版社2014年版,第4页。

—1163年)年间,有个人叫张九万,也以拆字著名。秦桧将其带到大殿,随意地握着扇子的把手,在沙上写下'一'字,然后让张九万为他预言运势。张九万答道:'您将晋升更高的官职。''我已经是一国之相了,享受着整个国家的最高荣誉,我还能期待得到什么呢?'张九万回答说:'在土字上加一笔,就是王。'其后果封王。……另外一个是有关明末有名的祸国者魏忠贤的事例。他写了个'囚'字将其交与测字先生,占卜师向他深深地鞠了一躬,说:'吉兆吉兆,国中唯一之人,没有别人只有皇帝了。'果如测字所言的话,将来某日他将登上皇位。魏忠贤走了以后,测字先生向围观的群众说:'此为极凶之兆。是为一人,脚吊挂空中,将来会被绞死。'有一个人某日选了个字,询问占卜师他的父亲能否恢复健康。他写下了'一'字。'这是个凶兆,'占卜师说,'一是生字的最后一笔,是死字的第一笔。你父亲即将死去,如今已奄奄一息。'占卜者接着向他索取了他父亲的生辰年份。此人回答:'我父亲属牛。''如果你父亲属牛,那就将改变他的命运。将一字添加到牛字上就是生字,那他就能活下来。'姓宋的书生进京赶考,希望能预知前程,就写下了自己的姓'宋'字。'不吉,'测字先生说,'你的名字不在案(考试合格者的名单)字之中。'"他把这种行为称之为"欺骗",其称:"现代社会中沿袭下来的测字方法是选取一个字,或者在纸上写下一个字,测字者可以根据喜好任选其一。接下来便是拆字先生的事了,他们将字拆解开来,删掉或添加几笔,从而组成几个从拆解的部分中扩展出来的新字,从中得出有利或不利的预言。"①

吉凶之兆也是占卜的一种形式,同样包含着与吉凶相关的民间传说。禄是遒记述道:"让我们以鸟鸣为例。必须注意,鸟鸣不可能来自于远东。东方朔②(此方面的专家)认为,如果鸟鸣声超过了一百步远,那就根本听不到了。"他接着说:"乌鸦是厄运的象征,它的叫声通常被视为不幸。由此大家可以确信,村民们讨厌看到一群乌鸦在他们住宅的附近做窝;同样,如果看不到乌鸦大家将感到十分愉快。但如果有喜鹊将家安在村子里的树上,并在那里做窝,这将被认为是吉兆,预示着这里的居民会变得富有,因此不允许人们轻易地去打扰、伤害它们。"③吉凶之兆还包括"打喷嚏",其记述道:"打喷嚏根据其发生的时间同样也能预测好运或坏运。如果它发生在下午十一点至早上一点,那将有一场盛宴举行;如果是在早上一点至三点,那就预示着家中的女

---

① (法)禄是遒:《中国民间崇拜·命相占卜》,据(英)甘沛澍英译本,陈海燕译,上海科学技术文献出版社2014年版,第29—30页。

② 生于公元前160年。有许多关于他出生时情况的传说——在这些传说中,最奇特的莫过于说他是金星的化身。据说他具有改变自然界法则的巨大影响力。在他生命中的大部分时间,都是汉武帝(公元前140—前86年)的军师和盟员。他鼓励统治者轻信超自然的力量,使君主对新兴的神秘宗教仪式感兴趣。参见梅辉立:《中国词汇》,第209页。

③ (法)禄是遒:《中国民间崇拜·命相占卜》,据(英)甘沛澍英译本,陈海燕译,上海科学技术文献出版社2014年版,第39页。

人们将发生一场争吵。"

占卜的内容有很多。生日与命运的联系,是中国传统算命术常说的话题。禄是遒举例历史传说故事记述道:"鲁庄公生当乙亥年的七月,依《禄命书》推论,此命面目丑陋,一生默默无闻,身体虚弱多病,唯有得以长寿。今按《诗经》所载,庄公面容俊美,体格强壮,身材高大,死时只有四十五岁,禄命不验一也。秦始皇(公元前246－公元前210年),秦朝的开国皇帝,生于壬寅。根据《禄命书》,他命中望官不到,生当绝下,老而弥吉,唯建命生,法合长寿。但从史实看,秦始皇初吉终凶,老年时饱受不幸,死时才五十岁。禄命不验二。汉武帝(公元前157－公元前87年),他是汉朝的皇帝,他生于一年中第七个月第七天的早晨,对应着乙酉。如果我们认可《禄命书》所言,那么在武帝早年,他将不可能享有任何尊贵与荣誉,而在晚年他将获得极大的权力。但现在《汉书》中记载,他在六岁时就登上了皇位,但在晚年他损失了一半财富。这第三次证明了《禄命书》中记载的理论完全错误。魏文帝(公元472－500年),出生于一年中的第八个月,属于丁未。根据《禄命书》的理解,他不会尊奉其父,也没机会统治国家。相反,根据《魏书》记载,他承袭了他父亲显著的皇位,并在皇朝中尊奉他。这第四次证明了《禄命书》中的记载完全错误。南宋高宗(公元1127－1163年)生于一年中的第三个月,属于癸亥。根据《禄命书》的理解,他一生中不可能拥有权力和富贵。他的长子将登上皇位,次子早死,孙子成为叛乱者的牺牲品。但是在《宋书》中记载的完全相反:他的长子成为叛乱者的牺牲品,次子登上了皇位并且统治多年;而他的孙子,由于不堪叛乱者之扰,甚至企图逃离,舍弃皇位。这第五次证明了《禄命书》可悲的错误。"①显然,他完全忽略了历史传说的时代性,是一种唯理论民间文学观念。

最后,其论及风水及风水传说。禄是遒称:"根据《朱子语录》所言:水能控制气候变化,但是需要风的助力。这种风水占卜理论有各种不同的说法:勘察地势,研究天地间的规律。也有人说正是土地的天赋智慧,安排了地球表面不同房屋及场所的位置。古代人总是选取有利的地形来建造都城或者皇朝中的主要城市;或者在那里建造自己居住的私房。但是历史中从未提及在古代有人选择特定的地点来举行丧葬仪式,安葬死者。"②在传统的风水信仰理论中,晋朝的郭璞是一位著名的风水理论家,禄是道介绍了郭璞的风水理论,其记述道:"以后的风水学信仰者们多数沿袭着郭璞的理论,而郭璞也被誉为风水术的创始人。郭璞是山西闻喜人。他师从于精于卜筮之术的郭公。郭公以《青囊中书》九卷相赠,于是郭璞开始精通卜筮和择墓迁墓之术。郭

---

① (法)禄是道:《中国民间崇拜·命相占卜》,据(英)甘沛澍英译本,陈海燕译,上海科学技术文献出版社2014年版,第50—51页。

② (法)禄是道:《中国民间崇拜·命相占卜》,据(英)甘沛澍英译本,陈海燕译,上海科学技术文献出版社2014年版,第59页。

璞的弟子赵载曾偷取《青囊中书》,未及读,而为火所焚。郭璞嗜酒好色,挥霍无度,非但不听劝告,反而百般辩解,因此当时的高级官员都鄙视他。最后他涉入一起案件。他看上了朋友家的婢女而又无法由正当途径得到,于是使用法术将其强行占有。为此被判处死刑,死时四十九岁。郭璞的弟子和他的学派后分为两派,一派在福建,一派在江西。前一派称为宗庙之法,传于闽中,其说纯取八卦五星以定生克之理。此派后在浙中流传,但现在已经消寂。第二派称为江西之法。始于江西赣州府。其说主于形势,原其所起,即其所止,以定位向,专指龙穴砂水之相配。"①其在此称:"当人们需要修筑坟墓,建造房屋时,他们会立刻请来风水先生。在仔细勘查地基后,风水先生将得出结论,指出用这一地点来建坟或房屋是否有利。这些风水先生的话,就如同神谕一般,不容置疑,同样他作出的指示也必须立即实施。"②其举例黄巢、蔡京和明王朝的历史传说,述说风水信仰的荒谬,对中国民间信仰中的风水理论批判道"世人都在不断重述黄巢和李自成的例子。他们一个处于唐僖宗(公元874－888年)年间,一个处于明朝崇祯(公元1628－1644年)末年,他们俩都被打败的原因,是他们的祖坟被掘了。这一理论是毫无依据的。在唐高祖李渊(公元618－627年)起兵攻打隋朝时,其祖坟亦被长安留守挖掘出来,但是他依然无恙","蔡京,北宋徽宗(北宋最后一位皇帝,公元1101－1126年)时的大臣,他酷嗜风水。他将他的父亲葬于浙江杭州东北面二十英里处。在那里,以钱塘江为水,以秦望山(杭州南面三英里处)为案,似乎大吉,而全家毁灭","有谁没有见过位于南京东北面那壮丽的明皇陵,然而明朝的先祖们又可曾预见到其末代君主悲惨的亡国命运呢! 明朝末代的君主如同遭到捕猎之兽,四处寻找避难之所,最后悲惨地死去"。③ 风水理论中强调"镇宅",即通过某种巫术手段,影响风水。对此,在论述"姜太公在此百无禁忌"时,禄是遒寻找传说的根据,探究其起源,称:"根据现在流行的习俗,人们会将一张写有'姜太公在此百无禁忌'的红纸条贴在门上。另一段类似的表达将在此章节的最后出现。这种习俗起源于姜子牙的一些轶事:如果我们相信一些历史学家的话,那么姜子牙在领军打仗上并无才华,但却善于为将领们出谋划策。而且,他发明了一种著名的调味料——酱油,以及其他一些地方风味调料。因此在汉朝(公元前206－公元220年),大家给他起了个绰号叫'百味之将',还有'率领百味而行'。因为他善于集结、调配将领(古称将将),他同样也需要证明,自己在制作酱油这类饮食材料上也是能手","那些将同样的题字贴在门上的

---

① (法)禄是遒:《中国民间崇拜·命相占卜》,据(英)甘沛澍英译本,陈海燕译,上海科学技术文献出版社2014年版,第60—61页。
② (法)禄是遒:《中国民间崇拜·命相占卜》,据(英)甘沛澍英译本,陈海燕译,上海科学技术文献出版社2014年版,第61页。
③ (法)禄是遒:《中国民间崇拜·命相占卜》,据(英)甘沛澍英译本,陈海燕译,上海科学技术文献出版社2014年版,第64页。

人,他们这么做是因为姜子牙在领导军队和将领上很有天赋,他同样被认为是阴间统治魔鬼军队的统帅。还有人描述说,在姜子牙帮助崛起的周王朝攻打衰败的殷商时,四面八方的灵魂涌入他的营帐,向他祈求,希望可以在阴间获得重要的职位。姜子牙亲切地接待了他们,并且答应了他们的恳求"。① 这些民间信仰的背后,既是社会风俗生活,又是民间传说。

《中国民间崇拜》的各个章节相互关联,形成中国社会风俗生活的民族志整体。岁时风俗是其中的一部分,表现出中国民众对待自然和社会的态度,和在日常生活中流露出的感情、信念和意志。自然,各种信仰崇拜,成为其主体。

《中国民间崇拜》的《岁时习俗》其实就是民间节日,其分为"崇拜仪式"、"中国的节庆习俗"、"被赋予神奇力量的动物、树木和植物"等部分。这是中国民众以节庆为主体的最重要的时间安排方式。

在"崇拜仪式"中,其介绍了"招魂"、"抢童子"、"拜弟兄"、"赌咒"和"与建造房屋有关的迷信仪式"等内容,还特别提到"玉皇大帝"和"佛珠"等民间宗教的崇拜对象,罗列出"中国的神佛圣诞及宗教节日历表"。在甘沛澍看来,《中国民间崇拜》的《岁时习俗》由两部分构成,一部分是"与魔法、巫术和妖术有关的各种民间习俗",一部分是"一份完整的中国人信仰崇拜的神佛及人文英雄的历表"。在前一部分中,人们可以看到"在中国有着怎样的妖魔鬼怪","这些妖魔鬼怪会给人们及其家庭带来疾病、灾祸,骚扰折磨人们,并给人们带来各种不幸","这个鬼怪的世界跟凡人的世界很像,在其中可以捉到各种各样的小鬼,折磨它们,把他们监禁起来,关在坛子里,甚至可以烧死它们,这样便可以让它们结束作恶了"。对此,甘沛澍称"这几乎成了中国人唯一的宗教"。② 对于后一部分,甘沛澍依照"基督教会每年都会公布整个一年内的宗教节日及圣徒瞻礼日",充满偏见地称"异教组织奇妙地模仿了基督教会的这种惯例,向广大信众提供了对虚假的神仙鬼怪、被神化的圣人和勇士以及民族英雄的崇拜"。③

《中国民间崇拜》中,许多地方都提到"招魂"。《岁时习俗》中记述"招魂",更多是作为"整个仪式体现了子女们的孝心","在祈求神明并供奉祭品的时候,家人们急切地盼望着逝者的亡魂能够回来"。④ 然后,禄是遒举例历史传说故事中的汉代刘邦安

---

① (法)禄是遒:《中国民间崇拜·命相占卜》,据(英)甘沛澍英译本,陈海燕译,上海科学技术文献出版社 2014 年版,第 76—77 页。
② (法)禄是遒:《中国民间崇拜·岁时习俗(英译版序)》,据(英)甘沛澍英译本,沈婕、单雪译,上海科学技术文献出版社 2014 年版,第 2 页。
③ (法)禄是遒:《中国民间崇拜·岁时习俗(英译版序)》,据(英)甘沛澍英译本,沈婕、单雪译,上海科学技术文献出版社 2014 年版,第 2 页。
④ (法)禄是遒:《中国民间崇拜·岁时习俗》,据(英)甘沛澍英译本,沈婕、单雪译,上海科学技术文献出版社 2014 年版,第 1 页。

葬母亲、刘彻安葬他的姐姐和东晋司马睿为司马越招魂等,以及黄帝升仙神话传说,说明中国历史上的招魂传统。其记述了安徽一些地方的招魂巫术,阐明招魂在人们精神生活中存在的必要性与合理性,其称"在现代所有的迷信活动中,招魂是最为普遍的一种","如今,这一荒谬的活动又焕发出新的活力","我们在古老的习俗中也发现,当人们陷入极度恐慌而不知所措的时候,他们为了唤回灵魂而借助一些巫咒。这仅仅是一种表象,我们甚至可以说这是一种极度的痛苦的爆发,但是这种对上苍的咒语,表达了人们对自己深爱的人在去世时的一种感情,并不一定说明人们普遍相信死前灵魂真的会动荡于体外"。① 其援引八仙神话传说,称"铁拐李的例子证明这一点"②。

民间传说属于社会风俗生活,其相互之间具有说明、解释等社会功能。禄是遒为了述说某种社会风俗生活现象的来源,或者为了阐明某种现象的危害,常常用一些民间传说故事作为自己的证据。如其阐释"木人"即巫术中的人偶,就以历史上的汉武帝"巫蛊案"为例。在"与建造房屋有关的迷信习俗"中,他记述了"在建造房子的栋梁(上梁)时,要举行祭拜土木工匠的祖师鲁班的仪式",提及鲁班发明创造的传说故事,又提及"泰山石敢当"的民间传说。在"拜弟兄"中,他特别提到三国时期刘备、关羽、张飞"桃园三结义"的传说故事。在"天信"中,禄是遒讲述了宋真宗降临天书和泰山封禅的历史传说,与当世流行的普陀山天降经文传说故事作对比,称之为"骗局"。他还记述了"昌平县陈家庄村民李秀英"敬谢玉皇的传说故事。其他如"打水醮"、"做蜒子"等风俗活动,描述人们为了保丰收而进行的民间崇拜,也涉及民间传说。在"太阳经和太阴经"中,他详细讲述了"一些据说是因为诵经供奉太阳神而得到特别恩惠的例子",其注意到这些民间传说的虚幻性特征,称:"所有的例子都是非常稀奇的事实,没有任何线索,但却得到人们的普遍接受。通常说的是某某人,家住某地,但并未提及精确的地方、村庄等。可以确定的只是他得到了某种恩惠,别无其他。在这种情况下,完全没有可能在数以百万计的乡民中找到此人。"③这种见解成为禄是遒的民间文学思想理论。

在社会风俗生活的描写中,许多风俗事项本身就是民间传说,或者包含了民间传说的内容。《中国民间崇拜》的《岁时习俗》详细记录了江南地区的节庆习俗,他分别选取了"除夕"、"大年初一"和"正月十五",以及"端午节"、"腊八"等节庆日,介绍其中的

---

① (法)禄是遒:《中国民间崇拜·岁时习俗》,据(英)甘沛澍英译本,沈婕、单雪译,上海科学技术文献出版社2014年版,第7—8页。
② (法)禄是遒:《中国民间崇拜·岁时习俗》,据(英)甘沛澍英译本,沈婕、单雪译,上海科学技术文献出版社2014年版,第9页。
③ (法)禄是遒:《中国民间崇拜·岁时习俗》,据(英)甘沛澍英译本,沈婕、单雪译,上海科学技术文献出版社2014年版,第37页。

风俗和传说故事。除了除夕拜谢灶君传说、正月初七日女娲造人传说、端午节祭祀屈原传说、冬至日红豆粥和共工氏神话传说等传说故事之外,他还详细记录了民间社会乞丐们贺新年、唱"莲花落"的风俗,保存了这些"莲花落"的段子。诸如其记述:"乞丐们会捧上一把尘土,在有钱人家的门上撒上十次,表达以下十个祝愿:一撒金,二撒银,三撒莲花聚宝盆,四撒四季发财,五撒五谷丰登,六撒六合同春,七撒妻子团圆,八撒八匹大马,九撒九九长寿,十撒十期来财。走进大门步步宽,双脚立在落地砖,落地砖上七个字,子子孙孙做大官。"这成为近代民间文艺难得见到的文本。

《中国民间崇拜》中的《岁时习俗》记述了一些神话传说,表现出禄是遒作为传教士对中国神话传说的理解,也体现出西方人的神话观念。在"被赋予神奇力量的动物、树木和植物"章节中,禄是遒记述"在中国的各种动物中,有四种动物被认为是赋予了不可思议的力量",即"麟、凤、龟、龙"。他说:"所有的这些动物都是吉祥的象征,其在传说中的出现也预示着贤明君王执政以及圣人的降生。"① 其记述"龟壳占卜"道"龟壳占卜出现在公元前2300年或公元前2600年的中国。在这些远古时代,相传黄河中有一只背上有奇特的赤绿文字的乌龟出现在黄帝面前,这些背上的文字就是龙图","大禹也看到一只乌龟从洛河水中负文而出,背上有数至于九,大禹由此创立洪范九畴,后来圣人行事都以此为准则,形成了人们后来的生活习惯","在那些远古时代,统治者用龟壳占卜来求得天意是一项传统习惯","这种所谓的占卜科学从远古流传至今,在中国依旧盛行,人们还是盲目的相信这种毫无根据的预言"②。其记述"人们认为乌龟也代表着女性的形象"道:"很多中国的民间传说中都能看到这样的故事:乌龟往往以女性的模样出现在河中,引诱那些好色之徒。中国的墓穴和陵墓边竖立着背驮铭文或亡人传记的石头乌龟,也会变成女性的形象引诱男性。这也是为什么乌龟在中国也被认为是淫贱的象征。在别人家门上或墙上画乌龟是对这家人的一种侮辱,相当于在辱骂他们的不检点和无德",包括"乌龟保护河堤"。③ 在"凤凰的外形"中,其记述道"这种奇特的鸟相传出现在太平盛世,它的出现是贤明君王执政的象征","这种鸟的出现是在黄帝时期","当黄帝的儿子及继承人少昊承袭王位时,就有凤凰出现的吉祥征兆","凤凰在尧舜时期也相继出现过多次"。④ 其记述民间传说中的

---

① (法)禄是遒:《中国民间崇拜·岁时习俗》,据(英)甘沛澍英译本,沈婕、单雪译,上海科学技术文献出版社2014年版,第115页。
② (法)禄是遒:《中国民间崇拜·岁时习俗》,据(英)甘沛澍英译本,沈婕、单雪译,上海科学技术文献出版社2014年版,第116—117页。
③ (法)禄是遒:《中国民间崇拜·岁时习俗》,据(英)甘沛澍英译本,沈婕、单雪译,上海科学技术文献出版社2014年版,第118页。
④ (法)禄是遒:《中国民间崇拜·岁时习俗》,据(英)甘沛澍英译本,沈婕、单雪译,上海科学技术文献出版社2014年版,第120—121页。

凤凰形状,又曰"凤凰是一种神秘的鸟,它只在太平盛世的时候出现,国局不稳社会动荡的时候它就消失不见。在三百六十种羽毛类物种中,凤凰是百鸟之王","凤凰有着像鱼一样的尾巴,尾巴上有十二根羽毛,每当闰月时就有十三根羽毛","这种神鸟是由太阳创造的,因此它总是以望着太阳或是一个火球的形象出现,太阳在天地万物中为阳,凤凰对生命的延续有着重要的影响","凤凰来自东方这个圣人的国度,它在最清澈纯净的池水中沐浴,在昆仑之巅翱翔,夜晚栖息于丹穴山。如果飞翔着的凤凰落到地面,所有的鸟儿都会立即停落到它的四周向它致敬。有一些中国画中对这一传说都有着充满想象力的描绘","凤凰一开始只栖息在梧桐树上,只饮甘美如甜酒一样的泉水,吃竹子结的果实。它身高六英尺,雄鸟曰凤,雌鸟曰凰,两者合称凤凰"。① 在关于麒麟的介绍中,禄是遒记述了孔子的出生与麒麟口吐美玉的传说故事,同时,他描述了民间社会关于"麒麟送子"的风俗和传说。在介绍"龙"的时候,禄是遒称:"在中国,龙常常被视为传说中的动物,有的认为它是真正的神,因此关于龙的描述无论在中国的民间传说还是在许多作家的著作中都有着数不清的混淆。"② 其描述"传说中龙的出现",分别述及"伏羲时期"、"黄帝时期"、"尧帝时期"、"舜帝时期"和"禹帝时期"等神话传说时代。其称"相传孔子出生那天,有两条苍龙从天上盘旋而下,落附在孔子出生的房屋顶上",其论述道"龙的出现对中国历朝历代而言都有着重要的作用。每当统治者和大臣们想要提出一项计划或是想要稳固皇权,就会用天、龙、凤凰、麒麟、龟卜和蓍草这几种事物来帮助他们。这些能够使他们完满地行使其能力,并彻底的调和当时的需求"。③ 同时,他还记述了民间社会对龙王和蛇神的传说和崇拜,以及求雨的风俗。

  动植物的拟人化,是民间文学的重要表现方式。普普通通的动物或植物被赋予神奇的力量,成为像人一样具有灵魂的文学表现方式,是欧洲文学的重要传统,也是中国文学的重要传统。禄是遒对此进行了详细的记述。"被赋予神奇力量的动物、树木和植物"包含着一些地方传说,大多是禄是遒在民间社会采集到的。诸如其记述的"狐狸精",既有社会风俗生活中的民间信仰,又有关于"狐狸精"的传说故事。他举例地方社会有人对狐狸敬奉,却没有得到相应的保佑,有人借口狐狸精的灵魂附体,表现出疯癫,这些事例都是民间传说。又如其举例民间社会关于桃树的信仰,讲述了西王母赠送仙桃给汉武帝的传说故事。其讲述"在中国流传着大量有关虎精和食人虎

---

① (法)禄是遒:《中国民间崇拜·岁时习俗》,据(英)甘沛澍英译本,沈婕、单雪译,上海科学技术文献出版社2014年版,第122—123页。
② (法)禄是遒:《中国民间崇拜·岁时习俗》,据(英)甘沛澍英译本,沈婕、单雪译,上海科学技术文献出版社2014年版,第116页。
③ (法)禄是遒:《中国民间崇拜·岁时习俗》,据(英)甘沛澍英译本,沈婕、单雪译,上海科学技术文献出版社2014年版,第127页。

的传说故事"①等,都属于禄是遒对近代中国社会民间文学的记录。

《中国民间崇拜》的《中国众神》介绍了民间社会对各种神灵的信奉。其分列"主要的三尊神"、"文人崇拜的神"和"佛、菩萨、圣僧和佛教众神崇拜",记述了作者作为西方传教士对中国社会风俗生活和民间文学的理解。在"主要的三尊神"中,其勾勒出民间信仰中的"神谱",如其述说"三圣",论述儒释道三者之间的联系,又分别述说道教的"三清"、"三官"和佛教的"三宝",阐释中国民间社会对佛教神、道教神和世俗神等多种神灵体系相混杂的原因和意义。他把道教的"三官"分为四个阶段,分别是"天、地、水三官"、"上元、中元、下元三元"、"三个神化的凡人"和"三个传说中的帝王"。在"三个传说中的帝王"中,其称"尧、舜、禹也被称为三官",其分别记述了与他们相关的神话传说故事,以及民间社会对他们的敬奉。在"文人崇拜的神"中,禄是遒主要介绍了"文昌神"、"魁星"和"关帝"。他把"文昌神"这位星君分为十七代,从第一代"在周朝开国皇帝武王之时,星神文昌下凡,化名张善勋",到后来的张九龄、司马光,都在历史上具有显赫的声名。其中,第五代文昌神化身一条金蛇,揉进了复仇故事和洪水故事,具有浓郁的神话色彩。包括他对魁星和关公传说的记述,这些民间传说故事及其在社会风俗生活中的流传,体现出中国近代社会民间文学传承和演变的时代风格。在"佛、菩萨、圣僧和佛教众神崇拜"中,禄是遒勾勒出一副完整的佛教文化结构图,其介绍了"燃灯佛""出身"为"女乞丐"、"释迦佛前世的老师"、"金蝉子"等种种传说。他又介绍了"千佛寺的来历"、"弥勒佛"、"阿弥陀佛",以及"药师佛"、"大势至"和"十二大天师"等神佛传说故事。其中,他用大量的笔墨记述了"仁慈女神观世音"中的"妙善"传说故事。在他的记述中,妙善公主是妙庄王的女儿。妙庄王得到玉皇所赐的妙清、妙音、妙善三个公主,分别为她们寻找到如意郎君。而妙善立下救天下受苦受难的百姓到西方极乐世界,皈化地狱里所有邪恶的灵魂,要独自在山洞修行的壮志,拒绝了婚姻。她的行为惹怒了妙庄王,从而在"白雀寺"受尽折磨和各种苦难。后来,妙善被处死,她的灵魂游历了阴曹地域,得到阎王的帮助,重新回到人间,隐居修行,功德圆满。最后,妙善用自己的双手和双眼救了她的父亲,成为受人膜拜的"女神",成为"南海的女王"②。在关于妙善的民间传说中,中间出现妙庄王献祭等情节,出现"千里眼"、"顺风耳"、"土地神"、"玉皇"和"王灵官"等道教信仰中的传说人物。这则传说故事本来属于千手千言佛的原型,化用了地府传说、玉皇传说、求子传说、战争传说、婚姻传说等传说模式,借以述说佛教向善等教义。这是中国近代社会民间传说的典型,佛教文化、

---

① (法)禄是遒:《中国民间崇拜·岁时习俗》,据(英)甘沛澍英译本,沈婕、单雪译,上海科学技术文献出版社 2014 年版,第 142 页。
② (法)禄是遒:《中国民间崇拜·中国众神》,据(英)甘沛澍英译本,王定安译,上海科学技术文献出版社 2014 年版,第 116 页。

道教文化、世俗生活和民间信仰等多种文化元素共处共生，形成完整的叙事结构。

佛教文化虽然是中国社会的外来文化，但是，随着漫长的岁月浸入，它也成为中国传统文化的一部分。尤其是佛教宣扬的向善，非常符合中国人的人生哲学和生活信念，对佛教文化的接受，成为中国传统社会的重要信仰方式。而且，中国人对于佛的信奉，不仅表现在山山水水间富丽堂皇的佛教建筑，而且进入寻常百姓家，甚至代替了一些人家的祖先牌位。禄是遒注意到这种事实，在《中国民间崇拜》的《佛教传说》和《佛界神祇》中详细记述了这些内容。

《佛教传说》主要介绍了"佛"、"菩萨"、"圣僧"和"佛教众神崇拜"等内容。禄是遒首先讲述了外来的僧人"金乔觉"来到九华山及其如何成为"金地藏"的传说故事，其记述道"王子兼隐士在中国的足迹和在九华山的定居：唐朝肃宗时，王子兼隐士金乔觉到达了中国的沿海。这里有一个值得重视的事实，这位外国僧人的到达与北印度人阿谟伽的游历是一致的。阿谟伽先到首都长安，后来又去了河南洛阳。阿谟伽接连被三位帝王赞助：玄宗（公元713—756年）、肃宗（公元756—763年）和代宗（公元763—780年），将佛教作为死后的寄托引进到了中国。他是每年饲喂饿鬼的节日，盂兰会，梵语Ulamba的音译。Ulamba是忍受巨大的痛苦之义"，"饲喂饿鬼的仪式据说是由释迦牟尼自己发起的。他教导门徒之一的目连为解救重生于饿鬼道的母亲作供养。这样看来，饿鬼道最初来源于印度教，其教义被阿谟伽传入中国。在与本土的祖先崇拜融合之后，得到了广泛的流传，现已为儒、道和佛各教各宗派所采用。水果饭食祭供亡者，纸衣则焚予溺死者，一切都遵循一套精细的仪式程序。僧人将他们的善功和祈祷加诸于供养，也因此而得到丰厚的酬劳。节庆在一场僧侣和俗众共同参与的铺张夜宴中降下帷幕，于是生者与死者也相互受益。该仪式的创立者后来因为对佛教信仰的贡献而成佛"。"隐士僧的生活很快吸引了当地人的注意，其声名开始远播邻国。公元756年，一群好友拜访他退隐的山林，发现他只以熟谷混合观音土为食。为这些极端简朴的行为所感动，他们向他奉献了更好的食物，并为他建了一座小寺院。寺院里，门徒们围绕着他，聆听他的教诲。他为佛祖贡献了一生，在他生命的重要时刻也得到了佛的护佑。最后，他走向了尘世生涯的终点，已是九十九岁的高龄。那天，他召集门徒，与他们道别祝福，盘腿静坐在棺材里圆寂。他去世的三年成就了一段传奇。为了移送他的尸骸进入专门的墓穴，人们打开棺材，这时，他们惊奇地发现尸体竟然保存完好，没有一丝腐烂的痕迹。他的肤色鲜红润泽，肌肉像生前那样柔韧。他的门徒充满崇敬地给了他金地藏的尊号，或称为地藏经。佛陀封他为地府之王，地狱的无上主宰。地狱的十位判官位列其后，听从他的调遣。这件事发生在农历

7月30日,这天也就成为地藏王的诞辰"。①

目连救母是中国家喻户晓的佛教传说,成为中国民间社会孟兰盆会的主要来源,这个传说故事与"金地藏"的联系被禄是遒做了另一番内容的讲述,其详细记述道:"在目连故事中的地狱救母,也被用在金地藏的身上。将这个离奇传说的中国版本写出来是很有意思的。这里,我们引用《目连记》这本书。目连的双亲是虔诚的素食者。根据流行的说法,当他的父亲咽气的时候,一只鹳从他的尸体里破茧而出,飞向西方极乐世界。他的母亲刘氏高声抗议,对丈夫遗体的消失极为不满。如果这就是对长期素食禁欲的回报,那么接受它为完美的标准是没有价值的。实际上这是多么大的恩惠啊!长期奉献的回报竟是被鸟吞噬!不久,她的兄弟劝她放弃素食的生活,因为这违反了古代圣者文王、曾子和孔夫子的教诲。后来,他成功了,他妹妹答应放弃以前的诺言,适应一般的习俗,跟其他人一样食荤。她在杀生食肉时还是有点犹豫,所以想出了灵活的处理方法。她将一头山羊严实地捆在大屋子的中央,在它周围堆起柴火,然后点燃整个火堆。在山羊边上,她小心地放上一盆酱油。山羊因为干渴难忍会吞下所有酱油,这样就等于将其泡在酱油里活烤。这位好主妇分享了烤肉带来的快乐。这是她踏向地狱之路的第一步,很快愈走愈远,据传奇,她最后屠杀了家中的狗,并吃了它的肉。她在地狱之路上的恶行不断升级,到生命终结的时候,她已经品尝过各种各样的肉。这些罪孽使她死后被判转世成为地狱中的饿鬼,在最残酷的恶魔手里被整日整夜折磨。目连凭借天眼得知亡母在阴间因背诺食荤而遭受的折磨与恐惧。为子女孝行所感召,他准备了一碗饭食,把它带给地狱中亡母饥饿的灵魂。唉,饭碗刚刚碰到她的嘴唇,就被饥肠辘辘的恶魔偷去,或是被变成灼热的炭灰,因此她根本无法进食。为了让她能得到食物,目连同时又做了其他的努力,但都落空了。后来,他陪着她到地狱的各殿求情,但仍然不能减轻她的痛苦。到了第十殿,她被判投生为郑家的狗。听到这个消息,目连恸泣不止,含泪来到如来佛的宫殿。他禀告了发生的一切,静候如来佛的教诲。对此,'世尊'启言:'将你母亲缠在悲惨命运中的罪孽是无尽的贪婪;她已经违犯了一项最根本的戒条。你用尽所有法力也不能救她离难于一毫,等待她的是接连不断的轮回。但是,通过会合十方僧人,借用他们的精神力量,超度就会实现。以上的办法后来被采用了。每年农历7月15日,十方僧人会聚集一堂,他们准备好各种精选的饮食、衣服、被褥等日用品,为在地狱中七世以来祖先的拯救作供养。这会使他们得离饿鬼之苦,在更幸福的生存环境中重生。目连遵循

---

① (法)禄是道:《中国民间崇拜·佛教传说》,据(英)甘沛澍英译本,邬锐译,上海科学技术文献出版社2014年版,第3—4页。

佛陀的教导,通过这种仪式将亡母从地狱的折磨和恐惧中拯救出来。"①他在这里还记述了九华山地区对于地藏王的民间崇拜。其讲述的目连救母与盂兰盆会既是佛教的,也是世俗的,是一种传统中国社会风俗生活的信仰,也是一则流行在中国近代社会的民间传说。

佛教的中国化是一个漫长的历史过程,许多佛教文化已经成为中国历史文化的一部分,在中国民间社会的流传中表现出中国社会的文化特征。佛教传说中的地狱与十殿阎王,就是一个典型。在《佛教传说》中,禄是遒先解释了"地狱"和"阎王"的概念,如其论述道:"地狱,或者说邪恶的惩罚之地的想法,是与轮回转世紧密相连的。它只是一个阶段,而不是一个最终报应的地方。佛教最终目标既不是地狱也不是天堂,而是涅槃。或者,存在的熄灭,所有个体存在的灭绝。地狱在梵语中叫作'Naraka',是恶魔的住所,翻译成中文术语地狱,即地下的监狱。这个阴暗王国的统治者是阎罗王,亡者的吠陀神。佛教从婆罗门教那里借鉴了这些概念和功能。阎罗王如何变成被诅咒者的统治者,有这样一个传说:很久以前,他是一位人间君王,统治着北印度的毗舍离国。一次,他与邻国发生战争,在失败的危急时刻,他许诺如果地下的力量赋予他胜利,他和他的部下将愿意在地狱里重生。于是,大家看到天堂的勇士们为他而战,很快他就赢得了胜利。他因此重生为阎罗王,地狱的主宰,而他的部将和所有部队成为他的副手、狱卒和刽子手。他的妹妹阎美(Yami)管理所有女犯人,就像他专门管理男犯人一样。阎罗,作为地狱之王,住在一个金碧辉煌的宫殿里,由几个小鬼仆役侍奉着。但是,他的生活绝不是什么幸福。每天有三次,一帮鬼差会拿住他,往他喉咙里灌上融化的铜流,会因此引起剧烈的痛苦。他的官员和随从也会因为以前的罪恶而受到类似的惩罚。但是,他们最后还是会被赦免,据说甚至会得到开悟的赐福。"继而,他又讲述了地狱传说的另外一个情形,即中国起源的阎罗王传说故事道:"另一个纯粹源自中国的版本叙述了著名的姜子牙,文王的宰相,任命地狱的统领为黄飞虎,周王的一位将军,在战争中收服并发誓效忠新的王朝。所有这些统治者和副官,虽然来自佛教,按照目前流行的说法,臣服于玉皇大帝,道教诸神中最高神。道教因而吸收了佛教的神灵为道教所用。十位统治者和十个判决的大殿,在本文中描述的,也是属于道教。"②

人间社会未必就是众生苦不堪言的地狱,而佛教传说中的地狱,其实就是人间社会的写照,也应该包含着人生的写照,所以,这则传说能够激起更多的人的共鸣。各

---

① (法)禄是遒:《中国民间崇拜·佛教传说》,据(英)甘沛澍英译本,邹锐译,上海科学技术文献出版社2014年版,第4—6页。
② (法)禄是遒:《中国民间崇拜·佛教传说》,据(英)甘沛澍英译本,邹锐译,上海科学技术文献出版社2014年版,第10页。

个地狱都有一群鬼,等待为前世的罪孽接受惩罚,都有一个阎王具体负责,就像每一个地区都有一个行政长官,管理一方民众,向上级负责。在《佛教传说》中,十殿阎王共同向佛负责,禄是遒分别记述了"十殿阎王"。第一殿阎王是"秦广王",第二殿阎王是"楚江王",第三殿阎王是"宋帝王",第四殿阎王是"五官王",第五殿阎王是"阎罗王",第六殿阎王是"卞城王",第七殿阎王是"泰山王",第八殿阎王是"都帝王",第九殿阎王是"平等王",第十殿阎王是"转轮王"。他们各司其职,各负其责,各自有不同的传说故事。特别是第五殿阎王,从"北印度吠舍离王国"的君王,转身成为中国民间传说中的黄飞虎、包拯、韩擒虎、寇准。众生经历了十殿阎王的惩罚,最后离开地狱,进入新生之前,喝下孟婆汤,遗忘那些经历,再转化为新的生命。

　　佛教文化影响到社会风俗生活的构成与走向,佛教神系如同人间社会,既有发号施令者,也有传达号令、执行法令者,更有保护佛法的护法神和使者。《佛教传说》记述了"佛教中的守护神伽蓝"及其相关传说,称:"除了佛教从印度引入的守护神:婆罗门、因陀罗和吠陀,这里也有其他的完全来自中国。后者中最著名的就是伽蓝。他们是庙宇或修院的仆人,从事看守、清扫庭院、井中提水的工作。他们的画像一般置于庙宇的大门进口,而吠陀神韦陀,佛教勇敢的守护神,是在门的背后。在妙善的神奇传说中,这些守护神与这位公主联系在一起。当她还是'白雀寺'的沙弥尼并从事大多数仆役工作时,龙王就在厨房边上为她开了一股泉水。这位八天洞的神给了她各种水果,寺院的守护神伽蓝替她清扫庭院。在一条对印度哲人大圣的评论中,我们读到佛陀的门徒伽蓝为佛寺挖洞,掘出一块属于古代'香积寺'的石板和普照王佛的塑像。印度的记载告诉我们伽蓝是佛陀的一位门徒,他的名字往往在这位佛教祖师讲道时的听众中发现。释迦牟尼常常派遣伽蓝去邀请诸神来到'雷音寺',共进天庭准备的盛宴。守护神伽蓝呈现为坐姿或立姿,有三只眼睛,一个眼睛在额头中央。"①他介绍"佛寺中的护卫者吠陀",称:"吠陀,中国名字韦陀,他是源自印度和西藏的护卫天神。他是四大天王麾下的总司令,看护着每一个佛教庙宇。在中国,他被看作是所有庙宇建筑的专职护卫,即'护法'。当寺院供应发生中断,人们就祈求他,期望他能帮助提供补给。他呈现为英武威严的形象,手中握剑,有时双手交叉做祈祷状。他的画像位于外殿,靠近入口处,在未来佛弥勒佛的背后。他之所以在这个位置是不言自明的。未来,将要到来的事物,跟他没有任何关系。韦陀的唯一义务是站着护卫和尚和他们的圣殿。因此,他目光朝内,面对着大雄宝殿。我们对这个神话中的天神的所有了解来自《金光明经》,这本著作第一次间接提到了他。梁武帝(公元502—550年)也提到过他的名字,并尊称他为天神,但没有述及他的职责。他在唐高宗时得到了特别的重

---

① (法)禄是遒:《中国民间崇拜·佛教传说》,据(英)甘沛澍英译本,邬锐译,上海科学技术文献出版社2014年版,第34—35页。

视。当时,想象力丰富的和尚道宣在参与写《律》的工作时,受到了韦将军的启示,因此作为天界守护神的韦陀变成了佛教寺院的将军。包括河内法国东方学院 Noel Peri 在内的几位学者认为由于抄录者的疏忽,该名字的抄本后来发生了差异。因此,我们发现朝鲜版本和其他佛经版本存在建驮而不是韦陀(也作韦驮)的抄写错误。有些人因此推断韦陀是一位完全虚构的神。"①佛的使者还有"香神"和"花神",这里,禄是遒记述道:"香神、花神是为了装饰的目的而进入佛教殿堂的两位天上的神仙。僧人们和其他有疑问的人弄不清楚他们的起源。名字表示了他们的职责。一个手里拿着一朵莲花,孩子因此而出现。莲花对于佛教徒是神圣的植物,很多象征意义随之也蕴含其中。每个佛和菩萨都坐在莲花上,以此表示他神圣的身世。当一个信仰阿弥陀佛的人死后,他被观音带到西方极乐世界,在那里他被放在神佑之地的圣湖里开放的莲花花萼中。这些曾经一生恭行善事的人立刻享受到天堂的快乐,而其他曾经犯下恶行的除了悔改,还要在弥留之际呼唤阿弥陀佛的名号,他们将在多劫中被排除于大慈大悲的佛祖的视野。仙女们在清晨采摘这些莲花,将它们奉献给存在于大千世界的诸佛和菩萨。在这里,天神被描绘成向毗卢佛,最高显广眼藏如来奉献莲花的神。"②

佛的护法神四大天王,守护着寺院的安定。他们成为民间社会信奉的神灵,威震人间,以特有的艺术感染力,成为人们审美视野中的一道风景。禄是遒在《佛教传说》记述道:"四大天王在绘画和雕塑中经常被表现。他们的画像被置于印度佛塔的四边,以保护神圣的遗物。最早的塑像可以追溯到公元前 1 世纪。在中国的土耳其斯坦,斯坦因(Aurel Stein)爵士和法国探险家伯希和(Pelliot)在敦煌的岩洞里发现了他们的画像,而勒寇克(Herr von Le Coq)在吐鲁番发现了几幅关于他们的壁画。在中国,他们不但是寺院里专门的守护者,而且象征着季节,控制四大要素火、风、地、水。作为守护者,他们被置于寺院的外部出口,每边两个。他们是巨大怪异的样子,全副武装,站姿,手拿各自法物。这些象征物在印度、西藏、汉地和日本是不同的。他们的任务很大程度上与自然现象联系在一起,如呼风唤雨,雷电,甚至是世界的黑暗。道教将这些象征物变成了纯粹的魔法,我们已经在四大天王的战争中看到了。这些象征物常常来源于中国,毗沙门:珍珠和蛇。在印度和西藏,他被表现为右手执旗,左手抓蠓,蠓哈一颗宝石。南方增长天王拿着伞,打开它就引来雷电降雨。在西藏,他有宝剑和橡皮头盔。东方垮国天王弹一把六弦琴。在有些画里,这把乐器只有四根弦,对应这位天王掌管的四大元素。毗卢跋迦娑拿剑,而在西藏,他右手拿着神龛,左手抓

---

① (法)禄是道:《中国民间崇拜·佛教传说》,据(英)甘沛澍英译本,邬锐译,上海科学技术文献出版社 2014 年版,第 35—36 页。
② (法)禄是道:《中国民间崇拜·佛教传说》,据(英)甘沛澍英译本,邬锐译,上海科学技术文献出版社 2014 年版,第 42 页。

着蛇。每位天王也都因镇守庙宇的部分不同而对照各自的颜色。一般来说,北方的守卫是黑色的;南方的守卫是红色的;东方的守卫是蓝色或绿色的,而西方的守卫是白色的。不过,这些颜色除了黑色外偶尔也会变化。"①禄是遒对中国社会风俗生活未必全部熟悉,这种论述也未必全部得当。四大天王在中国民众的视野里,其实并不仅仅是季节的象征,它们除了是秩序与伦理的守护者,还是"风调雨顺"的象征,受到民间社会的顶礼膜拜。

佛教文化中,龙的概念和含义有着独特的内容。龙是中国传统社会非常重要的信仰,在中国远古文明中就已经广泛存在,如《山海经》中多次出现龙和龙的故事。佛教中的龙王,融入中国文化,拓展了中国文化中龙的象征意义,也深刻影响到中国社会风俗生活与民间文学的内容。禄是遒注意到这种现象,他在《佛教传说》中论述道:"在本系列中,龙被描绘为神秘的生物,腾云驾雾,呼风唤雨,惠泽干涸的大地;同时也是山林中的神秘力量,引导着溪流的方向。在这里,我们谈论作为神话人物的龙王,他起源于印度,借鉴于佛教,以后才被引入中国。在印度教里,他们的名字是龙或蛇魔,有的画像是头巾遮盖的眼镜蛇。在中国,龙王是海洋、河流和湖泊中的神灵,被认为是保护和赐予信徒的恩惠。"②进而,他论述中国神话传说中的龙,其举例称:"龙宫——每个国王都有皇宫,所以我们在《洛阳伽蓝记》可以发现龙王住的皇宫。在远离乌场西部的地区有一个湖泊,那里是龙王居住的地方。湖水的边缘有一个寺院,里面住着五十个佛教僧人。无论何时龙王发挥威力,当地的统治者都会赶到神殿祈祷和烧香。当仪式结束时,他们会向湖里投下黄金、宝石和价值连城的珍珠。所有的珠宝以后都会浮起来,龙王允许和尚收集起来,作为满足基本的日常需要。因此他们是被神的恩惠所供养的,于是人们将这座寺院称为龙宫。"③当然,中国民众对龙的信仰绝不止这些。佛教文化的龙与道教文化的龙,共同影响到中国文化的龙,中国的龙文化自成体系,形成具有中国特色的龙崇拜信仰和形形色色的关于龙的传说故事。

与《佛教传说》有着类似内容的《佛界神祇》,对于佛教文化的介绍偏重于佛教人物的主体。其着重介绍了一些"高僧",记述他们对中国传统佛教风俗的具体影响。

在佛教文化的结构组成中,高僧是一个特殊的阶层,他们具有特殊的智慧和操守,影响到社会风俗生活中佛教信仰的走向。禄是遒在《中国民间崇拜》的《佛界神祇》中首先记述了一群高僧。

---

① (法)禄是遒:《中国民间崇拜·佛教传说》,据(英)甘沛澍英译本,邬锐译,上海科学技术文献出版社2014年版,第91—92页。

② (法)禄是遒:《中国民间崇拜·佛教传说》,据(英)甘沛澍英译本,邬锐译,上海科学技术文献出版社2014年版,第92页。

③ (法)禄是遒:《中国民间崇拜·佛教传说》,据(英)甘沛澍英译本,邬锐译,上海科学技术文献出版社2014年版,第94页。

历史上曾经出现一些身份不同、各怀奇技的僧人,他们直接与朝廷对话,表现出非凡的才智和技艺。在《佛界神祇》中,禄是遒记述"印度僧人""金刚三藏"称:"在玄宗(公元713—756年)统治时期,经常有无数和尚出入朝廷,这些和尚拥有法力。Vajramati 的中文名金刚智,是他们当中最为著名的和尚之一,成功地获得皇帝的长妃惠妃的支持。"①金刚智是一个法术高超的僧人,曾经在唐玄宗面前施展法术。接替"金刚智"的是"锡兰人"即"不空",曾经驯服野象,表现出特殊的魔法。禄是遒记述道:"在中国,他是瑜伽教的主要代表。他把大量的符咒传到中国,并且建立了给饿鬼喂食的节日盂兰会,盂兰会是从梵文 Ulamba 音译过来的。这个节日从此以后于每年的7月15日举行。"②不空在皇帝面前表演用泥巴捏成龙的形状止雨的法术。与金刚智、不空不一样的是一行,即著名的僧一行,他是中国本土的高僧。禄是遒介绍道:"他俗名张遂,一行是他加入佛教团体时的名字。他是一个古代封建王侯的孙子之一,这个王侯统治着位于山东南部的郯国。他出生在该国一个叫钜鹿的地方,但是另外有人说他的出生地是内黄。"③一行在天文历法方面有很高的造诣,留下许多神奇的传说。禄是遒记述道:"一行虽然是皇室的后代,但是没有多少财富。一个名叫王姥的寡妇借给他些钱,资助他早年的学习。当一行在朝廷上拥有影响力时,突然这个女子的儿子因为杀人而被捕入狱,很快就要问斩。这个寡妇连忙去恳求一行,求他救救她的儿子。这个和尚说:'你对我的帮助,我愿意十倍偿还,但是,要皇帝赦免你的儿子,这事可不好办。'这个寡妇受母爱蒙蔽了,对他破口大骂。和尚说:'别激动,我会救你儿子的。'附近有座寺叫浑天寺,里边住着一大群工人。和尚把他们都叫到跟前,求他们让他用一下密室。他在这里放了一个陶罐,把寺里的一个佣人叫来,对他如是说:'有这样一个地方,那里有一座未开垦的花园,你在这个日子的中午时分到那里去,等待七个畜生的到来,他们将在那个时刻穿过花园。这里有一个袋子,你把它们全部装到里边去。要特别小心,一个都不许跑掉,否则你将受罚。'这个佣人照他吩咐的做,在那里守候着,一直等到黄昏时分,突然七个小肥猪进了花园,它们全都被逮住,被装进袋子里,交给了一行。一行恭喜这个佣人圆满完成任务,命他把这些动物关进一个大罐子里,他将在寺里找到这个罐子。这个和尚用一根粗大的木头堵住开口处,封好,用红墨水在上面写下一些印度文字。所有这些都做得极为秘密,无人能理解这个和尚的意图是什么。第二天早晨,天文部的官员向皇帝禀报说大熊星座中的七颗星从天

---

① (法)禄是遒:《中国民间崇拜·佛界神祇》,据(英)甘沛澍英译本,王定安译,上海科学技术文献出版社2014年版,第1页。
② (法)禄是遒:《中国民间崇拜·佛界神祇》,据(英)甘沛澍英译本,王定安译,上海科学技术文献出版社2014年版,第4页。
③ (法)禄是遒:《中国民间崇拜·佛界神祇》,据(英)甘沛澍英译本,王定安译,上海科学技术文献出版社2014年版,第4页。

上消失了。这一事件极为不吉利,玄宗传一行觐见,问他是否能让这些消失了的星星回来。和尚说:'要避免这种不寻常的征兆所预示的灾难,就得在全朝上下实行一次特赦。'皇帝同意了这种要求,因此这个寡妇的儿子得以获释。无人怀疑这个狡猾和尚的建议。在后来的七天当中,这个和尚从坛子里放走了一只猪,大熊星座中的一颗星马上就重新出现在天上,一周结束时,整个星座全部复原。"①

所谓高僧,就是异乎寻常。因为异乎寻常,而形成具有传奇色彩的传说故事。这里,禄是遒还记述了一位预言家"西域僧禅师",曰:"他来自遥远的西域,位于中国西面。于公元639年到达长安,正处在唐朝第二代皇帝太宗的统治时期。他穿着草鞋,其貌不扬。在他到达前三天,韦先生生了一个儿子,他邀请了几个和尚,在他家里感谢神灵,没有邀请外国和尚,但是他碰巧成了受邀请的和尚之一。全家亲朋好友看到家里来了一个陌生人,极为不悦,因此当典礼结束时,他们在里院开了一桌,只用几个普通的菜招待这些和尚。用餐完毕后,韦让保姆把小孩带到各和尚跟前,想让他们算一下这个孩子寿命的长短。于是,这个外来的和尚上前向小孩致意,说:'你好,我的小家伙,我们有好多年没见了。'这个小孩听到这话后,显得特别高兴,但是旁人一点都不懂他们的意思。于是韦先生说:'的确,小孩出生还不到三天,你就说你有好多年没有见他了,你这些奇怪的话是什么意思?''你不明白。'和尚答道。在韦先生的坚持下,他解释说孩子是诸葛亮转世。'这个丞相在四川时,很好地为国家效劳,在他下一个存在阶段中,他会再一次造福于这个国家。两年前,我们在金门相遇,关系最为亲密无间。我已经听说他将投胎到你家,因此我就到这里来问候他。'韦先生听到这种奇怪的消息后感到很迷惑,给这个孩子取名为'武侯'。这个孩子长大后,成了一名军官,在剑南战役中取胜,晋升为'中书令'。他在四川待了十八年,那个外国和尚的话全都应验了。"②

高僧之高,在于法术之道高,在于传奇。其出身传奇,行为传奇,包括神奇的梦幻出现在高僧的生活中,形成佛教神话传说。禄是遒记述"普庵禅师"道:"他俗名印肃,父亲名叫余慈,母亲属于胡家。他是溥化人,溥化是江西宜春的一个村子。他生于公元1115年11月27日,或者是北宋皇帝徽宗十四年。在他六岁时,梦见一个和尚把手放在他的胸口上说:'你以后会明白这个的。'第二天早上,他把这个梦告诉母亲,他的母亲检查了他的胸口,发现上面有一块红宝石。长大后,他进了寿降院,在那里学习教义。17岁时,他剃度了,第二年,他被接纳为寺庙里的正式一员。他有良好的天赋,

---

① (法)禄是遒:《中国民间崇拜·佛界神祇》,据(英)甘沛澍英译本,王定安译,上海科学技术文献出版社2014年版,第6—7页。

② (法)禄是遒:《中国民间崇拜·佛界神祇》,据(英)甘沛澍英译本,王定安译,上海科学技术文献出版社2014年版,第9—10页。

做事谨慎,并且相貌清秀,因此,他的老师极为赏识他。"①

高僧之高,在于其法术之高,形成了独特的传说故事,如其记述"暨公老佛菩萨"传说故事道:"暨公是一个长眉禅师,是十八罗汉之一。他姓暨,名存真。他转世投胎出生在福建省瓯宁的一个村庄,叫水吉。他从早年起就守佛教徒的戒律,敬拜观音菩萨。在一个夜里,她出现在他梦里,摸了摸他的头,让他成了佛。因此在他的头部萦绕着一朵云,无论他去哪里,都跟着他。他在曾公瑾的房子里住了几年。他喜欢用他自己的方式做事和生活,不会顾及人家怎么说他。当他夏季在地里干活时,每个人看到他头上盘旋的云都很吃惊。劳作完毕,他就用空闲时间做草鞋,把编好的草鞋挂在树上,人们可以随便去拿。人们见他的善行,就叫他暨公,很少用他的原名。房主曾公瑾待他也很好,但是有一个女仆厌恶他,并且看到他就嫉妒。她时而会在给他的饭菜里不加盐,或者把鱼虾混拌在一起。暨公把鱼虾扔到水里,它们一会儿就活过来,游走了。他在暨源住了一段时间,后来又在仲源住了些时候,仲源是崇仁德里的一个村落。在莲源山上,住着一个危害人间的妖魔,化成一只大蛇的样子,令全村笼罩在一片恐怖的氛围中,并且吃了如此多村民,以致他们的骨头都堆成了一座山。村里的好人们请暨公去杀这个妖怪,他承诺去杀妖,为此他操起一根屋柱子,将之绑在一块大石上,就启程进山。已经被这个妖怪制服了的山神出现在他前面,穿着一件金盔甲,手拿一根铁棒,面目狰狞。'我盼你盼了很久了,我拜你为师。'他对和尚说。和尚给他取了个名字叫槃荼王。另一个神也来问候他,这个神住在洛田里的洪山庙,名叫朱邦式,带有五百个天兵,来助他降妖。朱邦式也称是他的弟子。这两个神曾与蛇交战,蛇的头部有冠毛,并且有其他的蛇人妖怪助阵,很难被打败。暨公手拿一把纸扇,将之抛向空中,纸扇立即变成了一只大蜈蚣,攻击那蛇,伤了蛇的腹部。这个被降服的妖怪请求暨公饶命,暨公饶了他,但把扇子给了山神,让他把扇子挂在盔甲上,以防妖怪作乱。然后他命令蛇住进一个地洞里,从此之后不许扰民。自从那以后,众蛇就都住在洞里,在尘世躲藏起来。曾公瑾自己掏钱在这座山的山脚处建了一座大寺院,与这个和尚一起住在那里,他们二人都住在桃树下,饮用附近小溪里的水。暨公甚至指出其他三个地方有大量的水。事实证明了他的先见之明,水在这些小溪里一直流淌至今。暨公涅槃的时候快到了,他沐浴过后,对仆从说:'你的主人回来之后,你告诉他说,让他用我用过的水来淋浴。'她没有听他的话,让水在地板上流掉了。曾公瑾回来后,得知所发生的事情,那时还剩下一些水,他就在地板上打滚,于是就在同一天由这

---

① (法)禄是道:《中国民间崇拜·佛界神祇》,据(英)甘沛澍英译本,王定安译,上海科学技术文献出版社 2014 年版,第 11 页。

个和尚陪同着去了西天。"①

"华严和尚"也是一个具有传奇色彩的高僧,禄是遒记述其传说故事,曰:"在梁武帝(公元502—550年)统治时期,释迦佛派他的一个名叫阿修罗的旧弟子来到尘世,让他向凡人传授教义。阿修罗是一个志公,他讨厌作为一个小孩投胎到一位母亲的子宫里,而化成一个住在魏国的一个老和尚。从那时起,他动身去洛阳的天宫寺,在路上背诵着《华严经》,因此他被称为'华严和尚'。他的弟子逾三百人,这让他获得北方佛祖的称号。再有,他在德行上达到很高的水平,在解释《华严经》的教义时热情洋溢。在和尚们去餐厅之前,他把一切都仔细地安排妥当了,大家一出席,就用膳。在他的弟子当中,夏腊是其中最热心的一个。他突然病了,被迫待在屋里。沙弥和尚在桌上找不到他的饭碗,就用了夏腊的碗,但是他还没有吃完,夏腊就吩咐人把他的饭碗拿给他。沙弥连忙把碗里的饭菜倒掉,但是当他穿过餐厅的门廊时,落下一块砖头,把碗打碎了,这个和尚对于这个不幸的灾难感到很沮丧,他找了种种可能的借口向夏腊解释,然而,夏腊发怒了,说有人想饿死他……结果,他怒不可遏,气绝身亡。包括夏腊在内,逾一百个弟子听华严解释佛法,突然一阵飓风卷过山谷。'藏在我身后。'老师对沙弥说。继而,一条大蛇出现在院子里,向讲堂逼近,仿佛要搜出某个人来。华严夺过一根棍子,喝令这个妖怪别动,蛇俯首闭眼,听了他的话。老师于是轻轻地敲了敲它的头,说:'你已经知道做一名和尚的全部职责,所以你应该忠心侍奉佛。'华严要求所有和尚为了让蛇侍奉佛一事而念经,并且让蛇守佛教的戒律,然后这个妖怪就消失了。后来,华严将这个神秘的事情向弟子们解释。他说,夏腊是一个有大德的和尚,可以达到佛的境界,但是因为他一见到碗被打碎就犯了嗔戒,所以咽气时立即变成了一条蛇。他到这里来的目的是找沙弥报仇,要是他真的吞掉了沙弥,那么他的罪孽将永远得不到宽恕,他就会永远在地狱里受折磨。我用佛法五戒影响他,但是他离开大厅马上就会死,去看看是不是这样了。于是,所有和尚都出门,跟他走了很长一段路,他爬过矮灌木丛和深深的草丛,最后,到达一个深峡谷中,发现大蛇头撞在岩石上,死了。和尚们回去把这个妖怪的悲惨结局禀报给他们的老师。华严于是向他们透露说他已经投胎到军机大臣斐宽家,要作为一个女孩重新在尘世出现,但是活到十八岁时就会死去。在他接下来的转世中,他再一次变成一个男人。当他作为一个女孩出生时,他的母亲将遭受很大的痛苦,你们应该为她念经,让她快点度过痛苦的时间。因此,和尚们到斐宽的屋里去,见全家气氛悲哀。这个好人说:'自五六天以来,我的妻子一直都处于分娩的痛苦中,她的命危在旦夕。'和尚们让他在病人的地板上放一张床和一床席子,然后他们烧香,大喊三声:和尚,和尚,和尚! 这妇女马上费力地生下一个

---

① (法)禄是遒:《中国民间崇拜·佛界神祇》,据(英)甘沛澍英译本,王定安译,上海科学技术文献出版社2014年版,第14—16页。

女孩,女孩活到十八岁就死了。这个女孩死去二十年之后,一个年轻人来到寺院,请华严收他做和尚。他亲手给他剃度,给他取名始觉,意为'首次觉悟'。他然后对他的众弟子说:'这个和尚是夏腊,前世在斐宽家生为一个女孩,如今重新变成僧团的一员。'夏腊后来达到佛的品级。"①

高僧故事不唯在轰轰烈烈,也在于平平淡淡。这里,禄是遒记述一位"嵩岳伏僧禅师"道:"在嵩岳,有一个享有盛誉的寺院,住着一个叫破灶堕的隐僧。这家寺院里,唯一点缀着神殿的一个塑像是灶君像,关于这个像,有几件奇事。人们成群结队地来此烧香祈求保佑。当伏僧进入这个寺院后,他用棍棒捣毁了这个雕像,说:'这个神只是放在几块砖头上的泥巴,哪里有什么超人的力量?'他再一次举起棍棒,朝雕像打了三下,雕像因此就成了碎片。不久以后,有一个穿着蓝衣的神出现了,跪在他跟前,说:'我是灶君,我在这里苦行赎罪已经很久了,这下你终于打破了我的枷锁,我终于可以升天了。非常感谢,你真是太好了。'这样说着,他就离开了。"②

在民间传说故事中,僧人有很多种。孙悟空是一个家喻户晓的猴王英雄形象,因为《西游记》的传播,妇孺皆知。其除恶护法,也成为佛教文化的英雄典型。禄是遒注意到这个传说人物的独特性,在《佛界神祇》中记述了孙悟空传说故事及其在民间信仰中的影响,其称:"流行的图画叙述孙猴子的生活和事迹。在有些地方,他甚至受到膜拜,在寺庙中可以看见有对他传奇生活的描绘,其中有他的像。他是《西游记》中的英雄,该著作把佛经传入中国的事情戏剧化了。下面是关于这本奇异小说的梗概,这一小说在中国人当中散播甚广。公元629年,唐太宗二年,唐僧从当时的都城西安府出发,去印度朝圣、取经。观音菩萨给他安排了沙和尚和猪八戒作为助手,还有西海龙王的儿子化成一匹白马,一路上驮着唐僧。我们将对每个人作简要描述,但是小说的中心英雄人物是孙猴子,他本领高超,总是在危难时刻化险为夷。他常用下面这些名字:孙行者、孙悟空、美猴王、齐天大圣、弼马温。最后这一头衔是一个绰号,这一绰号会让这位美猴王很生气,因为让他想起玉皇封给他这一头衔时,有嘲讽之意。"③其详细记述"猴王的传奇故事"道:"在胜神洲,外有一傲来国,国近大海,海中有一座花果山。在山顶上有一块仙石,这石头有三丈六尺五寸高,二丈四尺围圆。山顶上出现了一个石卵,因见风化作一个石猴。这个新生的婴儿拜了四方,目运两道金光,射冲斗府。当他服饵水食时,金光潜息了。玉帝惊叹道,迄今为止,我让由天地精华所生的各

---

① (法)禄是遒:《中国民间崇拜·佛界神祇》,据(英)甘沛澍英译本,王定安译,上海科学技术文献出版社2014年版,第17—18页。
② (法)禄是遒:《中国民间崇拜·佛界神祇》,据(英)甘沛澍英译本,王定安译,上海科学技术文献出版社2014年版,第30—31页。
③ (法)禄是遒:《中国民间崇拜·佛界神祇》,据(英)甘沛澍英译本,王定安译,上海科学技术文献出版社2014年版,第34页。

种奇异生灵都臻于完满,那猴在山中,却会行走跳跃,食草木,饮涧泉,采山花,觅树果,与猿鹤为伴、麋鹿为群,夜宿石崖,朝游峰洞,真是'山中无甲子,寒尽不知年'。他本领高强,很快就被拥为猴王,然后他努力去寻找吃了能让人长生不老的仙药。他翻山过海花了18年时间,终于在灵台方寸山见到菩提祖师。这一路上,这个猴子渐渐地适应了人类的行为方式,然而他的样子还是掩藏不了他是个猴子。穿上人类的衣服之后,他觉得自己相当文明了。他的新师傅给他取名孙悟空,即'发现奥秘'。他的师傅也教他如何在天上飞,教他七十二般变化,他可以一个斛斗就翻十万八千里。混世魔王趁孙悟空不在花果山时,骚扰了众猴,孙猴子回到花果山后,杀了混世魔王。他于是会聚群猴,进行排营,共计四万七千余口,保护着猴子的世界,维持和平。至于他自己,找不到称心的兵器,于是请东海龙王帮他在龙宫找一件。龙王给他一根铁棒,是大禹以前治水时,用以定江海深浅的定子,现正在海底,用以给天河定底。他掇过铁棒,两头是两个金箍,紧挨箍镌着一行字,唤作'如意金箍棒'。这件神兵很合他意,能够变成各种形状,有时变成一根针,他将之放在耳朵里。拥有这兵器,让四海龙王都惧怕,迫使他们再给他去找战甲。邻近的王想与他结友,给他摆了桌盛宴,在宴会上,有七位与他结盟。唉!他太贪杯了,当他送他们出去时,醉倒在路上了。当他处于醉梦中时,地府的阎王听到龙王抱怨孙猴子骚扰龙宫的事情,就把他的魂魄捉住,紧紧地捆着,匆忙带到阴间。当孙猴子恢复知觉时,发现自己已在幽冥界的门口,他打破锁链,杀了两个勾死人的守卫,舞着金箍棒进了阎王的森罗殿,威胁说要毁了那里。他命令十代冥王取来生死簿,在上面见到自己的名字,以及众猴的名字,他便将之撕个粉碎,让阎王明白他不再受制于死期。阎王被迫屈服,孙猴子便从阴间凯旋而归。孙猴子历险一事很快传到道教的天宫之主玉皇那里。东海龙王敖光派遣巨宏济去控告孙猴子。阎王也把这事情报知幽冥教主地藏王。同时道教神葛仙翁带着地藏王的批复去了天宫。玉皇听到这两个诉状,派太白金星去唤犯人觐见。最后决定招安他,让他司职给玉皇喂马,任命他为弼马温。后来,机智的猴子察觉到玉皇的意图,知道给他安排的是御马监。见到自己受到藐视,他很不高兴,更恼的是他受到玉皇的嘲笑,于是他推倒公案,从耳中取出金箍棒,打破南天门,驾一片云,回到花果山。这就是对一幅流行图画的解释,图画题为'孙猴子闹天宫',或者类似的表述。玉皇被迫安排一场战役,攻打花果山大本营。天兵天将们几次都被击退了。孙猴子自封为'齐天大圣',并将之书在旗帜上,威胁说要玉皇承认,否则就毁了他的宫殿。玉皇对于战况深感焦虑,并且充满了恐惧,决定接受太白金星的建议,采取一个妥协的办法,任命孙猴子看管蟠桃园。园里的桃子吃了能让人成仙。孙猴子接受了,待新宫建好,他就安置在园里。他仔细地考察了自己所看管下的蟠桃的特别之处,想亲口尝尝,以实现从此成仙的愿望。机会很快就出现了。王母召开每年一度的蟠桃会,没有邀请孙猴子赴会,于是他决心要报复王母。一切都准备好了,佳肴都已准备妥当,这时,他施法把仆人定在那里,自己享受那些最好的仙酒仙菜,这些都是给神准备的。不难想象这个女神的态度会是怎样,以及各位来客又是何等不悦。然而,烈酒让他头昏眼花,他没有回到自己宫中,而是误入老君的丹房,他看见五个葫芦里藏有仙丹,便把仙丹都倾出来吃了,加倍地成仙,然后跳上云头,回至花果山。所有这些罪行激怒了诸位男神女神,他们控诉他冒犯了玉皇,偷了仙桃,搅了蟠桃会,吃了老君珍藏的仙丹,真是罪孽累累! 玉皇大恼,命差四大天王,协同李天王和哪吒三太子和他的天将,去攻打花果山,捉回孙猴子。众神即时兴师,将花果山围得水泄不通,上下布了十八架天罗地网,发起猛攻。天兵天将使出了全力,仍遭遇顽强抵抗。老君与他的外甥二郎神加入战斗。孙猴子眼见身旁的帮手被摧毁,他独自撑着,而他能够抵挡这些强大的天将吗?于是他变化了模样,尽管四处都布下天罗地网,他还是逃走了。天将们找不到他,最后还是李天王用照妖镜发现了他的行踪,告诉二郎神孙猴子化成了什么模样。老君立即使出金刚套,套住孙猴子的颈部,他一个趔趄,最后跌了一跤。二郎神的天狗赶上,朝他腿上咬了一口,让他再跌了一跤。战斗终于结束了,孙猴子被按倒在地,用绳索捆绑起来,以防再次逃脱。天神们得胜回到天宫,还来不及喘口气,又碰到了新麻烦。玉皇要将这个妖猴问斩,但是用刀砍斧刲,都杀不死他,剑、长矛、火,甚至雷电都令他毫发无伤。玉皇极为疑惑,问老君何故如此,老君答道,不足为奇,因为他吃了蟠桃,又吃了仙丹。老君说:'将他交给我,我把他放在八卦炉里,以文武火煅烧,炼出我的丹来。'玉皇应允。孙猴子立即被关进老君的炉子里,里面可谓白热化了,他在那里被烤了四十九日。他趁行刑的人一时疏忽,冲上盖顶,逃出恐怖的丹炉。他愤怒得疯掉了,掣出如意棒,威胁要将天宫打烂,灭了住在其中的众神。玉皇越发不知所措,害怕自己性命不保,便向佛祖求助。佛祖匆匆赶来,想要为双方调停,对孙猴子说:'你为何想掳掠天宫?'孙猴子答道:'因为我有足够的法力做天宫之主。''你有什么资格胜这天宫胜境?''我有万劫不老长生,有七十二般变化,会驾斛斗云,一纵十万八千里。'猴子答道。'好吧,我与你打个赌赛:我赌你一个筋斗无论如何也跳不出我的手掌,要是你能够,我就让你做天地之主。'孙猴子跳上一朵云,在空中如电一般去了。到了世界的尽头,见有五根肉红柱子,他在其中一根柱子上写下自己的名字,作为他到过这个遥远之地的证据,然后凯旋而归,请如来佛兑现他的诺言。'你这个愚蠢的尿精猴子!你正好不曾离了我手掌哩!''什么!我到了天尽头,见到五根肉红柱,在其中一根柱子上写下了我的名字。''这就是字。'佛祖翻开他的手掌,给他看写的字,还给他看他留在这手指根部的尿。佛祖便立即把这猴王推出西天门外,把他捉住,将五指化作金、木、水、火、土五座联山,唤名五行山,将他压在山下,防止他以后再胡闹。整个天宫都拍手称快,并且感谢佛祖帮忙,玉皇为此请诸仙赴筵奉谢。孙猴子被佛祖打败了,关在山下,被观音解救出来,条件是他得答应陪唐僧去印度取回佛经。他离开那荒山野地后,服侍这个行僧,沿途花了十四年时间。他时而表现得鲁莽难驯,时而又忠诚得令人尊敬,但是一直都足智多谋,在克服艰难险阻时很机灵。以上这个奇异有趣的传奇被做成了图画,很流行,被印刷后,分散在百万人群中,每个信徒家庭都有一两个人把这些图画贴在家里。除了孙猴子之外,还画着猪八戒和沙和尚——其他两个同伴,一起陪伴着唐僧走在去往印度的漫漫长路上。回到中国之后,唐僧、孙猴子、猪八戒和沙和尚四人被升到天上,享受西天之福。孙猴子的传奇内容还没有结束,现在得提及旅途中的其他人物的神话传说,别忘了那'白龙马',读者可以理解,这是一匹珍贵的马。"①这是一个中国近代社会的孙悟空故事,是一个西方人眼中的中国民间传说。

　　禄是遒在《佛界神祇》中还记述了沙和尚、猪八戒和唐僧的传说故事。其记述沙和尚传说故事称:"这个虚构的和尚又名沙悟净,原是玉帝亲口封的卷帘将,在蟠桃会上打破了玉玻璃,因此玉皇罚他受刑八百鞭,逐出天宫,贬到凡间。他住在流沙河,在那里每周都有一把匕首刺他的心脏。他没有其他办法维持生计,就把能抓到的过路人都吃掉了。当观音走过此地,要选一个和尚去印度取回佛经,这时沙和尚双膝跪地,请她消除他的苦难。这个女神答应救他,说条件是当唐僧经过此地时,他得当和尚,一路上服侍唐僧去印度。后来,唐僧路过流沙河,收他为徒,让他挑行李。玉皇鉴于他致力于佛教事业这一大差事,赦免了他的过失。他通常被描绘成项下挂着九个骷髅的和尚,这些骷髅是以前派去印度的九个代表的遗骨。他们回来时,想过流沙河,结果被他给吞吃了。观音见他承诺改过自新,就收他做了和尚,给他摩顶受戒,交给他待要完成的任务。"②其记述猪八戒传说故事道:"猪八戒长得怪模怪样,一身粗皮,浑身都显露着动物的低等本能,他就以相貌为姓,姓猪。他完全是《西游记》作者编造出来的角色,在他身上闹出很多粗鄙的笑话,具有低级粗俗和尚的典型性格特征。他起初掌管着天河,一日不巧饮酒过度,调戏了玉皇的女儿。玉皇罚他受刑二千锤,贬下尘凡,直到通过轮回开始新的一段生命。当他寻求投胎时,错投在个母猪胎里,因此成了半人半猪的模样,猪头猪脑长在人身上。他一出生就咬杀母猪,吃掉与他一起出生的兄弟(猪崽)。做了这些错事后,他去了福陵山,用钉耙作武器,杀死了好几个路人。在云栈洞住着一个卵二姐,招他做了管家,后来他继承了这家财产。归顺观音之后,他准备从印度取回佛经,并且决意放弃他那放荡的生活,做一名和尚。观音给他取名为猪悟能。他一路上陪唐僧去印度,回来之后因为帮助弘扬佛教而获得回报,进了西天。"③

---

① (法)禄是遒:《中国民间崇拜·佛界神祇》,据(英)甘沛澍英译本,王定安译,上海科学技术文献出版社 2014 年版,第 35—39 页。
② (法)禄是遒:《中国民间崇拜·佛界神祇》,据(英)甘沛澍英译本,王定安译,上海科学技术文献出版社 2014 年版,第 39—40 页。
③ (法)禄是遒:《中国民间崇拜·佛界神祇》,据(英)甘沛澍英译本,王定安译,上海科学技术文献出版社 2014 年版,第 40—41 页。

与沙和尚、猪八戒相比，唐僧的传说故事就更为曲折生动了。禄是遒记述道："唐僧是《西游记》一书中的著名英雄，该书作者对唐僧做了想象性的拔高，给他安排了一个配得上冒险旅程的出身。在唐朝的第二任皇帝太宗（公元627—650年）统治时期，有一个海州的学生名叫陈光蕊，去当时中国的都城西安府参加翰林考试。他考中了状元。丞相有一个女儿，名叫温娇，又名满堂娇，见这个新科状元造访宫里的大臣，被他迷住了，想与他结为夫妻。典礼结束几天之后，太宗委任陈光蕊为江州州主（现在的镇江府）。他在家乡待了短短一天之后，就启程去上任。他年迈的母亲与妻子陪他去赴任。一到洪州，这个老妇人就病倒了，不得不住在刘小二经管的万花店里，两三天过去了，未见好转，而上任的截止日期就要到了，他的儿子不得不离开她先行上路。启程之前，他见店门前有一渔夫要卖一条鲤鱼，很漂亮，他就花了一贯钱将之买下，欲待烹给母亲吃。突然，他注意到这鲤鱼闪着金光。看起来非等闲之物，因此就改变了主意，将之放了生，放在洪江。然后，他把这事情告诉了母亲。他母亲向他祝贺，确信这种善行有一天会得到回报。陈光蕊同他的妻子以及一个仆人回到船上。船长刘洪及助手李彪一同前往，把行李和所有旅途必备的东西装上船。刘洪被这个美丽的女子迷住了，陡起歹心，与助手密谋。夜静三更，他将船撑至一无人烟处，杀了主仆二人，把他们的尸首扔进水里，夺得所有重要的文件以及令他垂涎的女子。然后他扮作遇害的陈光蕊，代他去江州上任。这个寡妇，已有身孕在身，只有两条路，一条路是自杀，另一条是保持沉默。在她分娩之前，太白金星为观音所派，出现在她跟前，说：'你的孩子以后声名远大，你要当心，刘洪只要有机会，就要杀他。'孩子出生以后，他的母亲趁刘洪不在，决定抛弃他，不愿见他被杀。因此她将他包好，带他来到扬子江边，然后，咬破手指，写下一纸记着他的出身以及父母的名字的血书，系在孩子的颈部。而且，又将孩子左脚上的一个小指，用口咬下，留下一个不可磨灭的记号，标识他的身份。当她完成这些准备工作时，一阵风把一块木板飘到她站立的地方，于是，这位可怜的母亲就将孩子安放在板上，放入江中，任其漂流。这块小木板顺水流去，一直流到镇江府对面的金山寺脚下停住。孩子的啼哭声引起了一位长老的注意，长老便将孩子从水中救起，给他取了个乳名，叫作江流，意即'在江上漂流'。他细心地抚养这个孩子，并且将血书紧紧收藏。这个孩子长大后，身体很壮，长老就让他在寺里削发修行，取法名为玄奘。年满十八岁时，他与另一个和尚发生争吵，那和尚就骂他无父无母。玄奘受此侮辱，十分悲伤，向长老哭诉。长老说：'是告诉你出身的时候了。'于是就讲了他的过去，把他母亲写的血书给他看，并且让他许诺将会找杀父仇人报仇。为了执行计划，他就装作化缘的和尚，去了那衙门，在那里见到了到了母亲。她当时还与刘洪住在一起。她所写的血书，以及她给他穿的部分衣服，轻而易举地证明了他的身份。母亲见到他很高兴，许诺去金山寺还愿时见他。于是她佯装病了，说幼时许了个愿，至今未还。刘洪同意了她的请求，并为和尚准备了一件大方的礼物，准许她同心腹一道去寺庙。在她们第二次相见时,她与儿子作了详谈,并且见他的左脚上少了一个小指头,更加确认了他的身份。于是他们计划尽快复仇。她让他先去洪州,拜见他的奶奶,她以前留在万花店里。然后直奔长安(如今的西安府),在那里见到了他的外公殷开山,把血书交给他,告诉他杀父仇人是谁,请他报仇杀了刘洪。然后,她给他一只香环,让他交给她的婆婆。这个老妇人眼睛已经哭瞎了,在城门附近过着饥寒交迫的生活。他到那里之后,把她儿子不幸死亡的悲剧告诉了她,然后用香环敷在老妇人眼睛上,使眼睛重获光明。'啊,我呀我,常常骂我儿子那般背义忘亲!现在才知道,不是他的错。'他把她带到万花店里,将一切安置妥当,然后连忙赶往都城。到达殷开山府上,请门人通报,受到接见,他取出书信,将过去悲惨之事都诉与殷开山。殷开山立即赶往镇江府,于深夜赶到,将刘洪的衙门团团围住,将之抓获,带到洪江口。刘洪是在这里扼死他女婿的,于是也将他在此处死,他的心肝都被剖挖出来,用以抵偿他所做的恶事。一件出人意料的事情发生了:每个人都以为陈光蕊被谋害淹死了,可其实是被龙王救了。请读者回忆一下陈光蕊放生的那条鲤鱼,说来奇怪,这条鲤鱼不是别的什么鱼,正是龙王,他那天变成鱼在水里游,被渔夫用渔网逮住了。龙王得知他的救命恩人被抛入水中后,救了他,并让他在他的龙宫里当差。如今,当他的儿子、妻子和岳父在河边用凶手心肝祭他时,龙王让他回到凡间去生活。因此,他的尸体浮在江面上,慢慢地靠岸,恢复了生命,身子展动起来,然后彻底康复。大家可以想象这一家人对于出现这出人意料的事情该有多么高兴。陈光蕊和他的岳父回到镇江去了。在那里,真正的州主上任,被任命至今已经有十八年了。唐僧得到太宗的赏识,并在都城得到皇帝的至高称誉和奖赏。最后,他被选为去印度的僧人。在那里,释迦牟尼亲自把佛经给他,他把这些佛经带回中国。他因这一光荣的事业而受到奖赏,本人成了佛。"①这里的唐僧不仅仅是一个高僧,而主要是一个民间社会的传说人物,他与孙悟空、沙和尚、猪八戒一起构成一曲动人的西游神曲。

《佛界神祇》记述了一些在民间传说中有重要影响的佛教人物,属于传说中的高僧。如其记述的"六十五个佛教圣僧的名单",其称"下面的名单包括六十五个和尚,他们都在中国弘扬佛法,并且被誉为圣人。有些出生于本国,其他的来自印度、克什米尔、大夏(Bactria)、帕提亚(Parthia)、柬埔寨等等","所有这些令人尊敬的人物一般都应邀去赴西王母的盛宴,此宴一年举行一次"。② 其记述"寒山"传说故事道:"他独自住在康兴县一寒洞中,因此他的名字叫作寒山大士。他的相貌有些不雅,戴一顶树皮

---

① (法)禄是道:《中国民间崇拜·佛界神祇》,据(英)甘沛澍英译本,王定安译,上海科学技术文献出版社 2014 年版,第 41—44 页。

② (法)禄是道:《中国民间崇拜·佛界神祇》,据(英)甘沛澍英译本,王定安译,上海科学技术文献出版社 2014 年版,第 45 页。

做的帽子,身上的衣服仿佛随时都要掉下来似的。他常在通往国清寺的路上游逛,曾经在这个国清寺干过炊事活。拾得常将一些余羹剩菜送给他吃。每个人都认为他疯疯癫癫。他虽然智力上较为迟钝,但是他偶尔会创作一些诗歌,把诗歌写在岩石和墙壁上。他与丰干和尚是挚友。公元805年左右,学者闾邱胤被派往浙江台州当地方官。他在赴任途中,患上剧烈的头痛病,却被丰干治愈了,丰干对他说:'当你接掌官印时,别忘记去拜见文殊和普贤。''我在哪里可以找到他们?'这个地方官问。'在国清寺,'丰干答道,'他们是两个僧人,寒山和拾得。'当这个官上任后,他去了上述寺院,发现那两个僧人跪拜在香炉前,于是他跪下拜见他们。他们二人极为吃惊,对视一下,对这个直率的来访者一声冷笑。'你为何对我们行如此大礼?'两位僧人说,'你更应该拜阿弥陀佛。'说完这些话,他们一把抓住他的衣袖,笑着对他说:'是丰干泄露了天机,他太爱嚼舌了。'后来,这个官想去寒山的洞中拜访他,但是寒山用法力把自己变成了一颗微粒,藏在山石缝隙中,说:'做好人,多行善。'"①其记述"拾得"传说故事道:"有一天,丰干去赤城云游,听到路边有一个小孩在哭,便将之抱起,带到寺里,取名为拾得,当他长大后,有一个叫灵熠的僧人吩咐他整理灯,往香炉上上香。有一天,拾得正在一佛像旁边吃饭时,骂灵熠是个私生子,灵熠恼羞成怒,罚他去厨房为大家做饭。有一天,从另一个寺里来的高僧见他在地上哭,便问他姓甚名谁,以及出身。拾得把扫帚扔在地上,站在来客前,两手叉腰,直视他的脸。这个高僧目瞪口呆,愣在那里,摸不着头脑。这时丰干赶到,拍着胸部说:'天啊!你说了什么话?一个人被埋了之后,他的灰烬就在下界老实待着。'一听到这些话,寒山和拾得两位和尚开始嬉戏起来,笑出声来,跑出厨房。拾得回到厨房时,发现一伙无赖把众僧的米饭给吃了,他操起棍棒,痛打寺院的守护神伽蓝,说:'兄弟们的米饭你都保护不了,你怎么能够保护自己不讨我打呢?'第二天晚上,拾得入睡后,伽蓝出现在他跟前,向他抱怨所受到的虐待。拾得和寒山是亲密的朋友,而且碰巧葬于同一天。"②这就是著名的寒山拾得传说,被人传说成"和合二仙",这里的传说故事成为一种证明。这里,禄是遒还记述"长耳和尚"、"济颠祖师"、"乌窠禅师"等传说故事,他们有好有坏。如其记述"长耳和尚"传说故事曰:"他通常被称为'长耳和尚',姓陈,法号行修。父母住在泉南,同意他入法相寺。当母亲怀上他时,做了一个梦,梦见她好像吞食了太阳。醒来时,她害怕得发抖,立即将这个孩子生了下来。这个婴儿双耳有齐肩长,似乎没有说话的能力,直到七岁时,才能够讲话,后来入了瓦棺寺(位于南京,当时叫金陵),拜雪峰义存为师。他拥有

---

① (法)禄是遒:《中国民间崇拜·佛界神祇》,据(英)甘沛澍英译本,王定安译,上海科学技术文献出版社2014年版,第63—64页。
② (法)禄是遒:《中国民间崇拜·佛界神祇》,据(英)甘沛澍英译本,王定安译,上海科学技术文献出版社2014年版,第64—65页。

法力,似乎所有的动物都完全听令于他。有一天,一个僧人讽刺地问他为什么有这么长的耳朵,他把耳朵给他看,以示答复,没有发怒,也没有责备。吴越王问永明寺是否可以给他提供一位参谋,大家都指长耳和尚,禀报说他是燃灯佛转世(燃灯佛也称定光佛)。吴越王待他如待燃灯佛一样尊敬,他对吴越王说:'是阿弥陀佛泄露了我出身的天机。'不久以后,他离开了人世。宋朝(公元960—1280年)时,他被赐谥号为宗慧大师。"①其记述"声名狼藉的"的"济颠祖师"传说故事曰:"他姓李,其父名叫李茂春,是南宋皇帝的亲戚。他的父母住在天台,给他取名为道济。出生前一段时间,母亲梦见太阳来投胎,她生的这个孩子年满十八岁时,入了灵隐寺,拜瞎堂远为师。学成之后,去了净慈,在那里过着放荡不羁的生活,经常光顾不三不四的客栈,说话莫名其妙,因此他得到一个绰号,叫'济颠'。他圆寂时,才六十出头,临终前作了首四行诗:'六十年来狼藉,东壁打倒西壁;如今收入归去,依旧水连天碧。'葬后不久,在鲁和塔脚,他在一个僧人前显身,委托他把一封信带给其他僧人,信上写的是一首四行诗,内容大意翻译如下:'我在该寺所受的教义铭刻在心;因我在生命的最后阶段没有得到好的评价,我将再一次来到人世。这个声名狼藉的和尚被列在圣僧当中,有几个寺院膜拜他。也许对这个和尚的德行有好的评价。'"②其记述"乌巢禅师"传说故事道:"他姓潘,他的母亲叫朱。她在梦中,见到太阳把明亮的光线射入她的口中,第二天一醒来,就发现生了个小孩。小孩出生那天,整个房间都香味四溢。为了纪念这两件奇迹,给他取名叫香光。从九岁开始,他就早早地效仿僧人的生活。后来,他入了果愿寺,寺庙位于湖北荆州。二十岁时,他学有所成。然后他往东云游,到达秦望山,见那里有一片桃林以及其他树木,郁郁葱葱的叶子形成丛林。潘香光爬到其中一棵高树上,在树枝中间筑了一个巢,他因此被称为乌窠禅师。"③

这些佛教传说故事选取具有传奇色彩的僧人作为讲述对象,述说了人世间的超凡脱俗,及其背后的种种是非。这是社会风俗生活对宗教意义的表现,也是世俗的生活人生写照。

道教文化是中国本土产生的文化,与道家思想文化有着非常密切的联系。在社会风俗生活中,道教文化更多的是以巫术崇拜表现出对神灵的信奉和依赖。在《中国民间崇拜》的《道教神祇》和《道教仙话》中,禄是遒考察了道教文化对中国民众的影响,记录和阐释了相关的社会风俗生活和民间传说故事,借以透视中国民众的思想情感

---

① (法)禄是遒:《中国民间崇拜·佛界神祇》,据(英)甘沛澍英译本,王定安译,上海科学技术文献出版社2014年版,第65页。
② (法)禄是遒:《中国民间崇拜·佛界神祇》,据(英)甘沛澍英译本,王定安译,上海科学技术文献出版社2014年版,第65—66页。
③ (法)禄是遒:《中国民间崇拜·佛界神祇》,据(英)甘沛澍英译本,王定安译,上海科学技术文献出版社2014年版,第66页。

和民间信仰。

　　道教文化独立成为一种文化系统,构成富有地域特色和时代特色的神谱。其中,天上人间,各界神性人物浩浩荡荡,玉皇大帝成为民间社会最为重要的崇拜对象,是统领天国各界神灵的领袖。《道教仙话》详细勾画了中国社会风俗生活中的道教神性系统,如"天宫各部"有雷部、雷祖、雷公、电母、风伯、雨师和道观主殿中的雷部诸神;"医药之神"有真正的医神及其辅神,包括天医院、药王庙、药王、十明医和其他的医神和名医,以及外科名医华佗、眼光菩萨、催生娘娘、大奶夫人、葛姑、痘神、瘌神、疹神、痧神、麻神、五方神、沈秀之(一个新的医神)等;"水府"各部有海洋水府、阳侯、马衔、秦始皇、为人妾之海神、晁闳等;"海洋水府"有四海龙王、四海及其他神灵、成配偶的龙君、禹虢神、祝融神、江河水府、四大江河神、管辖其他河流的河神、神职权限未定的河神、水母娘娘等;"火部"有赤精子、祝融、火神的幽灵、三郎至圣炳灵王、炎帝;"瘟部"有瘟神、其他五个疫疠之神、太岁、四大功曹、五岳、驱邪院、判官、钟馗等。各个神性系统相互牵连,共同营造出天人相通的神性世界,监视着人世间的善恶,成为中国民间社会最为普遍的信仰。禄是遒在描述各个身形系统的构成,阐释各个神性系统的神性职能和意义时,同样,他也记述了许多相关的民间传说故事。

　　在《道教神祇》中,禄是遒解释了元始天尊和玉皇等神性概念的含义,当然,其解释内容融入了佛教的成分,他自己也非常清醒地意识到这一点。他明白道教虽然与佛教有相互联系的一方面,而毕竟是有区别的。这里,"严妙乐园"、"净德"和"宝月"的传说,其实就是佛教文化的表现,不同的是传说故事中有老君的概念,就成了道教传说。其称:"玉皇的含义是玉中的皇帝,而玉是纯净的象征。有时他被认为是至尊玉皇大帝,又称玉皇大帝。"① 他将历史文献和民间传说中关于玉皇传说故事的不同进行比较,其记述"传说中的玉皇"道:"有一个古老的王国称为严妙乐园,国王是净德,皇后叫宝月。尽管过了壮年,皇后还是没有男孩。于是国王把道士召来宫殿,施展他们的法事,插下他们的旗幡,写下他们的祈祷符,都为了确保有一名皇位继承人。就在这天晚上,皇后受恩梦见了一幅景象:老君骑着乘龙,怀抱着一个男孩浮空来到她面前。皇后恳求老君将这个男孩赐给她,让他继承皇位……老君答应了她。皇后下跪,对他感谢。刚一醒来,皇后就感觉她已经怀孕了。在这一年结束的时候——丙午年正月初九的中午,她生下了这一位皇位继承人。从幼年的时候,这个孩子就显现出他对穷人的同情心和慷慨,他将宫殿中所有的财产都散发给处于穷困中的人们。父亲死的那一天,他登上了皇位。登基之后没几天,他就选择了退位而将权利交给首相,离开了他的王国,在普明秀严山上过着隐居的生活……他致力于治愈病人和拯救百姓的

---

① (法)禄是遒:《中国民间崇拜·道界神祇》,据(英)甘沛澍英译本,李信之译,上海科学技术文献出版社2014年版,第6页。

生命,获得了'圆寂':死亡因此降临于他。"①同时,对于"玉皇"演变为"玉帝"的文化嬗变,禄是遒提出一个问题:"那么是谁第一个把上天之帝叫作'玉帝'的呢? 是和尚还是道士?"这是一个社会风俗生活中民间信仰的缘起问题。然后,他自己作答道:"肯定是当时的和尚们——宣称这个神祇是他们的,并公开地称他为'玉帝'。他被放在庙中,正对着梵天——这位归因陀罗管辖的神祇,只是涂画上了如上所说的色彩。信徒们谈起这位神的时候,通常称他为'张玉皇',差不多声明他是'张'姓的祖先。张道陵和所有继承'天师'称号的人,都宣称自己是玉帝的直系后代。这个推测玉皇的传说,只是一种古代自然崇拜的象征。因此,皇帝净德——他的父亲可能是太阳,是所有的自然界的大主宰;皇后宝月就是月亮,天宫中美丽的皇后:这个象征的婚姻,带来了仁慈的活力,它用花卉和其他植物装饰自然。我宁愿相信中国人从来没有想到这些迷人的景象,这些并没有出现在任何道教的书籍中。道士和人们尊奉玉皇是个人格神,他拥有天庭和皇宫,接待下级神灵们派来的大使,向他们发号施令。"②

  道教的另一位大神是"通天教主",与"鸿钧老祖"、"玄天上帝"等,和民间传说中的张玉皇都属于最高层的神祇,在民间社会形成新的传说故事。在《道界神祇》中,禄是遒记述其传说故事道:"通天教主被现代道教认定为第一位的鼻祖,也是法力最强的几个神之一。他师傅的名字叫洪钧老祖,身穿绣着白鹤的大红袍,骑着奎牛,一种可怕的怪物,有点像水牛。他的碧游宫建在紫芝崖上。这个天才和臭名昭著的纣王(商朝最后一个统治者)一起和武王(周朝第一个王)的军队战斗,他派了他的弟子多宝道人去界牌关,并且将四把宝剑连同他造的叫作诛仙阵的要塞委托给多宝道人。多宝道人带出这些指令,同时他又不得不与广成子周旋。广成子用天印将他撞到地上,多宝道人为了保住性命,逃之夭夭。通天教主随即赶来保护他的徒弟,并且将他的队伍重整了一下。很不幸的是,整个神界都来支持姜子牙。打头阵的是老子,用手杖攻击了他二三次。接着上的是准提(光之女神),她手中夹着一根加持杵。通天教主的坐骑倒下了,他只得快速地翻滚进云层之中。这场打斗的结果,对我们这位大人物有决定性的不利:燃灯道人借来空气,突然喷向他,猛烈地撞击着他的柱子,使燃灯海的水倒灌地面冲他,强迫他放弃这场争斗。通天教主在潼关外设计了一个新的阵营,竭尽全力,重新进攻。老子的手杖第二次阻止了他。元始天尊在他肩上用如意(原来是一种神宝石,后来被用作手杖或是权杖)打出一个伤口。准提道人挥舞七威树的枝干,通天教主的宝剑立刻变得粉碎,他为了保住性命只能逃走。洪钧道人,三清的师父,看

---

  ① (法)禄是遒:《中国民间崇拜·道界神祇》,据(英)甘沛澍英译本,李信之译,上海科学技术文献出版社2014年版,第6页。
  ② (法)禄是遒:《中国民间崇拜·道界神祇》,据(英)甘沛澍英译本,李信之译,上海科学技术文献出版社2014年版,第11页。

到他们陷于打斗中,决定使场面平静下来。他把他们聚集在姜子牙阵营中的一个帐篷里,让他们当面跪下,狠狠地教训了通天教主助长暴君纣王的不义行为,然后命令他们三个以后要好好生活。教训完了又给了他们每人一个药丸,要他们当即吞下去。吃完药后,洪钧道人警告他们说,这个药片的作用会杀人,要是谁在心里产生了不好的想法,药片会因此在他肚子里爆炸。洪钧老祖乘着云把通天教主带走了,这个集会也就结束了。"①显然,这里掺杂了神话传说的内容,也掺杂了许多仙话的内容,是典型的道教故事。

　　张天师是道教传说中的神仙人物,常常以苍天和正义的使者身份出现。禄是遒在《道教神祇》中解释"天师称号的起源"称:"张道陵和他的嫡系子孙们获得的世袭称号'天师',最早是北魏世祖太武帝(公元 424—452 年)授给道士寇谦之的。后来,这个称号在坐落于河南登封县北面的南岳(应为中岳)嵩山流传。他被称为'辅真',他的家乡是昌平州,属于直隶的北京。年轻的时候,他就追随仙人成公兴。经过多方旅行之后,他们最后定居南岳嵩山。和张道陵一样,他专研法术,宣称得到了老子灵魂的特别临幸,老子选定他作为道教教主,并荷有'天师'之名。老子的一个孙子李谱文传给他一本符箓道书,寇谦之进呈给太武帝的正是这本道书。寇谦之上朝的时候,没有人相信他说的,除了宰相崔浩。崔浩是被太宗明元帝(公元 409—424 年)作为祭酒道士召入宫的,继任的太武帝更加宠信他。然而,太武帝后来却用最卑鄙残忍的方式诛杀了他。当时是崔浩代表寇谦之进呈了这本道书。皇帝非常开心,命令崔浩用绸缎和牺牲去嵩山献祭。寇谦之靠着他那把戏,给自己弄到了'天师'的封号。根据朝廷的谕令,在山西的大同县(当时叫平城)建了一座道观,把寇谦之置放在庙中央。Sz me kung 在著作中提到了新的炼丹术。以上提到的历史让我们知道,太武帝授予的'天师'封号是给寇谦之一个空头荣誉,只是在唐玄宗时期(公元 746 年)的时候,这封号才正式发布和承认。公元 1016 年,宋真宗封道士张正随以'真静先生'的称号。张正随是张道陵的直系后裔,住在龙虎山。自从张道陵的曾孙张盛定居在这里后,龙虎山成为张氏后裔的族居地。张正随是个巫师和预言家,他的法具使他拥有民众支持,宋真宗也深深地与张正随的所有活动相结合。宰相王钦若给他建了一座祖庙,还给了他一块地产,让他永远持有。他的后代也可以继承封号。"②佛教文化有四大天王作为护法大神,道教文化同样有四大天王。禄是遒在《道教神祇》中记述道:"四大天王在须弥山有他们的宫殿,按印度的传说,那是四座宝山,高达三百万零三百六十里。四面是

---

① (法)禄是遒:《中国民间崇拜·道界神祇》,据(英)甘沛澍英译本,李信之译,上海科学技术文献出版社 2014 年版,第 11—12 页。
② (法)禄是遒:《中国民间崇拜·道界神祇》,据(英)甘沛澍英译本,李信之译,上海科学技术文献出版社 2014 年版,第 52 页。

金(东)、银(西)、水晶(东南)和玛瑙(东北)。"①"斗姆"也是道教传说中的天神,禄是遒记述道:"斗母,北斗七星的母亲,在佛教寺庙中极受尊崇,但我们可以从以下记载看出她在道教中是一位星相神。斗母是被称为'人皇'的九位人类君主的母亲。在神话时代,据说人皇继天皇、地皇之后统治世界。她被称作摩利支,出生在西方的天竺国,即现在的印度。取得了洞察天上神秘的能力,她出现在闪电中,徜徉在海洋中,从太阳那里行走到月球,她还给予穷苦的人们满满的关怀。"②

《道教神祇》是一个富有时代特色的道教神谱,更是一个以道教文化为主要内容的神话传说故事集成。其以西方传教士的目光观察中国近代社会风俗生活,记述了不同类型的神话传说故事。

如其对神仙概念和神仙世界秩序等级的记述,其称:"对于道士来说,什么是神仙?对他们来说,神仙是一个会变得很老但不会死的人。仙这个字,就像它的象形意思提示的那样:一个人住在冷清的山。仙字由一个人和一座山组成。这些仙人,表面上会死,但是其实不真的这样。人们称之为尸体,在他们那里并不是这个意思。它是一种变形,是他们的骨头在转变的过程。死后,他们保存着生前的财产。他们的脚不会变青,皮肤还保持着光泽。他们的眼睛不会失去光芒。尽管他们像是死去了,却比以前更有活力。在被放进坟墓前,他们中的有些人会抛弃躯体,还有些人在头发开始掉落前可以飞翔。尸体仅仅是转化的步骤,它是一种外表的转变。这就好像是转世发生,蝴蝶从笨拙的蛹到显现光辉的过程一样。"③然后,他描述了神仙世界的秩序和等级,说:"仙人——第一级包括了让自己获得和诞生出一个仙人的胚胎,在臻于完美的过程中,要脱胎于旧的身体(就像蝉脱胎于它的第一层皮肤一样):这个程度是道教的苦行僧,仙人……。仙人可以随意周游世界,享受到上天保佑的持续健康,不惧怕伤病和死亡,有最丰盛的饮食——这是完完全全的快乐。真人——第二个境界更高一些。他的身躯并没有蛹壳可以蜕去,不过他本身就已经精神化了,变得如此敏锐,如此超然,以至于可以飞向空中。它的翅膀乘着风,就这样从一个世界到另一个世界,在星星中安家。这是完全挣脱了事物的束缚,不过还没有完全转换到纯精神状态。圣人——第三个境界。在圣人当中,当然还有更高的存在,他们有着超乎寻常的天赋和美德,这些人构成了第三个神仙的境界——圣人。这样就有三种明显的类别:苦行僧或者不朽之人——仙;英雄或者完美的人——真人;在完美人群中更杰出的圣

---

① (法)禄是道:《中国民间崇拜·道界神祇》,据(英)甘沛澍英译本,李信之译,上海科学技术文献出版社2014年版,第58页。
② (法)禄是道:《中国民间崇拜·道界神祇》,据(英)甘沛澍英译本,李信之译,上海科学技术文献出版社2014年版,第66页。
③ (法)禄是道:《中国民间崇拜·道界神祇》,据(英)甘沛澍英译本,李信之译,上海科学技术文献出版社2014年版,第18页。

人——圣。"①

东王公和西王母是道教传说中的重要神仙人物,他们有许多神话传说故事在民间社会流传。特别是西王母的神话传说,早在《山海经》中就已经以"戴胜几杖,虎齿豹尾以善啸"的形象出现。他们本身也成为民间社会非常重要的崇拜对象。禄是遒在这里对他们的神话传说做了详细的介绍和论述。如其对"东王公"的记述,曰:"神仙东王公,绰号叫木公(木行的统治者),也叫作倪君明。最初的时候,空气是被冻住的,保持着静止不动。随后,气在自己当中打造出事物,慢慢造就功德。它开始用最纯净的物质——东方之气塑造成木公的样子,然后确定这个生命为最活跃的要素'阳'的统治者,掌管着整个东方。所以,东王公经常被指派为玉皇君(玉皇的儿子)。他的宫殿在云层中,紫色的云是他的屋顶,蓝色的云是他的墙壁。他有一个男仆叫仙童,还有一个女仆叫玉女。他掌握神仙们的名册。他通常被称作东华帝君。"②其更详细地记述了"西王母"的神话传说故事,称她是"传说故事中的神州西方皇后",讲述其"起源"道:"西王母是用西方纯精之气塑造的,她通常被称为道教的金母。她的姓氏有三种主要的变体:侯、杨、何。她姓回,名婉妗。东王公由东方的元气形成,是男性,属阳气,是东方之气的统治者。西王母,生于西方之气,是为女性,属阴气,是西方之气的驾驭者。两种元气的混合产生了天与地,以及宇宙间所有的存在,因此导致了生命中的两种本原,还有所有事物的本质。"③然后其记述"西王母的宫殿"道:"它建造在被白雪覆盖的巍巍昆仑之巅。黄金做的城墙,围绕着全部都是用宝石建成的多层建筑,有十二片之多。这座城墙长达千里,以致覆压了三百英里地面。它的右翼环绕着被施了魔法的翠河河岸,这通常是男性神仙们的住所。与之相对的左侧住着对应的女性神仙。有七种对应的部分,对应七种不同颜色的衣服:红、蓝、黑、紫、黄、绿和白色,都不是染的。那里有一座用漂亮的宝石做成的喷泉——我们应该简短地说说,在那里举行的一年一度的神仙们的宴会。但是,每位神仙都必须在落座前,去拜访西王母。《仙佛奇踪》记载周朝的穆王(公元前1001—公元前946年——汉译者注:应为公元前976—公元前922年)去拜访了一个住在昆仑山群(有人说是在巴比伦)名叫西王母的西方皇后。他和西王母在瑶池便有了一场著名的会面,参见《穆天子传》。这有一段著名的诗,描写了与西王母的那次会面,是对这位王家访客的演说辞:白云在天,山陵自出。道远悠长,山川之前。将子无死,尚能复来?道教作家利用西王母,写成第二个西印度

---

① (法)禄是遒:《中国民间崇拜・道界神祇》,据(英)甘沛澍英译本,李信之译,上海科学技术文献出版社2014年版,第19页。
② (法)禄是遒:《中国民间崇拜・道界神祇》,据(英)甘沛澍英译本,李信之译,上海科学技术文献出版社2014年版,第20页。
③ (法)禄是遒:《中国民间崇拜・道界神祇》,据(英)甘沛澍英译本,李信之译,上海科学技术文献出版社2014年版,第20—21页。

寓言(Calypso),迷惑穆王以致对他的王国造成不利。不过,所有这些都纯粹是编织起来的寓言。"①继而,其介绍"西王母的形象和教派",其实也是西王母的神话传说故事,他讲述道:"她有时被描画成人的样子,但具有一些与众不同的细节:有豹子的尾巴、老虎的牙齿、披散着的头发。在纸马店里,东王公和西王母通常在一张纸马的两侧上,分别标识着木公和金母。战国时期,周朝的末年,大约公元前400年,越国(现在的浙江)的君主勾践,和吴国(现在的江苏和安徽、浙江、江西部分地区)的君主,应了大臣文种的提议,在他的都城西郊给西王母建了一个祭坛。他献上祭品,祈求快乐和长寿。这变成了一种通常功业:西王母被描绘成高贵的女性,祭品被献上给她。传说在公元前110年,西王母在汉武帝的生日下凡,来到他的宫殿,授予他七个让他成仙的寿桃作为礼物。这里可以联系到一年一度的宴会——蟠桃会。一年一度在美丽的瑶池边西王母款待男女神仙。除了熊掌、猴唇、龙肝、凤髓等佳肴之外,还提供他们种在女神花园的蟠桃。人人都很高兴尝到这被赋予玄秘能量的仙物。《西游记》用浪漫传奇的手法描写这桃园,桃子成熟的时候,就被放置在盛宴上。可能因为这些神话,有一个风俗是女人到五十岁的时候,要供奉一张西王母的像。人们跪到这像前,进香祈求获得更长的生命。公元前3年,西汉哀帝统治时期,因为大旱,山东爆发了一场起义。带头起义的人特别崇拜西王母,向她献祭品,手中拿着高粱梗(一种印度粟米),他们把这叫作西王母的权杖。"②

八仙传说流传甚广,表现出古代人民丰富的想象力。八仙中的神仙人物及其传说故事在民间社会广为流传,成为社会风俗生活中的重要崇拜对象。八仙形象非常独特,每一个符号都有一层含义,也都有相应的神话传说故事。这里,禄是遒就"八仙的特性象征"记述道:"张果老通常被描写成骑着驴子,有时面朝着它尾巴的方向骑坐。他手持一根凤凰的羽毛,其次则经常拿着仙桃。蓝采和通常是吹笛子。这位神仙是位街头艺人,一种行走江湖的人。两块长长的响板完成了这个形象。韩湘子带着一篮仙桃,或者是一束花。汉钟离用羽毛给自己扇扇子,也能发现他拿着他的仙桃。吕洞宾手持宝剑,斩妖怪。他手持'云帚'——一种形状像马尾巴的、会飞的毛掸子。道教中这象征着可以随意地飞向天空,行走在云端的能力。曹国舅据说是双手持云阳板(或称手板),或者笏——一种被皇上接见时必须带着的板……他拿着自己通常的标志——那块'檀板',或者'拍板'。这位神仙可以随便拜见高等的神仙。曹国舅和皇家联谊,事实上可以接近皇帝。铁拐李被描绘成有一条铁做的义腿,还有一个装

---

① (法)禄是遒:《中国民间崇拜·道界神祇》,据(英)甘沛澍英译本,李信之译,上海科学技术文献出版社2014年版,第21页。

② (法)禄是遒:《中国民间崇拜·道界神祇》,据(英)甘沛澍英译本,李信之译,上海科学技术文献出版社2014年版,第21—22页。

着神奇药物的葫芦,或称'丹炉'。在我们的图片中,他也有用来制药的坩锅。在中国城市中,他的画像通常被用作药剂师的象征。何仙姑手持一朵有魔力的莲花,或者还有吕洞宾在山崖中给她的仙桃,可以带领她寻找道路。她有时吹笙——一种中国乐器,喝点酒。她是一个随性的美丽姑娘,她的保护者吕洞宾是一个比他更随性的文人,在这一幅漂亮的中国画——《吕洞宾戏牡丹》中能看出来。"①

刘海戏金蟾是一个流传甚广的财富传说故事,刘海得道成仙,也成为民间戏曲和民间木版年画等民间艺术表现的重要题材。在《道教神祇》中,禄是遒解释并记述了这个传说故事,其解释"这个仙人通常有以下特性中的一种:1.手上持有一根五颜六色的绳子,系着一只蟾,一种三脚的蛤蟆(是赚钱的象征符号)。2.穿戴着由很多鸡蛋和金钱串在一起的斜披肩",称"以下的传说,将解释这些特性"②。其解释"名字与传说",称"关于他的名字,没有很多谈论,远远少于他的行为和事迹",曰:"按照《吕祖全书》第一卷第九页,他姓刘,名操。据说他在公元 916 年的时候任太祖耶律亿的宰相,当时耶律亿在辽,或者契丹称帝。刘操后来离开了朝廷,安葬于陕西西安府境内,处于终南山和太华山之间的冷僻山地。《神仙通鉴》说他姓刘海,名操,字宗成。刘海的原籍是直隶北京(北平)。北京旧称燕山,是一个小国燕的首都。刘海在燕国国王刘守光手下任宰相。"③其解释民间社会流传的刘海戏金蟾传说故事,记述道:"自然和命运,是关于刘海的两个常规话题。他崇尚远古的皇帝'黄帝'和'老君'。有一天,他受了'正阳子'的拜访。这次拜访在宫内进行,机敏和神仙汉钟离启发了他。汉钟离把十个鸡蛋一个个地竖着累起来,每次都在中间放一枚金钱。'如此危哉!'刘海惊呼,'诚然,相公性命,其危更甚!'刘海匆匆结束了谈话,接受了这个暗示。刘海去见僭越称帝的燕王光,燕王对他的谏议大加责备。国王对刘海的告诫充耳不闻,按中国人的做法,抗辩就是为了交出大印并辞官。刘海改名为'玄英',道士称他为'海蟾子'。后来,他开始云游,寻找全性,并会见了吕纯阳(即神仙吕洞宾)。从吕洞宾那里,他得到了那张化金钱为丹丸的仙方。至元六年(公元 1340 年),元顺帝授予刘海蟾谥号'海蟾明悟弘道真君'。……苏州城阊门郊外,住着一个名叫'贝宏文'的人。这一家经商为活,容有德行,世代为人尊敬。康熙元年(公元 1662 年),一个名叫阿保的陌生年轻人敲开贝家门户找活干。贝宏文雇了他,他果然非常能干活。大约一个月后,主人给这个陌生人工资时,他拒绝接受。更奇怪的是,主人发现有时候他整整好几天不吃东西,一点

---

① (法)禄是遒:《中国民间崇拜·道界神祇》,据(英)甘沛澍英译本,李信之译,上海科学技术文献出版社 2014 年版,第 25—26 页。
② (法)禄是遒:《中国民间崇拜·道界神祇》,据(英)甘沛澍英译本,李信之译,上海科学技术文献出版社 2014 年版,第 41 页。
③ (法)禄是遒:《中国民间崇拜·道界神祇》,据(英)甘沛澍英译本,李信之译,上海科学技术文献出版社 2014 年版,第 41 页。

都没有觉得不舒服。屋里所有的家人都惊奇地见证了这个奇怪的事情。有一天，主人让这个陌生人清洗夜壶，他居然马上把里面翻转出来，就像是一个包足球的袋子一样。看见这样的做法，当然会觉得更加神奇。正月十五那一天，是元宵节。陌生人带着主人的儿子出去，抱着他去看烟花。忽然，陌生人不见了，全家着急万分。三更的时候，他回来了。主人严厉地斥责了他。'但是，你为什么发怒？'这个仆人回答说，'今年全中国的元宵节都很糟糕，只有福建省首府福州的还好看，所以我带你的孩子去看看。'他们都拒绝相信这种说法，因为苏州离福州有成百上千里路。然而，孩子变出了十颗刚摘下来的新鲜荔枝，呈送给父母剥来尝尝这水果。这时候，他们明白这个陌生人是神仙。几个月以后，主人从井里打水的时候，捉到了一只三只腿的蛤蟆。他用了一根好几尺长的杂色绳子绑住它，扛在肩上，开心地蹦蹦跳跳地回到家里。'这禽兽逃了出来，好多年我一直逮不着它，今天终于被我抓到。'消息随后传遍了四周的邻居，都说刘海就在贝家，结果拥挤过来，水泄不通。刘海举起双手感谢他的贝家主人，从院子当中升到空中，不见了。过路的人们，还能认出苏州这户人家的家门，当作是神仙光临的礼品。因为刘海携带着一根穿钱的绳子，他能够帮助做生意的人寻求成功。带着青蛙的刘海形象，可以贴在门户上，一边一张，这样一个可以面对着另一个。图适合于五月初五，因为这张图刻画的是'艾叶交香增五福，桃符书赤庆三多'。三多为福、寿、禄。图上端是'八卦'，图像上的旨令是'永镇太平'。"①

二郎神传说故事流传也非常广泛，与李冰父子治水的传说故事联系密切。禄是遒在《道教神祇》中对此传说故事做了记述和解释，其称"关于灌口神和他的儿子二郎神的故事"，将从"历史史实、传说、祭祀"②展开。其解释"似乎是有历史根据的事实"时，论说道"灌口神是李冰，二郎神是他的儿子"，"公元前3世纪，著名的昭王时期（公元前255年），李冰掌管四川成都。他在离堆山开了一个口子。离堆山在灌县以东南一里的地方，是沫河的出水口，这样可以防止洪水，灌溉沼泽。他在成都挖了两条运河，这样可以适于航行，也帮助一般的灌溉。除此之外，他还废除了未开化的人们对河神的供奉。从此，他自己成为圣者"。③ 其解释"传说故事中的美化"，说："我们先是听说在战役中，李冰使那个地方摆脱了蛟龙，将它绑在了离堆山下。当时在那边举行了一次献给河神的人祭。还有一次废除人祭的说明。以下的说法，来自《史记·河渠书》。李冰为蜀守，开成都县两江，溉田万顷。江水有神，岁取童女二人为妇，主者自出

---

① （法）禄是遒：《中国民间崇拜·道界神祇》，据（英）甘沛澍英译本，李信之译，上海科学技术文献出版社 2014 年版，第 41—43 页。
② （法）禄是遒：《中国民间崇拜·道界神祇》，据（英）甘沛澍英译本，李信之译，上海科学技术文献出版社 2014 年版，第 79 页。
③ （法）禄是遒：《中国民间崇拜·道界神祇》，据（英）甘沛澍英译本，李信之译，上海科学技术文献出版社 2014 年版，第 79—80 页。

钱百万行聘。冰自以其女与神婚,到时,装饰其女,当以沉江。冰径至祠,上神坐进酒,先投杯,但澹淡不耗,因厉声曰:'江君相轻,当相伐耳!'拔剑,忽然不见。良久,有两苍牛,斗于岸。有顷,辄还。谓官属曰:'吾斗疲极,不当相助耶?南向腰中正白者,我绶也。'主簿刺北面者,江神遂死,后无复患。"①禄是遒考证出"这位后到者二郎是在最近才比他父亲更受人尊崇的",是受《西游记》中杨二郎故事的影响。他的真实名字叫"赵景"②,在隋炀帝时战胜蛟龙,"为此人们为他在灌江口造了一座庙"③。

与此类似的还有许多,如福建的地方传说故事"九鲤湖仙",也属于道教传说,表现出近代中国社会的民间宗教信仰。禄是遒记述道:"仙游县是属于福建省兴化府的一个下属行政区,在那里居住着胡通判和他的妻子林氏。她育有九个孩子,老大是独眼龙,其他的八个孩子都是瞎子。绝望的父亲决定把他们全部杀死。但是林氏找到一个人把孩子们带去靠近仙游县东北的深山里,在九座仙山上他们开始了自己近乎隐士般的生活。附近有一个大湖,他们在湖岸边炼制丹药,化成了红色的鲤鱼,然后就消失了,从此以后这个湖就被叫作九鲤湖。诗人黄孟良曾作诗记述九鲤湖的传说。描述了九鲤湖令人惊奇的风光后,在九鲤湖传说的背景下,他又述说了那九条鲤鱼如何变成了九条龙,并且升仙。"④

禄是遒笔下的社会风俗生活,包含着丰富的民间信仰和传说故事,既是他对中国近代社会的真实记录,也是他作为传教士对中国民众思想和情感的观察和思索。他在具体的论说中,表明了自己鲜明的立场,其有意识地把不同文化类型进行对照和比较研究,形成其独具特色的民间文学思想理论。尽管他有许多偏见,完全从西方文化的视野出发,但他毕竟是从实地考察得来的材料,属于田野作业,真实地记录了中国近代社会这个特殊历史时期的社会风俗生活和民间文学的存在情形。这是中国民间文学发展史上不可忽视的一部分。

---

① (法)禄是遒:《中国民间崇拜·道界神祇》,据(英)甘沛澍英译本,李信之译,上海科学技术文献出版社2014年版,第80页。
② (法)禄是遒:《中国民间崇拜·道界神祇》,据(英)甘沛澍英译本,李信之译,上海科学技术文献出版社2014年版,第81页。
③ (法)禄是遒:《中国民间崇拜·道界神祇》,据(英)甘沛澍英译本,李信之译,上海科学技术文献出版社2014年版,第81页。
④ (法)禄是遒:《中国民间崇拜·道界神祇》,据(英)甘沛澍英译本,李信之译,上海科学技术文献出版社2014年版,第115页。

第三章 中国近代民间文学思想理论

中国近代民间文学思想理论继承了中国民间文学思想传统,在新的历史条件下不断融入社会大潮,具有承前启后的重要意义。其开启了思想文化启蒙的新阶段,并涌现出一批民间文学理论著述。在对中国近代民间文学史的研究中,当年阿英、钟敬文等学者有开创之功。如钟敬文所著《晚清时期民间文艺学史试探》《晚清革命派著作家的民间文艺学》《晚清改良派学者的民间文学见解》《晚清革命派作家对民间文学的运用》,张振犁所著《晚清顽固派的民间文艺观》,以及近年来关于黄遵宪、梁启超、蒋观云、夏曾佑等人民间文学思想理论的总结和探讨①。这些著述从不同方面揭示中国近代民间文学历史发展的轮廓、轨迹与特征,以及近代作家与民间文学之间的联系,具有非常重要的理论意义。

中国近代民间文学在思想内容上主要体现为反抗清朝腐朽而黑暗的社会政治,其思想理论则表现出对社会文化除旧布新的向往。尤其是那些视死如归的革命家,他们高唱"我以我血荐轩辕"的诗句,积极探究民族历史文化与民族前途、民族命运。如钟敬文所述:"从历史的发展过程看,晚清民间文艺学的气象繁荣,内容新颖,正表明我国这门科学在历史上跨进了一个新时期。革命派著作家在这方面的努力和成就,是形成这个新时期的主要力量。他们勇敢地提出或触到许多新问题,像神话的性质、神话产生的客观条件、恶魔派诗歌与民间创作、外国民间史诗的价值等,也重新提起一些旧问题,像古帝王的感生神话、文学体裁的起源、神话中的动物形的或半动物形的英雄人物等。对于这些问题,他们都用自己新的理解给以回答。在这些回答中,有一部分意见是相当正确的,甚至于是很优越的,像鲁迅对于神话中的抗神者、神话的性质及其与历史关系、荷马史诗等看法,章炳麟等对于感生神话的看法,柳亚子对于民间戏剧及黄节、刘光汉对于乐舞的看法……一般说来,他们对于民间文学的这些

---

① 钟敬文关于晚清民间文学史系列著作见其《民间文艺学及其历史》,山东教育出版社1998年版;张振犁著述见其《民间文艺学文丛》,北京师范大学出版社1982年版;刘锡诚多处论述近代民间文学史问题,见其《20世纪中国民间文学学术史》,河南大学出版社2006年版。

见解,是跟过去封建学者的民间文学的看法很不同的。它是这个历史时期新兴资产阶级意识形态上的新花朵。我们如果把它跟革命派作者著述民间文学化的倾向等联系起来,就更加可以看出它的时代的意义和性质。尽管这些著作家的意见是零碎的、散在的,但是,只要就一定的问题把同样的意见汇集在一起,尤其是把他们对各问题的意见都汇集在一起,就可以明白看出他们的某些共同倾向,共同见解。它不是个别学者的个别意见,是在新的历史条件下,具有共同社会意识的成员一种学术上的表现。"①诚然,近代中国社会风云突变,直接影响到民间文学的内容变化与民间文学思想理论的构成。就整体而言,中国近代民间文学史最突出的贡献集中在对神话传说与民间歌谣等方面的研究。其实,这种格局也是对社会现实文化发展的应答,即神话研究应答民族历史文化的叩问,对探讨民族的起源,具有文化复兴的意义。民间歌谣的研究则应答关于社会现实政治中鞭挞黑暗、腐朽、冷酷等国民性格中的种种缺陷,具有思想文化启蒙和社会批判的意义。而且,当革命成为时代思想文化的重要主题时,一切都随之发生变化。

一、关于神话传说研究与民族文化问题

神话的概念在中国近代民间文学史上有着非常特殊的意义。到底是谁最早使用了这个概念?中国古代没有神话这个词汇吗?最早使用或提出这个概念的是梁启超或蒋观云吗?

中国古代社会是有"神话"这个概念的,至少在明代就已经明确显示出这个词汇,而且,在1890年之前,也已经有中国人在海外使用了这个概念。在陈季同的著述中多次出现神话,并且有专门论述所谓"史前(史传)时代"的篇章。例如,陈季同论述"神话总是包含一些迷信的东西,但也很懂得在里面掺进一些智慧"②,其《中国人自画像》(1884年)专门论及"史前时代",论述"在民间想象中,此第一人力大无穷,双手各执太阳和月亮"③,以及伏羲、神农、黄帝等神话人物。因此,科学研究的价值正在于不断走进真理,能够不断有所发现。由于种种原因,我们对民间文学史料的发掘总是需要漫长的时间去努力,而每一种发现都充满艰辛。

应该看到,中国近代社会的开放门户是在西方帝国主义列强的逼迫下发生的,在

---

① 钟敬文:《晚清革命派著作家的民间文艺学》,见《民间文艺学及其历史》,山东教育出版社1998年版,第306—307页。
② 陈季同:《中国人的快乐》,韩一宇译,广西师范大学出版社2006年版,第30页。
③ 陈季同:《中国人自画像》,段映虹译,广西师范大学出版社2006年版,第80页。

学术思想与学术方式上,以社会进化思想为重要理论基础的人类学理论占据非常重要的位置。无疑,人类学强调的注重历史文化遗留物的理论方法,极大地启发了我国近代社会学者们对神话传说这一特殊话题的关注。

中国近代民间文学思想理论体系的建立与古史重建有非常密切的联系,而神话传说包含着历史巫术化等内容,具有神话历史的特征与属性,诸如三皇五帝的阐释,形成中国古代文明体系的主体。而在论及神话这一概念的时候,许多学者都一再强调我国古代没有"神话"这个概念。应该说,这正是对中国古代民间文学历史理解不够深入的表现。如果搜索中国古代历史文献,其实是可以找到"神话"这个概念的,而且其体现的内容就是民族古老的历史这一特定含义,与今天的意义相同。神话的名称在明代社会之前曾经以"神异"、"神怪"等词汇被表现;"神话"的概念最早明确出现在明代汤显祖《虞初志》卷八评论《任氏传》的话语中。

关于"虞初体"即《虞初志》以"虞初"人名为文体问题,历史上曾经有过多次讨论。一般认为,虞初这个人是西汉时期的洛阳人,武帝时以方士侍郎号"黄车使者"。他将《周书》改写成《周说》,人称《虞初周说》。此《周书》并非唐代令狐德棻所编《周书》,而是《逸周书》。曾有人说《逸周书》是因为孔子删定《尚书》之后所剩材料为《周书》的逸篇,所以称为此名。其原名《周书》、《周史记》,许慎著《说文解字》时,才称之为《逸周书》,其主要内容是周代历史文献汇编,分别记述了关于周文王、周武王、周公、周成王、周康王、周穆王、周厉王和周景王等时期的历史,并且保存许多上古时期的历史传说内容。可能是原文不容易懂,所以虞初把这些内容作了故事性较强的改写,即此《虞初周说》。班固《汉书·艺文志》录小说十五家中有《虞初周说》九百四十三篇,张衡《西京赋》称"小说九百,本自虞初"。但是,这九百篇《虞初周说》早已亡佚,清代学者朱右曾考证,《山海经》、《文选》、《太平御览》等文献曾经引述《周书》内容,实际上是《虞初周说》一书的逸文,诸如"天狗所止地尽倾,余光烛天为流星,长十数丈,其疾如风,其声如雷,其光如电";"穆王田,有黑鸟若鸠,翩飞而跱于衡,御者毙之以策马佚,不克止之,踬于乘,伤帝左股";"芥山,神蓐收居之。是山也,西望日之所入,其气圆,神光之所司也"等神话传说,当为"稗官"所讲述的故事①。由汉代的《虞初周说》到明代的《虞初志》,再到清代的《虞初新志》,经过许多历史变迁。明代汤显祖《虞初志》和《续虞初志》、张潮《虞初新志》、黄承增《广虞初新志》用"虞初"之名,就是讲述传说故事的意思。也有学者考证,汤显祖点校本《虞初志》与今通行本《虞初志》(诸家汇评本)以及汤氏的《续

---

① 朱右曾:《逸周书集训校释》卷十一存;另见鲁迅《中国小说史略》所述;《鲁迅全集》第九卷,人民文学出版社1981年版。

虞初志》不是一回事①。但无论如何,"神话"一词见之于《任氏传》末尾②,这是一个事实;其《虞初志》卷八存《任氏传》、《蒋琛传》、《东阳夜怪录》、《白猿传》诸篇,各篇内容相同,所以此"神话"作为神奇、奇异的故事的概括,内容上表现出对社会生活与自然世界的超越,与今天的神话含义相同。《任氏传》讲述书生郑六与狐精幻化的美女任氏相爱,任氏忠贞不渝,郑六携任氏赴外地就职时,任氏在途中为猎犬所害的故事。不唯如此,汤显祖此类论述甚多,如"奇诞之极"(《裴沆传》评),"恍惚幽奇,自是神侠"(《贾人妻传》评),"以奇僻荒诞,若灭若没,可喜可愕之事,读之使人心开神释,骨飞眉舞"(《点校〈虞初志〉序言》),"奇物足拓人胸臆,起人精神"(《月支使者传》评),"虎媒事奇,便觉青鸾彩凤语不堪染指"(《裴越客传》评),"此等传幽异可玩,小说家不易得者"(《刘景复传》评),"神僧巧算,思味幽玄"(《一行传》评),"咄咄怪事,使人读之闷叹"(《崔汾传》评),"真所谓弥天造谎,死中求活"(《松滋县士人传》评),"传甚奇谑而雅饬闲善,所谓弄戏谑者也"(《却要传》评),"亦复可喜可愕"(《吕生传》评)等。所以,这个词在汤显祖笔下出现,便是很正常、很自然的事情。"神话"的概念并不是我们古代典籍中没有出现过,当然,后世学者作此新说,也有自己的道理。

从现代学术发端上讲,神话的旧题新说与神话学的出现属于梁启超的"新史学"。或曰,梁启超较早使用了现代学术意义上的"神话"这一概念。其创办《新民丛报》,在报刊上连载其《新史学》系列,其中有《历史与人种之关系》,论及"当希腊人文发达之始,其政治学术宗教卓然笼罩一世之概者,厥惟亚西里亚(或译作亚述)、巴比伦、腓尼西亚诸国。沁密忒人(今译闪族人——引者),实世界宗教之源泉也,犹太教起于是,基督教起于是,回回教起于是。希腊古代之神话,其神名及其祭礼,无一不自亚西里亚、腓尼西亚而来"③。梁启超尤为重视洪水神话问题,其《太古及三代载记》举例"伏羲神农间,所谓女娲氏积芦灰以止淫水"与"鲧禹所治"等神话传说,论述"洪水曾有三度,相距各数百年,每度祸皆甚烈",称"初民蒙昧,不能明斯理,则以其原因归诸神秘,固所当然。惟就其神话剖析比较之,亦可见彼我民族思想之渊源,从古即有差别。彼中类皆言末俗堕落,婴帝之怒,降罚以剿绝人类,我先民亦知畏天,然谓天威自有分际,一怒而尽歼含生之族,我国古来教宗,无此理想也,故不言干天怒而水发,乃言得天佑而水平。(《尚书·洪范》言帝震怒,不畀鲧洪范九畴。禹嗣兴,天乃锡之,盖以禹治水为得天助也。)彼中纯视此等巨劫为出于一种不可抗力,绝非人事所能挽救,获全者惟归诸天幸。我则反是,其在邃古,所谓炼石补天积灰止水,言诚夸诞,然隐然示人类万能之理想焉。唐虞之朝,君臣孳孳,以治水为业,共工鲧禹,相继从事,前蹶后起,务底厥成,

---

① 秦川:《明清虞初体小说总集的历史变迁》,《明清小说研究》2002年第2期。
② 汤显祖:《虞初志》卷八《任氏传》,清扫叶山房刻本。
③ 梁启超:《历史与人种之关系》,见《饮冰室文集》第34卷,中华书局1936年版。

盖不甘屈服于自然,而常欲以人力抗制自然。我先民之特性,盖如是也"①。他更强调"研究一切神话"的方法,称:"语言文字之后,发表思想的工具,最重要的是神话,由民间无意识中渐渐发生。某神话到某时代断绝了,到某时代,新的神话又发生。和神话相连的是礼俗。神话和礼俗合起来讲,系统的思想可以看得出来。欧洲方面,研究神话的很多,中国人对于神话有两种态度。一种把神话与历史合在一起,以致历史很不正确。一种因为神话扰乱历史真相,便加以排斥。前者不足责,后者若从历史着眼是对的,但不能完全排斥。应另换一方面,专门研究。最近北京大学研究所研究孟姜女的故事,成绩很好,但范围很狭窄,应该大规模的去研究一切神话。其在古代,可以年代分;在近代,可以地方分或以性质分。有种神话竟变成一种地方风俗,我们可以看出此时此地的社会心理。"②

梁启超的神话理论是其新民思想的一部分,如其《论小说与群治之关系》所述"欲新一国之民,不可不先新一国之小说","欲新风俗,必新小说",其言"中国群治腐败之总根源"、"中国人妖巫狐鬼之思想"等问题的根源都在于小说;"今我国民惑堪舆、惑相命、惑卜筮、惑祈禳,因风水而阻止铁路,阻止开矿,争坟墓而阖族械斗,杀人如草,因迎神赛会而岁耗百万金钱,废时生事,消耗国力者,曰惟小说之故"③。其所说诸种"惑",就是社会风俗生活中的民间信仰,自然也包括那些蕴含其中的神话传说。他在《论国民与民族之差别及其关系》中,论及"民族者,民俗沿革所生之结果"与"同其风俗"等民族"特质",称"民族者,有同一言语风俗"④,其中涉及"化俗"与民族主义等问题。其所论重点归结到底还是通过包括神话传说在内的风俗建设,新一国之民,通过文化思想教育使国民精神素质不断提高。其新民学说融入其神话学思想理论,深刻影响了中国现代民间文学思想理论体系的建立与发展,包括后来的乡村教育运动,都不难看到这种新民学说的踪影。

在中国近代民间文学史上最值得注意的还有著名诗人夏曾佑。光绪三十年即1904年,他出版了我国近世第一部史学专著《最新中学教科书·中国历史》,集中体现出他的神话思想理论。他从一个特殊的角度理解中国古代神话传说,如其对盘古神话的考证,称"今案盘古之名,古籍不见,疑非汉族旧有之说。或盘古、槃瓠音近,槃瓠为南蛮之祖。(《后汉书·南蛮传》)此为南蛮自说其天地开辟之文,吾人误用以为己有也。故南海独有盘古墓,桂林又有盘古祠。(梁任昉《述异记》)不然,吾族古皇并在北

---

① 梁启超:《太古三代载记·洪水》,见《饮冰室文集》第43卷,中华书局1936年版。
② 梁启超:《中国历史研究法》,上海古籍出版社1998年第1版,第280—282页。
③ 梁启超:《论小说与群治之关系》,《饮冰室文集》第10卷,中华书局1936年版。
④ 梁启超:《论国民与民族之差别及其关系》,《政治学大家伯伦知理之学说》,《饮冰室文集》第13卷,中华书局1936年版。

方,何盘古独居南荒哉"。他提出"由开辟至周初,为传疑之期",从社会历史进化角度论述伏羲、女娲、神农等神话时代作为"传疑"以及"言古代则详于神话"的意义,如其所论"包牺之义,正为出渔猎社会,而进游牧社会之期。此为万国各族所必历,但为时有迟速,而我国之出渔猎社会为较早也。故制嫁娶,则离去知有母而不知有父之陋习,而变为家族,亦为进化必历之阶级,而其中至大之一端,则为作八卦";"抟黄土作人,与巴比伦神话合。(《创世记》亦出于巴比伦)其故未详。共工之役,为古人兵争之始。其战也殆有决水灌城之举,补天杀龙,均指此耳";"一为医药,一为耕稼。而耕稼一端,尤为社会中至大之因缘。盖民生而有饮食,饮食不能无所取,取之之道,渔猎而已。然其得之也,无一定之时,亦无一定之数。民日冒风雨,蓦溪山,以从事于饮食,饥饱生死,不可预决。若是之群,其文化必不足开发,故凡今日文明之国,其初必由渔猎社会,以进入游牧社会。自渔猎社会,改为游牧社会,而社会一大进"。其总结道:"综观伏羲、女娲、神农,三世之记载,则有一理可明。大凡人类初生,由野番以成部落,养生之事,次第而备,而其造文字,必在生事略备之后。其初,族之古事,但凭口舌之传,其后乃绘以为画,再后则画变为字。字者,画之精者也。故一群之中,既有文字,其第一种书,必为记载其族之古事,必言天地如何开辟,古人如何创制,往往年代杳邈,神人杂糅,不可以理求也。然既为其族至古之书,则其族之性情、风俗、法律、政治,莫不出乎其间。而此等书,常为其俗之所尊信,胥文明野蛮之种族,莫不然也。中国自黄帝以上,包牺、女娲、神农、诸帝,其人之形貌、事业、年寿,皆在半人半神之间,皆神话也。故言中国信史者,必自炎黄之际始。"其特别强调"今日中国所有之文化,尚皆黄帝所发明也"①。

有学者把蒋观云(智由)发表于1903年《新民丛报·谈丛》第36号上的《神话·历史养成之人物》视作"中国现代民间文艺学最早的论文"②,正是基于"神话"这一现代学术概念的"出现"。蒋观云的这篇文章最早名为《风俗篇》,存于其《海上观云集初编》③。1902年,梁启超逃往日本时,在横滨创办《新民丛报》(半月刊),于1903年在这份报纸的"丛谈"上发表了这篇文章。

蒋观云曾经对中国民族种类进行历史文化的求证,其立足点在于"神话历史者,能造成一国之人才"。他对中外神话传说故事中的洪水问题做比较,着意述说"上古神话之时代,其言多想象附会,荒诞盖不足怪"的道理,其论述道:"大洪水之说,不仅于基督教经典中见之,今日发现巴比伦最古之典籍,其所言洪水之事,于基督教中所言略同。当时希伯来人,实居于幼发拉底河之上流,其后由亚伯拉罕始率其众,迁徙而居于迦南之地,故希伯来人所传之古说,实从幼发拉底河流域而来。幼发拉底河与底

---

① 夏曾佑:《中国古代史》,商务印书馆1905年版。
② 刘锡诚:《世纪回顾:中国民俗学面临的选择》,《民俗研究》1995年第3期。
③ 蒋观云:《海上观云集初编》,广益书局光绪二十八年(1902年)版。

格里士两河间,为太古时代最多古国之地,而巴比伦立国早于以色列族,然则基督教经典所言,或从巴比伦记录转载而来,或则与巴比伦人同记其太古传说之事而已。且又考之大洪水之说,不仅基督教经典及巴比伦之古书而已也,希腊神话中,亦记洪水之事,与《旧约》之所记者,殆无所异。由是言之,大洪水之说,或者当日从幼发拉底、底格里士两河间,迄地中海一带海岸诸国,皆同有此说法,而后记事之徒,乃各据以载之一国古史中也。……洪水之事,既为古史所皆载,或亦实有之事;然谓人类尽灭,今日之人类,尽为大洪水后所发生,则固未可措信之事也。据基督教人所考证,第一始祖亚当,居埃田囿之附近,生三十三子,二十七女。长曰该隐,次曰亚伯,该隐杀亚伯,上帝罚令离弃本土,其后子孙有东迁者,疑为蚩尤及三苗之祖;有南徙者,疑为印度之祖;西南去者,疑为黑人之祖。而亚当于晚年,又生子设,厥后洪水所淹没者,为设子孙所居之地。而挪亚者,亦系设之后裔,是则该隐之子孙,散布各处,当未尽灭,而其余亚当诸子,其子孙亦未必同罹此浩劫也。且据威尔斯、威利亚所推算,挪亚之大洪水,在纪元前三一五五年,而一说则谓纪元前二三四九年。姑且不问其二说之若何,而据今日可信之年代记,幼发拉底、底格里士两河间之古国,多在纪元前四〇〇〇年及三〇〇〇年所建设;而埃及舍排斯古坟中,有发现纪元前三九〇〇年之古文书,中国五帝时代,虽未能确实推定,大都亦在纪元前二〇〇〇年至三〇〇〇年。当此时期前后间,而谓地球上有遭洪水人类尽灭之时,此固未可以为信史也。"他接着说:"基督教中洪水之说,曾有人谓在纪元前二千三百四十九年,而与中国尧时之洪水,为同一时期之事,其前后相差,仅不过五十余年。西方洪水,以泛滥潴蓄之余,越巴米尔高原,超阿尔泰山,汇合于戈壁沙漠,而从甘肃之低地,进于陕西、山西之低地,以出于河南、直隶之平原,余势横溢以及南方。其间或费五十余年之岁月,而后西方之洪水,东方始见其影响。顾是说也,以为太古不知何年代之事,则戈壁一带曾有人认为太古时一大海,故西藏今日尚存有咸水之湖,与有人认阿菲利亚加撒哈拉之沙漠,为太古时一大海者,其说相同。如是,则由戈壁之水,以淹中国之大陆者,于地势为顺。若当尧之时代,则地壳之皱纹亦以大定,山海凹凸之形势,与今日或小有变迁,而必无大相异同之事。然则,据地势而论,中亚洲一带山脉,地脊隆起,必无西方洪水,超越高地,而以东方为尾闾之事。即据一说,谓巴喀什湖,昔时曾与里海相通,此亦非荒远时代之事。然此正可验中亚洲山脉以西,水皆西流,而黄河长江经中国地面以归海之水,其源皆发于昆仑山脉以东,且当日西方之洪水,既在小亚细亚一隅,则西必归于黑海、地中海,而东南可由幼发拉底,底格里士两河之下流,以出波斯海湾,必下至逆流而反越高岭者,势也。且尧时洪水,或不过中国一部分之事,未必当其时,而谓全地球俱浸没于浩浩滔天之中,即征之各国古书,载洪水之事,亦见不一见;然多系一方之小洪水,而不足以当挪亚之大洪水。若必欲据中国之事以实之乎?古史中有云:'共工氏以水乘水,头触不周山崩,天柱折,地维缺,女娲氏乃炼五色石以补天,断鳌足以立四极,聚芦灰以止滔水。'似明言上古有一大洪水之事,其云天柱折者,犹后世之言天漏,地维缺者,犹言大地陆沉,雨息而得再见日月云霞,则以为炼五色石而补之矣;水退而地体奠定,则以为立鳌足以扶之矣。上古神话之时代,其言多想象附会,荒诞盖不足怪。要之,惟此洪水,其时期为最古,以吾人始祖亦从幼发拉底、底格里士两河间而来,或者与巴比伦犹太希腊同载其相传之古说欤? 未可知也,而其年代则固未能确定也。"① 同时,他在《神话·历史养成之人物》中从"一国之神话与一国之历史,皆于人心上有莫大之影响"论起,对神话问题做更进一步论述道:"一国之神话与一国之历史,皆于人心上有莫大之影响。印度之神话深玄,故印度多深玄之思。希腊之神话优美,故希腊尚美之风。摩奇弁理曰:'凡人者皆追躅前人之迹者也。'鹏尔曰:'欲为伟大之人物者,不能不有模范,而后其精力有所向而不至于衰退。'尼几爱曰:'历史者造就人才之目的物也。'诸贤之言如是。夫社会万事之显现,若活板之印刷文字,然撮其种种之植字,排列而成。而古往今来,英雄豪杰,其一言一行,一举一动,即铸成之植字,而留以为后世排列文字之用者也。植字清明,其印成之书亦清明。植字漫漶,其印成之书亦漫漶,而荟萃此植字者,于古为神话,于今为历史。"由此,他得出结论,称:"神话历史者,能造成一国之人才,然神话,历史之所由成,即其一国人天才所发显之处。其神话历史,不足以增长人之兴味,鼓动人之志气,则其国人天才之短可知也。神话之事,世界文明,多以为荒诞而不足道,然近世欧洲之文学之思潮,多受影响于北欧神话与歌谣之复活,而风靡于保尔亨利马来氏 Paut Henri Wallot 之著 *The Introductional Histore de Donnemarck* 及 *Historire de Dannemarck* 等书,盖人心者,不能无一物以鼓荡之。鼓荡之有力者,恃乎文学,而历史与神话(以近世言之,可易为小说)其重要之首端矣! 中国神话,如'盘古开天辟地,头为山丘,肉为原野,血为江河,毛发为草木,目为日月,声为雷霆,呼吸为风云'等类,最简枯而乏崇大高秀、庄严灵异之致。至历史,又呆举事实,为泥塑木雕之历史,非龙跳虎踯之历史。故人才之生,其规模志趣,代降而愈趋于狭小。(如汉不及周,唐不及汉,宋不及唐,明不及宋,清不及明,是其征)盖无历史以引其趣响也。(如近世曾文正之所造止,此者,其眼光全为中国历史上之人物所囿)且以其无兴象,无趣味也。不能普及于全社会,由是起而代历史者,则有《三国演义》、《水浒传》;起而代神话者,则有《封神传》、《西游记》。而后世用兵,多仿《三国》、《水浒》,盖《三国》、《水浒》产出之人物也;若近时之义和团,则《封神传》、《西游记》产出之人物也。故欲改进其一国之人心者,必先改进其能教导一国人心之书始。"② 这种研究方法是历史递进的视角,与西方文化人类学理论相似。

如此把神话传说视作特殊的历史文化者,还有刘师培。其论述道:"昔郭璞之序

---

① 蒋观云:《神话历史养成之人物》,《新民丛报》光绪二十九年(1903)第 36 号。
② 蒋观云:《神话历史养成之人物》,《新民丛报》光绪二十九年(1903 年)第 36 号。

《山海经》也,谓世之览《山海经》者,皆迂其闳诞夸迂,多奇怪傲倪之言。呜呼!此岂知《山海经》者哉!考西人地质学,谓动植庶品,递有变迁。观《山海经》一书,有言人面兽身者,有言兽面人身者,而所举邦国草木,又有非后人所及见者,谓之不知可也,谓之妄诞不可也。夫地球之初,为草木禽兽之世界。观汉代武梁祠所画,其绘上古帝王,亦人首蛇身及人面龙躯者,足证《山海经》所言皆有确据,即西人动物演为人类之说也。观西国古书,多系人兽相交。而中国古书,亦多言人禽之界。董子亦曰:'人当知自贵于万物。'则上古之时,人类去物未远,亦彰彰明矣,《山海经》成书之时,人类及动物之争,仍未尽泯。此书中所由多记奇禽怪兽也。又《孟子》言:'帝尧之时,兽蹄鸟迹之道,交于中国。'《左传》言:'禹铸九鼎,使民知神奸。故民入川泽山林,不逢不若。'则当时兽患仍未尽除也。故益焚山泽而禽兽逃匿,周公驱虎豹犀象而远之,皆人物竞争之关键也。安得以《山海经》所言为可疑乎!"①

章太炎是一位典型的文化民族主义者,其神话理论以比较研究为主,论及神话与图腾等问题,其集中表现在《訄书》等论著中,其称:"然自皇世,民未知父,独有母系丛部,数姓集合,自本所出。率动植而为女神者,相与葆祠之,其名曰托德模……野人天性阔诞,其语言简寡,见虚墓间穴宅动物,则眩以死者所化。故埃及人信蝙蝠,亚拉伯人信海麻。海麻者,枭一种也。皆因其翔舞墓地,以为祖父神灵所托。其有称号名谥,各从其性行者,若加伦民族,常举鹭、虎、狼、羚自名……植物亦然。加伦民族,常以絮名其妇人;亚拉画科民族,常以淡巴菰名,久亦为祖。剖哀柏落人,有淡巴菰、芦苇二族,谓其自二卉生也。其近而邻中夏者,蒙古、满洲,推本其祖,一自以为狼、鹿,一自以为朱果,借其宠神久矣。中国虽文明,古者母系未废,契之子姓自夗名,禹之姒姓自薏苡名,知其母吞食而不为祖,亦就草昧之循风也。夏后兴,母系始绝。"②又如其运用语言文字学研究方法解剖神话的历史文化内蕴,其论述道:"六书初造,形、事、意、声,皆以组成本义,惟言语笔札之用,则假借为多。小徐系《说文》,始有引申一例。然许君以令长为假借,令者发号,长者久远,而以为司命令位夐高者之称。是则假借即引申,与夫意义绝异,而徒以同声通用者,其趣殊矣。夫号物之数曰万,动植、金石、械器之属,已不能尽为其名。至于人事之端,心理之微,本无体象,则不得不假用他名以表之。若动静形容之字,诸有形者已不能物为其号,而多以一言概括;诸无形者则益不得不假借以为表象,是亦势也。尝有人言:表象主义,亦一病质。凡有生者,其所以生之机能,即病态所从起。故人世之有精神见象、社会见象也,必与病质偕存。马格斯、牟拉以神话言语之瘿疣,是则然矣。抑言语者本不能与外物泯合,则表象固不得已。若言雨降、风吹,皆略以人事表象。籀是进而为抽象思想之言,则其特征愈著。若言思想之

---

① 刘光汉:《山海经不可疑》,《国粹学报》光绪三十一年(1905年)第十号。
② 章太炎:《訄书》,见《章太炎全集》,上海人民出版社1984年版。

深远,度量之宽宏,深者所以度水,远者所以记里,宽宏者所以形状中空之器,莫非有形者也,而精神见象以此为表矣。若言宇宙为理性,此以人之材性表象宇宙也。若言真理,则主观客观初无二致,此以主观之忍许,客观之存在,而表象真理也。要之,生人思想,必不能腾跃于表象外,有表象,即有病质冯之。其推假借引申之原,精矣。然最为多病者,如以'瑞麦来牟'为'天所来'而训'行来';比'乙至得子'为'嘉美之',而造'孔'字。斯则真不免为瘿疣哉!惟夫庶事繁兴,文字亦日孳乳,则渐离表象之义而为正文。如能,如豪,如群,如朋,其始表以猛兽羊雀。此犹埃及古文,以雌蜂表至尊,以牡牛表有力,以马爵之羽表性行恺直者。久之能则有态,豪则有势,群则有窘,朋则有佣,皆特制正文矣。而施于文辞者,犹习用旧文而怠更新体。繇是表象日益浸淫。然赋颂之文,声对之体,或反以代表为工,质言为拙,是则以病质为美疢也。杨泉《物理论》有云:'在金石曰坚,在草木曰紧,在人曰贤。'此谓本繇一语,甲牝而为数文者。然特就简毕常言,以为条别,已不尽得其本义。斯文益衰,则治小学,与为文辞者,所由忿争互诟,而文学之事,弥以纷纭矣。"其称"言语不能无病。然则文辞愈工者,病亦愈剧。是其分际,则在文言质言而已。文辞虽以存质为本干,然业曰'文'矣,其不能一从质言,可知也;文益离质,则表象益多,而病亦益笃。斯非直魏、晋以后然也,虽上自周、孔,下逮嬴、刘,其病已淹久矣","是则表象之病,自古为昭。去昏就明,亦尚训说求是而已"①。这种方式其实是一种神话传说的文献考证,在语言文字的历史演变中寻求神话传说的蛛丝马迹,或者可以看作后来《古史辨》神话学派的先声。

　　除章太炎如此考据,还有梁绍壬与李慈铭等学者,这是乾嘉学派的遗风。如梁绍壬所述:"金桧门宗伯奉命祭古帝陵,归奏:'女娲圣皇,乃陵殿塑女像,村妇咸往祈祀,殊骇见闻,请有司更正。'奉旨照所请行。后数年,中州人至京,好事者问之,曰:'像虽议改,尚未举行。缘彼处香火之盛,皆由女像,故可耸动妇女,庙祝以为奇货,即地方官吏亦有裨焉。若更易男像,恐香火顿衰。'于冰璜云:'何不另立男像,而以原像为帝后,其香税不更盛耶!'事见阮吾山《茶余客话》。调停之论,实足解颐。然考女娲氏,《三坟》以为伏羲后。卢仝与马异结交诗以为伏羲妇。《风俗通》以为伏羲妹。而《路史》称为皇母。《易系疏》引《世纪》称曰女皇。《外纪》称曰女皇。《淮南·览冥》注称曰阴帝。《须弥四域经》称为宝吉祥菩萨。《列子》注云:'女娲古天子。'《山海经》注云:'女娲,古神女而帝者。'而唐人贡媚武氏,遂有吉祥御宇之语。又《论衡·顺鼓》云:'董仲舒言久雨不霁,则攻社祭女娲,俗图女娲之像作妇人形。'审是则以女娲为女,自汉已然,不自近世始也,积重难返,更之匪易矣。"②李慈铭则力图辩证盘古神话,称"《炙山笔话》十

---

① 章太炎:《检论》(五),见《章太炎全集》(三),上海人民出版社1984年版。
② 梁绍壬:《两般秋雨庵随笔》卷七,见《笔记小说大观》第廿二册,江苏广陵古籍刻印社1983年版。

四卷,粤西藤人苏时学敩元所著。……辨盘古之讹,谓此说起于三国时徐整《历纪》,其言怪诞。至梁任昉《述异记》,乃曰'南海有盘古氏墓,亘三百余里。桂林有盘古墓,今人祝祀'。周秦古书,未有言及盘古者,而任氏言其墓,乃皆在桂林、南海。盖瑶人之先所谓盘瓠者致讹而然。今西粤土音读瓠字音与古同。瑶峒中往往有盘古庙,瑶人族类尤多姓盘者。以此征之可信。予按盘古之说,汉唐诸儒所不道,宋邵康节作《皇极经世》,始凿凿言之。马宛斯《绎史》历引《五运历年纪》、《述异记》、《三五历纪》,诸书言盘古事者,而断之曰:盘古氏名,起自杂书,恍惚之论,荒唐之说耳。作史者目为三才首君,何异说梦。苏君证其为盘瓠之讹,尤是破千古之惑"①。与章太炎神话理论相近者,还有严复,其论述神话传说与图腾的联系问题,称"图腾者,蛮夷之徽帜,用以自别其众于余众者也。此美之赤狄澳洲之土人,常画刻鸟兽虫鱼或草木之形,揭之为桓表,而台湾生番,亦有牡丹、槟榔诸社名,皆图腾也。由此推之,古书称闽为蛇种,盘瓠犬种,诸此类说,皆以宗法之意,推言图腾,而蛮夷之馈,实亦有笃信图腾为其先者。十口相传,不知其怪诞也"②。

关于章太炎与夏曾佑等人的神话学理论,后来顾颉刚曾经评说道:"我们从小读书,读的都是儒家的经典,只看见古代有很多的圣帝明王、贤人隐士,却看不见人民群众,更看不见人民群众所创造的神话传说。因此,一般人都不觉得中国古代有过一段神话时期。"他举例说:"1913年,章炳麟先生说:'中国素无国教矣。……盖自伏羲、炎、黄,事多隐怪,而偏为后世称颂者无过田、渔、衣裳诸业。国民常性,所察在政事、日用,所务在工、商、耕稼。志尽于有生,语绝于无验,人思自尊而不欲守死事神以为真宰,此华夏之民所以为达;视彼伛偻上帝、拜偈法皇、举全国而宗事一尊且著之典常者,其智愚相去远矣。(《驳建立孔教议》,《太炎文录》卷二)他以为中国没有宗教是中国的国民性;中国的国民性同别国的国民性不一样,所以别国有宗教而我们古代没有。因为我国的国民性只注意日常生活的技术,凡是没法实践的神怪空谈都是不相信的。这种思想不但章炳麟先生有,凡是熟读儒家经典的人都可以有,正和以前因为考古工作者只注意铜器和碑刻,使得一般人连资本主义国家的学者在内都认为中国古代一向用的是铜器,中国没有经过一个石器时代,和别国的历史不一样,有极相类似的见解。"他说:"然而这种想法毕竟是要破产的。自从地质工作者在勘探矿藏的偶然机缘里发现了仰韶文化的遗址之后,直到现在,接接连连在每一省里都发现了大量的石器,经各个博物馆陈列了出来。如果谁再说中国没有经过石器时代,就可判定他是一个没有常识的人。神话固然不像石器一般,可以在土里把原物发掘出来,然而外

---

① 李慈铭:《越缦堂日记·孟学斋月记》乙集,同治三年(1864年)版。
② (英)甄克思:《社会通诠·按语》,严复译,1904年初刊。转引自钟敬文:《中国近代文学大系·民间文学》,上海书店1995年版。

国的神话既经传入中国,读古书的人只要稍微转移一点角度,就必然会在比较资料里得到启发,再从古代记载里搜索出若干在二三千年前普遍流行的神话。"他特别举出"第一个做这工作的人是夏曾佑先生",称"他在清末先读了《旧约》的《创世纪》等等,知道希伯来诸族有洪水神话,又看到我国西南少数民族中也有洪水神话,于是联想起儒家经典里的洪水记载,仿佛是一件事情"。这里,他引述夏曾佑语称:"洪水之祸实起于尧以前,特至尧时人事进化,始治之耳。考天下各族述其古事,莫不有洪水。巴比伦古书言洪水乃一神西苏诗罗斯所造;洪水前有十王,凡四十三万年,洪水后乃今世。希伯来《创世纪》言耶和华鉴世人罪恶贯盈,以洪水灭之;历百五十日,不死者惟娜亚一家。最近发现云南倮倮古书,亦言洪水,言古有宇宙干燥时代,其后即洪水时代;有兄弟四人,三男一女,各思避水,长男乘铁箱,次男乘铜箱,三男与季女同乘木箱,其后惟木箱不没而人类遂存。观此则知洪水为上古之事实,而此诸族者亦必有相连之故矣。"其论述道:"他似乎主张文化一元说,以为这个神话是由某一族传播到各个民族的,而中国亦其一支。他又从这种资料里看出各个古国都有关于远古时代的神话,当时掌握这些神话的是宗教家,所以说:'人类之生决不能谓其无所始,然言其所始,说各不同,大约分为两派:古言人类之始者为宗教学家,今言人类之始者为生物学家。宗教家者,随其教而异,各以其最古之书为凭。世界各古国如埃及、巴比伦、印度、希伯来等各自有书,详天地剖判之形,元祖降生之事……而我神州亦其一也。顾各国所说无一同者;昔之学人笃于宗教,每多入主出奴之意。……至于生物学家,创于此百年以内……其说本于考察当世之生物与地层之化石,条分缕析,观其会通,而得物与物相嬗之故。由古之说则人之生为神造,由今之说则人之生为天演,其学如水火之不相容。'"顾颉刚论述道:"他说明了对于远古情状的观察,古人和今人的意图是绝对相反的。他的《中国古代史》大约出版于1907年,这些话从现在看来固然很平常,但在当时的思想界上则无异于霹雳一声的革命爆发,使人们陡然认识了我国的古代史是具有宗教性的,其中有不少神话的成分。而中国的神话和别国的神话也有其共同性,所以春秋以前的传统历史只能当作'传疑时代'看,不能因为它载在儒家的经典里而无条件地接受。"当年,他曾经痛斥夏曾佑他们不懂得历史文化的真相,而此时,他颇为感慨地说,关于"搜集我国古代的神话资料,要从儒家的粉饰和曲解里解放出来,恢复它的本来面目","夏曾佑先生开始发现了这个问题","夏先生的《中国古代史》永远为人民所记忆"[①]。的确,夏曾佑他们的贡献会随着社会历史文化的发展而愈显示出其修复古史的特殊价值。

总的看来,近代中国社会的神话研究还是六经皆史意义上的历史文化研究,而作

---

① 顾颉刚:《〈中国古代神话研究〉序》,《博览群书》1993年第11期。

为文学研究的神话学理论,直到20世纪之初孙毓修编辑中国民间童话寓言故事并进行理论研究,才形成真正民间文艺学意义上的神话研究。神话传说故事是一个相对宽泛的概念,在中国近代民间文学思想理论中能够成为一个亮点,主要是由社会现实生活中体现出的非常强烈的民族主义思潮所影响。中国近代社会思想家们以神话管窥历史文化的发展与国民精神建设等问题,梁启超、章太炎等人是这样,鲁迅、周作人兄弟也是这样(另述)。这是时代所表现的学术特色与思想文化特色。

除了这些内容,还涉及与神话传说相近的寓言故事等民间文学思想理论,诸如孙毓修在《中国寓言初编》的"序言"中所论:"《易》云:'称名也,小取类也,大喻言之谓矣。'是以风人六义,比兴为多。金锡以喻明德,珪璋以譬秀民,螟蛉以类教诲,蜩螗以写号呼,浣衣以拟心忧,席卷以方志固。麻衣则云如雪。如舞,则云两骖。或以比义,或以比类,举一可以反三,告往可以知来。楚骚既沿其波,汉赋复宗其例。姬周之末,诸子肇兴。蒙庄造学鸠之论,寓言乃启淳于设大鸟之喻,隐语以盛。孟子言性,取象于湍水。公孙论名,借观于白马。遂使写物附言,析理者,畅其悬谈,义归意正,谲谏者,陈其事势。视彼风诗之婉约,不翅滥觞于江河,冰释泉涌,金相玉振,岂徒有益于文章,抑亦畅发乎名理。记曰:君子知至学之难易,而知其美恶,然后能博喻,能博喻,然后能为师。故夫立言者,必喻而后其言至。知言者必喻,喻而后其理澈。魏文听古乐而思卧,庄语之难入也;宋玉赋大言而迥听,谐语之易感也。意生于权谲,则片言可以折狱;辞出于机智,则一字可以为师。往牒所载,此类实多,眷录成书,未之前闻。明万历间,宣城徐太元录《喻林》百二十卷,繁辞未剪,琐语必收。博而寡要,劳而少功。盖足备擒翰者,临文之助,未能供读书者研几之用也。译学既兴,浅见者流,謦伊索为独步。奉诘支为导师。贫子忘己之珠,东施效人之颦,亦文林之憾事,诚艺苑之缺典。用是发愤抄纳成编,题目《中国寓言》。道兼九流,辞综四代,见仁见智,应有应无,譬如凝眸多宝,有回黄转绿之观;杖策登山,涌横岭侧峰之势。其为用也,岂不大哉! 若夫还社求拯于楚喻,智井而称麦曲;叔仪乞粮于鲁,歌佩玉而呼庚癸;臧文谬书于羊裘,庄姬托辞于龙尾。此为谜语,无关喻言,义例有别,用是缺焉!"①孙毓修对中国神话传说的研究有许多重要发现,特别是他对《路史》等历史文化典籍的理解,具有非常重要的学理价值。1910年代初,他曾经出版《欧美小说丛谈》,论及"神怪小说之著者及其杰作"问题。其称"披萝带荔,三闾见之为骚;牛鬼蛇神,长吉感之作赋。其后《搜神》有记,诺皋成书。语怪之书,在中国发达最早。英语名此为 Fairy Tales,其风始于希腊。益以间巷谣俗,代有流传,虽无益于事实而有裨于词章,遂于小说界中,独树一帜。古时真理未明,处处以神道设教,狐鬼之谈,感人尤易,故恒以语小儿,为蒙养之基。小儿亦乐其

---

① 沈德鸿、孙毓修:《中国寓言初编》,商务印书馆1917年版。

诞而爱听之",此为中国神话传说影响中国文学发展的概述。其又言"神怪小说（Fairy Tales）者,其小说之始祖乎。生民之初,智识愚昧,见禽兽亦有知觉,而不能与人接音词、通款曲也,遂疑此中有大秘密存,而牛鬼蛇神之说起焉。山川险阻,风云雷雨,并足限制人之活动,心疑冥漠之中,必有一种杰出之人类,足以挥斥八极、宰制万物者,而神仙妖怪之说起焉。后世科学发达,先民臆度之见,既已辞而辟之,宜乎神怪小说,可以不作,借曰有之,亦只宜于豆棚架侧,见悦于里巷之人,与无知之小儿而已。不知小说本于文学,而神怪小说,又文学之原素也。天下之事,因易而创难。神怪小说,则皆创而非因,且此创之一字,仅上古无名之人,足以当之。而今日文学史上赫赫之巨子,惟掇拾人之唾余,附于述而不作之列,尚无术以自创也。由此言之,神怪小说,岂易言哉,岂易言哉"。其论说"神怪小说与神话（Mythology）不同。神话者,未有文学以前之历史,各国皆有之。我国一部《路史》,大足为此类之代表。后人觉其荒唐,斥为不典,当时视之,则固金匮石室之秘史,即今日粤若籍古,亦不能尽废其书。神怪小说起于晚近,尽知其寓言八九而已。神话史谓之有小说滋味则可,竟隶之于小说,则不可也"①,都是在比较中显示神话传说故事文学特性的论述。或曰,孙毓修不但是我国童话学理论的重要开拓者,也是我国神话学的重要拓展者,其视野开阔,较早从文学研究的角度进行神话研究,标志着近代民间文学理论研究的重要成就。

二、关于近代民间歌谣理论研究问题

中华民族是一个热爱歌唱的民族,其歌声或慷慨激昂,或情意绵绵,或如黄钟大吕,或如潺潺流水,跌宕起伏,气象万千。近代中国社会内忧外患,民间歌唱中包含着社会大众的喜怒哀乐,显示出他们对社会、历史、人生等命题的思索;相应的学者们从学理上对民间歌谣等民间文学形态热切关注。这在事实上形成富有时代特色的中国近代民间歌谣理论。

首先是黄遵宪以民间歌谣研究为思想文化特色的民间文学理论。其《人境庐诗草》有许多诗歌论及民间文学与社会风俗内容,诸如卷一《送女弟》中歌唱"中原有旧族,迁徙名客人。过江入八闽,辗转来海滨"与"就中妇女劳,犹见风俗纯";其卷一《杂感》中歌唱"黄土同抟人,今古何愚贤"与"我手写我口";其卷三《都踊歌》记"西京旧俗,七月十五至晦日,每夜亘索街上,悬灯数百。儿女艳妆靓服为队,舞蹈达旦,名曰都踊。所唱皆男女猥亵之词,有歌以为之节者,谓之音头。译而录之,其风俗犹之唐人《合生

---

① 孙毓修:《神怪小说之著者及其杰作》,见《欧美小说丛谈》,商务印书馆1916年版。

歌》,其音节则汉人《董逃行》也",唱"三千三百三十二座大神兮听我歌"。在《人境庐诗草》"自序"中,其言"其述事也,举今日之官书会典方言俗谚",其中有《山歌》九首,题曰"土俗好为歌,男女赠答,颇有《子夜读曲》遗意。采其能笔于书者,得数首",分别录"自煮莲羹切藕丝,待郎归来慰郎饥。为贪别处双双箸,只怕心中忘却匙","人人要结后生缘,侬只今生结目前。一十二时不离别,郎行郎坐总随肩","买梨莫买蜂咬梨,心中有病没人知。因为分梨故亲切,谁知亲切转伤离","催人出门鸡乱啼,送人离别水东西。挽水西流想无法,从今不养五更鸡","邻家带得书信归,书中何字侬不知,等侬亲口问渠去,问他比侬谁瘦肥","一家儿女做新娘,十家女儿看镜光。街头铜鼓声声打,打者中心只说郎","嫁郎已嫁十三年,今日梳头侬自怜。记得初来同食乳,同在阿婆怀里眠","自剪青丝打作条,亲手送郎将纸包。如果郎心止不住,看侬结发不开交","第一香橼第二莲,第三槟榔个个圆,第四夫容五枣子,送郎都要得郎怜"①等,当为民间歌谣搜集整理或化用。其"光绪辛卯"《山歌题记》记述曰:

十五国风,妙绝古今,正以妇人女子矢口而成,使学士大夫操笔为之,反不能尔。以人籁易为,天籁难学也。余离家日久,乡音渐忘,辑录此歌谣,往往搜索枯肠,半日不成一字。因念彼冈头溪尾,肩挑一担,竟日往复,歌声不歇者,何其才之大也?

钱塘梁应来(梁绍壬)孝廉作《秋雨庵随笔》,录粤歌十数篇,如"月子弯弯照九州"等篇,皆哀感顽艳,绝妙好词,中有"四更鸡啼郎过广"一语,可知即为吾乡山歌。然山歌每以方言设喻,或以作韵,苟不谙土俗,即不知其妙。笔之于书,殊不易耳。

往在京师,钟遇宾师见语,有土娼名满绒遮,与千总谢某昵好。中秋节至其家,则既有密约,意不在客。因戏谓汝能为歌,吾辈即去,不复翾。遂应声曰:"八月十五看月华,月华照见侬两家。满绒遮,谢副爷。"乃大笑而去。此歌虽阳春二三月不及也。

又有乞儿歌,沿门拍板,为兴宁人所独擅场。仆记一歌曰:"一天只有十二时,一时只走两三间,一间只讨一文钱,苍天苍天真可怜!"悲壮苍凉,仆破费青蚨百文,并软慰之,故能记也。

仆今创为此体,他日当约陈雁皋、钟子华、陈再芗、温慕柳、梁诗五分司辑录。我晓岑最工此体,当奉为总裁。汇选成篇,当远在《粤讴》上也。②

---

① 黄遵宪:《山歌》(九首),见《人境庐诗草笺注》,上海古籍出版社1981年版。
② 吴振清:《黄遵宪集》(下),天津人民出版社2003年版,第384—385页。

有注者指出：此手写本《山歌》及题记，乃黄遵宪于光绪十七年（1891年）寄胡晓岑者，其与胡晓岑手札有云："《山歌》十余首，如兄意谓可，即乞兄抄一通，改正评点而掷还之。"①或曰，这是其民间歌谣思想理论的重要体现。

《人境庐诗草》六百余首，有许多风俗诗，诸如卷五《寒食》、卷八《立秋日》、卷十《庚子元旦》与《七月十五夜暑甚看月达晓》、《中秋夜月》等，其感叹"自歌太乙迎神曲"、"未知王母行筹乐"。其卷十《五禽言》中歌唱"不如归去"、"姑恶姑恶"、"阿婆饼焦"、"行不得也哥哥"，更是直接采用民间歌谣与民间故事中的俗语。与其《日本杂事诗》二百首相映成趣，共同构成时代的风俗画卷。《日本杂事诗》与《日本国志》都有许多关于日本风俗与日本民间文学的记述，是中国人关于日本民间文学历史研究的重要开端。如其《日本杂事诗》卷一有"泰初一柱立天琼"句记述"纪神武以前事为《神代史》，曰：开辟之初，有国常立尊，为独化之神。七传至伊奘诺尊、伊奘册尊，为耦生之神。二尊以天琼矛下探沧溟，锋镝凝结成磙驳卢岛，名为国柱，因下居成夫妇"以及"乃生八大洲"等神话传说，黄遵宪称其与西方人《创世纪》中的"耶和华手造天地万物，七日而成"故事为"同一奇谭"。②又如卷一"避秦男女渡三千"③句记述徐福传说故事，以及卷一"羲和有国在空桑"④句记述《山海经》"羲和浴日"神话在日本的流传等。其卷二"三千神社尽巫风"句记述日本"俗最敬神"⑤，卷二"银字儿兼铁骑儿"句记述"演述古今事，谓之演史家，又曰落语家"⑥等等。黄遵宪不仅仅从理论上述说社会风俗生活，而且身体力行，在社会政治生活中改良风俗，诸如其《湖南署臬司黄劝谕幼女不缠足示》所针砭缠足之"败风俗"，其论"世有地狱，正为斯人，风俗之败，无以逾于此矣"，禁止此风俗，"以厚风俗"⑦。其《日本国志》有《国统志》记述"天地未辟，有神立于高天原"等神话传说，其《礼俗志》专门记述日本风俗，包括民间文学。其引"百里不同风，千里不同俗"开题，以"治国化民"为论述主题道："嗟夫！风俗之端始于至微，搏之而无物，察之而无形，听之而无声。然一二人倡之，千百人和之，人与人相接，人与人相续，又踵而行之。及其既成，虽其极陋甚弊者，举国之人习以为然，上智所不能察，大力所不能挽，严刑峻法所不能变。夫事有是、有非、有美、有恶，旁观者或一览而知之，而彼国称之为礼，沿之为俗，乃至举国之人辗转沈锢于其中，而莫能少越，则习之囿人也大矣！"⑧其所列

---

① 此为钱仲联考证所作"案"，见钱仲联：《人境庐诗草笺注》，上海古籍出版社1981年版。
② 吴振清：《黄遵宪集》（上），天津人民出版社2003年版，第8页。
③ 吴振清：《黄遵宪集》（上），天津人民出版社2003年版，第9—10页。
④ 吴振清：《黄遵宪集》（上），天津人民出版社2003年版，第12—13页。
⑤ 吴振清：《黄遵宪集》（上），天津人民出版社2003年版，第39页。
⑥ 吴振清：《黄遵宪集》（上），天津人民出版社2003年版，第50页。
⑦ 吴振清：《黄遵宪集》（下），天津人民出版社2003年版，第605—606页。
⑧ 黄遵宪：《日本国志》（下），天津人民出版社2005年版，第819—820页。

类别主要有"朝会"、"祭祀"、"婚娶"、"丧葬"、"服饰"、"饮食"、"居处"、"岁时"、"乐舞"、"游宴"、"神道"、"佛教"、"氏族"、"社会"等,尤其是"岁时"与"乐舞"等篇,记述民间文学最为详细。或曰,其《日本国志》既是一部社会风俗生活史志,也是一部系统而富有特色的具有民间文学思想理论意义的著述。

中国近代民间文学史上的民间歌谣研究,在总体上讲,主要是历史文化的研究。其研究方法仍然局限在传统的义理述说与文献考据层面,只是多了一些民间歌谣的搜集整理。一个值得注意的现象是,已经有学者注意到比较研究,如梁绍壬所关注的"苗人跳月之歌",其感慨"惜无人译之者"①。在一定程度上讲,这是现代歌谣学运动形成的前奏。民间歌谣比较研究的方法,使得人们的视野不断开阔。

近代民间歌谣研究除了黄遵宪,还有刘师培、梁绍壬、杜文澜等人,他们从自己的知识、学理经验出发,做出不同形式与内容的论述。如刘师培所论"上古之时,先有语言,后有文字。有声音然后有点画;有谣谚然后有诗歌。谣谚二体皆为韵语。谣训徒歌;歌者,永言之谓也。谚训传言,言者,直言之谓也。盖古人作诗,循天籁之自然,有音无字,故起源亦甚古。观《列子》所载,有尧时谣,孟子之告齐王首引夏谚,而《韩非子·六反篇》或引古谚,或引先圣谚之作,先于诗歌。厥后诗歌继兴,始著文字于竹帛;然当此之时,歌谣而外复有史篇,大抵皆为韵语。言志者为诗,记事者为史篇。史篇起源,始于仓圣。周官之制,太史之职,掌谕书名。而宣王之世夏有史籀作《史篇》;书虽失传,然以李斯《仓颉篇》,史游《急就篇》例之,大抵韵语偶文,便于记诵,举民生日用之字,悉列其中。盖史篇即古代之字典也。又孔子之论学诗也,亦曰:'多识于鸟兽草木之名。'是诗歌亦不啻古人之文典也。盖古代之时,教曰声教,故记诵之学大行,中国词章之体,亦从此而生"②。刘师培还在《原戏》中论及民间戏曲、民间歌舞与民间故事对后世民间庙会的影响,涉及民间歌谣问题;许之叙为郑旭旦所编《天籁集》所作"序"中论述:"苗硕两言,孔圣取之。沧浪数语,孟氏述之。古谚童谣,纯乎天籁。而细绎其义,徐味其言,自有至理存焉,不能假也。郑君名旭旦者,吾乡名士。苦志十五年,郁郁无所遇。乃著是集共四十八章缺二,不知何意。观其《自序》暨《跋语》,确有明人代笔意。噫!此所以触造物之忌与!然其体验人情,详悉物理,虑正言庄论之不能动听,而独假村言俚语以宣之,暮鼓晨钟,足使庸愚醒悟,诚不得谓无功于天地也。集中所采歌谣,半皆童时时诵之词。吾愿世之抚婴孩者,家置一编,于襁褓中即可教之。则为之长者,口传耳熟,自警警人,良知良能,借以触发,庶几为师箴瞍赋之一助云尔。郑君(郑旭旦)家世无可考,或别有著述,予未及睹。将归而询之父老,再当为之作传也。"③

---

① 梁绍壬:《两般秋雨庵随笔》,《笔记小说大观》第二十二册,江苏广陵古籍刻印社1983年版。
② 刘师培:《论文杂记》,《国粹学报》光绪三十一年(1905年)第二号。
③ 郑旭旦:《天籁集》,浙江书局同治八年(1869年)版。

巢山老人在悟痴生编《广天籁集》评说中,也说"天籁者,声之最先者也"、"儿童歌笑,任天而动"与"人心风俗"的联系。他们都把民间歌谣称之为"天籁",视作社会风俗的表现。

众家评说民间歌谣,梁绍壬论述最为详细,曰:"粤俗好歌,凡歌以不露题中一字,语多双关,而中有挂折者为善。挂折者,挂一人名于中,字相连而意不相连者也。歌辞不必全雅,平仄不必全叶,以俚言土音衬之,唱一句或延半刻,曼节长声,自回自复,词必极艳,情必极至,使人喜悦悲酸而不能自已,乃为极善。长者名'摸鱼歌',三弦合之,盖太蔟调也。其短调踏歌者,不用弦索,往往引物连类,委曲譬喻,多如子夜竹枝,如曰:'中间日出四边雨,记得有情人在心。'曰:'一树石榴全着雨,谁怜粒粒泪珠红。'曰:'妹相思,不作风流到几时,只见风吹花落地,哪见风吹花上枝。'《蜘蛛曲》曰:'天旱蜘蛛结夜网,想晴只在暗中丝。'又曰:'妹相思,蜘蛛结网恨无丝,花不年年在树上,娘不年年作女儿。'《素馨曲》曰:'素馨棚下梳横髻,只为贪花不上头,十月大禾未入米,问娘花浪几时收。'梳横髻者,未笄也。其笄不笄,是犹不肯在花棚上也。十月熟者名大禾,岁晏而米不入,花浪不收,是过时无实也。此刺游女,亦以喻士之不及时修德,流荡而至老也。有曰:'官人骑马到林池,斩竿筋竹织筲箕,筲箕载绿豆,绿豆喂相思,相思有翼飞开去,只剩空笼挂树枝。'刺负恩也。有曰:'一更鸡啼鸡拍翼,二更鸡啼鸡拍胸,三更鸡啼郎去广,鸡冠沾得泪花红。'有云:'岁晚天寒郎未回,厨中烟冷雪成堆,竹篙烧火长长炭,炭到天明半作灰。'其曰:'柚子批皮瓤有心,小心则剧到如今,头发条条梳到尾,鸳鸯怎得不相寻。'有云:'大头竹笋作三桠,敢好后生无置家,敢好早禾无入米,敢好攀枝无晾花。'(敢好言如此好也)诸如此类,情深词艳,深得风人之遗。又粤西峒女,亦喜踏歌,其歌皆七言,或二三句,或十余句不等。如云:'黄蜂细小螫人痛,油麻细小炒仁香。'又云:'行路思娘留半路,睡也思娘留半床。'又云:'与娘同行江边路,却滴江水上娘身,滴水一身娘未怪,要凭江水作媒人。'布格命意,另是一种,以此推之,则苗人跳月之歌,当亦有可观,惜无人译之者。"[1]

还有杜文澜所编的《古谣谚》,是中国古代民间歌谣和民间谚语的集大成,收录先秦至明代民间歌谣谚语3000余则。其分类十分详细,诸如地域分类、时代分类与内容分类等,"统谚(普通谚语)"、"时谚(时代谚语)"、"风土谚语"、"占卜谚语"等,其中"风土谚语"与"占卜谚语"内容最丰富。其论述"谣谚二字之本义,各有专属主名","盖谣训徒歌,歌者咏言之谓","谚训传言,言者直言之谓"[2]等,仍然属于面上的解释,并没有什么思想理论的突破。另外还有《广天籁集》等民间歌谣的刊行,其中也保存了一

---

[1] 梁绍壬:《两般秋雨庵随笔》,《笔记小说大观》第二十二册,江苏广陵古籍刻印社1983年版。
[2] 杜文澜:《古谣谚》,原刻本曼陀罗华阁丛书,光绪十八年(1892年)上海扫叶山房修补印本,中华书局1958年版。

些学者的论述。这些论述见仁见智,对民间歌谣所进行的理论研究,不断丰富和完善中国近代民间文学思想理论。或曰,真正现代社会科学研究意义上的民间歌谣,也只能等到新文化高举起科学与民主的旗帜,学者们面向民间、走进民间、深入民间,得到新的思想文化利器之时,才会有现代民间歌谣学的出现。

三、陈季同:走向世界的中国人

在中国近代民间文学的历史发展及其理论研究中,文化交流是我们不能回避的问题。在我国近代社会文学发展中,有出使异域为外交官身份的一批作家,其文学创作(包括翻译活动)具有更为特殊的意义。他们更直接地感受到西方现代文明的实际,与自己的民族文化形成尤为强烈的对比;以陈季同、黄遵宪、郭嵩焘等人为典型代表,在他们的作品中,一方面表现出对现代文明的热烈拥抱,体现出浓郁的时代感与责任感,另一方面则表现出对以下层民众为主体的民族传统与民间文化的特别关注,体现出他们对社会变革的呼号与庄严的使命感。他们把民族命运与民众启蒙相结合,形成时代思潮,这是我国近代民间文学史上相当典型的一个现象。

陈季同(1852—1907年),字敬如,号三乘槎客,福建侯官(今福州)人。清同治六年(1867年),陈季同入福州船政学堂前学堂读书,学习法语与舰船制造,毕业后入清政府派驻欧洲的公使团,被任命为公使馆参赞、副将加总兵衔等职。在公使馆期间,陈季同勤奋刻苦,除精通法语,还熟练掌握了英语、德语、拉丁语等语言,与法国作家罗曼·罗兰等人成为好友。他以特殊的身份参与了中法战争等重大历史事件,积极向欧洲社会介绍中国文化,并运用法语创作宣传中国文化的长篇小说和戏剧,有力地影响了西方人对中国社会的偏见。1891年,陈季同受人罗织罪名被解职回国,他曾游历西南少数民族地区,更深刻地感受到民族民间文化的丰富,继而奔走于上海,宣传维新,兴办女学。其不平凡的人生阅历在其文学作品中得到直接表现。

以1891年为界,陈季同的民间文学思想理论与文学创作分为前后两个基本阶段。前一个阶段以翻译介绍中国文化包括民间文学等内容为主,后一个阶段则以诗歌创作为主,其中许多地方涉及民间文学等内容。前一个阶段中,陈季同表现出对民族文化的自豪与热爱,在其字里行间更多地洋溢着从容、得意;后一个阶段,更多的是在抒发对世事的愤懑,对众生的悲悯、敬重等复杂的人生情怀。其民间文学思想理论未必像梁启超、章太炎、刘师培他们那样旗帜鲜明地论说周详,而是需要从许多材料中钩沉、辨析①，自然也不同于陈天华、邹容他们利用民间文学形式宣传革命主张。

光绪元年（1875年），陈季同与刘步蟾、林泰曾等人"随同日意格前往游历英吉利、法兰西等处，俟机船铁胁新机采购既便"②，第一次走出国门，两年后与李凤苞、马建忠、严复等人第二次来到法国；自兹，陈季同拜访郭嵩焘，入法国政治学堂读书，同时，任留学肄业局文案、中国驻法使馆翻译，开始其外交生涯。1884年4月，陈季同升任驻法使馆参赞职，法国巴黎 Revue des deux modes（《两个世界》）杂志连载其 La chineet les chinois（《中国与中国人》），于是，他"每天都被邀请，从一个沙龙飞到另一个沙龙"（Foucault de mondion，Quand j'étais mandarin，Paris：Albert Savine，1980，P31），声誉鹊起，这些文章以 Les Chinois peints par eux－mêmes（《中国人自画像》）为名在法国出版，受到法国社会广泛关注。接着，他出版了 Les contes Chinois（《中国故事》）、Le theatre des Chinois（《中国戏剧》）、Les plaisirs en Chine（《中国娱乐》）、Les organization social de la Chine（《中国社会组织》）、Les insects utiles de la Chine（《中国益虫》）、Mon pays（《我国邦》）、Les Parisiens peints par un Chinois（《一个中国人对巴黎的描绘》）等作品，以及长篇小说 Le roman de L'homme jaune（《浪漫传奇》）和剧本 L'amour hero que（《英雄爱情》）。这些作品在总体上贯穿着一条文化主线，就是作者对民族文化的厚爱，对民间文学的钟情。

19世纪晚期的欧洲，欧洲中心主义有着十分强大的势力，诸如卢梭、孟德斯鸠这些18世纪的启蒙思想家就曾极力否定中国文明与中国社会，其思想在19世纪的殖民主义思潮中愈演愈烈，如陈季同所述，"他们普遍认为中华民族是一个堕落的、不道德的民族"，"认为中国人非常邪恶、残酷，在各方面都很下流"③，更不用说一些人类学家

---

① 此处参考文献主要有：1. TCheng Ki Tong（陈季同）：Les Chinois peints par eux－mêmes，Paris：Calmann Lévy，1884. 2. Tcheng Ki Tong（陈季同）：Le the atre des Chinois：étude de moeurs compares，Paris：Calmnn Levy，1886. 3. Tcheng Ki Tong（陈季同）：Les Contes Chinois，Paris：Calmnn Lévy，1889. 4. Tcheng Ki Tong（陈季同）：Les plaisirs en Chine，Paris：Charpentier，1890. 5. Tcheng Ki Tong（陈季同）：Les Parisiens par un Chinois，Paris：Charpentier，1891. 6. 陈季同：《学贾吟》，钱南秀整理，上海古籍出版社2005年版. 7. 薛绍徽著，陈寿彭编：《黛韵楼遗集》，福州陈氏家刊本，1914年版.《薛绍徽集》，方志出版社2004年版. 8.《福建通志》，福建通志局1922年版. 9.（日）樽本照雄：《陈季同、ロマン・ロテン・陆树藩》，《清末小说きまぐれ通信》，1986年8月号. 10. 林其泉：《闽台历史人物散论》，海峡学术出版社2004年版. 11. 李华川：《晚清一个外交官的文化历程》，北京大学出版社2004年版. 12. Jean－pierre Rioux、Jean－Francois Sirinelli：Histoire Culturelle de la France（法国文化史），钱林森、杨剑等译，华东师范大学出版社2006年版. 13. 黄兴涛、杨念群：《西方的中国形象》，中华书局2006年版. 14. 孟华、李华川：《陈季同法文著作译丛》，广西师范大学出版社2006年版.

② 左宗棠等：《船政奏议汇编》卷十二《光绪元年三月十三日沈葆祯等奏》，（中国台湾）文海出版社1986年版.

③ 陈季同：《中国人的自画像》，黄兴涛译，贵州人民出版社1998年版，第185页.

十分粗暴地把中国人当作未开化的野蛮民族。事实上,这里包含着西方殖民主义蔑视、敌视,进而丑化中国人,摧毁中国人民族自信心的文化策略。陈季同借用娴熟的法语,把自己对祖国的思念在作品中淋漓尽致地描绘成如诗如画的风景。

  少年时代,民间文学的记忆最为深刻,它会相伴我们一生,时时成为我们人生的文化原点。陈季同的童年是十分不幸的,父母双亡,但中国传统文化的哺育、家乡亲友给予的爱,成为他永远的财富。如他在《中国故事》的卷首"致绎如弟"所言:"我们童年就失去了双亲,既没有鹅妈妈给我们讲中国的民间故事,也没有好心的贝洛为我们描绘仙女的国度,这些本会为童年增色。然而,孩子都需要美好的幻想作为补偿,我们得到了聊斋故事。"①《聊斋志异》包含了丰富的民间故事,具有浓郁的民间文化气息。陈季同选择了其中的《聂小倩》《婴宁》《香玉》《侠女》《阿宝》等名篇,并分别取名为"神奇的盒子"、"巧笑女郎"、"鹦鹉"等富有诗意的字眼,与其说是翻译,不如说是画龙点睛般的再创作,既保留了原著的神奇幻想,又注意到了西方读者的口味。其中《浪漫传奇》更是如此。这是一篇取材于中国古代小说《霍小玉传》重新创作的长篇小说,也是陈季同唯一的长篇小说,他以黄衫客、李益、霍小玉三人之间的故事为线索,情节跌宕起伏。原著不足五千字,而这里洋洋洒洒数十万言,无论是结构还是人物描写,都是现代意义的小说,更不用说语言的清新,诸如大量的心理描写,精致的情感表现,都明显表现出对西方艺术的借鉴,在某种意义上可看作中国新文学的先声。在《中国戏剧》和《中国娱乐》中,我们看到的同样是缠绵的情思。戏剧与节日是民间文化的重要内容,陈季同借民间文化之魂在讴歌民族精神,展示东方古国的厚重与豁达、大度,赞颂东方民族的高贵品格与聪明智慧。像《铁拐李》这样家喻户晓的民间传说,春节和端午、中秋这样充满喜庆的传统节日,特别是各种宴席上的温馨场面,都成为作者美化的对象,处处是令人神往的如画仙境。如他在《中国娱乐》中对杭州西湖的赞美,称西湖是"大自然对中国人最大的水上馈赠",在美妙的图画中"更有艳妆的妇女和快乐的男子点缀其间","路边垂柳依依,枝条婀娜浸足湖水"②。他所有的作品都可看作一幅淳美的风俗画。这样看来,似乎是他在掩饰贫穷、黑暗、丑恶,把祖国的一切都描绘得那样完美无缺,其实,这是一种源于记忆的特殊的情感表白,一切都源于热爱,是对西方蔑视、鄙视、敌视中国的强烈反抗。同时,他的论述在事实上也形成了一种比较研究的方法,如他自己在《中国戏剧》中所倡言,是一种"比较风俗研究",其意在赞扬中国人的热情与互助,鞭挞西方人的冷漠与自私。他说,"西方戏剧风俗对一切手段,甚至最激烈的手段都持欢迎的态度,以至于迫使最具反叛精神的观众内心也

---

① Tcheng Ki Tong: Les contes Chinois(《中国故事》), Baris: Calmann Lévy, 1884。
② 陈季同:《中国人的快乐》,韩一宇译,广西师范大学出版社2006年版,第9页。

产生此类幻觉"①,而中国戏剧,主要是民间戏剧,"没有永久性的剧场,所以也没有预定的年票"②。其述说"在18世纪的法国,《赵氏孤儿》代表着中国的戏剧","它们传递出了中国语言和风俗的特征"③,"中国戏和欧洲戏本没有太大的分别,至少在戏剧习俗方面是这样"④。他在《中国人的戏剧》专门探讨"角色和风俗"问题,具体论及"大多数中国戏剧都辛辣地讽刺习俗,甚至只在这方面猎奇。它们会使欧洲人惊奇,因为这与他们的杰作体裁相同"⑤。他通过中国戏剧与法国戏剧"感情的激发"的不同,进而延伸向中国民间传说中的女英雄花木兰与法国圣女贞德,对二人的性格进行比较,他说"贞德和木兰有许多相似之处,但也有明显的区别。两人都是农村姑娘,生活简朴,承担艰苦的乡村劳动。两人都热爱她们的祖国,并成功地赶走了外国侵略者。人们因此可以说这对姐妹如同一家人般相似,但这仅仅是一般意义而言","实际上,木兰是一个中国农家妇女,没有狂热,没有神秘色彩","她的职责显得更为谦逊,更具人性中自然的一面。她甚至并不自以为被召唤来解放祖国。她也从来没有梦想扮演光辉的角色"。他的结论是:"贞德象征着法国中世纪狂热的神秘主义,木兰则体现了中国的家庭观念和家长制的社会结构。"⑥说到底,陈季同笔下的故国是理想的家园,是情思的热土,他用充满深情的笔触尽力呵护,绝不许人去玷污。这也是他后来倡言"天下一家"的文化渊源。亦如罗曼·罗兰在自己的日记中所记述他对陈季同演讲时的感受:"在微笑和客气的外表下,我感到他内心的轻蔑,他自知高我们一等,把法国公众视作小孩。"⑦这表现出陈季同维护民族自尊心的复杂心态。

陈季同笔下的民间文学与社会风俗生活,在事实上成为其独具特色的民间文学志。这里汇聚着他对祖国的思念,也融聚着他对民间文学的理解,体现出他别具一格的民间文学思想理论。

如其《中国人的快乐》⑧有"宗教节日和民众节日"、"乡野之乐"、"公共娱乐"等内容的专题介绍。在"宗教节日和民众节日"一章中,他分别记述了"龙舟竞渡"、"中秋节"、"灯节"、"七夕"、"花朝"、"元旦"和"过年"、"迎神"、"一个佛教的盛典"等具体内容。在其描述中,自然掺杂着社会风俗生活与民间传说故事,诸如在"中秋节"的描述

---

① 陈季同:《中国人的戏剧》,李华川等译,广西师范大学出版社2006年版,第15页。
② 陈季同:《中国人的戏剧》,李华川等译,广西师范大学出版社2006年版,第17页。
③ 陈季同:《中国人的戏剧》,李华川等译,广西师范大学出版社2006年版,第69页。
④ 陈季同:《中国人的戏剧》,李华川等译,广西师范大学出版社2006年版,第72页。
⑤ 陈季同:《中国人的戏剧》,李华川等译,广西师范大学出版社2006年版,第123页。
⑥ 陈季同:《吾国》,李华川译,广西师范大学出版社2006年版,第74页、78页。
⑦ Tcheng Ki Tong: Le cloître de la Rue d'Ulm, Journal de Romain Rolland à L'Ecole Normale, Paris: Albin Michel, 1952, P276—P277.
⑧ 陈季同:《中国人的快乐》,韩一宇译,广西师范大学出版社2006年版。

中,其十分详细地述说"这个节日在一年中的第八个月。它持续五天,从十日开始,到十五日满月时结束。人们相信,在这一天,月亮比一年中任何时候圆满","节日带来各种各样的娱乐,尤其是引发了赠送各种做成月饼形状礼物的活动;而同时到来的,还有'珍玩展览会'","人们购买许多小的塑像,各自代表着天使、神仙和众佛陀"等。他不厌其烦地记述道:

> 每到八月十五那天,夜半时分,所有人都坐在院子里,共进丰盛的晚餐,它也标志着节日的结束。这个宴席的特殊目的是等待月神的降临。依据神话,那个夜晚,她将降至尘世,满足凡俗人们的心愿。不用说,没有谁曾见到过我们卫星上的这位仁慈的居民;然而,从人们的精神中驱除几千年来父子相传的传统观念是十分困难的。
>
> 不过,人们说,有一个可怜的老太太,在一个夜里,曾得到这位中国狄安娜过访的恩惠。月神询问她想要满足的愿望,而且许诺将答应她所希望得到的一切。造访者华美的服装和惊人的美貌使可怜的老妇人神魂颠倒,她哑口无言,不知应该回答什么。最后在月亮女神的善意坚持下,老妇人鼓足勇气,找回力量,终于抬起手放在嘴边。
>
> 她用这个手势,本来是想说,她并没有别的愿望,她所希望的非常简单,就是每天都有足够可吃的东西。
>
> 现身的女神做了允诺的表示,便重新升上了天界。
>
> 可是,第二天早晨,人们发现,那善良的老妇人拥有了一部工兵式的大胡子:女神原来并没有懂得那手势的意思!①

这是一个特殊的传说。20世纪90年代末,有一位河南民间故事家曹衍玉,她的民间故事集《故事婆讲的故事》②,其中一篇《金板凳》也有这个情节,但是,故事的主题不一样。

值得注意的是,陈季同在这里所讲述的月亮传说是一个经典文献记述之外的传说故事,具有非常重要的故事学价值。与此同时,陈季同还记述了后羿射日与嫦娥奔月传说,以及唐明皇"在梦中旅行到了月界"与杨贵妃相会,"她的歌声如天界的仙乐"等传说故事。但是,他可能是无意间将后羿出现的时代错误写成了"汉王朝",或曰,错误的记述也是一种特色。如其记曰:

---

① 陈季同:《中国人的快乐》,韩一宇译,广西师范大学出版社2006年版,第13—14页。
② 曹衍玉讲述:《故事婆讲的故事》,海燕出版社2000年版。

与月亮有关的传奇数不胜数,根本不可能将它们一一复述。有一些人说,这女神住在月宫,仍然待字闺中。另一些则坚持,她是伤心的孀居者。而这些神话中一个最与众不同的故事却说,她是汉王朝一个叫后羿的著名射手的妻子。后羿已经用他的神箭射下了九个太阳,正要射第十个——那给我们留下唯一一个——的时候,太阳神对他说:"把它作为恩惠赐予我吧,我需要它照亮下界。作为回报,我会给您神水,它将给您神力使您住到太阳上去。"太阳神还指点给射手具体的日期和时刻,到那时他就可以服用这令人兴奋的魔药。

后羿不够谨慎,把秘密告诉了他的妻子,而她,不愿相信丈夫的故事,尝了那药:霎时间,她感觉自己飘飘而起,像鸟一样,飞到了月中。①

民间文学的文化土壤是社会风俗生活,二者常常密不可分。有许多时候,民间文学就是具体的社会风俗生活,而社会风俗生活的口头讲述与阐释,在事实上构成一定的民间传说故事。陈季同记述的民间节日起源及其所包含的民间传说故事,就是具体的民间文学。

如在"七夕"这一社会风俗生活的解释中,陈季同记述道:

这两个星星,叫作牛郎(牵牛星)和织女(织女星)。牛郎星位于银河(或天河,意思是天上的银河)的东岸,而另一个则是在西岸。根据古老的星相学,两颗星一年只有一次碰面,而这次相会一定是发生在七月第七天的夜晚。

根据传说,牛郎早已和织女结婚,但是,为了惩罚他们在下界犯下的过错——与亚当夏娃相似的过错——天庭的至高权威将他们永远的分开了。一年仅有一次,他允许他们越过河水短暂相聚,而一年里的其他时间,河水对他们的爱情则是无法逾越的阻隔。于是在这一天,众多喜鹊衔来麦秸搭起一座桥,跨越天河,以使两个失去自由的爱人能够顺利地通过。我还要补充说,就是从这天起,喜鹊开始脱毛。在这个传说的基础上,理所当然地又移花接木产生了许多其他的故事。因此人们说,七夕的前一天下雨是天使在清洗车子,如果节日当天下雨,那是两个有情人喜悦的眼泪,而要是在第二天下雨,那就是他们为第二次分别而倾洒的泪水。

与这个节日相关的习俗活动,随地域的不同而有一些变化。一些人在此时向织女祈求灵巧的手艺,另一些人则利用天上两颗星星团聚的温情时刻,祈求上天对自己的怜悯。

---

① 陈季同:《中国人的快乐》,韩一宇译,广西师范大学出版社2006年版,第16—17页。显然,后羿被记述成汉朝,时代是错误的。

通常,在这个日子,人们在阳台里的一支高桌上,摆上水果、鲜花、酒、红烛和燃香。人们默默祈祷。祈求者一般是年轻的女子,她们的丈夫出门在外。至于那些想要乞巧的女孩子则会把一只蜘蛛关在一个盒子里,等到第二天,以观察蛛丝的规则程度,来了解织女神愿意允诺给祈求者技巧的多少。①

这样既有描述,又有论述的现象有很多。诸如其"灯节"中所记述的"剪纸的形象,有数不清的故事"②;如"花朝"即"中和节"中所记述的"有一个传奇说,曾有一个皇帝的爱妃爱上了一位年轻的书生"③;如"元旦"中所记述的"压岁钱"和"供奉财神和福神的日子",在"美丽的故事"中"不乏各种迷信的因素"④,以及其所记述的"很多人在自家大门上施展一点魔法:或者在那儿画一只公鸡,或是两个门神——人们相信它们能够生吞一切敢于显现的恶魔";"汉朝的天象学著作说,在新年的清晨,风的走向可以向您预告新一年的气象形势和许多其他情况"⑤;"神话总是包含一些迷信的东西,但也很懂得在里面掺进一些智慧"⑥;"在每一个城市,都会组织一个真正的迎春盛典"⑦。其记述"过年"中"给灶神的送别仪式"及其所述"这差不多就像是我们的圣诞节"等,其称"所有这一切都在提供娱乐的机会"⑧;在"迎神"中,他论述"泰山山神、城隍、瘟神和生育与儿童的女保护神",以证明"在中国,只有道教信徒进行宗教性的影身队列意识"⑨;在"一个佛教的盛典"中,他以自己参加佛教文化活动仪式的亲身感受,述说"佛是一个快乐的神灵"⑩;"耶稣基督是殉道者的形象,在他面前不容许纵情于快乐,而佛要求的只有一件事,这就是每个人应该有他自己的快乐"⑪等等。这是他对民间文学思想理论的具体阐释。

在《中国人自画像》中,陈季同为了向西方世界介绍一个真实的中国,其最看重"习俗"一词。其"序言"中特别强调风俗的"千变万化"与"谬误往往由成见引起",称"风俗乃是过去所有回忆共同作用之结果,它缓慢形成于你想留意的成千上万年时光中。假如你想了解它,就必须了解这一源远流长的传统,否则你就像管风琴师一样冒

---

① 陈季同:《中国人的快乐》,韩一宇译,广西师范大学出版社2006年版,第22—23页。
② 陈季同:《中国人的快乐》,韩一宇译,广西师范大学出版社2006年版,第19页。
③ 陈季同:《中国人的快乐》,韩一宇译,广西师范大学出版社2006年版,第26页。
④ 陈季同:《中国人的快乐》,韩一宇译,广西师范大学出版社2006年版,第29页。
⑤ 陈季同:《中国人的快乐》,韩一宇译,广西师范大学出版社2006年版,第29页。
⑥ 陈季同:《中国人的快乐》,韩一宇译,广西师范大学出版社2006年版,第30页。
⑦ 陈季同:《中国人的快乐》,韩一宇译,广西师范大学出版社2006年版,第32页。
⑧ 陈季同:《中国人的快乐》,韩一宇译,广西师范大学出版社2006年版,第36页。
⑨ 陈季同:《中国人的快乐》,韩一宇译,广西师范大学出版社2006年版,第36页。
⑩ 陈季同:《中国人的快乐》,韩一宇译,广西师范大学出版社2006年版,第44页。
⑪ 陈季同:《中国人的快乐》,韩一宇译,广西师范大学出版社2006年版,第45页。

险,而你的讲述则不具任何权威性"①,其意在纠正西方人别有用心的误会,举例"一本书得以畅销"之"有赖于奇闻异事、凶杀丑闻,甚至最令人作呕的风俗习惯"②等,建议"举凡文明国家皆应设立一学院以专司检查游记之职,并负责检查一切与一国风俗、政府原则及法律相关的出版物","建立起一条抵制毁谤的封锁线"③。其特意声明"在本书中,本人以如实地介绍中国和描述中国人的习俗为宗旨",其"依据的乃是本人的知识见闻,然而却是以欧洲人的趣味为出发点"④,"向他打开我们的书籍,教给他我们的语言,向他展示我们的习俗"⑤,包括他"对西方习俗的批评"⑥。

　　他热烈赞美自己的祖国,把各种各样的风俗习惯与民间文学当作魅力无穷的风景画展示给西方人。如其在"家庭"一节中强调孝道与兄弟情义,称其"超越了金钱",而且,"忠于友情的例子不胜枚举",以此对比于"西方社会人心之冷漠"令其"震惊",感慨"在基督教国家里,万众敬仰的那些风俗特点原本是极稀松平常的"。其称颂朋友之间相互帮助"属于同一阶层的人之间的一种习俗","帮助落难的朋友是一种习俗,而非一种德性"⑦。进而,在"宗教与哲学"一节中,其感慨"这个世界已经变成种种信仰的大杂烩",其称"在宗教信仰方面,尽管我们观点不同,西方并无令人羡艳之处",即"我们有文人的宗教,它体现了我国最明智的群体的文化状态:那就是孔子的宗教,或者不如说是他的哲学",而且"孔子坚持要遵循古老的传统,这些传统中显示出的自然神论毫无教条约束,极其朴素"⑧。他指出,"在中国不存在宗教的统一","除了孔子的宗教,还有老子的宗教,但只盛行于下层社会,它接受灵魂转世说。还有佛教,它属于玄学,其中也包含着一些令人赞叹的观点"⑨。在"婚姻"一节中,他介绍了中国种种婚俗,得意于其中的欢天喜地,"意识非常简朴","既无宗教色彩,也不具世俗意味",包括早婚在各地"风俗到处都一样",称"求爱闻所未闻,何况我们的风俗也不允许这样的事情发生"⑩。他以此批评欧洲"在上流社会见过的婚礼,却是世界上最不快乐的事情",他指出习俗的变化"并非意味着进步","所有的地方习俗都维护着对乡土的眷恋,而服饰则维持着秩序"⑪。同时,他在"离婚"一节中介绍了"离婚为习俗所不容,尤其

---

① 陈季同:《中国人自画像》,段映虹译,广西师范大学出版社2006年版,第2页。
② 陈季同:《中国人自画像》,段映虹译,广西师范大学出版社2006年版,第3页。
③ 陈季同:《中国人自画像》,段映虹译,广西师范大学出版社2006年版,第4页。
④ 陈季同:《中国人自画像》,段映虹译,广西师范大学出版社2006年版,第4页。
⑤ 陈季同:《中国人自画像》,段映虹译,广西师范大学出版社2006年版,第4页。
⑥ 陈季同:《中国人自画像》,段映虹译,广西师范大学出版社2006年版,第5页。
⑦ 陈季同:《中国人自画像》,段映虹译,广西师范大学出版社2006年版,第13页。
⑧ 陈季同:《中国人自画像》,段映虹译,广西师范大学出版社2006年版,第18页。
⑨ 陈季同:《中国人自画像》,段映虹译,广西师范大学出版社2006年版,第20页。
⑩ 陈季同:《中国人自画像》,段映虹译,广西师范大学出版社2006年版,第23页。
⑪ 陈季同:《中国人自画像》,段映虹译,广西师范大学出版社2006年版,第27页。

是在贵族阶层,离婚更令人轻蔑"①,包括中国人处置"通奸"等社会风俗生活。他非常重视社会风俗生活中的妇女问题,诸如他在"妇女"一节所述"在人们的想象中,中国女人往往是不起眼的"等西方人的偏见。他说,"人们关于这些风俗所说的一切,就好比一部著名的词典为河虾所下的定义:一种倒着走的小红鱼。显然,要改变人们的成见殊非易事",而"我们的传统令女人感到幸福,因为在中国太阳象征着男性,而月亮则象征着女性","在中国,这条规律具有自然法的力量,风俗和义务皆以此为基础"②。其他章节中,他还有关于文化与社会风俗联系等内容,尤其是关于祖先崇拜与民间节日的论说,其声称"全体中国人皆为教化之民","我们有很多谚语谈到了教育的重要"③。他说,"中国人十分重视节日,而且兴高采烈地加以庆祝","我们也有重要的节日,比如普天同庆的新年。灯节、龙舟节、风筝节,与其说是消遣,不如说是民间节日,它们还是全家见面聚会的时机,热闹非凡"④,这些论述都不同程度涉及民间文学等问题。

最能体现陈季同民间文学思想理论的是其《中国人自画像》中"史前时代"与"谚语和格言"等章节。

在"史前时代"中,他首先述说"西方各民族无久远之历史",并与中国古老的文明作对比,这是基于"眼下关于中国和中国人的偏见大行其道"。他提出种种问题,诸如"艺术和风俗是如何产生的"、"社会生活诸要素是如何形成的"、"社会是何时构成的"等,其"都未能加以澄清"⑤。他以此具体论说"中国历史包括两个大的时期",即历史以来的"正式纪年"和"史前时期",尤其是"史前时期","盖此乃我国文明之发端时期,社会生活亦肇始于此",其称"史书没有讲述人是如何来到世上的,但承认确曾有过第一人","在民间想象中,此第一人乃力大无穷,双手各执太阳和月亮"⑥。他说,"值得注意的是,民间传统将太阳和月亮分别置之于此人双手",并以此与《圣经》中的神话相比较,称其"与苹果在人间天堂的遭遇也不无联系"⑦。他分别介绍了"天皇"("规定时序,十天干和十二地支构成一个周期")、"地皇"("将一个月划分为三十天")和"人皇"("在其统治下出现了社会生活最早的雏形"),其中天皇和地皇都"活了一万八千年",人皇"统治持续了四万五千五百年","在此三位皇帝长达八万一千年的统治期间,

---

① 陈季同:《中国人自画像》,段映虹译,广西师范大学出版社2006年版,第33页。
② 陈季同:《中国人自画像》,段映虹译,广西师范大学出版社2006年版,第38页。
③ 陈季同:《中国人自画像》,段映虹译,广西师范大学出版社2006年版,第99页。
④ 陈季同:《中国人自画像》,段映虹译,广西师范大学出版社2006年版,第126页。
⑤ 陈季同:《中国人自画像》,段映虹译,广西师范大学出版社2006年版,第79页。
⑥ 陈季同:《中国人自画像》,段映虹译,广西师范大学出版社2006年版,第80页。
⑦ 陈季同:《中国人自画像》,段映虹译,广西师范大学出版社2006年版,第81页。

人类既无住房,亦无衣着可言","既不惧怕动物,亦无羞耻之心"①。接着,他把"有巢氏"列为口传的历史上"第四位皇帝",称"为生活而进行的斗争真正开始了"②。他把"燧人氏"称为口传的历史上"第五位皇帝",描述为"他通过观察自然现象发现了火,并且指点人类取火的方法。他还教给人类家庭生活。人们认为是他发明了交易以及结绳记事。原始生活彻底消失了"③。

然后,他描述"伏羲教人类捕鱼、狩猎和饲养家畜","他发明了八卦,其中包含一切文明进程的基本原则,哲学也由此产生","在这位皇帝统治下,私有财产出现了"④。对此,他非常详细地记述道:

> 我国史书认为,这位伟大的帝王是受天意的委派来为人类谋福利的,他所制定的大部分规章制度在我国一直沿用至今。他划分四季并制定了历法。在其体系中,每一年的第一天也是春季的第一天,这一天大致相当于西方通行的历法中冬季的中间。婚姻制度及其全部仪式也始于此时,那时,订婚的礼物就是兽皮。他通过方位基点教会人类识别方向。他还利用弦的震颤发明了音乐。
>
> 伏羲的继任者是炎帝,又称神农氏。他研究植物的特性,并传授治愈疾病的方法。他组织开挖渠道的大型工程;他让人凿深河道,阻挡大海的侵袭。龙的标志始于这一时期,时至今日,它还出现在中国皇帝的纹章上。史书上提到的龙的出现是一个神秘的事件,就像往往出现在大多数古代传说中的奇迹一样。
>
> 神农氏的继任者是黄帝,他继续诸位前任开拓的事业。他建立了天象台,发明了风车、服装、家具、弓箭、车辆、船舰和钱币;他还写了一部医书,书上第一次出现了"号脉"的说法;他还调整了物品的价值,据说"珍珠比黄金更为贵重"。这位皇帝的妻子开始养蚕。
>
> 这一时期还制定了帝国的行政区划。
>
> ……黄帝还发掘了最早的铜矿。⑤

之后的历史时期被描述为"有了确切的记载",开始了"正式纪年"的阶段。他把大禹治水的神话传说故事描述为"最后一位被尊为圣人的皇帝",并称之为"这是有可能与大洪水有关的唯一事件"⑥。这个阶段包含着神话传说,而陈季同却只直接将其称

---

① 陈季同:《中国人自画像》,段映虹译,广西师范大学出版社2006年版,第81页。
② 陈季同:《中国人自画像》,段映虹译,广西师范大学出版社2006年版,第82页。
③ 陈季同:《中国人自画像》,段映虹译,广西师范大学出版社2006年版,第82页。
④ 陈季同:《中国人自画像》,段映虹译,广西师范大学出版社2006年版,第82页。
⑤ 陈季同:《中国人自画像》,段映虹译,广西师范大学出版社2006年版,第82—85页。
⑥ 陈季同:《中国人自画像》,段映虹译,广西师范大学出版社2006年版,第85页。

之为"神秘历史",并述说其"不如神话传说那般引人入胜"。他对史前时期做总结道:"中国人非常重视古代的一切,在我们久经考验的民间传统中,传授文明史被当作一件符合天意的头等大事。我们喜欢将自己的习俗制度与一个高于人类的起源联系起来,正如摩西向他的百姓讲述的是他在上帝的口述下记录的戒律。基督教世界不会认为我们的唯灵论过于奇特,因为它是我们信仰的基础。"①

在中国近代民间文学史上,民间谚语的研究,尤其是中外民间谚语的比较研究,陈季同有重要的开拓。或曰,其民间谚语研究标志着中国近代民间文学思想理论的水平。其中一些理论见解在今天仍然是非常有价值的。

在"谚语和格言"一节中,陈季同系统论述了民间谚语的内涵、特征及其价值意义。如其所论"谚语体现了各民族的智慧","谚语是不会改动的,永远不变,既古老又年轻:它们全都是不朽的"②。

他特意进行民间谚语比较研究,论述道:

> 我曾满怀好奇了解西方谚语,还想看看其中是否有一些与我们的谚语相似。我知道,从这样的研究中会获益良多,因为谚语是用一种简洁而准确的语言写成的,而且我还可以用这一方法深入了解事物,认识当地习俗。经过多方观察,我欣喜地发现这些与我们相距遥远的国家,在描写人这个奇怪的生灵之种种奇怪的行状时,竟然如此一致。尽管人与人之间千差万别,但却表现出一些共同的弱点。
>
> 谚语的特点就是合乎常理。这种常理并非故意为之,而是事实原本如此。据我看,法国谚语不像风雅之士,倒像胖乎乎的资产者。他们用词简练得体,不事修饰,往往语调敦厚和气,就像老祖母的想法。他们心情愉快,不多愁善感。
>
> 相反,在中国,我们往往给谚语穿上华丽的衣裳,它们更接近于令人不安的哲理,在这方面,我们确乎是东方人,我们喜欢运用比喻,并在大自然这本好书里寻找幸福。
>
> 欧洲人不甚在意大自然,从他们的谚语里就能得到证实。③

他还举例比利时"团结就是力量"等西方谚语,与中国谚语进行具体比较,包括那些"具有神秘色彩的谚语"。他在中国谚语与西方谚语的对比中,常常用不同的谚语做例证,具体论述"荣誉原则"与"口耳相传"、"没有作者"、"是记忆中最珍贵的内容"、

---

① 陈季同:《中国人自画像》,段映虹译,广西师范大学出版社2006年版,第87页。
② 陈季同:《中国人自画像》,段映虹译,广西师范大学出版社2006年版,第88页。
③ 陈季同:《中国人自画像》,段映虹译,广西师范大学出版社2006年版,第88—89页。

"经常以自然现象做比喻"等特征性内容,用民间谚语的事实证明"中国人对于人性的洞察"①。这里,他所列举的大量"格言",其实也是民间谚语。

1891年8月,陈季同因为"私债风波"结束了其外交官生涯。这是他命运转折的重要阶段。在他人生的危急关头,李鸿章给予了他帮助,使其化险为夷。但这其中异常复杂的一系列事端,确实让陈季同受到极大伤害。也正如此,陈季同情感上的变化,直接影响到其诗歌创作风格上的改变。

这一时期,陈季同的重要作品与民间文学形成特殊联系,主要体现在三个方面:第一,以《吊台湾》为代表表达对祖国命运的痛思,对时局的热切关注;第二,对人生的思索;第三,游历贵州、四川等地,对少数民族文化,特别是少数民族神话传说等内容的记述与感怀。

甲午战争的失败,对近代中国社会众多的知识分子都形成惨重的伤害。日本早就图谋对中国台湾的侵占,甲午战争后的《马关条约》割让台湾及澎湖列岛,致使台湾沦落敌手。此前,陈季同曾经在天津参与捉拿日本间谍石川伍一的行动,当中日战争爆发时,陈季同曾"进高丽地图,请守平壤险要之地"②。台湾沦亡前夕,台湾巡抚唐景崧曾经向张之洞请求调陈季同赴台湾,希望借助其与法国人的旧情保护台湾,而张之洞则斥"陈季同乃大荒谬人"③。稍后,陈季同虽然奔赴台湾,介绍法国水师提督与唐景崧商议保台,终未果。陈季同极力劝阻李经方赴台与日本人办理所谓"交割",促成"中国台湾民主国"的成立以抗拒日本。但这一切都是徒劳。大敌临头,中国台湾民众"誓宁抗旨,死不事仇"④。陈季同与台湾官绅议"拟以民政独立,遥奉正朔拒敌人",同时希望得到法国人的帮助,而他得到的结果却是唐景崧临阵脱逃,法国人隔岸观火,袖手旁观。他怒发冲冠,挥笔写下《台北待法国兵船不至》:

> 破碎山河劫后棋,
> 赤嵌赤子不胜悲。
> 情殷恋阙阍徒叫,
> 力莫回天夏变夷。
> 未必延津能剑合,
> 孰怜沧海有珠遗。

---

① 陈季同:《中国人自画像》,段映虹译,广西师范大学出版社2006年版,第92页。
② 沈瑜庆、陈衍:《福建通志》卷三九,福建通志局1938年版。转引自桑兵:《陈季同述论》,《近代史研究》1999年第4期。
③ 苑书义、孙华锋、李秉新:《张之洞全集》(八),河北人民出版社1998年版,第6120页。
④ 陈季同:《光绪二十一年四月二十九日辰刻陈季同呈李鸿章急电》,见《李文忠公全集》,光绪甲乙未(1905年)金陵书局刻印。

观音峰上频频望,
何日能来三色旗!①

"三色旗"即法国兵船。陈季同等人满腔热血,希望得到法国人帮助,结果却是失望。内外交困中,台湾终究被割让,这引起陈季同极大悲愤,他写下《吊台湾》四律:

忆从海上访仙踪,
今隔蓬山几万重。
蜃市楼台随水逝,
桃源天地看云封。
怜他鳌戴偏无力,
待到狼吞又取容。
两字亢卑浑不解,
边氛后此正淘淘。

金钱卅兆买辽(即辽东半岛)回,
一岛居然付劫灰。
强谓弹丸等瓯脱,
忍将锁钥委尘埃。
伤心地竟和戎割,
太息门因揖盗开。
似念兵劳许休息,
将台作偃伯灵台。

鲸鲵吞噬到鲲身,
渔父蹒跚许问津。
莫保河山空守旧,
顿忘唇齿藉维新。
蓬蒿满目囚同泣,
桑梓惊心鬼与邻。
寄语赤嵌诸父老,

---

① 陈季同:《学贾吟·台北待法国兵船不至》,钱南秀整理,上海古籍出版社 2005 年版。

朝秦暮楚亦前因。

台阳非复旧衣冠，
从此威仪失汉官。
壶峤而今成弱水，
海天何计挽狂澜。
谁云名下无虚士，
不信军中有一韩。
绝好湖山今已矣，
故乡遥望泪阑干。①

陈季同是一个才华横溢的外交家，深知如何在外事纷争中去斡旋，要不卑不亢，有理有节。但清廷的投降主义外交政策和外交场合的屈膝求和，令他失望、愤懑到了极点。前两首指斥国家政权的腐败、懦弱，后两首指斥狼子野心的日本强盗，与中国台湾父老同哭。他日思夜想，要收复山河，其中的"仙踪"等内容，是典型的民间传说。多年后，他在《步镇远府全太守韵寄青溪饶大令星飓》②中吟诵道"大公几辈能无我，中国而今尚有人"，念"面犹未洗泪痕新"，感叹"姑借楚才为我用，敢将刀柄授他人"。在这里我们看到的是辛弃疾的遗风，更是丘逢甲的和声，应该说，这是中国近代文学史上的强音。

世事沧桑，陈季同感受到许多困苦与无奈，但他从未坠青云之志。他感时伤世，时常在诗中激励自我。其中最典型的就是《铁》：

骨格铮铮产自天，
含藏蕴蓄几经年。
屈伸不畏炉锤巨，
磨炼能同金石坚。
披甲勇当千炮雨，
作舟功在一轮烟。
只因欲化逢时器，
费尽经营细烁煎。③

---

① 陈季同:《学贾吟·吊台湾》，钱南秀整理，上海古籍出版社2005年版。
② 陈季同:《学贾吟》，钱南秀整理，上海古籍出版社2005年版。
③ 陈季同:《学贾吟·铁》，钱南秀整理，上海古籍出版社2005年版。

每一个人的诗歌都会留下自己的身影。如此"骨格铮铮产自天"与"屈伸不畏炉锤巨",又如何不是陈季同个人生活的写照!

陈季同少年时代父母双亡,体弱多病,赖人帮助得进学堂读书。他走出国门,在外交上得心应手,未免恃才傲物,遭人算计,后难免酿成"私债风波"那样的苦酒。回国之后,他身陷囹圄,痛苦之至,但心念未灰;他投身修建水利,勘察矿产,运筹商务,创办报刊,兴办女学,宣传维新,不辞辛苦。这首《铁》,就是他在青溪矿局考察时所写,是他人生的宣言,也是他人生的写照。同类题材者还有《煤》,讴歌"世界光明凭吐气,心肠铁石亦成灰"的慷慨与坚韧;又如《朱砂矿》中慨叹"乞得神仙治世方",述"铁鞋已破征衫敝,一片热诚佐自强"。借助寓意喻人,是我国古代诗歌创作中常用的技法,陈季同的咏物诗因其特殊的经历而更多了厚重的意蕴。我们读其诗便知其人,在他众多的借景抒情、借物言志、借题发挥的咏物诗、咏怀诗等作品中,可以更深刻地更全面地体会到他的胸怀与志向。

游历是我国古代读书人的重要文化生活。他们阅历天下山川,尽识花虫鸟兽草木,在风物变化中管窥时代变迁,寄寓人生感怀。光绪二十四年(1898年),陈季同参与创办的《求是报》停刊,翻译小说《卓舒及马格利》连载未完,其积极奔走于京沪之间,与郑孝胥等人共同呼号维新变法。其间,应朋友之约勘察矿产,游历贵州、四川、湖北等地,走进少数民族地区,直接感受少数民族民间文化,那些奇风异俗、神话传说、歌谣,都令其惊诧。当年,在异国他乡时,陈季同非常重视对民俗的描写与思索,曾经倡言"比较风俗研究"。他说:"告诉我你们的消费情况,我就可以断定你们是什么样的人。"①法国是人类学的故乡,米歇尔等人创立的民俗学与人类学理论深刻影响了社会学在法国的繁荣,出现了韦伯、涂尔干等杰出的社会学家,他们对民间文化表现出共同的热情。我们不知道陈季同是否与此有直接关联,但可以断定他受到这些思想理论的影响。回国后,走进远离大都市的穷乡僻壤,陈季同感受到另一种风俗景象,他运用诗笔细腻地描绘出这些珍贵的民俗画面,为近代中国的诗坛留下了簇新的风景。诸如《跳月》《盘瓠》以及《蜡虫》《雄黄》《黑神庙》《大鬼园》《竹王庙》《七夕》等,从不同角度描绘、记述了民间文化的特殊景象,我们甚至可以将此看作近代中国一个外交官出身的诗人所写的包含民间文学的民俗志。

在《盘瓠》中,陈季同开篇写道:"苗亦祀盘瓠,自谓盘瓠后。木瓜金筑间,庙宇恒精构,一犬俨居中,胙蠁香烟厚。"然后对照着《山海经》中关于黄帝曾孙卞明的神话故事,阐释盘瓠如何配高辛帝女,乃有"男女生六人,山中自配偶"和"数典祖不忘,祭祀供俎

---

① 陈季同:《中国人的快乐》,韩一宇译,广西师范大学出版社2006年版,第2页。

豆"的发生意义。与传统的文人对于边地蛮荒世界猎奇性的记述不同,陈季同将这一神话传说与伍子胥故事、西门豹故事相对比的同时,又将之置于源于西方的达尔文(诗中作"旦文")进化理论中进行比较。他提出自己的见解,声称"窃意盘古误盘瓠,年月久湮成诬陋",联想到"吾闽亦有苗妇人,竟制犬髻头上覆",慨叹"风化攸关非等闲,他事可苟此难苟"①。几十年后,同样有西方文化背景的闻一多、吴泽霖、楚图南、马长寿、陈国钧、岑家梧、芮逸夫等人来到大西南,又一次走进少数民族地区,对盘瓠神话进行更深入的探讨,②而陈季同则应是他们的先驱。亦应古语,礼失求诸野。

《跳月》同样是记述少数民族地区民俗生活的诗篇。他开篇写道:

> 正月元宵夜三五,
> 苗蛮(夌)群作跳月舞。
> 男吹芦笙女振铃,
> 引凤求凰如法古。
> 预遴平壤作月场,
> 男皆软服女饰妆。
> 回翔婉转舞终夕,
> 调笑谑浪双轻狂。
> 并肩角逐直到晓,
> 村鸡既鸣犹携手。
> 归家野合旋分飞,
> 生子方能击萝蒉。
> 聘资盈索视媸妍,
> 宰牛醵酿拜皇天。
> 掘地为炉冬代被,
> 爨炊牲畜同房眠。③

跳月是苗族的重要祭祀活动,也是其重要的娱乐活动。这里,陈季同记述了苗族跳月舞蹈、野合、祭祀、居住等风俗生活内容。继而,他更细致地记述了"褶裙廿幅长围

---

① 陈季同:《学贾吟·盘瓠》,钱南秀整理,上海古籍出版社 2005 年版。
② 见闻一多:《伏羲考》,上海开明书店 1948 年版;陈国钧:《生苗的人祖神话》,《社会研究》1941 年第 20 期;马长寿:《苗族之起源神话》,《民族学研究集刊》1940 年第 2 期;楚图南:《中国西南民族神话的研究》,《西南边疆》1938 年第 1—2 期;吴泽霖:《苗族中祖先来历的传说》,《革命日报》1938 年 5 月 19 日。
③ 陈季同:《学贾吟·跳月》,钱南秀整理,上海古籍出版社 2005 年版。

腰"、"私奔不禁嫁乃绝"、"龙家之苗名狗耳,妇髻如螺圆上指"、"妆饰虽殊跳月同,芦笙十二竹雌雄"等"桑间濮上古遗风"。最后,他将这些内容与西方人的舞蹈相联系,述"畴昔余乘海上槎"所见"洋女妖娆多有致,露胸坦臂裙拖地",感叹"中西相距三万里,言语不通服饰异。独于男女之大伦,跳舞合欢能一理"①。或曰,这是以诗歌形式表现少数民族民间文学的民族志。

以此对比陈季同当年的"比较风俗研究",我们可以看到两种意义上的风俗画。一种是他身在异乡,思念故国,把家乡的风俗用浓郁的情感滤化为美丽的想象,他赞美"我们美丽的中国"解决争端时用"燃放大量鞭炮"、"请吃饭"、"邀人在附近的庙里看戏"等方式所形成的"前嫌尽释"。② 他骄傲地说:"欧洲人民无权把我们看作是野蛮人,他们经常这样做。而我们恰恰是以风俗的淳美和我们的道德闻名于世的,这才是真正人道的。"③他赞美祖国家乡风俗淳美,曾述及"不仅富人援助不幸的朋友,连穷人们也会来帮助比他们更穷的朋友","这在同一个阶层中已经成了一种习惯,而且大家还会凑份子来促成一个朋友的婚事,以及帮助朋友的遗孀,抚养他的遗孤",将之总结为"人类不是孤立的"。然而,在西方就不同了,他说,"在西方世界的风俗中有一点让我感到惊讶,这就是人心的冷漠","不幸者不会得到别人的任何同情;相反,人们看到不幸时甚至会幸灾乐祸",最终归结为"这类事不值得赞赏"。他笔下的两种风俗是不同的立场。我国传统文化所宣扬的"善",即仁义道德。这是中国文化的立场,总结其原因时,他说,"唯一的原因就是大家太务实了"④。《跳月》这些描绘少数民族风俗的诗篇是又一种风俗画,堪称中国近代民间文学史上少有的民间文学史志。应该说,少数民族民间文学的社会风俗生活表现,同样是一种想象,是与都市、官场、市井中的尔虞我诈,那种近乎尖刻的令人憎恶的生活氛围的对比,是他自我慰藉,安顿自己极其疲惫的心灵的图画,是包含着对现实批判的诗篇。他的许多诗篇自署为"学贾吟",即自比于当年才高八斗、一腔壮志却怀才不遇的汉长沙王傅——贾谊。在其《袁翔甫大令以诗稿见赠率成一律以谢之》中,他还高歌"贾生不作长沙哭,镇日行吟手一篇"⑤。

当然,一切都是时代使之然,陈季同的命运与黄遵宪等人一样,与梁启超、鲁迅等人也是一样,都是"寄意寒星荃不察",是单相思,他们只能以诗言志,以赤子之情述说"我以我血荐轩辕"。陈季同现象启发我们如何更深刻地思索中华民族的文化前途与任务。

---

① 陈季同:《学贾吟·跳月》,钱南秀整理,上海古籍出版社2005年版。
② 陈季同:《巴黎印象记》,段映虹译,广西师范大学出版社2006年版,第101页。
③ 陈季同:《巴黎印象记》,段映虹译,广西师范大学出版社2006年版,第99—100页。
④ 陈季同:《中国人自画像》,段映虹译,广西师范大学出版社2006年版,第5页。
⑤ 陈季同:《学贾吟·袁翔甫大令以诗稿见赠率成一律以谢之》,钱南秀整理,上海古籍出版社2005年版。

陈季同对中国近代民间文学思想理论的重要贡献主要是首次运用了历史文化比较研究的方法。其关于神话概念的运用，及其对中国神话时代的划分与描述，先于夏曾佑等人对中国古代历史"传疑时代"的理解；其关于民间歌谣与民间谚语的研究，早于五四歌谣学运动刘半农与胡适等人的比较研究法；其运用社会风俗生活与民间文学等传统文化进行互证的研究，其走进大西南少数民族地区对"跳月"习俗、"盘瓠"神话的观察与记述，其所做田野作业意义的历史文化考察，在事实上是社会人类学的研究方法，可以看作现代民俗学运动的前奏。

总之，陈季同的民间文学研究是中国近代民间文学史上的一座丰碑，而由于多种原因，其蒙受了过多的历史阴霾，很少有人关注其非凡的历史贡献。尤其是他对中国民族形象与中国民间文学的宣传、辩证和各种正名，没有妄自尊大，也没有妄自菲薄，这不仅对民间文学的思想理论具有重要贡献，而且对维护民族文化神圣尊严具有特殊价值意义。

除了陈季同，还有薛福成、单士厘等具有外交家身份的人，他们在出使外国时，记述了许多与民间文学相关的内容，从不同方面表现出他们的民间文学思想。与陈季同同时代的汉学家关于中国民间文学的搜集整理、理论研究与翻译等，也是中国近代民间文学的一部分。诸如 C. M. 格奥尔吉耶夫斯基（С. М. Георгиевский，1851－1893年）是俄国圣彼得堡大学教授，他的《中国人的神话观与神话》（1892 年）通常被认为是第一部研究中国神话的著作。20 世纪 90 年代，一批西方汉学家曾经来到中国的西北地区、西南地区、中原地区和东南地区，诸如他们对敦煌的发现以及他们对敦煌文献中民间文学内容的研究，日本与俄罗斯学者对河南开封朱仙镇木版年画的搜集整理与研究，也涉及中国民间文学的内容。甘肃敦煌是中国古代丝绸之路的重要驿站，唐《李克让重修莫高窟佛龛碑》等文献记述前秦建元二年（366 年）僧人乐僔开始在此修建佛教洞窟的历史。1907 年，英国考古学家马尔克·奥莱尔·斯坦因来到这里，从一个道士那里获取许多珍贵的敦煌文献与文物。1908 年，法国考古学家伯希和得知莫高窟发现古代写本，也来到敦煌，获取了一万多件敦煌文献，自此拉开敦煌研究的帷幕。有学者记述敦煌道士王圆箓藏匿起来的写本，除了卖给斯坦因一部分，在 1911 年和 1912 年曾卖给了日本人吉川小一郎和橘瑞超等人。1914 年，俄罗斯佛学家奥尔登堡在藏经洞又获得了一万多件文物碎片。敦煌文物遭到巨大的洗劫，当时的中国政府对敦煌的发现表现出十分尴尬的态度，1900 年发现的五万多件藏经洞文献，最终只剩下了 8757 件。中国学者罗振玉、王国维、刘半农等人也曾经进行了相关的研究，涉及其中的民间文学。从 1907 年开始，德国学者阿尔伯特·格伦威德尔考察"中国突厥斯坦的古代佛教遗迹"①,他们的探险队大肆盗取中国文物,其著述中同样涉及民间文学的研究。俄罗斯学者李福清曾详细介绍俄罗斯人搜集、整理与研究中国木版年画的活动,如其所述1823年《西伯利亚通讯》关于《圣彼得堡中国画简介》的报道,1830年列昂季耶夫斯基对中国社会风俗生活的考察,1883年波塔宁对北京、天津和西藏、甘肃、四川等地的考察,特别是阿里克(即著名的阿列克谢耶夫 В. М. Алексеев)、沙畹等汉学家对杨柳青、朱仙镇等木版年画产地的考察,以及他们对木版年画中民间传说故事的"解释"②,也应该视作是中国近代民间文学思想理论的一部分。19世纪的意大利,出版了汉学家晁德莅编辑的《中国文学选集》,英国汉学家理雅各(James Legge)出版七卷本的《中国经典》。法国汉学代表人物儒莲曾经介绍中国民间文学,并提出自己的理论见解:"若要彻底了解我们今后将与之共同生活和互相往来的民族风俗习惯和性格特征,研究这些作品是十分有益的。"③这种论点深刻影响到整个欧洲的汉学家对中国民间文学的关注。其他如日本学者白河次郎等人所著"支那"文明史④与高山林次郎的《世界文明史》⑤,包括当时北京汇文书院的美国学者何德兰《中国的儿歌》"序"对中国民间歌谣的研究⑥等著述,也都涉及中国古代神话传说等民间文学方面的内容。

中国近代民间文学处在历史转折时期,随着时代风云变化,其文化精神与理论品格都发生了重要变化。社会文化生活从来都与社会时局变化保持密切联系,成为社会现实的晴雨表。或曰,此时期民间文学主要反帝而未必反封建。一方面,帝国主义列强侵略中国,使中国人蒙受巨大的屈辱,一方面中国知识阶层奋起呐喊,中国社会在传统格局中继续行进。民间文学用口头形式及时记述着这些变化;面对这些现象,思想家们所形成的各种见解与主张,作为中国近代民间文学思想理论的一部分,成为

---

① (德)格伦威德尔:《新疆古佛寺——1905—1907年考察成果》,赵崇民、巫新华译,中国人民大学出版社2007年版。
② (俄)李福清:《中国木版年画在俄罗斯》,阎国栋译,见冯骥才:《中国木板年画集成·俄罗斯藏品》,中华书局2009年版。
③ (法)斯坦尼思拉斯·儒莲:《平山冷燕·序》,迪迪埃出版社1860年版。后世意大利汉学家图莉安(Antonella Tulli)所著《清朝汉满民间文学研究》和弗拉卡索·里卡尔多(Fracasso,Riccardo)所著《古代中国的圣母:对西王母问题的新的看法》、《从禹王时代的三足鼎上到清代人描述〈山海经〉的情况》等,或应该受其影响。
④ (日)白河次郎,国府种德:《"支那"文明史》,竞化书局光绪二十九年(1903年)版。
⑤ (日)高山林次郎:《世界文明史》,作新社光绪二十九年(1903年)版。
⑥ (美)何德兰:《中国的儿歌·序》,常悲译,孺子歌图(Chinese Mother Goose Rhymes),纽约藜威勒公司1900年版。何德兰还有《中国的男孩与女孩》(The Chinses boy and girl),纽约藜威勒公司1901年版。后来,《歌谣周刊》发表了何德兰《中国的儿歌·序》,见何德兰(Taylor Headland)《〈中国的儿歌〉序》,《歌谣周刊》第21号,1923年6月3日。

中国民间文学史上极其独特的一页。

四、黄遵宪与《日本国志》

日本对中国觊觎已久,自明治维新之后,一直图谋侵占中国。而中国社会对日本缺乏必要的了解,始终处在自我沉醉的消极状态。鸦片战争标志着中国社会政治的重要转折,中国在对外国列强的反抗中屡战屡败,严重挫伤中国人民的自信心,中国文化被迫与世界联系在一起。现实与历史上中国史书对外域的记述有许多不同,中国对世界的了解,在这样的背景下,变换成新的姿态。《海国图志》的出现是一个例子,《世界时局图》的出现又是一个例子。"师夷之长以制夷"成为中国知识界的共识。一方面,中国派出青少年学生向西方列强学习,一方面引入西方文化和西方科学技术知识,接纳世界。中国了解世界,从其历史文化和社会风俗生活开始,这是中国史学的重要传统,近代中国继承和发扬了这种方式。

日本进入中国人的视野,早在秦汉时期就有秦始皇派徐福东海求仙的传说,《后汉书》等历史文献把日本作为朝鲜以外的地域记述。日本在历史上多次与中国接触,向中国学习。时过境迁,近代中国伴随着民族的屈辱张望世界。日本的迅速崛起,给中国人以深深的刺激,以黄遵宪为代表的外交官,对此感受非常深切,由此,出现记述日本社会政治、历史文化和社会风俗生活的《日本国志》等著作,其中也表现出他们的历史文化思想观念,包括民间文学思想理论。

黄遵宪(1848—1905年),字公度,别号人境庐主人,广东嘉应人。光绪三年(1877年),他随人到日本,考察日本社会政治、历史文化和社会风俗,曾撰写《日本杂事诗》。光绪五年(1879年),日本吞并琉球,引起黄遵宪警觉;光绪十三年(1887年),黄遵宪完成《日本国志》。之后,黄遵宪又出使英国等国,参加维新变法,加入强学会,创办《时务报》,兴办新学堂,撰写出《人境庐诗草》。

《日本国志》全书四十卷,分为国统志、邻交志、天文志、地理志、职官志、食货志、兵志、邢法志、学术志、礼俗志、物产志、工艺志十二部分。

黄遵宪满怀报国热情,感于中国与世界的隔绝和闭塞,表现出对世界了解的渴望。他在《日本国志》的"序"中说:"东方诸国足以自立、足以有为者,惟中国与日本而已。日本创国周秦之间,通使于汉,修贡于魏,而宾服于唐最久亦最亲。当唐盛时,日本虽自帝其国,然事大之礼益虔,喁喁向风,常选子弟入学,观摩取法,用能沾濡中国前圣人之化,人才文物盖彬彬焉,与高丽、新罗、百济诸国殊矣。唐季衰乱,日本聘使始绝,内变继作,驯至判为南北,裂为群侯。豪俊麋沸云扰,其迭起而执魁柄者,则有平氏、源氏、北条氏、足利氏、织田氏、丰臣氏、德川氏。七八百年之间国主高拱于上,强臣擅命于下，凡所谓国政民风、邦制朝章，往往与时变迁，纷纭糅杂，莫可究诘。中国自元祖误用降将，黩武丧师。有明中叶，内政不修，奸民冒倭人旗帜，群起为寇，遂使日本益藐视中国，颛颛独居东海中，芒不知华夏广远。一二枭桀者流，辄欲冯陵我藩服，觊觎我疆圉，恫然自大，甚骜无道。中国拒之，亦务如坊制水，如垣御风，勿使稍有侵漏。由是两国虽同在一洲，情谊乖违，音问隔绝。近世作者如松龛徐氏、默深魏氏，于西洋绝远之国尚能志其崖略，独于日本考证阙如。或稍述之而惝恍疏阔，竟不能稽其世系疆域，犹似古之所谓三神山者之可望不可至也。咸丰、同治以来，日本迫于外患，廓然更张，废群侯，尊一主，斥霸府，联邦交，百务并修，气象一新，慕效西法，罔遗余力。虽其改正朔、易服色，不免为天下讥笑，然富强之机转移颇捷，循是不辍，当有可与西国争衡之势。其创制立法亦颇炳焉可观，且与中国缔交遣使，睦谊渐敦，旧嫌尽释矣。自今以后，或因同壤而世为仇雠，有吴越相倾之势；或因同盟而互为唇齿，有吴蜀相援之形。时变递嬗，迁流靡定，惟势所适，未敢悬揣。然使稽其制而阙焉弗详，觇其政而懵然罔省，此究心时务阅览劭学之士所深耻也。"其称自己著述意在"他日者家置一编，验日本之兴衰，以卜公度之言之当否可也"。

其著述《日本国志》的目的，亦如其在《日本国志》"序"中所言："《周礼》小行人之职，使适四方，以其万民之利害为一书，礼俗政事教治刑禁之顺逆为一书，以反命于王。其春官之外史氏，则掌四方之志。郑氏曰：'谓若晋之乘、楚之梼杌是也。'古昔盛时，已遣輶轩使者于四方，采其歌谣，询其风俗。又命小行人编之为书，俾外史氏掌之。所以重邦交、考国俗者，若此其周详郑重也。自封建废而为郡县，中国归于一统，不复修遣使列邦之礼。若汉之匈奴，唐之回纥，国有大事，间一遣使。若南北朝，若辽、宋、金、元，虽岁时通好，亦不过一聘问，一宴飨而已。道咸以来，海禁大开，举从古绝域不通之国，皆鳞集麏聚，重译而至。泰西通例，各遣国使互驻都会，以固邻好而觇国政。内外大臣，迭援是以为请，朝廷因遣使巡视诸国。至今上光绪元、二年间，遂有遣使驻劄之举。丙子之秋，翰林侍讲何公实膺出使日本大臣之任，奏以遵宪充参赞官。窃伏自念今之参赞官，即古之小行人、外史氏之职也。使者捧龙节，乘驷马，驰驱鞅掌，王事靡盬，盖有所不暇于文字之末。若为之僚属者，又不从事于采风问俗，何以副朝廷谘诹询谋之意。既居东二年，稍稍习其文，读其书，与其士大夫交游，遂发凡起例，创为《日本国志》一书。"其又曰："昔契丹主有言：'我于宋国之事纤悉皆知，而宋人视我国事如隔十重云雾。'以余观日本士夫，类能读中国之书，考中国之事。而中国士夫好谈古义，足己自封，于外事不屑措意，无论泰西，即日本与我仅隔一衣带水，击柝相闻，朝发可以夕至，亦视之若海外三神山，可望而不可即。若邹衍之谈九州，一似六合之外，荒诞不足论议也者，可不谓狭隘欤！虽然，士大夫足迹不至其地，历世纪载又不详其事，安所凭借以为考证之资，其狭隘也亦无足怪也。窃不自揆，勒为一书，以其体近于史志，辄自称为外史氏，亦以外史氏职在收掌，不敢居述作之名也。抑考外史氏掌五帝三王之书,掌四方之志。今之士夫亦思古人学问,考古即所以通今,两不偏废如此乎。"可见其心迹。

黄遵宪首先描述了日本国民的政治选择。《日本国志》卷一为《国统志》,其介绍日本政体及其演变,称:"外史氏曰:环地球而居者,国以百数十计。有国即有民,有民即有君。而此百数十国,有一人专制称为君主者;有庶人议政称为民主者;有上与下分任事权,称为君民共主者。民主之位,与贤不与子,或数年一易,或十数年一易,无所谓统也;君民共主,或传贤,或传子,君不得私有其国,亦无所谓统也。一王崛兴,奕叶绳武。得其道则兴,失其道则废。故夫君主之国,有传之数世者焉,有传之数十世者焉。如商之历祀六百,周之卜年八百,其最久者也。若夫传世百二十,历岁二千余,一姓相承,绵绵延延而弗坠统绪者,其惟日本乎?自神武肇基,洎今皇嗣位,贤主令辟,史不绝书。虽其间女帝乘权,历世十一,觊觎僭窃,不谓无人。然卒未有挈神器而移之外家,传之异姓,授之嬖宠者。匕鬯不惊,宗社如故,可不谓奇欤?将军擅权,此起彼仆,至有进陪臣而执国命,起奴仆而称人主者。当时之君,如周之东,仅拥虚位,乃至设监置戍,供亿匮乏,求为编户细民而不可得。然历年七百,卒无人焉犯不韪而干大命者。太阿下移,玉步未改,斯又奇矣。霸政久窃,民心积厌,外侮纷乘,内讧交作。于是二三豪杰,乘时而起,覆幕府而尊王室,举诸侯封建之权,拱手而归之上,卒以成王政复古之功,国家维新之治。蒙泉剥果,勃然复兴,又一奇也。且夫物极必反,事穷必变。以一线相延之统,屡蹶而复振,宜乎剑玺之传与天壤无穷矣。然而近日民心渐染西法,竟有倡民权自由之说者。中兴之初,曾有万机决于公论之诏,而百姓执此说以要君,遂联名上书,环阙陈诉,请开国会而伸民权。而国家仅以迟迟有待约之,终不能深闭固绝而不许。前此已开府县会矣,窃计十年之间,必又开国会也。嗟夫,以二千五百余岁君主之国,自今以往,或变而为共主,或竟变为民主,时会所迫,莫知其然。虽有智者,非敢议矣。"

这里,黄遵宪介绍日本神话传说中的民族起源,并将其内容与中国神话传说相比较。其《国统志》卷一记述曰:"天地未辟,有神立于高天原。曰天御中主尊,曰高皇产灵尊,曰神皇产灵尊,是为造化之祖。曰可美苇牙彦舅尊,曰天常立尊。斯时有物如浮脂生空中,遂化生国常立尊,丰斟渟尊,是为独化之神七。由是而有泥土煮尊,沙土煮尊,次曰角枳尊,曰活枳尊,次曰大户之道尊,曰大苫边尊,次曰面足尊,曰惶根尊,次曰伊奘诺尊,曰伊奘册尊,是为耦生之神八(自国常立尊至诺、册二尊,谓之天神七代)。诺、册二尊以天琼矛下探沧溟,锋镝凝结成磝䃚卢岛,余岛皆潮沫所凝者。先以淡路洲为胞,旋生八大洲。因奉天祖命降居,见鹡鸰相交,遂悟婚媾,生大日灵尊、素戈乌尊及国土诸神。大日灵尊号天照太神,以素戈乌尊子为嗣,是为天穗耳尊。生天津彦彦火琼琼杵尊,太神使琼琼杵尊统治中州,敕诸神为辅,赐之八咫镜曰:'此丰苇原千五百秋之瑞穗国,吾子孙永王斯地,视此镜犹我宝祚,与天壤无穷。'又副丛云剑与八坂琼曲玉,三者遂为传国之重器。于是营宫日向国,生彦火火出见尊,五百岁生彦波潋武鸬鹚草葺不合尊(自太神至此五世,谓之地神五代)。尊生日本盘余彦尊,是为神武天皇。"其中提及"相传孝灵时,徐福率童男女三千人来居熊野浦"。其比较中日神话传说异同,称:"余读神代史,盖类唐人小说,以地为胎生,以祖为物化,其奇诞不可思议。然盘古开天,女娲抟土,万国同然,有不足怪者。余故撮其大概,过而存之。"

其叙说日本历史文化发展,有意与中国相比较,以中国历史为参照,《国统志》卷一记述道:"崇神天皇(讳御间城入彦五十琼殖),开化第二子,即位之元年,当汉武帝天汉四年也。崇重神道,奉神器于大和笠缝邑;遣使将兵,巡察北陆东海、西国丹波。始校户口,课男女调役,造舟船,开沟洫,在位六十八年,号曰御肇国天皇。《梁书》言日本自称为吴泰伯后,相传亦称为徐福后,彼国记载本以此为荣。其后学者渐染宋学,喜言国体。宽文中作《日本通鉴》,源光国驳议曰:'谓泰伯后,是以我为附庸国也。'遂削之。赖襄作《政纪》,并秦人徐福来,亦屏而不书。余谓泰伯之后,本无所据,殆以日本断发文身,俗类句吴,故有此讹传欤。至徐福之事,见于《三国志》、《后汉书·倭国传》。意必建武通使时,其使臣自言。《史记》称燕齐遣使求仙,所谓白银宫阙,员峤方壶,盖即为今日本地。君房方士习闻其说,故有男女渡海之请,其志固不在小。今纪伊国有徐福祠,熊野山有徐福墓,其明征也。日本传国重器三:曰剑、曰镜、曰玺,皆秦制也。君曰尊,臣曰命,曰大夫,曰将军,又周秦语也。自称神国,立教首重敬神,国之大事,莫先于祭,有罪则诵祓词以自洗濯,又方士之术也。崇神立国,始有规模,计徐福东渡已及百年矣。当时主政者,非其子孙,殆其徒党欤?)"

面对世界各个国家,黄遵宪表现出地域中心主义,总是将他眼中的世界各国与中国相联系、相比较。《日本国志》卷四为《邻交志》,其称"考地球各国,若英吉利、若法兰西,皆有全国总名,独中国无之","近世对外人称每曰中华,东西人颇讥弹之,谓环球万国各自居中,且华我夷人,不无自尊卑人之意。余则谓天下万国声名文物,莫中国先。欧人名为亚细亚,译义为朝,谓如朝日之始升也。其时环中国而居者多蛮夷戎狄,未足以称邻国。中国之云,本以对中国之荒服边徼言之,因袭日久,施之于今日,外国亦无足怪。观孟子舜东夷、文王西夷之言,知夷非贬辞,亦可知华非必尊辞矣","我之禹域九州,实以华夏之称为最古"。其称:"余闻之西人,欧洲之兴也,正以诸国鼎峙,各不相让,艺术以相摩而善,武备以相竞而强,物产以有无相通,得以尽地利而夺人巧。自法国十字军起,合纵连横,邻交日盛,而国势日强。比之罗马一统时,其进步不可以道里计云。其意盖谓交邻之有大益也。余因思中国瓜分豆剖,干戈云扰,莫甚于战国七雄。而其时德行若孟、荀,刑名若申、韩,纵横若苏、张,道德若庄、列,异端若杨、墨,农若李悝,工若公输,医若扁鹊,商若计研、范蠡,治水若郑国、韩国,兵法若司马、孙、吴,辩说若衍、龙,文词若屈、宋,人材之盛,均为后来传家之祖。一统贵守成,列国务进取。守成贵自保,进取务自强,此列国之所由盛乎。特其时玉帛少而兵戎多,故未见交邻之益耳。日本之为国,独立大海中,于地球万国均不相邻,宜其闭门自守,民至老死不相往来矣。然而入其国,问其俗,无一事不资之外人者。中古以还,瞻仰中华,出聘之车,冠盖络绎,上自天时、地理、官制、兵备,暨乎典章制度、语言文字,至于饮食居处之细,玩好游戏之微,无一不取法于大唐。近世以来,结交欧美,公使之馆,衡宇相望,亦上自天时、地理、官制、兵备,暨乎典章制度、语言文字,至于饮食居处之细,玩好游戏之微,无一不取法于泰西。当其趋而东也,举国之人趋而东;及其趋而西也,举国之人又趋而西。乃至目营心醉,口讲指画,争出其所储金帛以购远物,而于己国之所有,弃之如遗,不复齿数,可谓骛外也已。由前之弊,论者每病其过于繁缛,失则文弱;由后之弊,论者又病其过于华靡,失则奢荡。交邻果有大益乎?抑天下之事,利百者弊十,势必有相因而至者乎?然以余所闻,日本一岛国耳,自通使隋唐,礼仪文物,居然大备,因有礼义君子之名。近世贤豪,志高意广,竞事外交,骎骎乎进开明之域,与诸大争衡。向使闭关谢绝,至今仍一洪荒草昧未开之国耳。则信乎交邻之果有大益也。"

其《日本国志》的《邻交志》"华夏"篇详细检索古代中国历史文献对日本的记载,其实是对中国与日本文化交流历史的梳理,包含着神话传说。其称:"日本之遣使于我,盖以崇神时为始云。其时使驿通于汉者三十余国。(《山海经》称:南倭北倭属于燕境。《史记·封禅书》云:齐威、宣王、燕昭王皆尝使人入海至三神山,见所谓仙人、不死之药,渤海东渡,后遂不绝,似即今日本地,然彼国尚未通往来也。至《论衡》云:周初,天下太平,越裳献白雉,倭人贡鬯草。未知何据。又《云笈七签》谓:日本有腾黄神兽,寿千岁,黄帝得而乘之,以周旋六合。日本《神皇政纪》谓:孝灵时就秦求三皇五帝之书,始皇送之。尤为神仙家诞言。惟徐福东渡之后已及百年,崇神立国始有规模,而其时武帝灭朝鲜,声教远暨,使驿遂通。事理可信,故今以正史为断。)后委奴国王遣使奉贡朝贺于汉,使人自称大夫,光武帝赐以印绶。日本天明四年,筑前那珂郡人掘地得一石室,上覆巨石,下以小石为柱,中有金印一,蛇纽方寸,文曰'汉委奴国王',余尝于博览会中亲见之。日本学者皆曰那珂郡,古为怡土县,日本《仲哀纪》所谓伊都县主,即《魏志》所谓伊都国是也。上古国造百三十余国,其在九州者分十九国,在四海者分为十国。《汉书·地理志》:'倭人分为百余国。'《三国志》:'倭人旧邑百余国,汉时有朝见者,今使驿所通三十国。'二书所谓百余国,与《国造本纪》相符。所谓三十国,盖指九州四海之地,地在日本西南海滨,距朝鲜最近。此委奴国意必古伊都县主,或国造之所为,并非王室之所遣,其曰'委奴',译音无定字云。"其又称:"日本人每讳言臣我,而中土好自夸大,辄视如属国。余谓中古之时,人文草昧,礼制简质,其时瞻仰中华如在天上,慕汉大而受封,固事之常,此不必讳也。隋唐通使,往多来少,中国虽未尝待以邻礼,而新旧《唐书》不载一表,其不愿称臣称藩,以小朝廷自处,已可想见。盖已窃号自娱,几乎有两帝并立之势矣。五代以后通使遂稀,而自元兵遇飓,倭寇扰边以来,虽足利义满称臣于明,树碑镇国,赐服封王,而不知乃其将军实为窃号。神宗之封秀吉,至于裂冠毁冕,掷书于地,此又奚足夸也。史家旧习,尊己侮人,索虏、岛夷,互相嘲骂。中国列日本于《东夷传》,日本史亦列隋唐为《元蕃传》,中国称其为倭王,彼亦书隋主、唐主。譬之乡邻交骂,于事何益?今此篇谨遵条约睦邻,国书称帝之意,参采中国、日本诸书,纪事务实,不为偏袒,曰皇、曰帝,亦不贬损,所以破儒者拘墟之见,袪文人浮夸之习也。"

黄遵宪极目世界,讲述日本受到西方文化影响,与世界联系的历史,其《日本国志》卷七《邻郊志》"泰西"称:"环地球而居,南北极有定,东西方无定。然居中国而视欧罗巴,则名曰泰西,日本又居中国之东,故亦沿泰西之称。阿美利加一洲,自太平洋海路已通,由东而至其国,亦可谓之太东。然其初来也,越大西洋而抵欧罗巴,乃能至亚细亚,且其种类、国俗实为欧洲枝分之国,今亦以泰西统之。"其讲述"后奈良帝天文十一年,西历之一千五百四十二年也,葡萄牙教士始来多襱岛",西方传教士进入日本,"先是筑紫濒海,葡船无所不至,经营市易,广布教法。及是又至京师。教士多通国语,解内情,言辞温雅,善与人交,金宝珠玑视如瓦石,或教民造食物以利民用,百方诳诱,以故民归之如流水。而西人托商贾来传教者陆续不绝",传教士的行为受到抵制,"日本独立海中,于海外事情茫如云雾,文愉武熙,晏安无事,至于末流,墨守旧法,闭门固拒。然美舰俄舶一来劫盟,观其坚船巨炮,气已中馁"。最后日本不得不接受世界,明治维新改变了日本国家的整体,也改变了日本国人的文化选择。

历法和物候是社会风俗生活的重要内容。《日本国志》卷九《天文志》称:"外史氏曰:自地而上皆天也,日月之照,星辰之明,天之覆万国者莫不同也,苍苍者其正色耶。舟车之所至,人力之所通,海之所际,地之所载,万国之观天亦莫不同也。所未同者,各国推步之法耳。余观中国之志天文者有二:一在因天变而寓修省。自三代时已有太史,所职在察天文,记时政,盖合占候记载之事而司以一人,故每借天变以儆人事。《春秋》本旧史而纪日食,后世史志因之,因有日食修德、月食修刑之说。前代好谀之主有当食不食及食不及分,讽宰相上表、率百僚而拜贺者,其谬妄固不必言。而圣君贤主明知日月薄蚀,缠度有定数,千百年可推算而得,然亦不废救护之仪,省惕之说者,诚以敬天勤民实君人者之职,而遇灾修省之意究属于事有裨,故亦姑仍旧贯而不废举行,此中自有深意也。彼外人者不足语此,遂执天变不足畏之说,概付之不论不议矣。一在即物异而说灾祥。自伏胜作《五行传》,班孟坚以下踵其说,恒雨、恒旸、恒燠、恒寒、恒风,皆附会往事,曲举证应,其他若荧惑退舍、宋公延龄、三台告坼、晋相速祸;以及德星之聚颍川、使星之向益州、客星之犯帝座,皆一一征验,若屈伸指而数庭树,毫厘之不爽者,何其妄也。"其详细记述了日本历法设立情况,曰:"夫星辰之丽天为上下四方,前古后今之所共仰。而人之一身不啻太仓之一稊米,乃执一人一时之事以为上应列宿,有是理乎?余观步天之术,后胜于前,今试与近世天文家登台望气,抵掌谈论,谓分野属于九州,灾异职之三公,必有鄙夷不屑道者。盖实验多则虚论自少也。若近者西法推算愈密,至谓彗孛之见亦有缠道,亦有定时,则占星之谬更不待辩而明矣。日本之习天文者甚少。日月薄蚀,以古无史官阙焉不详。而星气风术之家,中古惟一安倍晴明精于占卜,后亦失传,故占验均无可言,即有之要不足道也。今特专纪其授时之法。考日本旧用中历,今用西历,皆袭用他人法。"其称"日本亦用夏正,自推古以前统称之为太古历。""日本亦有授时之典,占验之术"。"王室维新"后乃有"改历",即旧历与西历的结合。

《日本国志》卷九《天文志》详细记述日本物候,从一月到十二月,与中国形成对比。其中,既有与中国相同者,又有属于日本自己的。如其记"二十四节气"与农时安排:"小寒一月六日桑始肥";"节分二月三日踏麦苗。惟有雨不可踏,宜接梅、樱、桃、杏诸树。宜插柳枝";"三月十八日宜种牛房、胡瓜、蕃椒、茄子、甘薯、早稻、扁豆、瓢瓜之类,宜植蘘荷,种西洋野蔬,宜移植梅、杏、枇杷、南天竹等,宜植马铃薯,种杨花、萝卜、春菘";"三月二十八日,宜种冬瓜、西瓜、玉蜀黍、紫苏、蓼蓝、烟草、莺菘等类,又宜插林禽、梨、葡萄、柏,宜移植柿、栗、桑及浇桑,种芋";"清明四月四日,是节蛇出穴,雷始发声";"四月八日所接诸木始见木芽,宜以时加减。伏日四月十七日,樱花盛开,宜种麻";"谷雨四月二十日,桑始抽芽,宜种扁豆、大角豆、甜瓜之类,宜植柑、柚、橙之类";"立夏五月五日宜植松树","小满五月二十一日,蚕起食桑";"芒种六月六日,蚕事正忙。宜植甘薯,惟忌北风。宜植榊楮、桧、柑、山茶花、枇杷、竹之类";"夏至六月二十一日,初夏蚕尽化蛾,春蚕方作蛾,宜播种大豆于田畔";"伏日七月二十日,种萝卜,自是月至立冬勿移植树木。大暑七月二十六日,百合华,宜种粟","立秋八月七日,种萝卜,赤蜻蛉始出";"处暑八月廿三日,宜种蒿、麦、油菜";"白露九月七日,宜种芜菁、秋菜、洋葱。九月十日宜种菠菱菜,自是节宜束桑树。九月十二日种晚萝卜、水菜、菘菜、葱、罂粟等类。晚大豆亦熟。九月十八日造乌柿,菌蕈生,宜种葱、韭、大蒜、冬菘、芥子";"秋分九月二十三日,栗子熟,宜移植常青树木";"寒露十月八日,宜种三年牛房、小豆、蚕豆之类。伏日十月二十日,菌蕈、栗子尽熟,稗皆熟";"霜降十月二十三日,种大麦、小麦、萝卜";"立冬十一月七日,刘晚妥,自是日宜移种冬凋之树,若根不繁荣之大木等类,其移植尤宜三月";"小雪十一月二十二日,宜覆蜜柑、香橙,但忌寒暑表四十度以上。大雪十二月七日,宜拔萝卜,浇大麦";"冬至十二月二十一日,自是日至立春,忌耕耨陆田、水田,但不妨浇肥"。这是日本的农时,也是日本的节日,每一个节日都应该有自己的道理,包括其背后的传说故事。

一个民族和一个国家的生存和发展,离不开一定的自然环境。一定的自然环境,影响到社会风俗生活与民间文学的发生。黄遵宪在《日本国志》卷十《地理志》中记述了日本的地理状况。其称:"外史氏曰:于茫茫大地之中画疆分土而名之为国,其壤地莫不相接,其疆场莫不相夺,其强弱大小无定形,则有日辟国而日蹙国者,上下千古,横览九州,莫不然矣。而日本之为国乃独立大海中,旷然邈然不与邻接,由东而往凡历一万五千余里,乃至美利坚。由西南而往凡历二三千里,乃至上海、台湾。即最与邻近之朝鲜,亦历数百里而后能至。自神武纪元以来二千五百有余岁,未尝举尺寸之土与人,亦未尝得尺寸之土于人,虽近日开拓虾夷,交换桦太,吞灭琉球,似有异于前之版图者,然虾夷本羁縻之州,桦太非固有之地,琉球乃瓯脱之土,得非果得,失亦非失。盖自有日本以后即守此终古一成而不变,不亦奇乎。"其又称:"余闻欧西有瑞士,山水清华,士女明媚,以介居诸大间,各谋保护,不相侵扰,世人比之桃源。而东方之日本,乃以远隔强国自成乐土,天殆故设此二国使之东西并峙欤。自德川氏以禁教故丸泥封关,谢绝外客,子孙世守其法,胶柱拘泥二百余载,无所见于外者无所羡于内,无所闻于内者亦无所惧于外。当是时也,上以武断为政,下以卑屈为俗,熙熙攘攘,娱乐无事。"转而,其更明确指出日本具有狂妄的野心,曰:"而欧洲诸国鹰瞵鹗视,强弱相并,阅一争战则国步日进。北则有彼得加他邻,明毅果断,气吞南溟;西则有若拿破仑,雄才伟略,诸侯稽首;又西则有若华盛顿,艰苦卓绝,独立一洲。或英人吞并五印度,抚有而国;或俄人建万里铁道,以通浩罕;轮船、电线,争鹜纷起,机巧夺天工,人智欺鬼神,凡西人兵威宗教,几乎弥纶地球而无所不至。而日本闭门自守,无见无闻,矇然未之知也。直至坚船巨炮环伺于门,乃始如梦之方觉,醉之甫醒。虽曰锁港逐客,国体如此,亦未始非地势使之然也。嗟夫!事变之极,开辟未闻。以日本四面濒海,古称天险,二千余载,绝无外患。而自轮船铁路纵横于世,极五大洲之地若不过弹丸黑子之大,各国恃其船炮又可以无所不达。昔林子平有言,日本桥头之水直与英之伦敦、法之巴里相接。古所恃以为藩篱者,今则出入若庭户矣。言念及此,地险足恃乎?余观亚细亚诸国,印度覆矣,土耳其仆矣,安南、缅甸又倾蹈矣。日本自通商以来虽颇受外侮,而家国如故,金瓯无缺,犹得以日本帝国之名,捧载书而从万国后。壤地虽曰褊小,其经营筹画,卒能自立,亦有足多矣。然而日本论者方且以英之三岛为比,其亟亟力图自强,虽曰自守,亦颇有以小生巨、遂霸天下之志。试展五部洲舆图而观之,吾诚恐其鼎举而膑绝,地小而不足回旋也。"

民间传说透视国情,透视民情,是社会风俗生活的一部分,总是与具体的自然环境和社会生活联系在一起。《日本国志》卷十《地理志》分述"凡五畿、七道、七十三国、二京、三府、六镇、三十六县",介绍其不同地区的社会风俗生活。如其介绍"畿内",称"日本少名山巨川,而平冈细流乃不可胜数",其记述"山城"的地理位置与社会风俗道:"东至近江,西至丹波、摄津,南至伊贺、太和、河内,北至丹波,东西凡六里,南北凡一十五里。东、北、西三面群山环围,别有山脉自近江、太和而来者,又拥抱其南。西南稍坦,美加茂、宇治等诸水会淀水而南注。景致秀丽,名祠大刹胜境颇多,风俗俭啬,作业尤勤,都人皆约饮馔而喜服饰。自桓武帝延历十三年奠鼎以来,历朝之皇都也。"其介绍"太和"曰:"东至伊贺、伊势,西至河内,南至纪伊,北至山城,东西凡一十余里,南北凡二十五里。全州山岳居其半,南方一带叠嶂连亘,其平坦处有北山、十津二水萦纡其间而达纪伊。北方颇平旷肥腴,吉野、太和二水横贯之。神武初都橿原(即葛上郡柏原村)。登山而望曰:'美哉,国乎,其如蜻蜓之点水乎!'故国又名蜻蜓洲。其后子孙累迁都,多在邻邑,然此为肇基王迹之地。《魏志》《汉书》称为耶马台国,即太和译音也。至桓武帝乃迁于山城,以历世王都所在,胜区古迹殆遍州内。风俗简素,足观昔日勤俭之化。"其介绍"河内"曰:"东至太和,西至摄津、和泉,南至纪伊,北至山城,东西凡四里,南北凡一十三里。峰峦拥于东南,淀河绕于西北,太和川贯其中央。土壤膏沃,民俗纯朴,力于稼穑,女子概为纺织及制茶之业。"其介绍"和泉":"东至河内、纪伊,南至纪伊,北至摄津,西至于海,东西凡四里一十四町,南北凡六里。东南凭山,西北负海,土地虽狭小而甚为膏腴,宜于五谷,有鱼盐之利。风俗柔和,流于华奢,但山居之民犹存敦厚之风云。"

其介绍"东海道"各地,分别记述道"伊贺,东至伊势,南至太和,西至太和山城,北至近江,东西凡七里,南北凡九里。四山攒合,沿河之地稍为平坦。居民以薪炭为业者多,风俗轻薄";"伊势东、南皆海,西至近江、伊贺、太和,东南至志摩,西南至纪伊,北至美浓、尾张,东西一十二里,狭处四里,南北凡二十七里余。西南山岳连亘,东南则面大洋。土壤肥沃,鳞介殊富,习俗喜骋便巧,其服贾者最称慧黠";"志摩,西北至伊势,东南及北三面临海,东西凡三里,南北凡七里。地脉自西北而来,海表则盘互曲折,港湾环抱,船舶必由之所也。土壤褊少薄瘠,但颇饶鳞介之产。风俗良朴,居民勉于农渔";"尾张,东至三河,西北至美浓,西南至伊势,南至于海,东西凡八里,南北凡一十九里。地势平衍,并无高山,木曾川绕其西北,虽颇有灌溉之利,而不能无泛滥之患。东方一带受三浓诸峰之余脉,冈阜起伏,突出南海。土质膏沃,米谷丰美,知多一郡最称富饶。风俗温和,作业尤力";"三河东至远江,西至尾张,北至美浓、信浓,南至于海,东西凡一十六里,南北凡一十七里。山脉连于东北渥美郡之地,势如伸臂,然与尾张之知多郡相对,又如拱抱者。州内有矢作、太平、丰川三大河,故以名州云。土壤肥硗相半,风俗纯厚,居民力农";"远江东至骏河,西至三河,北至信浓,南至于海,东西一十八里,南北二十里。北方一带山脉自信浓而来,颇为深阻,迤南渐平坦,大井川限其东,天龙川贯其中。濒海衍沃,多川泽,时忧涨溢。风俗朴陋,其民专以茶楮为业";"甲斐东至相模、武藏,南至骏河,西至信浓,北至于信浓、武藏,东西凡二十五里,南北凡二十五里余。位居富岳之阴,四山环峙,地势险厄,中央平坦,多美田,富材木、蚕桑。诸水皆会富士川而南流。风俗慓悍";"伊豆北至骏河、相模,东西南皆至于海,东西七星一十二町,南北一十四里余。山脉自相模来,南走至半盛而止,余脉入于海,或起或伏而成百余岛屿焉。土地硗确,民俗质朴,概以薪炭猎渔为业";"相模东至武藏,西至甲斐、骏河,南至伊豆及海,北至武藏,东西凡一十四里,南北凡一十一里。西北多山,与三州连汇,东方则坂阜起伏,斗入于海,与房、总诸州相对,江户湾之门钥也;南方稍平衍,诸水顺下,酒匂尤宜于灌田,马人每有洪涨之患;西南地味肥沃,颇饶米谷鱼介。西北之民专以采薪养蚕为业,风俗稳和,稍不免于轻薄";"武藏,物产五谷丰饶,兼有鱼盐蚕桑之利。风俗则都邑以轻佻豪侠自喜,流于侈靡,惟僻邑犹存朴实之风";"安房北至上总,东西南皆至于海,东西十里,南北七里。北方一带山脉横亘以为州界,支脉南走而贯州中,盖趋于半岛之地也,地势险阻,西边稍平旷。土壤肥硗相半,风俗朴陋,民业农渔相杂,鱼介之产,殊饶海藻。万石起伏,峭壁万仞,纯骨无肉,盖饱经风涛、日刓月剥故成此状。石匠麇集,伐石为材,以输运东京,锤凿之声远近相应,故土人又多以锲工为生计";"上总南至安房,北至下总,东西至于海,东西凡一十四里,南北亦同。南方负山,迤北而渐平衍,与下总旷野相接;东方一带海碛亘于三郡,有九十九里滨与下总连,渔业最盛之处也。地质垍坚,又有斥卤,风俗顽悍";"下总东至海,西至武藏、上野,南至上总及海,北至常陆、下野,东西凡二十二里,南北凡一十七里余。州内无山,原野居四分之一,利根川分派在西、北二房界,巨浸灌之,漕输颇便,然沿河之地时被水患。其土赤坟少石,五谷皆宜。风俗浇薄";"常陆西至下野、下总,南至下总,北至磐城,东至于海,东西凡十一里一十八町,南北三十里一十町。磐城之诸山分歧而南走,那珂、久慈二水划而东流,筑波峰突起其东南,山势迤北与下野诸山连,南方多平原,众水西来汇于霞浦而注于海。地宜桑楮,海滨旷漠,鱼盐颇富。民俗勇悍褊固,乏敦厚之风"。

其介绍"东山道"各地,分别记述道"近江东至伊势、美浓,西至山城、丹波,南至伊贺,北至若狭、越前,东西凡一十二里,南北凡一十九里。山势自浓、越来,分东西二脉,各南走为四邻之界,大湖居于州之中央,波光岚影,上下映带,眺观佳绝。其地控带畿内,当三道之要冲。土肥民富,风俗伶俐,颇长于商贾";"美浓东至信浓、飞骅,西至近江、伊势,南至尾张、三河,北至越前、飞骅,东西凡二十六里,南北凡一十九里。东北山岳连续,更南走而入三河;西北山脉自越前而来,为江势之界。中央及西南多平原,木曾川贯流其中,殊有灌溉之利。地昧膏腴,五谷皆宜,风俗质直好勇,西南之民颇喜豪华";"飞骅东至信浓,西至加贺、美浓,南至美浓,北至越中,东西凡一十七里,南北凡二十里。地势最高,万山四周,西北兼峻岭险流,栈道编筏,仅通往来。虽乏米谷,而产良材工匠。以养蚕为业,风俗朴陋";"信浓东至甲斐、武藏、上野,西至美浓、飞骅,南至骏河、远江、三河,北至越中、越后,东西凡二十三里,南北凡四十里余。山脉自东北始,南与武甲相连,起中央者南分二脉,西南至木曾诸山,最峻奥,多产良材。北陆、南海二道之三大河皆发源其间,而南北分流,可见其地势之最高也。河中岛一带稍为平旷,土性硗瘠,民多以养蚕为业,物产之富,本州推为第一。风俗顽朴";"上野东至下野,西至信浓,南至武藏,北至越后、岩代。东西凡二十三里,南北凡二十五里。山势自岩代、越后来,连于信浓,西北最重叠。利根川发源于其极北,众水会同,号为洪流,东下为武藏界。东南夷沃,饶于蚕桑,长于缫织,勤于商贾,繁富之区也。风俗健黠";"磐城东至海,西至岩代、羽前,南至下野、常陆,北至陆前、羽前,东西凡二十二里,狭所五里余,南北凡三十三里余。山脉南走而连下野,又向东支出界常陆,地形与岩代犬牙相错,阿武隈川贯流之,西隅接陆羽之大山,山谷幽邃,地势窿洼不一,硗确居半,濒海一带稍平。远有鱼盐之利,而港湾浅小,不便漕运。风俗朴陋孱弱";"岩代东至磐城,西至越后,南至上野、下野,北至羽前,东西凡二十里余,南北凡二十一里余。陆羽之山脉蜿蜒来自北,一西折转南界羽越,又郁积接二野;一南走贯州中入磐城,其东为阿武偎川,北流通漕运,但时有秋涨之患。猪苗代之巨浸,同众水注于西疆,亦便漕运,河干之地大概广坦,宜于蚕桑。风俗朴挚,福岛近傍亦有浮薄之风";"陆前东至海,西至羽前、羽后,南至磐城,北至陆中,东西凡二十五里,狭处二里,南北凡四十里,狭处一十九里。山脉连亘,西北划陆中、羽前,南连岩代、北方二郡,地势狭长,委折随海,牡鹿一郡曲出东方而抱港湾,松岛群屿则棋布其西南,而中央土壤平衍,阿武隈川限其南北,上川来自北,有运输之便。田塍万顷,米谷之产颇饶。风俗顽朴";"陆中,东至海,西至羽后,南至陆前,北至陆奥,东西凡三十七里,南北凡三十三里,广处凡五十里。陆奥之大山脉分二歧南走,其西者划羽后,其东者郁结中央,北上川贯其中间,全地原隰旷远,多硗确,盛江以南稍为沃壤,闭伊、九户二郡濒于东海,有鱼盐之利。风俗陋弱";"陆奥南至陆中及羽后,东、西、北皆至海,东西凡三十九里,南北凡四十余里。东西二隅曲折相拱容海,隔津轻峡对北海道,山脉起中央南走,支脉西折划羽后。东方旷野相接,多不毛之地,西疆土壤稍肥,民勤耕种,兼习猎渔,风俗鄙野";"羽前东至磐城、陆前,南至岩代、越后,北至羽后,西至海,东西二十二里,南北三十五里。山脉绵亘,东南界岩代,连越后,最上川之左右颇平旷,肥硗相半,田川郡独有鱼盐之利。风俗朴强,以蚕桑为业";"羽后,东至陆前、陆中,南至羽前,北至陆奥,西至海,东西凡二十五里,狭处一十九里,南北凡四十九里。山势来自陆奥,划东北二方,郁结中央,产材极多,能代川注北疆,御物川贯南方,男鹿岛突出西方而拥八郎泻,地味硗薄,不宜果谷,沿海颇有繁盛之区。风俗顽陋"。

《日本国志》卷十一《地理志》介绍"北陆道"、"山阴道"、"山阳道"、"南海道"、"西海道"、"二岛"和"北海道"等地的山川地理与社会风俗,分别从自然环境、地理位置与社会历史文化等内容具体述说不同地区的风俗。

其记述"北陆道"各地,分别曰:"若狭,东至越前、近江,南至近江、丹波,西至丹后,北至海,东西凡一十二里,南北凡四里。山势自东走西,连于丹后,濒海岬屿错出,疆壤狭隘,甚少平地,土质硗瘠,风俗朴陋,而能勉耕渔";"越前东北至加贺,东南至美浓,南至近江,西至若狭,西北至海,东西凡一十九里,南北凡一十七里。白山之脉耸于东南,西北渐低,三河贯其中,会同一港,西南一隅以木芽岭为屏障,海表湾曲,土壤膏腴,五谷皆宜。其民勉于耕织,业工商者亦多,风俗慧黠";"加贺西南至越前,东至飞弹、越中,北至能登,西北至海,东西凡一十里,南北凡一十八里。白山耸其南隅,山脉左右分走,与二越、飞弹三州相连。河水概发源于此,北流而入于海。时令不调,物产殊乏,风俗优柔而不免偏执";"能登东接越中、加贺,余皆至海,东西凡一十一里,南北凡一十八里。加越诸山之余脉,斗出于北海而为半岛,东面抱一大湾,北海第一巨港也。土壤薄瘠,风俗庞朴";"越中东至越后及信浓,南至飞弹,北至加贺,西北至能登,北至海,东西凡二十一里余,南北凡一十九里余。立山之山脉,东西累叠连于飞信,北方沿海之地稍为平坦,以四大河贯流,故颇有灌溉之利,地质丰确相半,多物产,尤饶水族,民俗朴陋";"越后西至越中,西南至信浓,南至上野,东至岩代,东北至羽前,西北至海,东西凡六十二里,南北凡一十七里。陆羽之大山脉来自东北,蜿蜒绕其南方,连于信野。洪水纵横州内,运输极便。其土广衍,其产富饶,巧于机织,民多优裕,俗较柔惰";"佐渡在越后、新潟之西少北,越海一十一里余而至其地,一大岛也,周回五十三里一十町五十二间半,东西凡七里余,南凡一十一里。地势南北横拓,中央渐窄缩,左右皆港湾,土壤平衍,鱼稻之乡也,而土产金银为一国之最。其民力作,兼以凿矿为业,风俗顽固"。

其记述"山阴道"各地,分别曰:"丹波,东至山城,东北至近江,西至但马,西南至播磨,西北至丹后,南至摄津,北至若狭,东西凡一十四里一十八町,南北凡一十二里。山脉自近江、若狭而来,纵横分布,地形隆高。南北二邻诸水多发源于兹,东北树密谷邃,西南稍平旷,地质肥瘠不一。民俗朴陋,多业耕樵";"丹后东至若狭,西至但马,南至丹波,北至海,东西凡一十三里余,南北凡一十一里余。东西二隅两湾相抱,山脉自丹波来,州内散布而走,西北为但马界,地势迤北渐卑,诸水皆北流。港市之地颇为繁富,景胜亦多。地味硗薄,居民农暇多业蚕织,风俗朴野";"但马,东至丹波、丹后,西至因幡,南至播磨,北至海,东西凡一十五里余,南北凡一十二里。山脉自丹波、播磨而连因幡,西方一带山谷险隘,殊少平地。其东边河流萦纡,足资灌溉,民业农商相半,风俗纯朴,犹存古风";"因幡,东至但马,西至伯耆,南至播磨、美作,北至海,东西凡一十二里余,南北凡一十二里一十八町余。濒海一带平沙萦回,以港湾少不便泊船,东南山岳累叠连亘,播磨中央沿河之地稍觉平阔,土性硗瘠,风俗固陋";"伯耆,东至因幡,西至出云,南至备后、备中、美作,北至海,东西凡一十七里,南北凡八里。大山中央挺立,支脉左右蜿蜒州之西北一隅,斗出与出云之东隅相对,而拥抱中海,西北平坦,稍为沃饶,风俗野鄙";"出云东至伯耆,西至石见,南至备后,北至海,东西凡一十七里余,南北凡一十五里。山岭层叠,亘于南方,与山阳有背脊之分,西连石见,北方地势狭长横出,东对伯耆而抱大海。西方带湖、松江在湖海之中央,市廛鳞次,湖山映带,山阴第一之胜地也。风俗柔靡";"石见,东至出云,东南至备后,南至安艺、周防,西至长门,西北至海,东西凡一十一里,南北凡一十三里,自东北亘西南凡三十里。山脉自南方来,州内连亘嶂峦相望,少平坦处,江川在其东北,萦纡贯流,山阴第一之巨流也。海滨低卤,运输不便。风俗顽朴,民多以纸麻制铁为业";"隐岐知夫岛,岛前则三小岛鼎立,岛后为一大岛,中间礁屿相接,地质硗确,风俗陋愚,居民农余多从事于渔蜓"。

其记述"山阳道"各地,分别曰:"播磨,东至摄津,西至备前、美作,北至因幡、但马,东北至丹波,南至海,东西凡二十里,南北凡一十四里余。摄丹之山脉连亘其背,以为山阴界。濒海之地大抵平衍,且港泊至便,山阳要津也。土壤膏腴,田畴大辟,又有鱼盐之利。风俗慧敏,或流于柔惰";"美作东至播磨,西至备中、伯耆,南至备前,北至伯耆、因幡,东西凡一十四里,南北凡一十一里。山岳四疆连亘,自为州界,南方地势渐低,河水尽注备前,地味膏腴,米麦能熟;北方反之。民俗仆陋";"备前东至播磨,西至备中,北至美作,南至海,东西凡一十二里,南北凡一十一里。东、西两河自美作来贯流州内,儿岛一郡,抱海湾而连备中,岛屿棋布,接于赞岐,运输殊便。北方山多而平地少,南方稍衍沃,濒海之民兼营渔业,风俗浮薄,颇好修饰";"备中,东至备前,西至备后,北至伯耆、美作,南对赞岐而隔以海,东西凡一十一里,南北一十七里余。地形至北渐缩,崇岭连于作、伯,大贯流其中央,濒海土壤膏沃,人民富赡,北偏寒冱,殊乏米麦,惟采矿之利颇饶。风俗慧黠,喜竞新奇";"备后东至备中,西至安艺,北至伯耆、出云,西北至石见,南至海,群岛相连,直接伊豫,东西凡一十三里,南北凡一十九里。群岭北方耸峙,东南稍平旷,土壤膏腴,濒海有鱼盐之利,漕运之便,西北诸郡民产薄瘠,多以采矿为业。风俗质直。亦不免顽陋";"安艺东至备后,西至周防,北至石见,南至海,东西凡二十里,南北凡一十六里。有巨川分流于南北境,北拥层峦,南则岛屿棋布,与伊豫之群岛相对,舟路必由之所也。港湾之地百货辐凑,商业颇盛,户口亦极繁庶,风俗优柔,但田土硗瘠,不宜播种";"周防,东至安艺及海,西至长门,北至长门、石见,南至海,东西凡二十里余,南北一十二里余。山岳耸峙于东北,而连亘西北,西南颇有平衍之地,大岛群屿,东与伊豫诸岛相接,沿海港浦相连,三田尻最饶煮盐之利,山间之民多以制纸为业。风俗质直褊狭"。

其记述"南海道"各地,分述道:"纪伊北至和泉、河内、大和、伊势,东西南皆至海,东西凡二十七里,狭处凡八里,南北凡三十里,狭处凡七里。包拥大和之三方而突出海表,后阔前锐,状如箕舌,吉野之山脉来自东北,成熊野、高野之诸岭,熊野川贯流中央,纪伊注其北疆。西北衍沃,田野大辟;东北幽僻,民多寒窭;而海滨广斥,鱼介殊富,且柑橙之产最饶。风俗朴直";"淡路四至皆海,横亘濑户内海之东,成三面之海峡,大坂湾及内海枢要之地也。无高岭巨流,土性膏腴,称为鱼稻之乡,风俗质朴";"阿波东至海,西至伊豫,西南至土佐,北至赞岐,东西凡一十八里三十三町,南北凡一十六里六町。云边寺之山脉划为北方,更东南折而为土佐界,地势西隆东低,吉野川及诸水皆东流而至于海。土沃民富,风俗宽裕";"赞岐东至阿波,西至伊豫,南至阿波,北至海,东西一十八里一十二町,南北一十里,狭处二里二十八町。南方负山,北面濑户内海群岛绣错连于三备,景胜之地殊多。岛民率舟居营业,州内陂池数千,宜于灌溉,濒海平夷肥沃,兼有鱼盐之利。风俗温顺";"伊豫东至赞岐,东南至阿波,南至土佐,西北至海,东西凡三十五里,南北凡一十五里,狭处五里。石锤之山脉连亘东南,截土佐界,支脉走西北,横贯州中。北方岛屿错列,直接山阳,西方湾嘴参差,而对西海道,道后四郡田野大辟,地味腴沃,米麦丰饶。风俗质直,惟未免固陋之弊";"土佐,西北至伊豫,东北至阿波,南至海,东西凡三十五里,南北凡一十八里。西北以伊豫为脊,山岳连沓,东西两岬南海斗出如湾月之状,地势迤南渐低,大抵山谷林丛居其三分之二,但中间土壤不宜种艺,海滨力于渔业。风俗木强,未免顽固"。

其记述"西海道"各地,分述曰:"筑前东至丰前,南至丰后、筑后、肥前,西至肥前及海,北至海,东西凡一十八里,南北凡一十七里。丰前山脉南走更趋西北,沿海之地岬屿岛屿参错相望,虽少旷衍之地,而东有远贺川,南有万年川,灌溉、运输两得其利,土宜富赡,纺织颇工。其俗南鄙质实,濒海之乡有轻薄捷给之风";"筑后东至丰后,西至肥前,南至肥后,北至筑前,西南至海,东西凡一十一里,南北凡八里。山岳亘于东南,洪流绕于西北,沿河迤南土地平衍,海湾相接,五谷丰饶,兼有运输之便,但洪水泛滥,不免为害。民产颇富,风俗质直温厚";"丰前东南至丰后,西至筑前,东北至海,东西凡一十六里,南北凡一十五里。山脉自北而起,东西分走,为筑前、丰后之界,州之北角仅隔海峡与长门相对,为西海道之要冲,地味丰腴,五谷皆宜,风俗纯茂";"丰后东北至海,南至日向,西至肥后、筑前,北至丰前,东西凡二十二里,南北凡二十七里。丰前之山脉自北来,绵亘屈折划西南二方,地势险隘,肥瘠不一,而东方岬湾相错,有港泊之便,其佐贺关遥对伊豫御崎,为内洋之一海门。民产颇赡,风俗陋朴,甚为佞佛";"肥前东至筑后,北至筑前及海,西南及西皆至海,东西凡二十一里,南北凡二十五里。东北负山,东南带河,地势分二支,西南斗出海,其西北一支为平户岛,连五岛群屿;其南方一支更分两脉,左抱鲷浦,右拥佐贺湾,湾之北方平衍,土壤肥沃冠九州,物产丰饶,民俗巧慧,颇流于狡猾";"肥后,东至丰后、日向,南至日向、萨摩,北至筑后、丰后,西至海,东西凡一十九里,南北凡二十八里,三面重岭绵亘,东南殊峻险幽邃,多人迹不到之所,西方天草群岛错峙,对肥前岛,原为肥筑里海之门钥,河流遍州内,水利亦多,惟海滨浅斥,不便碇泊,土壤膏沃,民物繁庶,嘉谷之产邻州之所仰给,风俗朴直勇敢";"日向东南临海,西至肥后、大隅、萨摩,北至肥后、丰后,东西凡一十七里,南北凡四十里。地形南北修长,沿海之地委蛇折转,而亘东南多平田沃壤,山脉绕西北南走,支脉散布州内,西境尤为峻奥,风俗质朴";"大隅,东至日向,西至萨摩,北至日向、萨摩,南至海,东西凡一十里,南北凡二十八里。东、西、北三面山岳回抱,南方尖长横出海表,西抱里海,遥与二大岛相望,涧壑虽深阻而气候极暖,草木颇能畅茂,风俗朴鲁";"萨摩,东至大隅、日向及海,北至肥后,西南至海,东西凡一十里,南北凡二十七里。东北连山环拥,为肥后、日隅界,地势循海南走,又勾屈东拱,对大隅为一大湾,山脉断续,散布州内。川内川贯其中央,西方一面大小洲屿远近环峙,沃野甚乏,五谷之产不足养州内人口。民性勇悍,居僻境者极其朴质"。

其记述"二岛"各地风俗,分述道:"壹岐,在肥前之西北,周回三十五里一十五町五十九间,东西三里一十二町,南北四里六町。自肥前松浦郡呼子浦至石田郡乡野浦,海上直径七里一十二町。岛为肥前北角余脉,四面海湾皆有港泊之便,土性膏沃,果谷咸宜,鳞介亦富。风俗柔和,农暇兼营渔业";"对马,居日本海之西北隅,岛形东西狭而南北长,中央劈开成一大湾,能容大舰巨舶,岛内峰峦相接,地多薄瘠,不宜播殖。居民食谷仰于内地,惟多采海利,与朝鲜互市,以为营生本业。风俗固陋"。

最后，其介绍"北海道"风俗，记述曰："东至千岛州对得抚岛，北隔北见州宗谷海峡而对桦太，南隔渡岛州津轻海峡而对东山道陆奥……土人业渔猎，不知稼穑，石狩、十胜等处原野旷漠，虽土壤肥沃而产业未开。风俗鄙朴，言语、衣服皆异内地，此道旧为虾夷地，古时陆奥、出羽之北境夷种杂居，凡渡岛以北之夷总称为虾夷。"

总之，各个地区的风俗形形色色，归纳起来不外乎物产丰富地区，即有良好的风俗，贫穷的、偏僻的地区，即有浅薄、丑陋的风俗。同时，风俗的好坏，也与地方民众所受教育、所做职业等因素有关。这些记述内容连贯在一起，即可勾画成日本的风俗地图。

礼俗是社会风俗生活的重要内容，体现出不同民族的历史文化传统及其信仰。黄遵宪用大量的篇幅介绍日本社会的礼仪和相关的社会风俗，表现出鲜明的立场和观点。《日本国志》卷三十四《礼俗志》曰："外史氏曰：五帝不袭礼，三王不沿乐，此因时而异者也；百里不同风，千里不同俗，此因地而异者也。况海外之国，服食不同，梯航远隔者乎！骤而观人之国，见其习俗风气，为耳目所未经，则惊骇叹咤，或归而告诸友朋以为笑谑。人之观吾国也亦然，彼此易观则彼此相笑，而问其是非美恶，各袒己国，虽聚天下万国之圣贤于一堂，恐亦不能断斯狱矣。一相见礼也，或拱手为敬，或垂手为敬，或握手为敬，或合掌为敬。一拜礼也，或稽首为礼，或顿首为礼，或俯首为礼，或鞠躬为礼，或拍手为礼。究其本原之所在，则天之生人也，耳目口鼻同，即心同理同，用礼之节文以行吾敬，行吾爱，亦无不同。吾以为异者，礼之末；同者，礼之本；其同异有不必论者。虽然，天下万国之人、之心、之理，既已无不同，而稽其节文，乃南辕北辙，乖隔歧异，不可合并至于如此，盖各因其所习以为之故也。礼也者非从天降，非从地出，因人情而为之者也。人情者何？习惯是也。光岳分区，风气问阻，此因其所习，彼亦因其所习，日增月益，各行其道，习惯之久至于一成而不可易，而礼与俗皆出于其中。是故先王之治国化民，亦慎其所习而已矣。"其感叹道："嗟夫！风俗之端始于至微，搏之而无物，察之而无形，听之而无声。然一二人倡之，千百人和之，人与人相接，人与人相续，又踵而行之。及其既成，虽其极陋甚弊者，举国之人习以为然，上智所不能察，大力所不能挽，严刑峻法所不能变。夫事有是、有非、有美、有恶，旁观者或一览而知之，而彼国称之为礼，沿之为俗，乃至举国之人展转沈锢于其中，而莫能少越，则习之囿人也大矣！古先哲王知其然也，故于习之善者导之，其可者因之，有弊者严禁以防之，败坏者设法以救之，秉国钩者其念之哉！"

《日本国志》中记述日本社会礼俗，计有"朝会、祭祀、婚娶、丧葬、服饰、饮食、居处、岁时、乐舞、游宴、神道、佛教、氏族、社会"等，堪称一部日本社会风俗生活的史志。

其于"祭祀"礼仪风俗感慨颇多，曰"余考日本开国以来，国之大事莫大于祀。有大祀、有中祀、有小祀、有四时祭、每年定日行之。有临时祭。常祀之外应祭者随时祭之"；"自王政衰微，祀典疏怠，逮乎近日，则诸教盛行，各宗其说。如耶稣教视一切神明皆若诞妄，则有以古人之祭典为鄙陋、为愚昧者。民智益开，慢神愈甚。虽然，以古先哲王之仁之智，而以禘尝治国，以神道设教，自有精义。盖其时人文草昧，所以化民成俗，不得不出于此"。

社会风俗生活中,各种仪式成为历史文化的"遗存",具有"活化石"的意义。而仪式的意义,需要解释,才能使人明白。其解释的内容,总是从相关的信仰出发。同时,仪式的进行,常常伴随着传统的民间歌唱。如其"婚娶"礼仪风俗的记述,即保存了古老的歌谣。其记述曰:"凡男子弱冠,其父母将迎妇,先立媒人,名曰肝煎。肝煎周旋二姓间,或看花,或烧香,骋车某寺,泛舟某桥,使两小相识。肝煎与妇家为约,名曰架桥。既诺,乃诣官告婚,官许之,遂用红定,谓之结纳。白发一(以白麻制之,长数尺,如白发)、熨斗一(制以鳆鱼,长数尺,以蒿缚)、鱼双(用棘鬣鱼或鲤鱼,或用凫雁)、酒一樽、衣一领、带一围,其他数种,贫富有差。肝煎相携到妇家,亲戚咸集,揖让礼终,新妇出曰:'妾不敏,愿赐教。'既而开宴卜日。至日,婿受父母命,与肝煎到妇家迎之。女父母初见婿,授以刀剑二,名引出物,拜跪礼终,设酒宴,欢饮而去。即夜,妇舆入,肝煎从,亲戚皆从。先出,父命之,母申之,母为结束,盘五采缕于髻,裙屦皆新,乃设庭燎为送死之礼,表不再归也。舆将入门,数女迎之,名待女郎(在堂上周旋新妇及为酌者)。升堂,先拜家庙,就席,北面坐。衣必用素,以茧覆面,头发皆去饰,但妆红粉而已。婿礼服,南面坐。肝煎行酌应酬,杯用三,肴盛高盘,盘上饰以松、竹、梅、鹤、龟,皆以绣或以金银纸制,象蓬莱岛也,名曰岛台。肴必用乾乌贼,羹用蛤,壶饰以雌雄蝴蝶,以金银纸为之,以三杯夫妻相酬为九献,于时肝煎唱古谣《高砂曲》(高砂在播磨国,古有老松,松精化为翁媪戏于松下,后人为曲,合卺必谣之)。曲曰:'高砂兮重重,亭亭兮苍松。上有偕凤兮下有骈龙,枝当叶对兮无不双。'众皆拍掌。又歌曰:'锦屏四围兮珊瑚交支,烛影迷离兮酒波参差,夜既央兮客未归。钗挂冠兮袖拂衣,形影兮相随。托微波兮通辞,在天为比翼兮在地为连枝。三千一百三十二座大神兮百千万亿,化身菩萨兮为我盟司,山摧海烂兮心不移。'新妇颊首,众益飞觞,欢声雷动。又歌曰:'今日夫妇兮他日公婆,熨斗温兮相摩挲,白发千丈兮曳以拖。夫夫妇妇兮如琴之和,子子孙孙兮如虫之多,今夕何夕兮奈乐何!'歌未毕,促合卺饭,夫妻礼终,舅姑与新妇三献,兄弟亲族各一献,歌谣甫停,礼饭既终,复团圞饮。肴核杂陈,百戏迭兴,妇乃理发、插笄、更衣而坐,待女郎亦更衣,夜彻晨尚点烛,饮宴未终,新妇与婿入后堂共牢而食。新妇执贽舅家白发一、熨斗一、酒一樽、鱼双、婿服一领,遗舅姑及兄弟亲族臣僚各以物有差。新妇所携单司(纳衣服)、长持(藏寝具)、黑棚(陈列妆具)、厨子(列书籍及器物)、钓台(厨间诸具及平生所用什具),富家多以描金箱、黑髹具,贫女黄竹箱一对而已。大家嫁女,更衣十三色,先白最后黑,衣毕乃登舆,婿家礼饮亦屡更衣,新婚之夜以更衣多为华。"(《日本国志》卷三十四《礼仪志》)古老的歌谣成为历史的证明,这歌谣是历史的衍生,其包含着诸多历史文化元素。

歌谣是有声的历史,而服饰也如此,是可视的历史。黄遵宪在《日本国志》卷三十五《礼俗志》中记述道:"上古男子分发为二,左右结之,饰以贯珠,命为美珠罗。(《神功纪》:后沐发分为二,作男子装云。)今农家所种豇豆,其细而长,两分垂地,亦曰美珠罗,盖像髻名之也。《日本纪注》:'古俗,年少儿十五六间束发于额,十七八间分为角子额发。'《古事纪》称为瓠花,后世名为鬘福。"这里,其解释"元服"道:"元服本加冠之名(颜师古注《汉书·昭帝纪》曰:'元,首也,冠者首之所著,故曰元服。'),而俗谓剃额为元服。盖在昔士庶皆有冠礼,故因剃额存其名欤。剃额之前,削去顶发一二寸许,作髻于额,谓之前发,迨弱冠后,削去前发,所以有元服之名耳。(《使琉球纪》曰:'男女不剃胎发,男至二十将顶发削去,惟留四余,挽一髻於前额,右傍簪小如意,如意亦分贵贱品级。'此亦前发之类也。)月题,剃额上发数寸,命曰月代,僧西行撰《集钞》已有月代之名,则亦已旧矣。月代犹言月样也,盖削去额上发圆如月样故。(或曰代当作题,以国音近误。按《庄子·马蹄篇》曰:'加之以衡扼,齐之以月题。'陆德明《释文》云:'月题,马额上当颅如月形者。'此其所以取义也。)宇士新尝称为黄鹂颠。世传室町氏之时,有十河一存者始为之,故又名十河额。盖战国之余习,而取便于胄耳,后遂并须髯剃之。"其解释"裤袴"道:"在表曰裳,在里曰袴。即《日本纪疏》所谓'下衣曰裳,胫衣曰袴'。《古事纪》'矢漏于袴',知为裵衣。袴或作裤,有外见者。《古事纪》:赐赤衣裤。又王子服布衣裤,又以布。迟葛一夜缝衣裤,盖亦胫衣而外露者也。《雄略纪歌词》'袴有表里'。然古虽有袴,要不过胫衣以布裹足耳,实无袴裆。今俗男女皆不袴,女衣里有围裙,《礼》所谓中单,《汉书》所谓中裙是也。"(今五部洲惟日本不着袴,闻者惊怪。然按《说文》:'袴,胫衣也。'《逸雅》:'袴,两股各跨别也。'袴即今制,三代前固无。张萱《疑曜》曰:'袴即裤,古人皆无裆,有裆起自汉昭帝时上官宫人。'考《汉书·上官后传》:'宫人使令,皆为穷袴。'服虔曰:'穷袴,前后有裆,不得交通。'是为有裆之袴所缘起。惟《史记》叙屠岸贾有'置其袴中'语,《战国策》亦'称韩昭侯有敝袴',则似春秋战国既有之,然或者尚无裆耶?观马缟《古今注》曰:'袴,盖古之裳。周武王以布为之,名曰褶。敬王以缯为之,名曰袴,但不缝口。至汉章帝时,以绫为之,名曰口。'所称周制,不知何所据,然亦可知有裆缝口之袴起于汉无疑也。汉魏以来,殆遂通行,日本盖因周秦之制,不足怪耳。)

同样,风俗即历史,是古老的历史文化在现实生活中的延续。民间文学世代相传,是历史文化的传承,是社会风俗生活的一部分。黄遵宪在《日本国志》卷三十五《礼俗志》中选择日本京师风俗,称"民俗亦四方各异","今特纪京师风俗以觇其概"。其详细记述道:"正月一日谓之元日,夙兴拜天地、神祇、祖先,长幼以次拜贺。(《日本风土记》:朔日贺岁,口云'华盖,华盖!'按:华盖乃少字,译音盖,祝其不老也。)进齿固。齿固犹言胶牙也,以白糍为之,其状如镜,故俗呼糍曰镜。累积钉盘以为看食。进屠苏酒,又炙糍合萝蓢、牛蒡、芋魁、昆布、豆乳等为羹,谓之杂煮。亲戚故旧来贺者亦进屠苏酒、供杂煮。元日至三日如之。岁首以柑、橘、橙、柚、椎、栗、朱梅、霜柹、海藻、昆布、蘽薢、龙虾、鲮鱼、削脯之类钉桌上,插松竹于其上,为看食,谓之蓬莱,或谓之山棚,有贺客,先供之。元日后,士庶互相庆贺,各户置白纸簿及笔砚于几上,贺客不通谒,直记姓名,或插名刺于簿间去。元日至十四日,悬蒿索于户上,索以稻秸为之,每寸出其端尺余下垂如条,插让叶及穗长草于其间,谓之司命索。(让叶,盖楠之类,或以为交让木,未详当否。穗长草,或以为格注草,相似差异。)又植双松于户外,悬以司命索,装串柿、橙橘及炭、龙虾之类,(按:串柿,音曰九子贺喜,橙,音曰代代,橘,音曰好事,虾,俗名海老,盖取义偕老,或云肖其体以祝康健也。炭,以避邪恶,即《本草纲目》所谓白炭,除夜立之户外以避邪恶也。或曰'炭'音为'住',言安居于是。)谓之门松。元日,市民皆不开正户,世传在昔僧狂云元旦挂髑髅于杖头,行告市人曰:'警悟,警悟!'市人皆闭户回避,三朝不开正户,盖自是始。元日后至十六日,少年辈不执业,冶游行乐,握槊撒钱,投琼赌彩以为戏。儿童分朋抛木球,以彩杖格而遏之,以为输赢,谓之球杖(读如吉兆,见《显昭袖中钞》),或谓之玉打女儿,团绵为球,绣以五彩,谓之手球。又插羽于木栾子,以彩板承而跳之,翩翩如蚨蝶,谓之羽子板。是月也,市店罗列球杖、手球、羽子板,编斓若锦。优人提鼓、三弦、胡琴以度新曲,使妖童持木偶马头,踏舞巡门乞利物,谓之春驹,以祷蚕神也。七日以七种菜为糜。(《公事根源》曰:'正月上子日,内藏寮及内膳司进新菜,自宽平中始。延喜十一年正月七日进七种菜:一曰那缒,即荠;二曰发谷别落,即繁缕;三曰捨梨,即芹;四曰青菜,即蔓菁;五曰五行,又名母子草,或名五行蒿,即鼠麴草;六曰须聚诗落,即芦蕻;七曰佛坐,又名多婢落谷,即鸡肠草。此日为羹食,辟邪蠲病。)十五日食赤豆粥,是日,取门松及司命索积庭中,竖竹于其四旁燎之,谓之散鬼杖(杖读如盖,盖爆杖之遗)。或谓之焯度(焯度犹言爔烊也,火炽貌)。"

其记述二月风俗,曰:"二月十五日,寺院悬卧佛形像为涅盘会,茶棚酒店、糖果之铺,藏摩吞刀,舞盘沙书,聚观戏场,在在丛集。士女托拈香游观者道路接踵。俗以黄黑诸豆杂霰子糕,炒之以供佛,荐祖先。自春分前五日,凡七,谓之彼岸,浮屠为彼岸会,俗多供佛俫僧。"

其记述三月风俗,曰:"三月三日谓之上巳,以艾糕为节物,是日,家有女儿必陈彩胜(按:日本以彩胜为雏。是日,儿女陈人胜游戏,谓之雏游,古以正月为此。《旧事记》:敏达帝二年正月,侍从进雏像是也。近世衣之以绣缯,饰之以金珠,一对价或至五六十金,德川氏尝严禁之),供艾糕、赤豆饭,置酒饮宴,谓之雏会。因以上巳为女儿节。"

其记述四月风俗,曰:"四月八日,寺院为浴佛会,以盆坐铜佛,浸以甜茶水(甜茶即千岁蘽),覆以花亭,随喜者以小杓灌佛。五月五日谓之端午,插艾及菖蒲于门檐,饮蒲酒,食粽,始服布葛。是日,贺茂庙前走马,谓之竞马,士庶得男,必竖彩旗陈武像及木刀枪,以饮燕。(旧制五月五日驾幸丰乐院,观骑射,宴群臣,文武官皆插菖蒲于冠。《延喜式》曰:是日登场校射,将监就标下注甲乙,此日近卫、兵卫、卫门诸府皆陈甲胄于门,此盖其遗俗也,又贝原氏《岁时记》曰:在昔儿童束菰为马,剪纸为人,揉木片为胄,削竹木为刀枪,尖眉刀陈尸外。近则人马多以木雕或以纸脱,施五彩,或有用帛者。)是日,藤社神会摆甲走马,亦谓之竞马。(藤社庙,祀弓兵之神也。《诸社根元记》云:儿童以菖蒲饰胄,名菖蒲胄。)凡三月三、五月五、七月七、九月九,谓之节供(供俗作句,以国音近误耳),拜节往来,略如岁朝。中元京师神会,四月有稻荷会,五月有藤社会、今宫会,六月有祇园会,八月有御灵会,其最盛者莫祇园会若焉。"

其记述六月风俗,曰:"六月七日迎神,十四日送神,仪卫极繁盛。先期街上设山棚山车、陆船弄伞、鼓吹喧阗,动魂褫魄,遍街灯烛,炜煌如昼;户户金屏猩毡,轴帘褰幕,张饮尽欢。会日,棚车过门之家,宾客蚁会鳞萃,士女填街溢巷,袂云汗雨,不啻此盛。五月晦及六月十八日,在鸭河四条桥东,洗净神舆,谓之御舆洗,是日也,鸭东茶坊、娼户,结伙醵钱,敛翠襄香,演杂剧戏文故事。其人物则皆扮娼妓为男装,谓之泥黎毛浓,又缠结为棚,谓之冶台。乐则有三弦、胡琴、提鼓、钲鼓、细腰鼓,谓之杂子。珠翠锦绮,香纨白苎,艳装浓抹,以勾引无赖子弟。自六月七日至晦日,夜夜鸭河四条桥南北,凉棚、茶店、鳞次栉比,两岸一带皆妓馆,分茶酒铺、羹店杂错其间,小脚店则有泥鲵团鱼之羹,红鬣青鳞之鲊,诸色海味、诸色素食,下酒下饭,零碎作料,不托水引河洛,合羹、胡饼、铗子、牢丸、包子、糖糕、糍糕、诸色糖果,西瓜、甜瓜、林檎、杏、桃、杨梅诸色水果。琉璃店则鱼瓶、葫芦、鼓铛、铁马、灯碗各色盏碟。杂卖则烟管、烟袋、各色折扇、梳篦、发朵、钗朵、香囊、彩胜、水上浮纸画儿、远视画。凡儿戏之物,泥孩、陶犬、惜千、千颗、叫子之类,名件甚多,不可悉数。伎艺则走索、戴竿、吞刀、弄丸、藏摩、筋斗、傀儡、角牴、口伎、影伎、猕猴、猫鼠之戏。演史学乡,谈说诨话,种种无所不有。竞夜火炬烛天,弦歌鼓吹,嘈嘈鼎沸,欢笑海涌,游者不觉达旦。"

其记述七月风俗,曰:"七月七日谓之七夕,是夕,妇女悬彩丝于竹竿,陈酒馔瓜果以祈牵牛、织女,谓之乞巧奠。六日之夕,儿女题诗于楮叶及彩笺,系竹枝悬灯球数十,欢呼至鸭河投之,因亦以六日之夕为七夕。十五日谓之中元,为荷叶饭,士庶互相拜贺,略如岁朝俗。自十四日至十六日,具面饵百味,以荷叶贮瓜果,祀先灵,倏僧尼展扫坟墓,谓之盂兰盆,因以中元为盆节,遂有盆前、盆后之称。十五、十六两日,近郊农户各相结夥,敲钲击鼓,来往于市中,或有请延者,则团聚街上唱佛名,钲鼓喧阗,殆聒人耳,谓之陆斋。僧尼于水次竖纸幡,具百味,击铜钹,讽经,乞施物于檀越,谓之施饿鬼。中元后,家家设灯笼,前是市是售各色华灯、六棱万眼、菡萏、球子、人物、马骑、纱绡、琉璃,品类不一。十六日之夕,城外诸山设火字,东则如意岳,自北而西则松崎、鹿苑、舟冈、清泷诸山,迤逦相次。其字或画皆积薪排定,一时燃之,一画长或数十丈,如意岳为大字,书法最遒劲,传为僧横川所制字迹。毕,砌石为沟云。十六日晚,临水次燃麻秸,送先灵,谓之送火。自十五日至晦日,每夜亘索街上,悬灯笼数百,儿女祇服靓妆为队,舞蹈达旦,谓之踊(名沃度黎,汉人所谓合生之类)。有歌以为之节者,谓之音头。乐则有三弦、细腰鼓。"

其记述八月风俗,曰:"八月一日谓之八朔。(《中原康富记》曰:'八朔之仪始于后乌羽帝末年,或云起于镰仓氏。')士庶互相拜贺,馈送饮食为节,谓之田实节。十五日谓之中秋,为看月会,洒洒啖芋。自秋分前一日,凡七日谓之彼岸。"

其记述九月、十月风俗道:"九月九日谓之重阳,以栗为节物,或作饭若糕,或蒸食之。十月谓之上无月。(上无,日本律名,本名凤音,乐家相传为应钟。应钟,十月律也,故名。)亥日谓之元猪,士庶作糍糕以相馈送。是月二十日,商贾罢市,各具酒馔宴集,谓之蛭子会。蛭子,神名,所在庙祀祈福,是日,鸭东建仁寺街蛭子庙繁华浩闹,醉人载途。又四条街东有誓文神祠,是日士女麇至,首过祈福,谓之誓除。"

其记述冬季与年节等节日风俗道:"十一月谓之霜月,冬至之日,医家作赤豆饭为神农会。十二月谓之四极,又曰极月。是月,丐者为泼寒胡戏,或丹墨涂面装成钟馗,登门呼跳驱祟,索钱乞米,家家扫尘,名煤除。廿日后,家家舂糍具饮馔之料,以为新年之储,岁终舂糍之声比屋相接。市肆有以舂糍为业者,其糍圆如镜者曰镜糍。以糍粘柳枝或粘柴如贯珠者曰糍花,以供神佛。又细切如方解石者曰霰子。晒干,至二月十五日,杂豆炒之以供佛荐祖先。或以为茶素医人,制屠苏袋送平日所往来。岁暮,亲友相聚饮宴,谓之忘年;又互相馈遗以贺卒岁。除夜,谓之大岁。天地、神佛、祖先、灶井、牖户,以至溷厕,燃灯辉煌达于旦。立春前一日谓之节分,至夕,家家燃灯如除夜,炒黄豆供神佛祖先,向岁德方位撒豆以迎福,又背岁德方位撒豆以逐鬼,谓之傩豆。老幼男女啖豆如岁数,加以一谓之年豆。街上有驱疫者,儿女以纸包裹年豆及钱一文与之,则唱祝寿驱邪之辞去,谓之疫除。(日本追傩之仪始于庆云三年,阴阳寮诵祭文,侍中执桃弓苇矢,大舍人寮装厉鬼,方相氏执矛,率侲子二十人遍巡官门,送疫出四门。今民间疫除所唱极鄙俗。然亦甲作食凶之类也。)"

这是黄遵宪眼中的日本风俗,是日本社会历史文化的再现,表现出日本人的生活结构和精神特征。

在民间文学的发展中,戏曲与传说故事相伴,伴随着音乐、舞蹈等艺术形式,戏曲成为综合的艺术,集中体现出一个民族的文化艺术生活,所以其具有民族文化艺术的典型性。这里,黄遵宪详细介绍了日本的"芝居演戏",记述了日本戏曲包括民间戏曲艺术的演出情景等特征。其记述曰:"芝居,演戏国语谓之芝居,因旧舞于兴福寺门前生芝之地故名。(平城帝大同中,南都猿泽池侧土陷吹烟,触者即病,乃舞三番叟于兴福寺门前生芝之地,以禳其浸,故名曰芝居。古谓之歌舞伎,或曰男舞,或曰白拍子。)辟地为广场,可容千余人。(宽永初年,猿若勘三郎始请于官创开戏院。其后优人次都、市村、山村氏等各开场,世守其业。)场中为方罫形,每方铺红毹毹,坐容四人,场之正面为台,场下施大转轮,轮转则前出下场,后出上场矣。场之阶下为桥,亦有由阶下上场者,场护以巨幕,绰板乱敲,彻幕而戏作,每一出止,幕复下垂。每日始卯终酉,鼓声始震,例为三番:叟舞、七福神舞、猩猩舞(皆有伶人世其业者)。次演古事。场中陈列之物,一一皆惟妙惟肖,即山林楼阁,亦复架木插树以拟似之。优人有舞而无歌,场侧设一小台,别有伶人跪白其所演事,如古之平话,声甚凄厉。乐器止有三弦、笛子、钲鼓而已。戏场之外一带皆酒楼茶馆,凡数十家,游人麇聚,意阑兴倦,则馔于是,饮于是,必至夕乃散。观者多携家室,妇女最多,每演至妙处,则拍掌喝采之声,看棚殆若震陷,或演危苦幽怨之事,妇女皆挥涕饮泣,以助其哀。其铁石心肠之人,每每含辛以为泪,否则众訾其无情。优人声价之重,直与王公争衡。(旧日优人列之下等,无与交游者,近学西俗,优人出入巨室,公然抗礼矣)妇女无不倾倒者。"

同时,黄遵宪还记述了日本京都地区流行的"踊子"和"落语"等民间艺术。其曰:"踊子,西京俗,于中元后迄晦日,街童市女各盛饰彩衣,某街某坊揭旗为识,口唱中菁猥亵之词,所在相聚,且舞且歌,号曰踊子。例以十六人为班,多至六十四人,其倡而导行者谓之音头,折旋进退,曲尽姿态。观者追逐,举国若狂,四方盛称,谓之都踊。至京师者必留观之。影绘,影戏谓之影绘。纸障一面,淡墨无物,笛响鼓鸣,忽见树阴一人出,右挥铃,左开扇,左顾右旋,应笛扬铃,合鼓翻扇,迷离惝悦,若有若无,人影暂灭。闻赛祭鼓声,殿宇高耸,和表矗立,扬红白帜,大小灯无数,赛人来往抛钱祈福,既而鼓歇。夜深有叱咤声,则狐群排行,徐徐进步,各荷蒲席、衔炬火,担木持竿,俗所谓狐嫁女是也。行过神殿,狐化为人,席化筐筥,火化提灯,竿化枪,木化舆,奇变莫测。灯灭狐匿,又为幽鬼作祟之图,为鬼影,为僧影,为佛菩萨影。影戏亦能写花草鸟兽之形,然喜为幽寂奇幻之境,大概如此。亦有傀儡,有牵丝傀儡,有杖头傀儡,有水傀儡。"其又曰:"落语、演史、口技,演述古今事,藉口以糊口,谓之演史家。落语家手必弄扇子,忽笑忽泣,或歌或醉,张手流目,踦膝扭腰,为女子样,学伧荒语,假声写形,虚怪作势,于人情世态靡不曲尽;其歌语必使人捧腹绝倒,故曰落语。楼外悬灯,曰某先生出席,门前设一柜收钱,有弹三弦、执拍子以和之者。亦有口技,技人仅一绰板,藏于帷内,能为一切风声、水声、火声、禽兽声、弦管声、老幼笑怒声,纷纭杂沓,一时并举,而听者自能分别了了。"

  黄遵宪的《日本国志》表现出独特的神话思想。其民间文学史价值,还在于其对日本神道等传统信仰的介绍,对日本古老的神话传说故事的记述。其卷三十七《礼俗志》曰:"自天祖大日灵尊治高天原为天照大神(考《神代史》所载,开天创世、辟地造人诸事一出于神,其言类幻妄离奇不可胜录,惟据史称天照大神为降居神国之祖,今姑以托始焉)。"其记述道:"大神之子正哉吾胜胜速日天忍穗耳尊,娶高皇产灵尊之女栲幡千千姬,生天津彦彦火琼琼杵尊。天祖既命武瓮槌、经津主二神平定下土,乃使皇孙降居苇原中国而为之主。赐以八坂琼曲玉及八咫镜、草剃剑,曰:丰苇原瑞穗国是神国王地,今以予尔,尔宜就而治焉。于是琼琼杵尊离天磐座降于日向高千穗峰,遂到吾田娶大山祇女木华开耶姬,生彦火火出见尊,尊娶海神丰玉彦女丰玉姬,生彦波瀲武鸬鹚草葺不合尊,尊娶玉依姬,乃生神武天皇。"其称:"余观上古之世,清静汋穆,礼神重祭,万国所同。而一切国政皆出于神道,则日本所独。世所传方士徐福之说,殆非无因欤?自崇神立国,始有规模,计徐福东来已越百载,凡百政事,概缘饰以方士之术,当时执政者非其子孙或其徒党欤?曰剑、曰镜、曰玺,皆周秦制也,君曰尊、臣曰命、曰大夫、曰将军,亦周秦语也。(或曰日本上古盖无文字。所谓剑、镜、玺及大夫、将军之称,皆于传习汉文之后译而名之,不足为秦人东来之据。然考日本之传《论语》,始于晋时,其编辑国史在隋唐间,既不用商周以前之称,又不用汉魏以后之制,则上世口耳相传,必有父老能言其故者。况若镜若玺明明秦物,固有据乎?或又曰:果使徐福东来,当时应赍文字,何待数世之后百济王仁始行传授。余又以为徐福方士,不重儒术,其所携三千男女尽属童年,不习文字,本无足怪。又其时挟书有禁,自不能径携卷册而行,斯说也亦不足为难也。)尔后国政以出纳属之秦,造以禊词属之东西汉,若有特重于秦汉人者,当亦有故也。抑余考日本诸教流行,独无道教,盖所谓神道者即为道教,日本固早重之。彼张鲁之米教,寇谦之符箓,杜光庭之科仪,反有所不必行矣。"同时,黄遵宪介绍了日本对佛教的信仰,其称:"其倡为宗教者大概亦宗释氏之说,惟日本最重神道,而最澄、空海则谓日本某神即某佛菩萨化身,推佛于神,复援神于佛,于是日本之神无不佛矣。释氏务绝俗累,而亲鸾则谓不必离俗,不必出家,但使蓄妻子、茹荤酒,而此心清净即为佛徒,于是日本之民半为僧矣。"自然,日本佛教文化也形成自己的神话传说,表现出日本人对佛教的信奉态度与风俗。其介绍日本物产"蚕丝"时,记述了历史上日本人从中国引进蚕丝的传说故事。其记曰:"日本之丝由来远矣,应神帝时既遣使于吴求织缝女。(《山海经》云:欧丝之野在大踵东,有女子跪据树。欧丝则上古既有之与。)至雄略帝命秦公酒统领养蚕,蚕大蕃息,赐姓为禹豆麻佐。(先是,秦人弓月自称是始皇后,于应神时自百济来,迨其孙普洞以制茧功赐姓陂陀,秦公酒,其后裔也。)既知养蚕之利,国中亦能自织绸绢。近年与泰西通商,英、法诸国争购其丝,遂为国产第一大宗。其浴种、饲养、分薄、入簇诸法亦同于中国。"

　　黄遵宪的民间文学思想理论是建立在他对日本历史文化和社会风俗生活观察理解基础之上的,他希望通过对日本的介绍,让中国人对日本有一个比较全面的了解。在他的介绍中,其视点仍然是中国文化,虽然他也论述到欧洲地理与文化发展,但他总是以中国文化的目光打量世界。其每论及日本历史文化和社会风俗,常常联系到中国历史上曾经出现的现象。

　　与陈季同向欧洲社会介绍中国传统文化不同,黄遵宪向中国人介绍外面的世界。他们都注意到神话传说与社会风俗在文化发展中的重要意义,在相关的描述、记述和论说中,形成自己的论点、论断,体现出他们的民间文学思想理论。这些理论表现出鲜明的时代风格,既有对中国传统文化的继承和贯穿,又有对现实世界的张望与洞察,包含着他们对历史文化和社会现实的感受与理解。其中也显示出他们的焦虑和不安,这是对风云突变的世界格局中中华民族命运与前途的忧虑,也是对未来的期盼。

　　中国近代民间文学是中国民间文学发展史上的重要转折,随着时代的发展变化,表现出新的内容。一方面,它延续了中国传统农耕时代各类民间文学的主题与形式,另一方面,它及时表现出列强入侵后,国家被分割被奴役被欺凌,中华民族受到极大侮辱的现实。中华民族危在旦夕,一批觉醒的知识分子睁开眼睛看世界,呼吁人民大众奋发图强,他们走向世界,热烈地拥抱世界。中国社会政治的统治者穷途末路、苟延残喘,更进一步加紧对民众的欺压和愚弄,但是,社会大众越来越清醒地看到社会现实的矛盾所在,民族主义逐渐成为社会思想文化的重要内容。在反抗国内外反动势力的斗争中,出现了太平天国、捻军起义和义和团运动等事件,表现出中国人民不屈服的意志和信念。同时,社会上出现各种以推翻清朝、抵制洋人为目的的文化潮流,革命党人发动武昌起义,爆发出巨大的政治力量。中国社会迎来了新的时代,历史翻开新的一页。民间文学及时表现出这些内容。

在中国被世界关注的同时，一批冒险家和传教士蜂拥向中国，他们带给中国人的思想文化，引起中国社会风俗生活的变化。中国社会的文化传统以儒释道为基本框架，又加入了基督教等新的文明；中国社会思想文化潮流形成各种文化力量的碰撞，尤其是本土文化与洋教的冲突，其曾经成为社会风云变幻的重要因素。中国社会的前途和命运成为觉醒的中国人热切关注和思考的话题，同时，中国社会的转型，也为世界所关注，这些内容在西方汉学家的笔下得到表现。中国文化为世界所关注，也为世界所改变。

中国近代民间文学，是中国民间文学历史上非常特殊的一页。社会转型过程中的矛盾冲突，集结在民间口头上，也集结在历史文献中，如何看待其中的民族主义思潮等问题，需要我们认真思索。同时，它也启发我们，如何理解中国与世界。

后　　记

  中国近代社会动荡不安，帝国主义列强欺侮中国人民，清朝政府腐败无能，这激发起太平天国等农民起义。西方大工业革命影响了世界格局变化，也影响到中国社会。中国民间文学及时表现出这段历史，以民族主义的形式，诉说自己的胸怀。

  多少年来，笔者研究中国民间文学的发展，钩陈、辨析相关的史实，进行田野考察，为这段历史的写作做准备。笔者关注的是民间文学，是民间社会流传的口头语言艺术，同时也关注其背后的社会历史，并创作完成了长篇历史小说《袁世凯》《一九一六》等文学作品。笔者深深感受到近代社会中华民族命运的凄惨，也为无数仁人志士寻求民族独立自由和解放而奔走跋涉所感动。新的时代，必然需要新的思想与新的文化，而中国近代社会，最宝贵的就是新民，就是自强，这是来自地底的声音。这声音中，既有许多先进的知识分子忧国忧民的思索，又有无数民众对公正正义的呐喊。民间文学放大了这些声音，成为变革时代的先声。时隔百年，回首这段历史，令人感慨万端。国家富强，人民幸福，其标志就在民间文学所传达的情感中。人民是社会的主体，是历史的裁判，深入研究民间文学，便有不寻常的价值意义。

  历史的魅力，常在于不断发现。所以，过去的并不完全属于过去，其作为记忆，常被思索。中国近代民间文学史是长久的事业，需要不断发现，不断思索。诚然，这需要更多的人共同完成。我期待着各种批评、指正。

高有鹏

2017 年 12 月 1 日于上海